Exegese – Spiritualität – Theologie

André Heinze

Exegese Spiritualität Theologie

Beiträge zu einer Theologie im Hier und Jetzt

Herausgegeben von Christian Wehde und Simon Werner

EVANGELISCHE VERLAGSANSTALT
Leipzig

Bibliographische Information der Deutschen Nationalbibliothek
Die Deutsche Nationalbibliothek verzeichnet diese Publikation in der Deutschen Nationalbibliographie; detaillierte bibliographische Daten sind im Internet über http://dnb.dnb.de abrufbar.

Printed in Germany · H 8013

Das Buch wurde auf alterungsbeständigem Papier gedruckt.

Cover: Kai-Michael Gustmann, Leipzig
Satz: Christian Wehde, Wustermark/OT Elstal und Simon Werner, Nordhorn
Druck und Binden: Hubert & Co., Göttingen

ISBN 978-3-374-04291-3
www.eva-leipzig.de

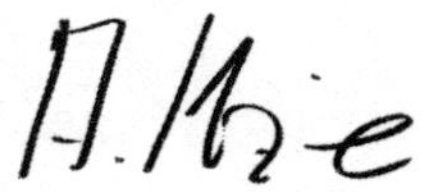

André Heinze

**31.03.1961 †01.03.2013*

Vorwort

Prof. Dr. André Heinze ist am 01. März 2013 nach langer, schwerer Krankheit im Alter von 51 Jahren verstorben. Die Herausgeber nehmen den dritten Todestag zum Anlass, um mit dem vorliegenden Sammelband einen Einblick in sein theologisches Schaffen zu gewähren, das er vor allem in der Lehre und im persönlichen Gespräch vermittelte, und ihn mit dieser Geste noch einmal zu würdigen.

Nach dem Studium der Evangelischen Theologie in Marburg und Göttingen wurde André Heinze 1996 zum Doktor der Theologie promoviert. Dies geschah auf Grund einer Arbeit über die Johannesapokalypse und die johanneischen Schriften, die von Prof. Dr. Georg Strecker angeregt und im Wesentlichen von ihm begleitet wurde. In den Jahren von 1992 bis 2002 war André Heinze nacheinander Pastor in den Evangelisch-Freikirchlichen Gemeinden Göttingen und Ludwigshafen. Daneben arbeitete er in der theologischen Erwachsenenbildung, namentlich im Theologischen Grundkurs der Vereinigung Evangelischer Freikirchen (einer theologischen Ausbildungsmöglichkeit für Ehrenamtliche) mit.

2002 wurde er als Dozent (seit 2007 dann Professor) für Neues Testament an das Theologische Seminar Elstal (heute Theologische Hochschule Elstal) berufen. Seit 2006 gestaltete er außerdem als Prorektor die Entwicklung der Hochschule maßgeblich mit. Unter seiner Führung erhielt das seit 1880 als innerkirchliches Institut firmierende Theologische Seminar 2007 die institutionelle Akkreditierung durch den Wissenschaftsrat.

2009 erkrankte André Heinze schwer an Krebs. Und im Laufe der folgenden Jahre brach die Krankheit zwei weitere Male aus. Die lebensverändernde Macht der Krankheit, aber auch die anderen und neuen Perspektiven, die in dieser Lebensveränderung zu gewinnen waren, prägten seitdem André Heinzes Denken sowie sein theologisches Fragen und Arbeiten. Seine Texte aus dieser Zeit atmen eine besondere existenzielle Tiefe.

Eine ganze Generation Studierender der Theologischen Hochschule Elstal ist durch André Heinzes Art, *Exegese* zu betreiben und zu lehren, geprägt worden. Diesen Aspekt seines theologischen Schaffens spiegeln die Beiträge des ersten Teils des vorliegenden Buches. Die Art und Weise wie er die Feinheiten der biblischen Texte ins Gespräch brachte und für Theologie, Glauben und Kirche fruchtbar machte, inspirierte sowohl die Studierenden als auch Kolleginnen und Kollegen. Kenntnisreich, genau und im wissenschaftlichen Gespräch bestens orientiert, war er bereit und in der Lage, sich von den Texten immer wieder neue Fragen stellen zu lassen. In den 12 Jahren als exegetischer Lehrer las er zu fast allen Büchern des Neuen Testaments, was seinem Anspruch, die theologischen Spuren des Neuen Testaments in ihrer Breite fruchtbar zu machen, entsprach.

Die johanneische Theologie war der erste große Ankerpunkt seiner wissenschaftlichen Arbeit. Eine schon begonnene Kommentierung der Johannesbriefe zu einem erfolgreichen Ende zu führen, war ihm leider nicht mehr vergönnt. Daneben – und das dokumentieren die Beiträge dieses Buches nur zum Teil – war es die paulinische Theologie, deren Kraft und situative Zuspitzungen er profiliert herausarbeitete.

Zugleich lehrte André Heinze auch *Spiritualität*. Dies geschah freilich nicht im Sinne eines Unterrichtsfaches und nicht in dozierendem Habitus. Aber wer ihm begegnete, wurde von seiner befreienden Art des Glaubens ebenso angesteckt wie durch die Kraft seiner Frömmigkeit. Nicht zuletzt seine Bereitschaft zu persönlichem Gespräch mit und Begleitung von Studierenden machte anschaulich, wie die Freiheit des Evangeliums als Grundlage des Lebens erkennbar wird. Er war ein nahbarer Lehrer, lud regelmäßig seine Seminargruppen ins Falkenseer Haus ein, stand für Trauungen und Ordinationen als persönliches Gegenüber zur Verfügung. Auch so vermittelte er, dass akademische Theologie und lebenstragende Spiritualität zusammengehören. Wer André Heinze einmal hat tanzen sehen oder seine künstlerischen Werke betrachtete, konnte sehen, wie eng sich beides in seinem Leben verband. Dass der Abschnitt zur Spiritualität in der Mitte dieses Buches zu finden ist, ist darum nicht zufällig.

Die Beiträge unter der Überschrift *Spiritualität* stammen aus der Zeit seiner Krankheit. Dort werden u.a. die Begriffe ›Krankheit‹ und ›Gesundheit‹ als festgefügte und lebensbestimmende Vorstellungen reflektiert. Und im Rahmen theologischer Anthropologie bestimmt André Heinze den Ort des Menschen im Erleben von Heilung, deren Ergebnis nicht zuerst die physische Gesundung ist. Ebenfalls sind in diesen Abschnitt drei Predigten aufgenommen, die den Nazarener, den auferstandenen Christus als den Einladenden vor Augen malen. Mit der Predigt über Lk 8,1 ist auch diejenige Predigt nachzulesen, mit der er sich von der Hochschul- und Campusgemeinschaft am 13. Februar 2013 – zwei Wochen vor seinem Tod – »verabschiedete«. Dass das kleine Summarium über den das Evangelium verkündigenden Gottessohn »uns als Wort der Zuversicht, der Erwartung und des Trostes begleiten« möge, war sein Wunsch sowohl für die Verabschiedeten als auch für sich selbst.

Die *Theologie* verstand André Heinze als eine geistliche Aufgabe, die sich um die Existenz des Menschen und die Sendung der Kirche gleichermaßen müht. In den Dienst eines beständig neu zur Sprache zu bringenden Auferstehungsglaubens stellte er seine Bemühungen, die immer dann kritische Formulierungen enthielten, wenn er feststellte, dass die Lebenskraft und die Lebensbejahung des Evangeliums vom auferstandenen Christus durch Angst oder Unbeweglichkeit in ihr Gegenteil verkehrt wurde. In dieser zugewandt kritischen Haltung trat er auch seiner eigenen Kirche, dem Bund Evangelisch-Freikirchlicher Gemeinden in Deutschland, gegenüber.

Die Beiträge dieses dritten Abschnitts zeugen davon, dass er sich zur theologischen Arbeit herausgefordert sah, weil die Kirche diese genaue und verantwortliche Theologie braucht, genauer: weil die Kirche in der Theologie ein Gegenüber hat, welches durch sie beauftragt ist und das sie zugleich als Korrektiv kritisch zu begleiten hat. Dass Theologie und Kirche sich begegnen, war André Heinze ein großes persönliches Anliegen. Neben seiner Tätigkeit als Hochschullehrer nahm er daher gerne und häufig Einladungen zu Predigtdiensten, Vorträgen und Bibelabenden in Ortsgemeinden oder zu Pastorenstudientagungen an. Diese Tätigkeiten verstand er dabei nie als einseitige Transferleistung aus der Theologie in die Kirche hinein, sondern er nahm von dort immer auch Impulse und Fragestellungen in sein persönliches theologisches Schaffen auf. Diesem Anliegen, Theologie und Kirche im Gespräch zu halten, will dieser Sammelband Rechnung tragen, wenn wissenschaftlich-theologische Aufsätze und Transferbeiträge unmittelbar nebeneinanderstehen.

Diese Aufgabe der Theologie verstand André Heinze im ökumenischen Horizont – seine Teilnahme an den ökumenischen Gesprächsreihen am Johann-Adam-Möhler-Institut in Paderborn dokumentiert nur einen kleinen Ausschnitt seiner ökumenischen Wirksamkeit. Als ein Arbeitsfeld in diesem Zusammenhang stellte sich ihm auch immer wieder die Hermeneutik. Die Verantwortung vor der Schrift, die in reformatorischer Tradition niemals eine Inbesitznahme sein kann, prägte sein Arbeiten und das Mahnen in seine Kirche hinein.

Aufsätze, Vorträge und Predigten bilden zweifelsohne den Schwerpunkt dieses Sammelbandes. Wer in Elstal an die Bürotür von André Heinze klopfte, sah sich jedoch einer weiteren Ausdrucksform gegenüber, die er für sich entdeckt hatte: Aphorismen; kurze Texte mit langem Nachklang. Auch diese Texte sollten in diesem Sammelband Aufnahme finden und so wird jeder der drei Abschnitte dieses Buches durch einen dieser Texte eröffnet.

»Beiträge zu einer Theologie im Hier und Jetzt« – so lautet der Untertitel des hier vorgelegten Sammelbandes. Dass der Glaube sich weder in akademische Verstiegenheit, noch in fromme Quieszenz zurückziehen darf, sondern sich an der Komplexität des vorfindlichen Lebens zu bewähren hat – diese Überzeugung war für André Heinze Grundlage und Orientierung seines Arbeitens. Dass sich der Glaube von dem komplexen und fragmentierten Leben Fragen stellen lassen muss und in der Vielgestaltigkeit des Hier und Jetzt

Hoffnung schaffen soll und kann und dass der Mensch in dieser Hoffnung zu wahrem Menschsein vor Gott befreit ist, prägte ihn in seiner theologischen Existenz. Mögen die hier zusammengestellten Beiträge die Leserinnen und Leser in diesem Sinne inspirieren und ermutigen.

Zur Entstehung dieses Buches hat Friederike Heinze, die Witwe des Gewürdigten maßgeblich beigetragen, indem sie sowohl bisher unveröffentlichte Manuskripte zugänglich machte als auch für den Druckkostenzuschuss sorgte. Als Herausgeber danken wir ihr dafür in besonderer Weise. Dr. Annette Weidhas gilt unser herzlicher Dank für die Aufnahme des vorliegenden Buches in das Verlagsprogramm der Evangelischen Verlagsanstalt Leipzig sowie Christina Wollesky für die kompetente und geduldige Betreuung bei der Erstellung des Manuskripts. Auch Anja Bär danken wir herzlich für ihre Unterstützung bei der Korrektur der Druckvorlage.

Wir, die Herausgeber, haben je zu unterschiedlichen Zeiten bei André Heinze studiert und als seine wissenschaftlichen Mitarbeiter gearbeitet. Über fachliche Begleitung und theologische Impulse hinaus sind wir ihm für Wegbegleitung und Freundschaft zu bleibendem Dank verpflichtet.

Elstal/Nordhorn im Advent 2015
Christian Wehde & Simon Werner

Inhalt

Vorbemerkungen

Die Verwendung von Abkürzungen in diesem Sammelband folgt dem Abkürzungsverzeichnis für Theologie und Grenzgebiete, zusammengestellt von Siegfried M. Schwertner, Berlin/New York ³2012. Nicht festgelegte Abkürzungen werden werden in den jeweiligen Beiträgen gesondert eingeführt.

Bibelzitate erfolgen – sofern nicht anders ausgewiesen – nach Katholische Bibelanstalt (Hrsg.), Einheitsübersetzung der Heiligen Schrift, Stuttgart 1980.

Exegese

Ideale sind wie der Horizont

Ideale sind wie der Horizont
... vom Osten zum Westen ... vom Norden zum Süden ...

Die Seele ahnt freudig:
Mehr an Leben, Weite von Welt.

Der eine Geist sagt täglich:
Auf – wir schaffen es!
Ja – heute erreichen wir sie!

Der andere Geist verzweifelt:
So oft ganz nahe
– doch dann –
erneut weit weg und ganz woanders.

Der dritte Geist sitzt still und schaut:
Der,
der allen Horizont umspannt,
kommt selbst nahe,
ihn zu erreichen,
ihn zu umarmen,
sie in die Weite zu führen.

Glaube und Taufe als Initiation

Exegetische Anmerkungen aus baptistischer Sicht[1]

1. Einleitung

Die Frage nach dem Verständnis und der Bedeutung der Taufe ist seit langer Zeit ein Streitpunkt zwischen den Kirchen Jesu Christi. Diejenigen, die eine Kinder- oder Säuglingstaufe praktizieren, werfen den täuferisch gesinnten Denominationen zum Teil eine Wiedertaufe vor, wenn bei einem Übertritt Gläubige getauft werden. Die täuferisch gesinnten Kirchen hingegen sparen nicht an der Unterstellung einer nicht der neutestamentlichen Lehre entsprechenden Taufe gegenüber den in orthodoxer, römisch-katholischer, lutherischer oder reformierter Tradition stehenden Kirchen. Die Heftigkeit der jeweiligen Kritik, die sich nicht selten unreflektiert auf alte gegenseitige Lehrverurteilungen bezieht oder solche einfach wieder aufleben lässt, erschreckt und verhindert nicht selten sogar die notwendige gemeinsame Arbeit für die Verkündigung des Evangeliums in einer Stadt.

Selbstverständlich beruft sich in diesen Auseinandersetzungen jede Seite in ihren Argumentationen auf die Heilige Schrift und auf das jeweils erkannte Verständnis der Taufe im Neuen Testament. Die Baptisten, um hier meine kirchliche Tradition aufzurufen, argumentieren hierbei oftmals von der wahrgenommenen *Praxis* der neutestamentlichen Taufe her, bei der sie durchweg allein die Taufe von Gläubigen erkennen. Diese Praxis deute darauf hin, dass der persönliche Glaube des Täuflings selbstverständliche und unbedingte Voraussetzung für ihren Empfang sei. Daraus folge sodann, dass die Taufe im weitesten Sinne ein vom Neuen Testament bezeugtes notwendiges öffentliches Bekenntnis des Glaubens sei. Die Taufe habe Öffentlichkeitscharakter und mache hierdurch den neuen Lebensort des Gläubigen in Bezug auf die Gemeinde und seine soziale und religiöse Umwelt bekannt. Der persönliche Glaube aber hat einer Taufe immer voraus zu gehen, sodass sie auch in keiner Weise heilsnotwendig sein kann. Es sei vielmehr allein der auf die Verkündigung des Evangeliums antwortende Schritt zum persönlichen Glauben, die Bekehrung, die einen Menschen an dem von Christus geschaffenen Heil teilhaben lässt. Die Taufe dokumentiere diesen persönlichen Glauben und sei dabei zugleich der Eintritt des Gläubigen in die verbindliche Nachfolge, die

[1] Dieser Aufsatz wurde erstmals veröffentlicht in: Walter Klaiber/Wolfgang Thonissen (Hrsg.), Die Bibel im Leben der Kirche. Freikirchliche und römisch-katholische Perspektiven, Göttingen/Paderborn 2007, 47–68.

sich nach baptistischem Verständnis dann auch in dem Leben in einer Gemeinde gestalte. Diese Verbindung von persönlich nachgefragter Taufe des Gläubigen und Gemeinde- bzw. Kirchenmitgliedschaft ist meiner Meinung nach konstitutiv für das baptistische Tauf- vor allem aber auch Gemeindeverständnis: In der Gemeinde sammeln sich diejenigen, die um ihren Glauben wissen, ihn in der Taufe bezeugt haben und ihn nun gemeinsam mit den Geschwistern leben wollen.[2]

Die im Neuen Testament wahrgenommene Taufpraxis, bei der die Taufe auf den persönlichen Glauben folgt,[3] verbindet sich also mit einer hohen Bewertung des individuellen und persönlichen Glaubens und führt zu einem in unserer kirchlichen Wirklichkeit wenigstens überwiegend zeichenhaften Verständnis der Taufe als Bekenntnis.[4] Die eigentliche Initiation findet in der Bekehrung statt und gewinnt in der persönlichen Heiligung Gestalt. Wenn unsere Kirche in ihrer Bekenntnisschrift auch ein Handeln Gottes am Gläubigen in der Taufe betont,[5] so bleibt dieses doch erstaunlich vage, wird kaum

---

2 Vgl. André Heinze, Taufe und Mitgliedschaft, in: ZThG 4 (1999), 208–222; Ders., Taufe und Gemeinde, Kassel 2000, 123ff.

3 Diese Einstellung wurde durch die sich in der neutestamentlichen Arbeit durchsetzende Einsicht noch unterstützt, nach der wir in neutestamentlicher Zeit wenigstens im »Normalfall« von einer Gläubigentaufe auszugehen haben. Die diesbezügliche Auseinandersetzung zwischen Joachim Jeremias, Die Kindertaufe in den ersten vier Jahrhunderten, Göttingen 1958; Ders.: Die Anfänge der Kindertaufe, München 1962 und Kurt Aland, Die Säuglingstaufe im Neuen Testament und in der alten Kirche, München 1961; Ders., Die Stellung der Kinder in den frühen christlichen Gemeinden und ihre Taufe, München 1967, ist hinlänglich bekannt. Allerdings ist zu fragen, ob diese Auseinandersetzung über die Taufpraxis zur Zeit der ersten Christengemeinden letztlich wirklich hilfreich ist, denn sie könnte durchaus zu einer Reduzierung der Frage nach der Bedeutung der Taufe auf die Beachtung der Praxis führen und damit die vielen anderen Impulse des Neuen Testamentes hierzu überlagern.

4 Vgl. hierzu Bund Evangelisch-Freikirchlicher Gemeinden in Deutschland K.d.ö.R. (Hrsg.), Rechenschaft vom Glauben, Kassel 2009, hierin II,1,3: »Gott bietet allen, die das Evangelium von Jesus Christus hören, darin seine Gnade an: Jeder, der sich in Buße und Glauben zu Gott hinwendet, empfängt Vergebung seiner Schuld und ewiges Leben. Gott erwartet von jedem die Antwort des Glaubens, zu der er ihn durch seinen Geist befähigt. Wer Christ wird, wendet sich von allem Bösen ab, bekennt fortan Jesus Christus als seinen Herrn und erklärt sich bereit, als Glied der Gemeinde ein verbindliches Leben in der Nachfolge Jesu Christi zu führen. [...] Die Taufe bezeugt die Umkehr des Menschen zu Gott.« Der Text des Glaubensbekenntnisses ist im Internet unter http://www.rechenschaft-vom-glauben.de einsehbar und wird nachfolgend mit RvG abgekürzt.

5 Vgl. hierzu nochmals RvG (s. Anm. 4) II,1,3: »Durch den Vollzug der Taufe wird dem Täufling bestätigt, was ihm das Evangelium zusagt und wozu er sich vor Gott und Menschen bekennt: Jesus Christus ist auch für mich gestorben und auferstanden. Mein altes Leben unter der Herrschaft der Sünde ist begraben, durch Christus ist mir neues Leben geschenkt. Gott gibt mir Anteil an der Wirkung des Todes Jesu Christi. Er läßt auch die Kraft seiner Auferstehung an mir wirksam werden, schon jetzt durch die

weiter ausgeführt und zeigt in der kirchlichen Verkündigung meiner Wahrnehmung nach selten Konsequenzen.

Ich möchte im Folgenden von der Taufpraxis des Neuen Testaments absehen und stattdessen nach dem fragen, was über die Taufpraxis hinaus an theologischer Botschaft in Bezug auf die Taufe wahrnehmbar ist. Auf dieser Ebene des Gehaltes der Botschaft über die Taufe erkenne ich einerseits die Herausforderung zur Prüfung einer möglichen Ausweitung baptistischen Taufverständnisses, zugleich aber auch Impulse für die Frage nach Glauben und Taufe als initiatorische Momente für die Gläubigen. Herausforderungen und Impulse gehen in die Richtung, in der Taufe ein Handeln Gottes am Gläubigen zu erkennen, das ihn sowohl mit der Wirklichkeit des gekreuzigten und auferstandenen Christus verbindet, als ihn auch hierdurch in die Gemeinschaft des in der Welt gegenwärtigen Christusleibes, der Gemeinde, hinein nimmt. Der Gläubige erfährt von Gott in der Taufe die gegenwärtige Verwirklichung dessen, was er in der Verkündigung des Evangeliums im Glauben ergriffen hat, nämlich eine bereits hier und jetzt einsetzende eschatologische Qualifizierung seines Lebens, das nun von dieser neuen Wirklichkeit her zu führen ist und wofür die Gliedschaft an der Kirche Jesu Christi das sichtbare Zeichen ist. Glaube und Taufe haben demnach zwar im unbedingten Miteinander eine *umfassende* initiatorische Bedeutung, gestalten aber jeweils *unterschiedliche Richtungen* dieser Initiation. Diese Thesen können mit einigen Beobachtungen im Neuen Testament untermauert und anschließend für das Gespräch um das kirchliche Miteinander zugespitzt werden.

2. Neutestamentliche Beobachtungen

2.1 Die Johannestaufe

Die Beschäftigung mit der Taufe im Neuen Testament übersieht sehr häufig, dass sie für die Christen offensichtlich von Beginn an selbstverständlich war. Über einen historischen Grund für diese Praxis wird in den Schriften an keiner Stelle gehandelt – sie scheint als normale Praxis einfach da zu sein.[6] Wo aber kann dieser historische Grund vermutet werden?

Gabe des Heiligen Geistes und einst durch die Auferweckung zum ewigen Leben.« Gerade diese Frage hat in der Geschichte des deutschen Baptismus zur Zeit der beiden deutschen Staaten zu unterschiedlichen Formulierungen in den Bekenntnisschriften des ostdeutschen und des westdeutschen Bundes geführt, die erst nach dem Zusammenschluss der beiden Bünde in dem oben zitierten Bekenntnis von 1995 zusammengeführt werden konnten. Eine Dokumentation der Diskussion um die Frage nach dem baptistischen Taufverständnis wurde vorgelegt von Günter Balders/Uwe Swarat (Hrsg.), Zur Tauftheologie im deutschen Baptismus, Kassel 1994.

[6] Dies wird besonders am Beginn der Apostelgeschichte deutlich: Lukas begründet mit keinem einzigen Wort, warum die bei der Pfingstpredigt neu zum Glauben Gekommenen sich taufen lassen sollen, und es wird auch nichts von einer entsprechenden

Hier begegnet in den Berichten der Evangelisten immer wieder die Person des Täufers Johannes. Dieser tritt mit einer stark eschatologisch geprägten Predigt auf, die das Kommen des Messias als Erlöser und Richter vorbereiten soll. Die Vorbereitung aber vollzieht sich durch die Buße und den Empfang der Taufe, wobei Buße und Taufe deutlich miteinander verbunden werden. Hier setzen bekanntlich Markus und Lukas auf der einen Seite, Matthäus auf der anderen Seite unterschiedliche Akzente,[7] die uns an dieser Stelle aber nicht interessieren müssen.

Denn unabhängig von dieser Akzentuierung ist den Synoptikern die Überzeugung gemeinsam, dass die Taufe des Johannes eine grundlegende Veränderung im Leben der Menschen anzeigt: Sie sind umgekehrt aus ihrem alten Leben und aus ihren alten (religiösen) Sicherheiten in ein neues Leben mit Gott, der, so betonen wenigstens Markus und Lukas, sich ihnen gleichfalls in der Vergebung ihrer Sünden zugewendet hat. Die Taufe des Johannes steht

---

Rückfrage mitgeteilt. Offensichtlich können die ersten Verkündiger auf einem Vorverständnis dieser Handlung aufbauen. Auch wenn man historisch die Apostelgeschichte wenigstens der zweiten Generation zurechnen darf, so sollte dies doch nicht zu Zweifeln Anlass geben, dass sie hier keinen von Beginn an normalen, eben ›selbstverständlichen‹ Vorgang wiedergibt.

[7] Mk 1,4 und Lk 3,3 sprechen von einer »Taufe der Buße zur Vergebung der Sünden«. Die Buße gestaltet sich demnach in der Taufe, die gleichzeitig aber auch ›zur Vergebung der Sünden‹ geschieht. Da aber natürlich nur Gott Sünden vergeben kann (Mk 2,7), ist die Taufe letztlich das Symbol dieser von Gott gewährten Vergebung. In der Taufhandlung beugt sich der Täufling bekennend unter seine Sünde und lässt sie sich von Gott vergeben. Die Taufe wird zum Siegel der Vergebung, die Gott dem Menschen gewährt, der Buße getan hat. Sie ist damit aber zugleich Zeichen für eine Haltung des Menschen und eine Gnadengewährung Gottes. Vgl. hierzu z.B. Joachim Gnilka, Das Evangelium nach Markus, Einsiedeln/Köln/Neukirchen-Vluyn/Zürich 1978 (= EKK II/1), 45f. Das Matthäusevangelium beschreibt dagegen die Taufe des Johannes allein als »Taufe zur Umkehr« (Mt 3,11). Die Umkehr wird hier nicht nur in der Taufe bekundet, sondern findet in ihr statt, vgl. Hartwig Thyen, Studien zur Sündenvergebung, Göttingen 1970 (= FRLANT 96), 139f. Dies sieht auf den ersten Blick wie ein Gegensatz zu den Aussagen bei Markus und Lukas aus. Doch verliert sich dieser Eindruck, wenn man beachtet, dass die Umkehr keineswegs als ein nur punktuelles Ereignis angesehen werden kann. Sie fordert ja vielmehr eine neue Lebensgestalt, ein von der Umkehr bestimmtes Leben. Der angebliche Gegensatz löst sich somit dahingehend auf, dass Markus und Lukas stärker vom ehemaligen Leben der Täuflinge herkommen und die Taufe als Abschluss hiervon und Übergang zum Neuen erkennen, während Matthäus eher den Übergang zum Neuen und dann dieses nun folgende Leben in den Blick nimmt. Die Johannestaufe wird von ihm als der Beginn eines neuen Lebens betont. Wenn Matthäus in seiner Darstellung jeglichen Hinweis auf die Vergebung der Sünden unterlässt, so hat dies darin seinen Grund, dass er die Vergebungsmacht deutlich exklusiver an Jesus anbindet. Diese Beobachtung wird dadurch unterstrichen, dass die Formulierung »zur Vergebung der Sünden«, die Markus und Lukas eben noch beim Täufer überliefern, bei Matthäus aber in den Abendmahlsworten Jesu verortet wird.

damit an einem zentralen Wendepunkt des Lebens derer, die der Predigt des Täufers gefolgt sind. Sie ist eine grundlegende Vorbereitung für die Annahme des Heils, dessen Vorbereiter er nach den Evangelien ist.

Dass dieser Kommende mehr ist als Johannes, wird von allen Evangelisten aufs deutlichste betont. Und zwar – das ist nun sehr zu beachten – gerade auch im Hinblick auf die sich in der Nachfolge Jesu gestaltende Taufe. Der Unterschied zwischen diesen beiden »Taufen« liegt in der Gabe des Geistes als der eigentlichen eschatologischen Gabe Gottes.[8]

Interessant und beachtenswert erscheint mir an dieser Stelle auch die Aufnahme der Überlegungen von Hartmut Stegemann, der die Johannestaufe an dem Ort lokalisiert, an dem nach der Überlieferung das Gottesvolk in das Land der Verheißung eingezogen ist.[9] Die Taufe des Johannes steht damit für den erwarteten Eintritt in das neue Leben der Verheißung und ist damit in sich bereits ein initatorisches Geschehen, dass deutlich über das Moment des Taufaktes hinausweist, indem es das neue Leben als ein Leben in der erwarteten eschatologischen Gegenwart Gottes qualifiziert.

Diese hohe Stellung und Achtung des Johannes und seiner Taufe scheint sich in die früheste Geschichte der Nachfolger Jesu und damit auch von Anfang an in die Geschichte der werdenden Gemeinden fortgesetzt zu haben. In ihr kann damit aber zugleich ein vorlaufendes Verständnis auch der später geübten christlichen Taufe gesehen werden als einer Handlung am Schnittpunkt, am Übergang zwischen zwei Lebensabschnitten.

2.2 Paulus

2.2.1 Römer 6,1ff.

Wenden wir uns nun dem Verständnis der christlichen Taufe zu, so muss ich mich für meine Fragestellung auf Paulus beschränken. Immer wieder und ganz zurecht beginnt man bei der letzten Aussage zur Taufe in den unumstrittenen Briefen dieses Apostels, bei Röm 6.

Diese Perikope steht an einer sehr entscheidenden Stelle innerhalb des ersten Teils des ganzen Schreibens. Ausgangspunkt der Darlegungen des Paulus war die durch das Kreuz Christi erlangte Rechtfertigung der Menschen von Gott, die diese allein im Glauben annehmen können. Juden wie Heiden sei

---

[8] Vgl. Mt 3,11; Mk 1,8; Lk 3,16; Joh 1,26.31–33.

[9] Vgl. Hartmut Stegemann, Die Essener, Qumran, Johannes der Täufer und Jesus, Freiburg i. Br. [8]1999, 294ff., bes. 297: »Das Auftreten des Täufers analogisierte [...] das Dasein Israels nach dem Auszug aus Ägypten ›in der Wüste‹ vor dem Einzug in das Gelobte Land, in dem erst künftig alles Wirklichkeit werden sollte, was Gott seinem erwählten Volk bereits durch Mose auf dem Sinai verheißen hatte. In einer Art symbolischer, prophetischer Zeichenhandlung setzte Johannes somit das Volk Israel vor dem Übergang zur künftigen Heilszeit in Entsprechung zu jener Wüstengeneration Israels, der zwar das Heil bereits verheißen war, deren Mitglieder aber erst zugrunde gehen mussten, bevor ihre Kinder das Heilsziel erreichen durften.«

ihre Verfallenheit unter den Zorn Gottes und an die Macht des Todes gemeinsam. Den einzigen Ausweg aus diesem unausweichlichen Weg aller Menschen zeigt die Gerechtigkeit Gottes, die im Glauben an Jesus Christus angenommen wird. Denn – dies führt der Apostel unmittelbar zuvor in der sogenannten Adam-Christus-Typologie aus – mit Christus ist der neue Mensch gekommen. Kam mit Adam die Sünde in die Welt, so mit Christus Gnade, Gerechtigkeit und Leben. Da Sünde und Leben für den Apostel lebensbestimmende überindividuelle Mächtigkeiten sind, wird es damit zu einer grundsätzlichen Existenzfrage, der Mächtigkeit der Adam-Existenz zu entkommen. Eben dieser Übertritt von der todbringenden in die lebensgewährende Wirklichkeit vollzieht sich, so die ganze Argumentation des Apostels bis hierher, durch den Glauben allein. Im Aufbau des Römerbriefes bietet die Adam-Christus-Typologie damit den sachgemäßen zusammenfassenden Abschluss der ersten fünf Kapitel.

Wenn nun aber die Gläubigen in dieser neuen Lebenswirklichkeit des Christus stehen, was bedeutet dies für ihre geschichtliche Lebensexistenz? Mit dem wahrscheinlich antipaulinische Polemik aufgreifenden Zitat stellt sich der Apostel dieser Frage: »Heißt das nun, dass wir an der Sünde festhalten sollen, damit die Gnade um so mächtiger werde?« (V1). Dieser These widerspricht Paulus bekanntlich vehement mit dem Argument, dass die Gläubigen doch der Sünde tot seien. Zur Begründung dieser deutlichen Ablehnung erinnert er an die Taufe, die er unter dem Gesichtspunkt des Sterbens und Auferstehens reflektiert. Die These lautet: Christen sind der Macht der Sünde in der Taufe gestorben. Durch die Taufe sind wir mit Christus in den Tod begraben (V4), der alte Mensch ist mitgekreuzigt (V6), sodass der Leib der Sünde nicht mehr dienen kann. Versteht man den Dativ τῷ ὁμοιώματι (tō homoiōmati – der Gleichheit) in V5 richtigerweise als *dativus soziativus*, so ist die Taufe das *Instrument*, durch dass der Getaufte mit der Gleichheit des Todes Christi verbunden wird.[10] Er wird in diesen Tod hineingegeben, das heißt er wird hineingenommen in das in der Vergangenheit liegende Sterben Jesu

---

10 Der Dativ τῷ ὁμοιώματι in V5 kann als *dativus instrumentalis* oder *dativ soziativus* gelesen werden. Sind die Getauften σύμφητοι (symphētoi – Verbundene) *durch* die Gleichheit des Todes oder sind sie σύμφητοι *mit* der Gleichheit des Todes? Die instrumentale Deutung des Dativs fordert sofort die Frage, womit denn die Getauften verbunden seien. Übersetzungen, die dieser Möglichkeit folgen, ergänzen dann im Text auch beständig ein ‹mit ihm› bzw. ein ‹mit Christus›. Dieses Verständnis aber hat, soweit ich es sehen kann, an Akzeptanz verloren, da sich der Vers auch ohne diese Zufügung sinnvoll übersetzen lässt. Fasst man τῷ ὁμοιώματι dann aber als *dativus soziativus*, so ist natürlich zu fragen, wodurch nun diese Verbindung sich ereignet. Die Antwort kann aus dem vorhergehenden nur lauten: durch die Taufe. Die Gläubigen sind in den Tod Jesu getauft (V3) und durch die Taufe mit Christus in den Tod begraben (V4). Vgl. hierzu z.B. Eduard Lohse, Der Brief an die Römer, Göttingen 2003 (= KeK IV), 190f. Zur Diskussion um dieses Verständnis vgl. Rudolf Schnackenburg, Todes- und Lebensgemeinschaft mit Christus, in: MThZ 6 (1955), 32–53.

am Kreuz. Ist der Gläubige in der Taufe aber mit Christus der Sünde gestorben, so ist die erste Folge der Taufe, dass der Leib, der bisher der Sünde gehörte, vernichtet wird und ihr also auch nicht mehr dienen kann (VV6–7).

Doch bleibt Paulus nun nicht beim Sterben und Begrabenwerden stehen. Vielmehr geschieht die Teilhabe an Sterben und Begraben, *damit* die Glaubenden auferstehen und dann in einem neuen Leben wandeln können (V4). Erst hierdurch wird das Neue, von dem der Apostel in Röm 5,12–21 im Gegensatz zu dem alten Leben im Wirkungsbereich Adams sprach, zur gegenwärtigen Wirklichkeit des Gläubigen. Die Taufe bedeutet also nicht weniger als eine völlige Veränderung der Grundlage, auf der das eigene gegenwärtige Leben aufbaut.[11]

Es ist klar, dass Paulus in dieser Deutung des Taufgeschehens keinerlei Raum gibt für eine etwa nur symbolische Deutung der Taufe. Der ganze Abschnitt kann seine fundamentale Argumentationsabsicht nur bewahren, wenn er im Ganzen realistisch und nicht symbolisch verstanden wird.[12] Die Taufe ist für Paulus keineswegs nur ein Zeichen, sondern in ihr ereignet sich tatsächlich diese Verbindung des Gläubigen mit dem Tod Christi und damit die tatsächliche Entmachtung der Sündenmacht und Zueignung der Auferstehungsmacht in seiner Lebenswirklichkeit.

Die Taufe ist damit nach Ansicht des Apostels das Geschehen, in dem diese Veränderung der Lebensgrundlage geschieht – aber man muss genau seinen Aussagen folgen und dann feststellen: sie geschieht nicht *durch* die Taufe. Es ist allein das Kreuz und die Auferstehung Christi, *durch* die diese Veränderung einem Menschen gegeben werden kann. Die Taufe ist aber das Geschehen, in dem Gott dieses für den Gläubigen in seiner eigenen Existenz wirkungsmächtig werden lässt. Wirkungsmächtig kann aber nur das werden, was zuvor verkündigt und im Glauben angenommen wurde, dass nämlich in Jesus Christus die Befreiung von dem adamitischen Todesschicksal zu den Menschen gekommen ist. Erst von diesem Glauben her gewinnt die Taufe überhaupt einen Sinn, denn erst dieser Glaube lässt sich vertrauensvoll und hoffend auf das Sterben ein, weil er die Auferstehung in das neue Leben mit Christus erwarten darf. Und erst von diesem Glauben her wird die Herausforderung zur neuen geschichtlichen Lebenswirklichkeit sichtbar. Röm 6 steht also ganz bewusst erst nach Röm 1–5.

---

[11] Es ist auffällig, wie sehr der Apostel an dieser Stelle das, was mit dem Glaubenden in der Taufe geschieht, mit dem vergleicht, was das alte urchristliche Bekenntnis über Christus in 1Kor 15,3f. formuliert.

[12] Dies hat bereits die bis heute für die baptistische Tauftheologie immer noch als Standardwerk geltende Untersuchung des britischen Baptisten George Beasley-Murray, Die christliche Taufe. Eine Untersuchung über ihr Verständnis in Geschichte und Gegenwart, Wuppertal 1998, 345–349 betont. Leider hat diese Beobachtung aber nicht immer die ihr gebührende Aufnahme gefunden.

Der Glaube führt den Menschen somit in die Gegenwart des rettenden Gottes, der ihm diese Wirklichkeit in der Taufe für sein gegenwärtiges und zukünftiges Leben zueignet. Diese Zueignung aber erfolgt gleichzeitig mit einer bestimmten Absicht. VV10f. formulieren diese Absicht, wenn sie von der Aufgabe sprechen, nun als neuer Mensch auch Gott zu leben. Die im Glauben ergriffene rettende Wirklichkeit Gottes wird in der Taufe zur lebensbestimmenden Wirklichkeit des hier gestorbenen und auferstandenen Menschen. Führt der Glaube in die Wirklichkeit der Rettung, so die Taufe in die Wirklichkeit des nun neuen Lebens.

Die Taufe zeigt sich damit deutlich als ein Geschehen, durch das der Gläubige in eine Lebenswirklichkeit hineingenommen wird, in der ein Verbleiben unter der lebensbestimmenden Macht der Sünde ausgeschlossen ist. Die Taufe vermittelt dem Gläubigen eine Wirklichkeit von Vergebung und Auferstehung, die ihn in Freiheit von Sünde und dann in der Gegenwart des Geistes Gottes leben lässt – eben das, was der Apostel sofort im Anschluss weiter ausführt.

2.2.2 Galater 3,26–28

Als zweites Schreiben ist der Kampfbrief des Apostels um die Christen in Galatien zu erwähnen. Hier interessiert vor allem Gal 3,26–28, und ich setze bei der Frage ein, wie der Apostel hier Glaube und Taufe verbindet.

In V26 werden die Galater als »Söhne Gottes durch den Glauben« bezeichnet. Die Sohnschaft wird also keineswegs durch die Taufe erworben, sondern durch den Glauben. Andererseits formuliert V27: »ὅσοι γὰρ εἰς Χριστὸν ἐβαπτίσθητε, Χριστὸν ἐνεδύσασθε [hosoi gar eis Christon ebaptisthēte, Christon enedysasthe – ›denn ihr alle, die ihr auf Christus getauft seid, habt Christus (als Gewand) angelegt‹]«. Das γάρ (gar – denn) am Beginn dieses Satzes verbindet ihn mit der zuvor gemachten Aussage. Die vielfältigen Möglichkeiten zur Beschreibung dieser Verbindung brauchen hier nicht im Einzelnen dargestellt zu werden,[13] ich beschränke mich auf eine einfache Beobachtung: Paulus

[13] Die eine Möglichkeit wäre, den Glauben und das damit empfangene Heil als Resultat der Taufe zu sehen: »Ihr glaubt und habt das neue Leben erhalten, denn ihr seid getauft«. Die Taufe wäre das eigentlich zentrale Geschehen, der Glaube aber bestenfalls Vorbreitung, im eigentlichen Sinne aber sogar Folge von ihr. Es wäre dann festzustellen, dass Gott letztlich unabhängig vom Glauben in der Taufe zum Heil des Getauften handelt. Diese Deutung aber unterwandert letztlich die von Paulus zuvor ausgeführte zentrale Bedeutung des Glaubens für das Heil des Menschen. Sie kann sich zwar durchaus auf den Wortlaut des Textes dieser beiden Sätze berufen, nicht jedoch auf die Aussagen des Zusammenhangs von Gal 3, in denen sie steht. Aber es ist auch ein umgekehrtes Verständnis denkbar. Der Glaube würde demnach die Gotteskindschaft bewirken und die Taufe wäre eine bloße Folge, die aber letztlich nichts Neues und Zusätzliches bringt. Sie könnte dann z.B. nur noch als Bekenntnis des in V26 angesprochenen Glaubens gesehen werden: »Ihr glaubt und seid dadurch Kinder Gottes; darum habt ihr euch auch taufen lassen und darin Christus angezogen«. Hierbei ist die Vorrangstellung des Glaubens sichergestellt. Warum aber ist dann überhaupt noch

stellt beide Momente – Glauben und Taufe – sehr selbstverständlich nebeneinander. Und mit beiden verbindet er grundlegende Aussagen über die Christen. In dem Glauben haben sie sich die Gotteskindschaft schenken lassen, in der Taufe aber Christus angezogen.

Dieses Bild vom Anziehen, das Paulus hier mit der Taufe verbindet, begegnet auch in anderen paulinischen und deuteropaulinischen Schriften, etwa in Röm 13,22, in Kol 3,10ff. und Eph 4,24. Gemeinsam in den Briefen, die zeitlich nach Galater einzuordnen sind, ist ein Gebrauch dieses Ausdrucks, der auf eine ethische Neuorientierung ausgeht. Der Galaterbrief dagegen scheint noch von dem historisch früheren und zeitlich sehr nahen 1. Korintherbrief beeinflusst. In 1Kor 15,53f. spricht Paulus davon, dass der Mensch, der den unsterblichen Christus angezogen habe, im Tode gerettet werde. Über das Kleid des alten Menschen wird das Neue gezogen und damit der Tod vom Leben verschlungen. Gal 3 steht zunächst noch in dieser Tradition. Der Glaubende zieht in der Taufe Christus an und erlangt damit eine neue Qualität seines Lebens. Dieses wird nicht mehr durch den Tod bestimmt, sondern durch die Auferstehungskraft Christi.[14]

Doch dann geht Paulus im Galater über diese Vorstellung hinaus und schlägt damit zugleich die Brücke zu der späteren ethischen Verwendung des Bildes: Eben dieses Anziehen Christi hat eminente Konsequenzen für das Leben. Dabei richtet sich der Blick des Apostels an dieser Stelle auf die Gemeinschaft derer, die Christus in der Taufe angezogen haben. Und er stellt fest, dass es unter ihnen keine Unterschiede mehr nach Rasse, Herkunft, sozialer Stellung und Geschlecht gibt. Durch das Anziehen Christi sind alle »einer in Christus«, und ihr Leben wird grundsätzlich nicht mehr durch die geschichtlich bzw. weltlich bedingten Unterschiede bestimmt, sondern durch den Einen, der die Basis ihres neuen Lebens ist: Christus.[15]

---

von der Taufe die Rede? Genau genommen könnte sie dann im Zusammenhang von Gal 3 auch fehlen, hatte der Apostel doch mit V26 das Entscheidende gegenüber der Irrlehre einer neuen Gesetzesfrömmigkeit ausgesagt. Wer sich diese beiden Auslegungsmöglichkeiten vor Augen führt, der erkennt in ihnen schnell die Argumentationen wieder, die in den christlichen Kirchen über das Verhältnis von Glaube und Taufe geführt werden.

[14] Der Bezug zu den Aussagen von 1Kor 15 eröffnet noch einen zusätzlichen Horizont. Denn es geht keineswegs nur um neue Kleider für die *Gegenwart* des Glaubenden, sondern gerade auch für dessen *ewige Zukunft*. Damit aber, und so schließt sich der Kreis zu den Aussagen in Gal 3, ist das erreicht, worum es in der Kindschaft Abrahams ging: teilzuhaben an dessen Verheißung.

[15] Diese Aussage kann man gar nicht hoch genug bewerten. Im Zusammenhang des Galaterbriefes tritt der Apostel damit zuerst jeglichem Gedanken einer Vorrangstellung der Juden entgegen. In der Taufe ist der Unterschied zwischen ihnen und den aus dem Heidentum kommenden Gläubigen gänzlich aufgehoben. Wenn Paulus darüber hinaus noch betont, dass auch die Unterschiede zwischen Freien und Sklaven und sogar zwischen Mann und Frau nicht mehr von Gewicht sind, so öffnet er im selben Moment eine ganz neue Dimension für das Verständnis von christlicher Gemeinde. In

Diese neue Orientierung im Verständnis und der daraus folgenden Gestaltung des neuen Lebens verbindet der Apostel über das Bild des Anziehens Christi mit dem Vorgang der Taufe. Die Gläubigen sind zwar bereits durch ihren Glauben Söhne Gottes und Teilhaber an der Verheißung Abrahams. Diese Zusage des Heils findet aber über das Bild des Anziehens Christi in der Taufe dahingehend eine Fortsetzung, als dass dieses Heil nun in Bezug auf die konkrete Lebenswirklichkeit der getauften Gläubigen fruchtbar gemacht wird. Die Taufe erhält damit eine grundlegende Bedeutung für die Art und Weise des neuen Lebens der Christen.

Glauben und Taufe, um auf die Frage nach ihrem Zusammenhang in Gal 3 zurückzukehren, sind demnach keine Alternativen, sondern engstens koordiniert. Erst als »Kind« kann der Mensch das neue Gewand des »Vaters« anlegen. Aber erst durch dieses Anlegen zeigt er, wer er ist und ist dann auf diese seine neue Existenz hin auch ansprechbar und verpflichtet. Führt der Glaube also in die Sohnschaft, so die Taufe in die nun lebensbestimmende konkrete Verwirklichung dieser Sohnschaft – in Gal 3 reflektiert in Bezug auf das Miteinander der Geschwister in der Gemeinde.[16]

2.2.3 1. Korinther 12,13

Bereits die letzten Ausführungen zum Galaterbrief haben in die Frage hineingeführt, wie sich denn durch die Taufe etwa das Verhältnis des Getauften zur Gemeinschaft der Getauften in der Ekklesia bestimmt. Hierzu ist nun abschließend ein – sehr kurzer – Blick auf 1Kor 12,13 nötig.

Dieser V13 verbindet das Bild der Ekklesia als Leib, welches die Kapitel 11–12 des 1. Korintherbriefes bestimmt, mit der Taufe: »Denn in einem Geist sind wir alle zu einem Leib getauft worden, es seien Juden oder Griechen, es seien Sklaven oder Freie, und sind alle mit einem Geist getränkt worden.« Die Taufe wird hier von Paulus als der Ort beschrieben, an dem ein Christ durch das Wirken des Geistes in diesen Leib Christi aufgenommen wird. Die Taufe verändert also nicht nur das Leben des Getauften selbst. Sie stellt ihn zugleich in

ihr dürfen keinerlei äußere Unterschiede mehr die Bewertung der Geschwister bestimmen. Vielmehr gilt, dass jeder und jede Getaufte allein von Christus her zu beurteilen ist. Damit ist aber gleichzeitig durch die Taufe für das Leben in der Gemeinde ein grundsätzlich anderer Umgang mit Menschen gefordert, als er außerhalb der Gemeinde üblich ist.

[16] Beides gehört insofern unauflöslich zusammen, als das Geschenk der Kindschaft in der Taufe seine Verwirklichung findet. In der Taufe ereignet sich das, worauf der Täufling in seinem Glauben vertraut. Das Geschenk der Kindschaft wird im Glauben von Gott ergriffen und in der Taufe als neue Lebenswirklichkeit angenommen. So sind Glaube und Taufe fest aneinander gebunden und aufeinander bezogen. Ein Glaube ohne Taufe würde übersehen, dass das Heilsangebot Gottes zu einer ganz konkreten neuen Lebensbasis führen will. In diesem Fall wären die Aussagen von V28 nicht möglich. Einer Taufe ohne Glauben hingegen würde jeglicher Grund fehlen und das Heil zu etwas machen, dass der Mensch durch seine Handlung von Gott erzwingen könnte – eine für Paulus ebenso unmögliche Vorstellung.

ein ganz neues geistliches und geschichtliches Umfeld, nämlich in den Leib Christi, den er nun gemeinsam mit den anderen Geschwistern mitten in der Welt repräsentiert. Gott gliedert den Gläubigen in seinen Leib ein und dort lebt er nun gemeinsam mit anderen Gläubigen.

Damit überwindet die Taufe jeden Glaubensindividualismus. Sie ist zwar zuerst ein ganz persönliches Geschehen zwischen Gott und dem Christen, doch gerade dadurch, dass der Gläubige sich von Gott seine neue Lebensgrundlage schenken und zusagen lässt, ist er im selben Moment in eine Beziehung zu all denen gestellt, die ebenfalls ihre Lebensbasis von Gott erhalten haben. Der Taufe eignet also eine initiatorische Bedeutung gerade auch im Bezug auf den neuen, von Gott bestimmten Lebensraum des Getauften in der Gemeinde, der in den späteren Schriften dann geradezu eine christologische Dignität zuerkannt werden kann, man denke an den Epheserbrief. Auf dieser gemeinsamen Grundlage aber soll und kann nun auch gemeinsam Gemeinde gelebt und gebaut werden. Und man wird hinzufügen müssen: nur auf dieser Grundlage.

Diese Ausführungen in 1Kor 12,13 haben deutliche Konsequenzen für unsere Sicht von der Gemeinde und ganz besonders auch für die Bedeutung der Taufe. Die Gemeinde ist hiernach keineswegs nur ein soziologisches Gebilde, in der sich Gleichgesinnte treffen und mehr oder weniger gemeinsam versuchen, ihre Überzeugungen zu leben und umzusetzen. Sie ist vielmehr der Leib Christi auf der Erde. Ein Leib, der durch die Taufe der zu ihr Gehörenden gebildet wird. Um Glied an diesem Leib zu werden, genügt dann auch nicht die gleiche Gesinnung, Überzeugung oder das gleiche Bekenntnis. Dies wären alles Äußerlichkeiten, die zwar für das Leben der Gemeinde durchaus wichtig sind, aber eben nicht über die Gliedschaft an diesem Leib entscheiden. Glied an diesem Leib kann nur werden, wer von Gott selber diesem Leib eingegliedert wird. Dies aber geschieht in der Taufe, die somit den Gläubigen mitten in der Welt einen neuen Lebensort zuweist: die Gemeinde. Der Taufe eignet damit eine unbedingte ekklesiologische Dignität.

2.3 Zusammenfassung der neutestamentlichen Beobachtungen

Ich habe diese kurzen und in ihrer Kürze natürlich ergänzungsbedürftigen Beobachtungen zur Taufe im Neuen Testament angestellt, um der Frage nach ihrem theologischen Gehalt unabhängig von der geübten Praxis nachzugehen und gleichzeitig zu fragen, ob und wie Glauben und Taufe initiatorische Qualitäten haben. Zurückblickend scheinen mir nun folgende Aspekte festzuhalten zu sein:

1.) Erkennen wir die Johannestaufe als einen grundsätzlich traditionellen Hintergrund der christlichen Taufe, so darf damit gerechnet werden, dass die durch Johannes unterstrichene Intention seiner Taufe als einer Vorbereitung und Hinführung zur neuen Heilsgewährung Gottes auch in das Verständnis der christlichen Taufe aufgenommen wurde.

2.) Gleichwohl musste sich das Verständnis der Taufe in der auf Christus folgenden und gründenden Kirche verändern, da die Wirklichkeit, auf die Johannes mit seiner Taufe vorbereitete, durch das Kommen Jesu und die Sendung des Geistes nun bereits eingetreten war. Die Taufe verliert ihren vorbereitenden Charakter und gewinnt stärker den Charakter einer Einführung in das gekommene Neue.

3.) Dieses Neue, zu dem ein Christ gehört, konnten wir bei Paulus mit den Begriffen der Sohnschaft in Galater 3 und der Gnade, Gerechtigkeit und dem Leben in Röm 5 beschrieben finden. Gleichzeitig wurde hierbei deutlich, dass in diese grundlegend existenzverändernden Wirklichkeiten nicht die Taufe, sondern der Glaube hineinführt.

4.) Völlig parallel hierzu stellt Paulus dann jedoch die Taufe neben den Glauben. Und zwar insofern, als dass die Taufe in die neue Geschichtlichkeit des Lebens als Gerechtfertigter einführt. Dies reflektiert Röm 6 unter dem Aspekt der Freiheit von der Sünde durch die Teilhabe an Sterben und Auferstehung, Gal 3 unter dem Aspekt der Überwindung aller sozialen, religiösen und gesellschaftlichen Grenzen durch das Anziehen Christi und schließlich 1Kor 12 durch die Einverleibung in die Gemeinde als des Leibes Christi.

Wage ich von diesen Beobachtungen her nun ein Resümee in Bezug auf das Thema dieses Beitrages, so kann ich formulieren: Der Glaube führt den Menschen in eine neue Wirklichkeit in Bezug auf die Gottesbeziehung ein. Die Taufe führt diesen nun im Angesicht Gottes stehenden Menschen in eine neue Wirklichkeit in Bezug auf sein geschichtliches Leben und damit seine Weltbeziehung ein. Der Veränderung der Stellung zu Gott durch den Glauben korrespondiert eine Veränderung der Stellung des Gläubigen zu seinem eigenen Leben und seinem Lebensumfeld. Spitze ich diese Überlegungen in Bezug auf die Begrifflichkeit des Themas zu, so kann ich formulieren: Der Glaube ist Initiation in eine neue vertikale Wirklichkeit des Menschen, die Taufe ist Initiation in eine neue horizontale Wirklichkeit des Gläubigen. Deutlich ist von diesem Resümee her, dass sich Glaube und Taufe unbedingt gegenseitig bedingen: Eine Taufe ohne Glaube fordert zu einer Lebensgestaltung auf, der jegliche Grundlage fehlt und endet wohlmöglich in reiner Gesetzlichkeit, ein Glaube ohne Taufe übersieht die Aufforderung zur neuen Geschichtlichkeit des Glaubenden und endet wohlmöglich in weltflüchtiger Schwärmerei.

3. FOLGERUNGEN

Am Schluss ist nun zu fragen, inwieweit diese Beobachtungen für das Gespräch von Konfessionen mit unterschiedlicher Tauflehre und Tauftradition fruchtbar gemacht werden können. Hierbei ist zunächst nach Impulsen für die eigene Kirche zufragen, bevor in aller Vorsicht auch solche für die anderen, sich an diesem Gespräch Beteiligenden gesucht werden können.

Der unbedingte Bezug von persönlichem Glauben und ebenfalls persönlich nachgefragter Taufe, den Baptisten betonen, scheint mir nicht aufgebbar zu sein. Gleichwohl darf hierbei die Taufe nicht zu einer Symbolhandlung oder gar zu einem Gemeindeeintritt verkommen, da wir ihr damit ihre eigentliche Bedeutung nehmen würden. Sie muss vielmehr betont werden als ein Geschenk Gottes, mit dem er den Gläubigen mitten in dessen Welt auf die neue Lebenswirklichkeit der Gnade und der Rettung stellt, die nun dessen aktuelles Leben bestimmen kann, will und soll. Hierbei ist zwar der ekklesiologische Aspekt von eminenter Bedeutung, umfasst aber keineswegs das Ganze der initiatorischen Qualität der Taufe. Dass dieser Initiation in eine neue geschichtliche Wirklichkeit die Initiation in eine neue Wirklichkeit der Beziehung Gottes zum Menschen durch den Glauben korrespondiert und letztere – der Sache nach – auch vorausgehen muss, scheint mir gleichfalls nach den Zeugnissen des Neuen Testaments nicht aufgebbar zu sein. Die Reihenfolge von Glauben und dann folgender Taufe kann demnach nicht allein auf die Missionssituation zurückgeführt werden, aus der heraus und in die hinein die neutestamentlichen Autoren schreiben, sondern ergibt sich auch aus der Beobachtung der theologischen Aussagen über Glauben und Taufe in ihren Schriften.

Gleichzeitig ist meiner Kirche die Aufgabe nicht zu ersparen, sich der Frage der Anerkennung einer Taufe von Unmündigen in der Situation eines Kirchenübertritts für den Fall zu stellen, wo ein Christ in seiner als Kind empfangenen Taufe die Einführung in die durch Gott geschaffene neue Lebenswirklichkeit erkennt und annehmen kann. Führen Glaube und Taufe auf unterschiedlichen Ebenen den Menschen in die ganze Wirklichkeit des neuen Lebens in Blick auf Vertikale und Horizontale ein, so muss gefragt werden dürfen, ob sie dort, wo sich das Leben in einer vom Geist Gottes geprägten Umgebung entwickelt und gestaltet hat, *grundsätzlich* in eine festgelegte geschichtliche Reihenfolge gepresst werden *muss*. Hier über gottesdienstliche Formen einer »Tauferinnerung« nachzudenken, die den neutestamentlichen Gehalt der Taufe dem Gläubigen in Erinnerung rufen und nach deren Annahme fragen, könnte eine Möglichkeit sein, über die sich weitere Überlegungen lohnen würden. Dieses sollte aber nicht als eine nun ebenfalls *grundsätzliche* Anerkennung der Taufe von Unmündigen verdächtigt (etwa aus den Reihen des Baptismus) oder begrüßt (etwa aus den Reihen von Kirchen mit der Tradition der Unmündigentaufe) werden. Es kann hier nicht um die *grundsätzliche* Akzeptanz einer Praxis gehen, die der Botschaft des Neuen Testaments vom Gehalt der Taufe nicht entspricht, sondern allein – aber auch: vor allem – um die Achtung einer persönlichen Geschichte Gottes mit einem Gläubigen, der sich die Gemeinde beugt. Eine solche ›Achtung‹ aber bedarf dann auch einer besonderen Form, möglicherweise etwa der einer Tauferinnerungsfeier.

Umgekehrt – und nun weite ich meinen Blick über meine Kirche hinaus – erscheint es mir angebracht, den Vorwurf der Wiedertaufe seitens anderer

Kirchen an täuferisch gesinnte Gemeinden und Kirchen für den Fall zu überdenken, dass ein Mensch seine als Unmündiger empfangene Taufe nicht als dieses in der Bibel beschriebene Handeln Gottes an ihm erkennen kann und dann neu als nun zum Glauben Gekommener nach ihr fragt. Auch hier würde das eben Gesagte gelten, dass Glaube und Taufe so eng koordiniert und so sehr als zwei Seiten derselben Medaille zu betrachten sind, dass einem neu zum Glauben Gekommen auch neu die Gabe der Zusage Gottes für sein Leben gegeben werden sollte.

Zugleich ist damit die (An-)Frage unausweichlich, inwiefern an dem grundsätzlichen Angebot oder sogar der grundsätzlichen Forderung einer Taufe von Unmündigen festgehalten werden kann und soll, wenn der deutlich unterschiedliche Initationscharakter von Glaube und Taufe erkannt wird. Wie kann und soll einem Unmündigen mit der Taufe die Einführung in eine neue geschichtlich wirksame Lebenswirklichkeit *zugemutet* werden, wenn ihm für diese die Einführung in die Grundlage seiner neuen Existenz in der Gegenwart Gottes durch den Glauben noch fehlt?

Doch unabhängig von diesen gegenseitigen Befragungen, die immer mit der traditionsgeprägten und traditionsbehafteten Praxis der Kirchen zusammenhängen und an diesen Traditionen leider oftmals ihre Grenzen finden mögen, könnte es uns vielleicht zunächst einmal gelingen, Glauben und Taufe als zwei sich ergänzende Wege der Initiation in das neue von Christus geschenkte Leben zu erkennen – einmal in Blick auf die Stellung des Menschen vor Gott durch den Glauben, einmal in Blick auf die Stellung des Gläubigen zu seiner Welt durch die Taufe.

Die Jesusforschung seit Bultmann und ihre methodischen Probleme

Der folgende Beitrag[1] möchte den Umgang mit der Frage nach dem »historischen Jesus« im Verlauf des letzten Jahrhunderts nachzeichnen und hierbei akzentuieren, welche Fragen und Antworten in dieser Zeit bewegt wurden. Damit steht er in der Gefahr, einer vorbereiteten und kenntnisreichen Leserschaft die berühmten Athener Eulen nach- und anzutragen. Gleichwohl scheint im Sinne einer grundsätzlichen Verständigung über die Geschichte, in der wir stehen und in die wir uns mit unseren Überlegungen einbringen, eine kurze Skizzierung der Forschungsgeschichte notwendig. So können die »Eulen« vielleicht zunächst geduldig ertragen werden; im Weiteren Verlauf meines Beitrags wird dann versucht werden, aus dieser Wahrnehmung der Entwicklung Impulse für die Arbeit an der aufgerufenen Frage zu geben.

1. Vorbemerkungen: Inhalt, Terminologie, Gliederung

Ein Versuch, in die Frage nach der Jesusforschung bei den diesbezüglichen Stellungnahmen von Rudolf Bultmann einzusteigen, bedarf der Verständigung, an welcher Schnittstelle diese in der aufgerufenen Frage selber stehen. Hiermit stellt sich die Frage der Strukturierung und damit auch Benennung der verschiedenen Phasen der Arbeit über die Frage des historischen Jesus. Mir erscheint das z. B. bei Gerd Theißen und Annette Merz zu findende Modell einer Charakterisierung in letztlich fünf Phasen hilfreich.[2] Wir haben demnach zunächst 1.) eine Phase der Entdeckung und Darstellung des Problems der Rede über den historischen Jesus. Ich werde sie die »Problematisierungsphase« nennen. Darauf reagiert konstruktiv 2.) die liberale Leben-Jesu-Forschung. Sie ist in meiner Terminologie die »Phase der ersten Frage«. Die aus dem Scheitern dieses ersten Versuchs eines Zugriffs auf Person und Persönlichkeit Jesu entstandene Problematik greift 3.) die Theologie der ersten Hälfte des 20. Jahrhunderts auf, die dem aufgetauchten Dilemma durch eine begründete Negierung der ganzen Frage zu begegnen sucht. Ich nenne diesen

[1] Dieser Beitrag wurde erstmals veröffentlicht in André Heinze/Volker Spangenberg, Der historische Jesus im Spannungsfeld von Glaube und Geschichte, Leipzig 2010, 41–64.

[2] Vgl. Gerd Theissen/Annette Merz, Der historische Jesus. Ein Lehrbuch, Göttingen [3]2001, 22ff.

Zeitraum im Folgenden die »Dialektische Phase«. Kam es hier geradezu zu einem Verbot der Frage nach dem historischen Jesus, so tritt sie dann 4.) seit den 50er Jahren erneut in die Diskussion, der bei mir so benannten »Phase der zweiten Frage«. Die im Zusammenhang dieser Arbeiten deutlich werdenden methodischen Probleme führten schließlich 5.) zum Neuansatz in der so genannten Third Quest, die ich entsprechend auch als »Phase der dritten Frage« bezeichne.

2. Die Phasen der Frage nach dem historischen Jesus

2.1 Die Problematisierungsphase

Dass der verkündigende Jesus ein anderer war als der von seinen Nachfolgern verkündigte Christus, ist eine zur fundamentalen These gebrachte Entdeckung, die eng mit dem Namen Hermann Samuel Reimarus verbunden ist. Dieser 1768 verstorbene Philosoph und Theologe kam im Zuge einer historisch-kritischen Untersuchung der neutestamentlichen Schriften zu der – posthum und anonymisiert von Lessing veröffentlichten – Überzeugung,[3] dass die Jünger Jesu infolge ihrer sich am Tode Jesu entzündenden Enttäuschung »an die Stelle des einfachen, praktisch-sittlichen Evangeliums Jesu [...] das christliche Heils- und Erlösungssystem gesetzt«[4] hätten. Die Christologie der Kirche und ihrer Dogmen stehe damit in sehr gebrochener Kontinuität zur Verkündigung Jesu selber.[5] Reimarus sah den Grund für die kirchliche Chris-

---

[3] Herrmann Samuel Reimarus, Apologie oder Schutzschrift für die vernünftigen Verehrer Gottes. Gotthold Ephraim Lessing veröffentlichte zwischen 1774 und 1778 sieben Fragmente dieser Arbeit ohne Nennung des Verfassers. Die vollständige Fassung der »Apologie« liegt seit 1972 vor: Herrmann Samuel Reimarus, Apologie oder Schutzschrift für die vernünftigen Verehrer Gottes, hrsg. im Auftrag der Joachim-Jungius-Gesellschaft der Wissenschaften Hamburg v. Gerhard Alexander, Frankfurt am Main, 1972.

[4] Hans Hohlwein, Art. Reimarus, in: RGG³ Bd. 5, 1961, 937–938.

[5] Vgl. das Reimarus Fragment 7: Gotthold Ephfraim Lessing (Hrsg.), Vom Zwecke Jesu und seiner Jünger. Noch ein Fragment des Wolfenbüttelschen Ungenannten, Braunschweig 1778, 18–19, dort §7: »Ich kann nicht umhin, einen gemeinen Irrthum der Christen zu entdecken, welche aus der Vermischung der Lehre der Apostel mit der Lehre Jesu, sich einbilden, daß Jesu Absicht in seinem Lehr-Amte gewesen, gewisse zum Theil neue und unbekannte Glaubensarticul und Geheimnisse zu offenbahren, und also ein neues Lehrgebäude der Religion aufzurichten, dagegen aber die Jüdische Religion nach ihren besonderen Gebräuchen, als Opfern, Beschneidung, Reinigung, Sabbathen und andern levitischen Zeremonien, abzuschaffen. Ich weiß wohl, daß die Apostel, und insonderheit Paulus, hieran gearbeitet, und daß die nachfolgende Lehrer theils immer mehrere Geheimnisse und Glaubensarticul geschmiedet, theils auch sich immer mehr von den Jüdischen Zeremonien zurückgezogen: bis endlich Mosis Gesetze gar abgeschafft und eine ganz andere Religion eingeführet worden. Allein in allen Lehren, Reden und Gesprächen Jesu, kann ich von beiden nicht die geringste Spur

tologie maßgeblich in einem bewussten Betrug der Jünger Jesu, die durch ihre Lehre die Predigt und das Selbstverständnis des letztlich gescheiterten Jesus zu ihren eigenen Gunsten zu retten suchten. Man müsse daher konstatieren, dass der predigende Jesus und der gepredigte Christus nicht identisch seien. Diese These war zum einen einer sich der Vernunft gegenüber verantwortlich betrachtenden Theologie, zum anderen aber auch einer dogmen- wenn nicht kirchenfeindlichen Haltung geschuldet, die einen supranaturalistischen Zugang zum Leben und Wesen Jesu ablehnte.

In der Folgezeit untermauerten immer mehr exegetische Beobachtungen die Grundlagen der kritischen These von Reimarus. Hier ist besonders die 1835 erschienene Arbeit von David Friedrich Strauß »Das Leben Jesu«[6] zu nennen, der den mythischen anstelle des historischen Charakters der Evangelienberichte herausarbeitete. Im Mythos seien die historischen Ereignisse der Zeit entsprechend verarbeitet, sodass man nicht wie Reimarus von einem Betrug der Jünger sprechen dürfe.

Allerdings: die Möglichkeit eines unkritischen Zugriffs auf Wesen und Wirken Jesu durch die naive Nutzung der Evangelien als historische Berichte blieb nachhaltig verwehrt. Die Evangelien berichten keine Lebensgeschichte Jesu, sondern eine bewusste Imagination dieses Lebens vor dem Hintergrund der jeweiligen Theologie ihrer Verfasser. Was also begegnet ist Theologie nicht Historie. Dies trifft nach Strauß besonders auf das Johannesevangelium genauso aber auch auf Matthäus und Lukas zu. Damit aber verlor sich der historische Jesus im Nebel hinter den Evangelien.

Die Gegenbewegung ließ erwartungsgemäß nicht auf sich warten und kam exegetisch aus einer vielleicht durchaus unerwarteten Richtung. Strauß war Anhänger der Griesbachschen Hypothese, nach der Matthäus und Lukas die ältesten Evangelien waren und Markus ein Exzerpt aus beiden. Was aber, wenn nun diese beiden Evangelien, die kaum bestreitbar sich in ihrer Darstellung theologischen Intentionen verdankten, doch nicht die ursprünglichsten waren? In dieser Frage brachte Heinrich Julius Holtzmann 1863 einen entscheidenden Impuls, indem er der Zwei-Quellen-Theorie mit den Ausgangspunkten der Markuspriorität und der Quelle Q zu allgemeiner Anerkennung verhalf.[7] Hierdurch avancierte Markus zu einer vom Verdacht der theologischen Verfremdung gefeiten Basis der Rückfrage nach dem historischen Jesus.

---

finden. Er trieb nichts als lauter sittliche Pflichten, wahre Liebe Gottes und des Nächsten: darin setzet er den ganzen Inhalt des Gesetzes und der Propheten: und darauf heisset er die Hofnung zu seinem Himmelreich und zur Seligkeit bauen.« Grundsätzlich stellt Reimarus damit fest, a.a.O., 7–8 (§3): »ich finde große Ursache, dasjenige, was die Apostel in ihren eigenen Schriften vorbringen, von dem, was Jesus in seinem Leben würklich selbst ausgesprochen und gelehret hat, gänzlich abzusondern.«

[6] David Friedrich Strauss, Das Leben Jesu: kritisch bearbeitet, 2 Bde., Tübingen 1835/37.

[7] Vgl. Heinrich Julius Holtzmann, Die synoptischen Evangelien. Ihr Ursprung und geschichtlicher Charakter, Leipzig 1863, insb. 41ff.

Was nun auf dieser scheinbaren historischen Basis folgte, waren zahlreiche Entwürfe des Wirkens und der Persönlichkeit Jesu. Damit aber ist die zweite Phase vorbereitet. Aus der ersten sind folgende Aspekte maßgeblich und weiterwirkend:

- Die Infragestellung einer sich supranaturalistischer Deutung verdankenden kirchlichen Dogmatik durch die aufklärerisch-rationalistische Theologie.
- Das Aufzeigen der theologischen Intention hinter den Evangelien von Matthäus, Lukas und Johannes.
- Die Suche nach einer von solchen Intentionen freien »Evangeliengrundschrift«, die man bei Markus und in der Quelle Q zu finden meinte.

Zugleich ist das eigentliche Problem benannt: Die Frage nach den Quellen für Aussagen vom Leben Jesu. Denn es herrschte gänzlich unbestritten die Vorstellung, dass der Rückgriff auf den historischen Jesus durchaus möglich sei, wenn man nur entsprechend gute Quellen zur Verfügung habe. Die vorläufige Antwort auf diese Quellenfrage lautete: Markus und Q.

2.2 Die »Phase der ersten Frage«: Der Optimismus der liberalen Theologie und ihr Scheitern

Es ist hier nicht Raum, auf die zahlreichen Entwürfe zum Leben Jesu einzugehen, die sich maßgeblich aus diesem Quellenmaterial speisten, aber überraschenderweise auch immer wieder unter Zuhilfenahme von johanneischen Aussagen gestalteten. Es muss und kann genügen, die »Abrechnung« mit all diesen Vorschlägen aufzugreifen, die Albert Schweitzer mit seiner 1906, dann stark erweitert 1913 erschienenen Arbeit zur »Geschichte der Leben-Jesu-Forschung« lieferte und daneben erneut die exegetischen Entwicklungen zum Ende dieser Phase zu betrachten.[8]

Schweitzer gelingt es bekanntlich aufzuzeigen, dass die Persönlichkeitsbilder Jesu, die in der zweiten Hälfte des 19. Jahrhunderts veröffentlicht wurden, sich trotz aller historischen Gebärde letztlich dem jeweils propagierten ethischen Ideal verdankten. Kurz gesagt: Jeder Autor erhielt genau den Jesus, der dem entsprach, was ihm, dem Autor, als idealer Mensch vor Augen stand. Umgekehrt wurde deutlich, dass der Optimismus hinsichtlich eines historischen Rückgriffs auf den historischen Jesus als gescheitert betrachtet werden musste. Das bittere Resultat Schweitzers lautete dann auch:

---

[8] ALBERT SCHWEIZER, Von Reimarus zu Wrede. Eine Geschichte der Leben-Jesu-Forschung, Tübingen 1906. Erst die zweite Auflage von 1913 hatte den Titel »Geschichte der Leben-Jesu-Forschung«. Sie erschien in mehreren Auflagen unverändert bis zur 6. Auflage 1951, dort mit einem neuen Vorwort versehen. Im Folgenden ist die 9. Auflage zugrunde gelegt: ALBERT SCHWEIZER, Geschichte der Leben-Jesu-Forschung, Tübingen ^{9}1984.

> »Der Jesus von Nazareth, der als Messias auftrat, die Sittlichkeit des Gottesreiches verkündete, das Himmelreich auf Erden gründete und starb, um seinem Werke die Weihe zu geben, hat nie existiert. Sie ist eine Gestalt, die vom Rationalismus entworfen, vom Liberalismus belebt und von der modernen Theologie in ein geschichtliches Gewand gekleidet wurde.«[9]

Mit anderen Worten: Nicht die historische Rückfrage hatte bei all diesen Versuchen über die Dogmatik gesiegt, sondern erneut hatte das gewünschte Ideal, nun nur nicht das einer kirchlichen Lehrmeinung, sondern das einer liberalen Theologie, über die Historie gesiegt und sich dieser pseudohistorisch bedient, um eben genau dieses Ideal angeblich historisch zu verankern.

Parallel tauchten auch aus exegetischer Sicht neue Erkenntnisse auf, die die Möglichkeit eines ernsthaften historischen Rückgriffs erschwerten. Hinter den von Schweitzer kritisierten Entwürfen stand ja häufig die optimistische Sicht, dass Markus und Q als historisch auswertbare Quellen für die Frage nach einem historischen Jesus zur Verfügung stünden. Diesen Optimismus in die historische Qualität des Markus hatte aber zeitnah zu Schweitzer ein Anderer grundsätzlich relativiert: William Wrede zeigte 1901 auf, dass auch dieses Evangelium durchweg mit einer theologischen Intention konstruiert und verfasst wurde.[10] In ihm begegnet dem Leser nachösterlicher Messiasglaube, der in das vorösterliche, eigentlich unmessianische Leben Jesu zurückprojiziert wurde. Damit tauchte nun auch dieses Evangelium den historischen Jesus in denselben Nebel, den man zuvor bereits bei Matthäus, Lukas und Johannes aufgezogen erlebte. Für das Leben und noch mehr die Persönlichkeit Jesu, für Wirken, Worte und Selbstverständnis Jesu gab es damit keine zuverlässige Quelle mehr, die nicht geprägt war durch frühe gemeindliche bzw. kirchliche Deutungen, die sich ihrerseits wieder klar erkennbaren Intentionen verdankten.

Das ganze Problem hatte bereits 1892 Martin Kähler in seinem Vortrag »Der sogenannte historische Jesus und der geschichtliche, biblische Christus« aufgezeigt. Er nimmt in seiner Analyse der liberalen Leben-Jesu-Forschung das Ergebnis Schweitzers voraus:

> »Der Jesus der ›Leben Jesu‹ ist nur eine moderne Abart von Erzeugnissen menschlicher erfindender Kunst, nicht besser als der verrufene dogmatische Christus der byzantinischen Christologie; sie stehen beide gleich weit von dem wirklichen Christus.«[11]

Aber er geht auch einen entscheidenden Schritt weiter, wenn er die These aufstellt, dass der »wirkliche Christus« nicht der »historische«, sondern der

---

[9] A.a.O., 620.

[10] William Wrede, Das Messiasgeheimnis in den Evangelien, Göttingen 1901.

[11] Martin Kähler, Der sogenannte historische Jesus und der geschichtliche, biblische Christus, neu hrsg. v. Ernst Wolf, München 1953, 16.

»wirksame« sei. Dieser wirksame Christus aber ist der »gepredigte Christus«.[12] Genau damit beginnt die dritte Phase. Der zweiten Phase sind vor allem folgende Aspekte zu verdanken, die nachhaltig Wirkung zeigen sollten:

- Schweitzer zeigt auf, dass die historische Forschung nicht die Objektivität auszeichnet, die man mit großem Optimismus von ihr erwartet hatte.
- Die einzig verbliebene direkte Quellenschrift für das Leben Jesu, das Markusevangelium, zeigt sich ebenfalls mit der Aufgabe überfordert, diese Last zu tragen.

Diese beiden Feststellungen, gemeinsam mit dem grundlegenden Übergang von der liberalen zur dialektischen Theologie markieren den Weg in die dritte Phase und damit zu Rudolf Bultmann.

2.3 Die dialektische Phase: Relativierung der Notwendigkeit zur Rückfrage nach dem historischen Jesus

1929 erscheint eine Arbeit von Rudolf Bultmann mit dem einfachen Titel »Jesus«.[13] Sie zeigt sich zunächst als eine ebenfalls grundsätzliche Abrechnung mit der liberalen Leben-Jesu-Forschung, bleibt aber nun nicht in der Konstatierung der Unmöglichkeit der objektiven historischen Rückfrage stehen, sondern verarbeitet diese Grenze des Fragens theologisch. Ganz im Sinne der »neuesten Theologie« geht es Bultmann hier nicht um eine Geschichtsbetrachtung, sondern um eine »Begegnung mit der Geschichte«[14]. Der Blick richtet sich nicht auf die Person und Persönlichkeit Jesu, sondern auf das, was er »gewollt hat und was deshalb als Forderung seiner geschichtlichen Existenz Gegenwart werden kann«[15]. Diese geschichtliche Existenz, von der Bultmann hier redet, umfasst aber mehr als die historische Person. Nicht die Person oder Persönlichkeit ist das Interessante, sondern das, was diese Person gewirkt hat, eben das »Wort«. Freilich nicht zuerst das wirklich gesprochene Wort, das der historische Jesus etwa selber gesagt hätte, sondern vor allem das Wort, das er unter Einbezug von Kreuz und Auferstehung gewirkt hat und

---

12 Vgl. a.a.O., 44: »Der wirkliche, d. h. der wirksame Christus [...] ist der gepredigte Christus. Der gepredigte Christus, das ist aber der geglaubte«.

13 RUDOLF BULTMANN, Jesus, Berlin 1926. Eine veränderte 2. Auflage erschien 1929, eine 3. Auflage mit einem Nachwort von Walter Schmithals 1964. Im Folgenden wird die folgende Ausgabe verwendet: RUDOLF BULTMANN, Jesus, Tübingen 1988 (= UTB 1272).

14 A.a.O., 9: »Also zu einer Geschichts-›Betrachtung‹ will ich den Leser im Grunde nicht führen, sondern zu einer höchst persönlichen Begegnung mit der Geschichte. Aber weil die folgende Darstellung für den Leser natürlich nicht ohne weiteres eine Begegnung mit der Geschichte sein kann, sondern zunächst nur – im besten Falle – eine Orientierung über meine Begegnung mit der Geschichte, stellt sich für ihn die ganze Darstellung zunächst nur als Betrachtung dar, über deren Art ich ihn orientieren muß. Ob er bei der Betrachtung stehen bleibt, ist seine Sache.«

15 A.a.O., 10.

das als verkündigtes Wort Forderung und Anspruch an den hörenden Menschen ausrichtet und diesen zur Entscheidung ruft. Deswegen ist auch nicht die Verkündigung durch Jesus bereits das Evangelium, sondern erst die Predigt von Jesus als dem Gekreuzigten und Auferstandenen.

Mit dieser Blickveränderung weg von der Person und Persönlichkeit Jesu hin zur Wirkung und dem daraus folgenden Anspruch des Wortes bietet Bultmann wohl den alles entscheidenden Impuls für das Folgende. Die Theologie wird befreit von dem Schock einer sich als unmöglich erwiesenen Rückfrage nach der historischen Person und wird gleichzeitig befreit hin zur Wahrnehmung der Botschaft. Dieser Blickveränderung verdankt sich dann auch die große Gelassenheit, mit der Bultmann in seiner Untersuchung nach der historischen Verkündigung Jesu fragen kann. Denn obwohl er zwar konstatiert, dass »wir vom Leben und der Persönlichkeit Jesu so gut wie nichts mehr wissen können«[16], so sehr hält er es doch für möglich, dass über die Lehre Jesu, seine Verkündigung, ein einigermaßen schlüssiges Bild erstellt werden könne. Hierbei berücksichtigt er namentlich die Formgeschichte und die religionsgeschichtliche Forschung. Ersteres, die Formgeschichte, hatte durch die grundlegenden Arbeiten von Karl Ludwig Schmidt und Martin Dibelius gezeigt, dass im Hintergrund der synoptischen Evangelien kleinste Texteinheiten stehen, die weitestgehend als Gemeindebildung angesehen werden müssen und nur unter Berücksichtigung der Art und Weise dieses Vorgangs weitergehende Schlüsse auf ursprüngliche Worte Jesu erlauben.[17] Die religionsgeschichtliche Forschung wiederum zeigte die Verortung Jesu im Judentum und seinen Strömungen auf. Bultmann scheidet deshalb alles aus, was sich hellenistischer Gemeindebildung verdankt und sucht nach »einer ältesten Schicht« – freilich um sofort zu konstatieren, dass auch diese »nur mit relativer Sicherheit« abzugrenzen sei.[18] Und natürlich

> »hat man erst recht keine Sicherheit, dass die Worte der ältesten Schicht wirklich von Jesus gesprochen sind. Es wäre möglich, dass auch die Entstehung der ältesten Schicht schon auf einen komplizierten historischen Prozess zurückgeht, den wir nicht mehr zu erkennen vermögen.«[19]

Mit all dem gehört Jesus für Bultmann in die Vorgeschichte des Christentums. Das Diktum Wellhausens von 1911: »Jesus war kein Christ, sondern Jude«[20] begegnet der Sache nach auch in der Konzeption der »Theologie des Neuen Testaments« von Bultmann, wo Jesu Verkündigung allein unter den »Voraus-

---

16 Ebd.

17 Vgl. Karl Ludwig Schmidt, Der Rahmen der Geschichte Jesu. Literaturkritische Untersuchungen zur ältesten Jesusüberlieferung, Berlin 1919; Martin Dibelius, Die Formgeschichte des Evangeliums, Tübingen 1919.

18 Bultmann, Jesus, 13.

19 Ebd.

20 Julius Wellhausen, Einleitung in die ersten drei Evangelien, Berlin ^{2}1911, 102.

setzungen der neutestamentlichen Theologie« verhandelt wird, und die mit den programmatischen Sätzen beginnt:

> »Die Verkündigung Jesu gehört zu den Voraussetzungen der Theologie des NT und ist nicht Teil dieser selbst. Denn die Theologie des NT besteht in der Entfaltung der Gedanken, in denen der christliche Glaube sich seines Gegenstandes, seines Grundes und seiner Konsequenzen versichert. Christlichen Glauben aber gibt es erst, seit es ein christliches Kerygma gibt, d. h. ein Kerygma, das Jesus Christus als Gottes eschatologische Heilstat verkündigt, und zwar Jesus Christus, den Gekreuzigten und Auferstandenen.«[21]

Dieser Entwurf Bultmanns war befreiend, hat aber, um mit Jörg Frey zu reden, eine entscheidende »Achillesverse«[22], nämlich die Frage, in welcher Beziehung der vorösterliche Jesus zum nachösterlich von der Gemeinde verkündigten Christus steht. Diese Frage nach der historischen Kontinuität wurde von Bultmann rigoros zurückgewiesen, weil er wohl aus Abgrenzung zur liberalen Theologie die Gefahr eines Rückfalls in eine historisierende Sicherung des Glaubens sah, die dann aber den Glauben als Antwort auf die Herausforderung zur Entscheidung relativieren könnte.[23] Auch aus dieser Phase sind einige Aspekte für die weiteren Überlegungen mitzunehmen:

- Durch die formgeschichtliche Arbeit rückt das zur Erhebung eines »historischen Jesus« verwendbare Material in noch größere Ferne. Die hier behaupteten und wahrscheinlich gemachten Gemeindebildungen stellen sich sperrend vor die Möglichkeit, dieses Material bedenkenlos als Quellen zu gebrauchen.
- Die religionsgeschichtliche Forschung zwingt zur Verortung Jesu im Judentum und baut eine zusätzliche Barriere gegen den Versuch eines einfachen Rückgriffs auf Jesus auf Grundlage der christlichen Schriften des Neuen Testaments.
- Noch grundsätzlicher aber als diese methodischen Weiterentwicklungen ist der diese berücksichtigende systematische Entwurf Bultmanns, dass der Rückgriff auf den »historischen Jesus« gar nicht notwendig sei, da nicht die Person, sondern seine Wirkung Glauben fordere.

---

21 Rudolf Bultmann, Theologie des Neuen Testaments, um Vorwort und Nachträge wesentlich erweiterte Auflage, hrsg. v. Otto Merk, Tübingen [9]1984, 1f.

22 Vgl. Jörg Frey, Der historische Jesus und der Christus der Evangelien, in: Jens Schröter/Ralph Brucker (Hrsg), Der historische Jesus. Tendenzen und Perspektiven der gegenwärtigen Forschung, Berlin 2002 (= BZNW 114), 273–336. 281.

23 Vgl. Rudolf Bultmann, Die Bedeutung des geschichtlichen Jesus für die Theologie des Paulus, in: Ders., Glauben und Verstehen. Gesammelte Aufsätze, Bd. 1, Tübingen 1933 ([6]1966), 188–213, 208: »Man darf also nicht hinter das Kerygma zurückgehen, es als ›Quelle‹ benutzend, um einen ›historischen Jesus‹ mit seinem ›Messiasbewusstsein‹, seiner ›Innerlichkeit‹ oder seinem ›Heroismus‹ zu rekonstruieren. [...] Nicht der historische, sondern Jesus Christus, der Gepredigte, ist der Herr.«

Diese Wirkung aber finde sich im Kerygma der Gemeinde und gerade nicht in der historisch vielleicht erschließbaren Verkündigung Jesu selber.

Im Grunde hat Bultmann damit etwas geschaffen, was den ganzen Antrieb zur Frage nach dem »historischen Jesus« gewissermaßen auf den Kopf stellte: Verdankte sich diese Frage dem Bemühen, den »historischen Jesus« dem kirchlich verkündigten entgegenzustellen und mit dem »historischen Jesus« den »kirchlichen Christus« kritisieren zu können, so machte Bultmann unter Wahrnehmung der Unnötigkeit der Rekonstruktion des »Historischen« gerade den »kirchlich Verkündigten« zum Maßstab des Glaubens. Allerdings ist der »verkündigte Christus« nicht der Christus der späteren Dogmen, wohl aber der Christus der frühen Gemeindetheologie, wie er aus den Evangelien entgegenkommt. Insofern bietet der Entwurf Bultmanns einen historisch weit zurückgreifenden Blick, bleibt aber letztlich doch an der Schwelle der vorliegenden Quelle stehen. Der Vergleich des Christus der Dogmen mit dem historischen Jesus wird zurückgewiesen. Wohl aber ist der Vergleich des Christus der frühen neutestamentlichen Gemeindetheologien mit dem Christus der späteren Dogmen möglich, und diese sind kritisch im Licht von jenem zu betrachten.

Dieses Ergebnis Bultmanns stellte die historisch-kritisch fragende Theologie jedoch nicht zufrieden. Denn so sehr er der Verkündigung der Frühzeit nun hohe Wertigkeit zumaß, so wenig konnte die Theologie damit zufrieden sein, dass ihr gleichzeitig die letzte historische Legitimation, nämlich der Bezug zum historischen Jesus abhanden gekommen war.[24] Damit stehen wir an der Schwelle zur »Phase der Zweiten Frage« nach dem historischen Jesus.

2.4 Die »Phase der zweiten Frage« nach dem historischen Jesus

Sie ist verbunden mit dem Vortrag Ernst Käsemanns aus dem Jahr 1953 mit dem Titel »Das Problem des historischen Jesus«. Darin widerspricht Käsemann der Ablehnung einer Rückfrage hinter den verkündigten Christus und leistet dies mit einer grundsätzlichen Beobachtung: Die Evangelien selber seien nämlich um diesen Rückbezug bemüht und hielten daher diese Kontinuität offensichtlich für unaufgebbar. Nimmt man also die Verkündigung der Evangelien ernst, so verweise genau diese auf die Notwendigkeit des Rückbezugs auf den historischen Jesus. Die »Überlagerung« der Berichte durch das eigene Keryg-

---

[24] Vgl. Ernst Käsemann, Das Problem des historischen Jesus, in: Ders., Exegetische Versuche und Besinnungen, Bd. 1, Göttingen [4]1964, 187–214, 189: »200 Jahre lang hat die kritische Forschung den historischen Jesus aus den Fesseln kirchlicher Dogmatik zu befreien gesucht, um am Wegende zu erkennen, daß solcher Versuch von vornherein zum Scheitern verurteilt war, [...]. Im gleichen Augenblick schwenkt aber auch der bisherige Gegner dieser Kritik offensichtlich in der Befürchtung um, daß nun radikaler Skepsis erst recht die Türen geöffnet werden könnten und mit der Preisgabe des direkten Zugriffes nach der Historie die Geschichtlichkeit der Offenbarung selbst in Gefahr geriete.«

ma sichert zwar erst die geforderte Entscheidung zwischen Glaube und Unglaube an Jesus als den Kyrios, hält aber in gleichem Maße an der Kontinuität zwischen dem Kyrios und dem historischen Jesus fest. Es ist eben dieser historische Jesus, der im Kerygma der Gemeinde zum Kyrios wird. Er wird es aber nicht im Unterschied zum Historischen, sondern nach der Verkündigung der neutestamentlichen Schriften in Kontinuität zu diesem.

> »[Wenn] die Urchristenheit den erniedrigten mit dem erhöhten Herrn identifiziert, so bekundet sie damit zwar, dass sie nicht fähig ist, bei der Darstellung der Geschichte von ihrem Glauben zu abstrahieren. Gleichzeitig bekundet sie jedoch damit, dass sie nicht willens ist, einen Mythos an die Stelle der Geschichte, ein Himmelswesen an die Stelle des Nazareners treten zu lassen.«[25]

Noch klarer bringt Käsemann diese Ansicht 1964 zum Ausdruck: »Rechnet das Kerygma des Neuen Testaments den irdischen Jesus zu den Kriterien seiner selbst? Diese Frage ist schlicht und rund zu bejahen.«[26] Es ist demnach das Kerygma selbst, das dazu anleitet, den historischen Jesus in den Blick zu nehmen. Nur dem Interesse an dem historischen Jesus verdanken wir die Evangelien.[27] Der Widerspruch Käsemanns gegen Bultmann ist damit nicht bestimmt von einem Historismus und auch nicht von dem Wunsch der liberalen Theologie, aus der Verkündigung den Verkündiger zu extrahieren. Er stellt vielmehr fest, dass das Kerygma selber den Auftrag gibt, auf den Ursprung des Kerygmas im historischen Jesus zurückzufragen – ohne zugleich eine bruchlose Kontinuität zwischen Jesus und dem Kerygma zu behaupten, zu vermuten oder auch nur zu erwarten. Hatte Bultmann im Namen der dialektischen Theologie der liberalen widersprochen und das Gewicht der Jesusfrage von der Frage nach dem Verkündiger zur Frage nach dem Verkündigten verschoben, so geht Käsemann einen Schritt weiter und fragt nach dem Bezug des verkündigten Christus zu Jesus.

Aber wie ist dann nach dem historischen Jesus zu fragen? Käsemann ist natürlich weit davon entfernt, die Evangelien unkritisch zu Quellen der Geschichte Jesu werden zu lassen. Er konstatiert vielmehr, dass gerade die Überlagerung des Historischen durch das Kerygma »uns als Historiker damit vor unermessliche Schwierigkeiten und weithin vor die Unmöglichkeit einer

---

25 A.a.O., 196.

26 ERNST KÄSEMANN, Sackgassen im Streit um den historischen Jesus, in: DERS., Exegetische Versuche und Besinnungen, Bd. 2, Göttingen ²1965, 31–68, 53.

27 KÄSEMANN, Problem (s. Anm. 24), 195: »Vor allem gibt uns jedoch das NT selber ein Recht zu dieser Frage [nach dem historischen Jesus], sofern die Evangelien ihr Kerygma [...] nun doch eben dem irdischen Jesus zuschreiben [...]. Wie stark ihre Anschauung von der Geschichte Jesu differieren und wie sehr die wirkliche Historie Jesu unter ihrer eigenen Verkündigung verdeckt werden mag, nur dem Interesse an dieser Geschichte verdanken wir überhaupt ihre Entstehung [der Evangelien].

Rekonstruktion«[28] gestellt habe. Und er versäumt es nicht, die »Verlegenheit der kritischen Forschung«[29] zu skizzieren, die darin bestehe,

> »dass die historische Glaubwürdigkeit der synoptischen Tradition auf der ganzen Linie zweifelhaft geworden ist, wir jedoch für die Herausstellung authentischen Jesusgutes [...] ausreichender und stichhaltiger Kriterien ermangeln.«[30]

Der Aufgabe der Formulierung solcher Kriterien stellt sich Käsemann aber sofort und formuliert:

> »Einigermaßen sicheren Boden haben wir nur in einem einzigen Fall unter den Füßen, wenn nämlich Tradition aus irgendwelchen Gründen weder aus dem Judentum abgeleitet noch der Urchristenheit zugeschrieben werden kann.«[31]

Mit dieser Formulierung des »Differenzkriteriums« gibt Käsemann der Jesusforschung der folgenden Jahrzehnte den entscheidenden Impuls. Die formale Struktur des als Hilfe hierzu aufgestellten Differenzkriteriums hat David S. du Toit in seinem 2002 erschienenen Aufsatz »Der unähnliche Jesus«[32] dargestellt. Er betont die Originalität Jesu in Bezug auf das frühe Christentum und in Bezug auf das Judentum. Diese Originalität zeigt sich erstens in einer diachronen Beobachtung, wenn das in Frage stehende Jesusereignis nicht als Bildung frühchristlicher Kult- oder Traditionsgeschichte möglich erscheint. Diese Originalität zeigt sich zweitens in einer synchronen Beobachtung dort, wenn das in Frage stehende Jesusereignis markante Unterschiede im Vergleich mit dem konstruierten Bild des damaligen Judentums inklusive seiner vielfältigen Strömungen zeigt. Im Grunde geht es also um einen doppelten Vergleich und nur dort, wo dieser Vergleich zu einem jeweils negativen Ergebnis kommt, kann die Annahme ausgesprochen werden, dass es sich um authentisches Jesusmaterial handele.

Es ist ersichtlich, dass ein solcher Fragehorizont ungemein komplex ist und zu einer Fülle von differenzierten Antworten führt. Schließlich sind die Antworten durchweg davon abhängig, wie das Vergleichskriterium, in unserem Fall zudem ein Doppeltes, wie also die beiden Vergleichskriterien zu fassen und zu beschreiben sind. Und es ist auch ganz klar, dass mit diesem Kriterium nur das Jesusgut erfasst wird, das sich tatsächlich von beiden Bezugsgrößen unterscheiden lässt. Es erfasst demnach nur die Originalität, nicht aber durchaus mögliche – und vielleicht auch wahrscheinliche – Bezüge Jesu

---

28 A.a.O., 191.

29 A.a.O., 205.

30 Ebd.

31 Ebd.

32 David S. du Toit, Der unähnliche Jesus. Eine kritische Evaluierung der Entstehung des Differenzkriteriums und seiner geschichts- und erkenntnistheoretischen Voraussetzungen, in: Jens Schröter/Ralph Brucker (Hrsg), Der historische Jesus. Tendenzen und Perspektiven der gegenwärtigen Forschung, Berlin 2002 (= BZNW 114), 89–130.

zum Judentum als auch Kontinuitäten zwischen Jesusgut und frühchristlichem Kult und frühchristlicher Theologie. Diese Grenzen waren auch Käsemann bereits bewusst, der sofort im Anschluss an seine Formulierung des Differenzkriteriums formuliert:

> »Allerdings müssen wir uns [...] von vornherein bewusst sein, dass man [...] keine Klarheit über das erhält, was Jesus mit seiner palästinischen Umwelt und seiner späteren Gemeinde verbunden hat.«[33]

Jedoch fügt er dann auch noch hinzu, dass es wichtiger sei, »wenn wir zu Gesicht bekommen, was ihn von Gegnern und Freunden trennte.«[34]

Ist dies die von Käsemann selbst konstatierte Grenze dieses Kriteriums, so gibt es freilich auch eine zweite: Die Rekonstruktionen sowohl der jüdischen Umwelt als auch der frühchristlichen Kult- und Theologiegeschichte sind für sich jeweils wiederum Aufgaben, die der historischen Forschung unterliegen und die damit jeweils sowohl vom Forschungsstand wie von der individuellen Bewertung einzelner Ergebnisse abhängig sind. Doch trotz dieser bekannten und auch wiederholt geäußerten Anfragen an die Grenzen dieses Kriteriums hat es sich über Jahrzehnte hinweg als »Leitkriterium einer neuen Rückfrage nach Jesus«[35] festgesetzt.

Doch diese Anfragen an die Grenzen des Differenzkriteriums sind noch in Richtung auf einen weiteren Kritikpunkt zu vertiefen. Es muss gefragt werden, ob eigentlich die Originalität im Sinne der Unterscheidung vom historischen Kontext tatsächlich geeignet ist, eine historische Person ausreichend zu beschreiben. Muss nicht vielmehr die Person gerade als Individuum mitten in diesem Kontext gesehen werden, indem sie überhaupt erst Individuum werden kann? Dann aber müsste in viel höherem Maße die Kontinuität Jesu mit seinem jüdischen Kontext Beachtung finden und dann wenigstens auch das, was an Kontinuität zwischen dem komplexen Judentum und Jesus aufzeigbar sein könnte. Eine Person in der Geschichte ist gerade nicht allein aus der Differenz zu ihrer Umwelt charakterisierbar, sondern, da sie in diese eingebunden ist, auch durch genau diese Verbundenheit.

Aber auch in Richtung auf die Differenz zur späteren Gemeinde ist eine kritische Anfrage zu stellen. Es scheint bei Käsemann immer noch selbstverständliche Annahme zu sein, dass das frühe Christentum wenigstens im Verdacht steht, nicht in Kontinuität zum historischen Jesus zu stehen. Es ist genau diese Annahme, die die Prämisse des Differenzmodells in Bezug auf die Originalität Jesu in Richtung auf die spätere Gemeinde darstellt. Wer aber hat

---

33 KÄSEMANN, Problem (s. Anm. 24), 205f.

34 A.a.O., 206.

35 DAVID S. DU TOIT, Erneut auf der Suche nach Jesus. Eine kritische Bestandsaufnahme der Jesusforschung am Anfang des 21. Jahrhunderts, in: ULRICH H. J. KÖRTNER (Hrsg), Jesus im 21. Jahrhundert. Bultmanns Jesusbuch und die heutige Jesusforschung, Neukirchen-Vluyn 2001, 91–134, 116.

diese Prämisse nachgewiesen? Oder noch viel fundamentaler: Lässt sie sich überhaupt nachweisen? Sie ließe sich doch nur nachweisen, wären zweifelsfrei authentische Jesusworte zu benennen, an denen gezeigt werden könnte, dass es diese Differenz zwischen Jesus und der Gemeindetheologie gegeben hat. Allein der Nachweis, dass es sich bei der Überlieferung um durch Gemeindetheologie geprägte Überlieferung handelt, trägt nicht die Last des Beweises, dass damit die authentische Lehre Jesu verzerrt worden sei. Wenn aber die Jesusworte, die die Last des Aufzeigens der Diskontinuität tragen könnten, nun ihrerseits nur unter der methodischen Voraussetzung gefunden werden, dass es die Differenz gegeben hat, dann liegt eine sich selbst bestätigende Aussage vor, die sich jedoch selbst letztlich ad absurdum führt. Die Behauptung der Diskontinuität kann unter methodischen Gesichtspunkten eben nur als Behauptung angesehen werden. Das immer wieder gerne aufgegriffene Bonmot, nachdem Jesus das Reich Gottes gepredigt habe, sei die Kirche gekommen, wird trotz des Freude machenden kirchenkritischen Ansatzes nicht automatisch wahr. Mit diesen angedeuteten Kritikpunkten ist allerdings bereits die Schwelle der »Dritten Frage« erreicht, die nun noch anzudeuten ist. Zuvor aber sollen auch hier die wichtigsten Eckpunkte dieser Epoche der Jesusforschung angezeigt werden:

- Das Recht der Rückfrage hinter den Christus des Kerygmas zum Jesus der Geschichte ist mit aller Deutlichkeit eingeklagt worden.
- Das Recht, genauer gesagt die Pflicht zu dieser Rückfrage wurde aus dem Kerygma selber entwickelt, da dieses die Rückbindung an den historischen Jesus elementar in sich trage.
- Als methodisches Kriterium zur Durchführung der entsprechenden Arbeiten wurde in der Folge Käsemanns das so genannte Differenzkriterium aufgestellt.
- Dieses Kriterium zielt auf die Entdeckung der Originalität Jesu durch seine synchrone Abhebung vom zeitgenössischen Judentum und seine diachrone Abhebung von der auf ihn folgenden Kult- und Theologiegeschichte.
- Die Grenze dieser Methodik, die durch die Reduzierung auf die Originalität einerseits nur ein notwendigerweise begrenztes Bild und durch die jeweils notwendige Bestimmung der Vergleichsräume nur ein vorläufiges Bild ermöglicht, ist bewusst in Kauf genommen worden.
- Als Grund hierfür kann die Furcht vor einem Rückfall in die liberale Jesusforschung vermutet werden.

2.5 Die »Phase der dritten Frage« nach dem historischen Jesus

Die bisher letzte Phase der Jesusforschung kann hier nur angedeutet werden, da sie auch nach 20–25 Jahren noch keineswegs als abgeschlossen gelten kann und sich in ihr sehr verschiedene Fragerichtungen vereinigen. Ebenso wenig lässt sich an ihrem Beginn ein erkennbarer programmatischer Aufruf oder eine entsprechende wirkungsmächtige Veröffentlichung zeigen, wie sie in der vorangehenden Phase bei Käsemann festgemacht werden konnte. Vielmehr hat sich diese »Dritte Frage« scheinbar sehr organisch aus der ihr vorausgehenden Phase entwickelt: Die Grenzen und Mängel der dortigen Methodik wurden im Licht einer Neubewertung dieser Methodik klarer gesehen, gleichzeitig aber die Notwendigkeit der Rückfrage nach dem historischen Jesus aufrecht erhalten. Es liegt damit etwas Anderes vor, als es im Übergang von der liberalen Jesusforschung zur radikalen Abwehr dieser Forschung durch Bultmann zu beobachten ist. Hatte damals die Beachtung der durch die gewählte Methodik offenbar gewordenen Grenzen der Quellen zu einem vollständigen Neuansatz geführt, der dann auch eher auf einer systematischen als auf einer exegetisch-historischen Ebene durchgeführt wurde, so hat nun die Wahrnehmung der Grenzen der Methodik der »Zweiten Frage« zu einer Arbeit an der Methodik selber geführt. Es ist somit hier kaum von einem Paradigmenwechsel in der Jesusforschung zu sprechen – dieser Terminus passt eher an den Übergang zwischen liberaler Theologie und der durch Bultmann bestimmten Phase.[36] Vielmehr hat diese »Dritte Frage« mit der auf Käsemann folgenden Phase Grundsätzliches gemein.

Genau wie diese sieht auch sie die Aufgabe, die Überlieferungen von Jesus durch eine historische Kritik einer Analyse zu unterwerfen, sodass christliche Interpretationen und kirchliche Dogmen aufgezeigt und ein von diesen zu unterscheidendes und nachvollziehbares Bild vom historischen Jesus gezeichnet werden kann. Die »Dritte Frage« folgt der Tradition der Jesusforschung auch in der grundsätzlichen Annahme, dass die Evangelien keinerlei biographische Rückschlüsse auf das Leben Jesu erlauben. Damit zusammenhängend wird auch der kerygmatische Charakter jeglicher Jesusüberlieferung beachtet, und auch die Grundhypothese der Zwei-Quellen-Theorie als Modell der Evangelien-Entstehung wird nach wie vor aufrechterhalten. Schließlich und endlich teilt auch die »Dritte Frage« nach dem historischen Jesus mit der vorangehenden Phase den grundsätzlichen Optimismus der Möglichkeit einer Darstellung und Beschreibung des historischen Jesus und seiner Verkündigung und so eines Zugriffs auf ihn. Dies alles sind keine Marginalien und so muss gefragt werden, wieso im, genau genommen natürlich gar nicht genau zu umgrenzenden, Rahmen dieser »Dritten Frage« durchaus deutlich verschieden akzentuierte Ergebnisse entstehen. Denn genau diese Verschiedenheit der Ergebnisse ist auffällig.

> »Es bedarf keiner eingehenden Untersuchung, dass die zahlreichen Veröffentlichungen, die das neu erwachte Interesse an der Jesusfrage [...] hervorbrachte, sich eher durch Verschiedenheit als durch Einheitlichkeit ihrer Ergebnisse auszeichnen.«[37]

---

36 Vgl. James Hamilton Charlesworth, Jesus within Judaism, London 1988, 2: »a paradigm shift in Jesus-research«.

37 du Toit, Suche (s. Anm. 35), 92f.

Waren es in der »Phase der zweiten Frage« vor allem Detailansichten, die die durch den Rahmen des gemeinsamen Kriteriums geeinten Forschungen unterschieden, so tauchen nun gänzlich verschiedene Entwürfe auf – und man mag sich fast an die Vielfalt der liberalen Jesusforschung erinnert fühlen. Als beispielhafter Überblick sei hier nur verwiesen auf die Darstellung von Kümmel, der diese Vielfalt schon in der Endphase seiner Darstellungsperiode bis 1991 wahrnimmt[38], oder auf den erwähnten Aufsatz von du Toit, der fünf durchaus verschiedene Jesusbilder aus dieser Phase der Forschung darstellt. Hier steht Jesus als Charismatiker neben dem Anstifter zur gesellschaftlichen Revolution, dem jüdisch-kynischen Weisheitslehrer, dem Propheten der endzeitlichen Restauration Israels und schließlich dem endzeitlichen Propheten und Vermittler der Gegenwart Gottes.

Wie kommt es aber zu so divergierenden Ergebnissen? Hier sind mehrere Beobachtungen zu machen. Zunächst ist festzustellen, dass das Differenzkriterium vor allem in seinem ersten Aspekt, der Diskontinuität zum Judentum, als Maßstab der Eruierung des historischen Jesus aufgegeben wurde. Die bereits oben gestellten Anfragen haben in voller Breite durchgeschlagen. Wenn man die Originalität Jesu an der Diskontinuität zum zeitgenössischen Judentum festmachen möchte, so ist dieser Ansatz durch die immer deutlicher werdende Vielfalt des Judentums in die Krise geraten. Die Berücksichtigung der zwischentestamentlichen Literatur, die damit einhergehende bessere Akzentuierung der jüdischen Apokalyptik, die Entdeckung der Qumranschriften und damit einer weiteren wahrscheinlich sehr wirkungsmächtigen innerjüdischen Strömung, die Bedeutung des hellenistischen Judentums, einschließlich möglicher Rückwirkungen auf das palästinische Judentum, seien hier nur als Beispiele genannt. In Bezug zu welcher dieser Strömungen soll nun aber die Originalität Jesu gezeigt werden – und kann dann nicht mit dem Aufzeigen der Diskontinuität zu einer Strömung gleichzeitig die Kontinuität zu einer anderen einhergehen?

Ähnliches aber gilt auch für die zweite Differenz des alten Fundamentalkriteriums, wenn auch interessanterweise nicht in gleicher Grundsätzlichkeit. Dort, wo man meint feststellen zu können, dass Jesusüberlieferungen den späteren Interessen der Kirchenbildung entgegenlaufen, wird durchaus daran festgehalten, dass hier eine Originalität und also ein Hinweis auf den »historischen Jesus« gefunden werden könnte. Doch trotz dieser leichten Einschränkung ist auch diese Seite des doppelten Differenzkriteriums ganz zu recht in die Kritik geraten. Dass die christliche Bewegung in irgendeiner Weise einheitlich gewesen sei, war schon den Theologen des 20. Jahrhunderts eine eher fromme Mär. Dass sie aber so differenziert war, wie sie dann im Verlauf der letzten 100 Jahre mehr und mehr gezeigt werden konnte, bringt auch diesen Orientierungspunkt ins Wanken. Hier fließt natürlich ein, dass eine letztlich

---

[38] Walter Georg Kümmel, Vierzig Jahre Jesusforschung (1950–1990), Bonn 1994 (= BBB 91).

nur dogmatisch zu begründende Reduzierung der Wahrnehmung des Christentums auf das »orthodoxe« Christentum mit historischem Recht aufgegeben werde musste und im Zusammenhang der dritten Frage auch konsequent aufgegeben wird. Auch hier tragen Wahrnehmungen und Berücksichtigungen neuer Quellen maßgeblich zur Horizonterweiterung der Historiker bei, und es hat sich durchgesetzt, das dogmatische Urteil über z.B. »gnostische Schriften« – was auch immer mit Gnosis gemeint sei – nicht zu einer Abwertung dieser Zeugnisse über die historische Vielgestalt des frühen Christentums zu missbrauchen. Damit aber steht auch hier das Kriterium in Frage. Die teilweise hohe Berücksichtigung der außerkanonischen Zeugnisse im Zusammenhang der Forschungen der »Dritten Frage« ist eine Konsequenz der Aufgabe dieser Beschränkung.[39]

Ist das Differenzkriterium somit weitestgehend aufgegeben, so scheint es zunehmend ersetzt worden zu sein durch die Beachtung des Lebenskontextes Jesu. Hier haben wir ein sehr wichtiges positives Kriterium der »Dritten Frage«. Genau wie bei jeder anderen Persönlichkeit kann das Besondere der Person Jesu nur innerhalb der Berücksichtigung seines Lebenskontextes angezeigt werden. Die Originalität, wenn man schon nach dieser fragen möchte, liegt nicht in der Differenz zu diesem, sondern in der je speziellen Positionierung einer Person inmitten der Komplexität der kulturellen, religiösen, sozioökonomischen Konventionen seiner Zeit, die im Ganzen den Kontext der Person ausmachen und die von ihr auch rezipiert werden. Nicht die Abgrenzung Jesu vom historischen Kontext, sondern gerade seine akzentuierte Verbindung mit diesem zeichnet seine Person aus. Die Einmaligkeit Jesu, von der man wie bei jeder anderen Person auch reden muss, ist gerade durch die Verbindung zur Vielfalt seiner Lebenskontexte gegeben.

Dieses bedeutet nun zugleich eine weitere Aufgabe. Die Reduzierung der Frage nach dem historischen Jesus auf eine Untersuchung der Reden Jesu, die gerade im Zusammenhang der formgeschichtlichen Forschung als die zentrale Zugriffsmöglichkeit auf die Person Jesu gesehen wurde, ist im Arbeitshorizont der »Dritten Frage« wenigstens nicht mehr in dieser Ausschließlichkeit gege-

---

[39] Dies zeigt sich z.B. auch an ganz formalen Aspekten der Untersuchungen, etwa an der Liste der zur Erarbeitung des »historischen Jesus« verwendeten Schriften und deren Umfang. Norman Perrin, Was lehrte Jesus wirklich? Rekonstruktion und Deutung, Göttingen 1967, steht ganz auf dem Differenzkriterium (32). Er anerkennt zwar, dass bei der Erforschung der synoptischen Tradition auch das Thomasevangelium zu berücksichtigen sei, gleichwohl gebraucht er es dann im weiteren Verlauf seiner Arbeit nur marginal: Nur ca. 10% der von ihm herangezogenen christlichen Quellen stammen aus dieser Schrift. Andere außerkanonische christliche Schriften sind gar nicht berücksichtigt. Ganz anders bei John D. Crossan, Der historische Jesus, München 1994, wo einerseits neben dem Thomasevangelium noch zahlreiche andere außerkanonische Schriften berücksichtigt werden und diese ca. ein Drittel der christlichen Bezugsquellen ausmachen.

ben.[40] Denn die Positionierung Jesu innerhalb seiner Umwelt hat ausweislich der vorliegenden Berichte nicht allein durch Worte stattgefunden, sondern auch durch sein Verhalten. Dieses, insbesondere die Wunder und Exorzismen, wurde in der kritischen Forschung vielleicht doch zu schnell als Gemeindebildung ausgeschieden. Nicht, dass Wunder und Exorzismen dieses nicht seien, aber sie müssen es eben nicht nur sein. Die Beobachtung, dass die Evangelienüberlieferung sich gerade nicht auf die Wiedergabe einer Spruchliste beschränkt, ist hier – ganz im Sinne Käsemanns! – auch methodologisch auszuwerten. In der Summe: Das Kriterium der Differenz ist hier zu Recht durch das abgelöst worden, was mit Theißen und Merz die »historische Kontextplausibilität« genannt werden kann: »Historische Kontextplausibilität haben Jesusüberlieferungen, wenn sie in den jüdischen Kontext des Wirkens Jesu passen und innerhalb dieses Kontextes als individuelle Erscheinungen erkennbar sind«.[41] Gerade an dieser Stelle hat die »Entdeckung« des Jude-Seins Jesu, die nicht zuletzt auch jüdischen Gelehrten zu verdanken ist, viel erreicht.

Wie aber steht es mit der Frage des Bezuges zur späteren Kirche? Theißen und Merz ersetzen auch hier – zunächst – ganz sachgemäß das Differenzkriterium durch das der »historischen Wirkungsplausibilität«: »Historische Wirkungsplausibilität haben Jesusüberlieferungen, wenn sie als Auswirkungen des Lebens Jesu verständlich gemacht werden können.«[42]

Dieses aber bedarf noch einer Vertiefung. Tatsächlich ist ernst zu nehmen, dass zu einer Person auch deren Wirkung gehört. Dann aber muss man wenigstens die Perspektive so weit fassen, dass auch das vielleicht gar nicht durch die historische Person Intendierte, aber doch durch sie Ausgelöste zu ihrer Beschreibung hinzugezählt wird. Damit aber würde sich im Letzten die Suche nach einer dem Historiker greifbaren Person Jesu als eigentlichem Ziel der historischen Arbeit erledigen. Die Person Jesu würde aus einer auf das

---

40 Vgl. John D. Crossan, der 1994 und 1995 zwei Arbeiten mit den Titeln »The Essential Jesus. Original Sayings an Earliest Images, San Francisco 1994« und »The Essential Jesus. What Jesus Really Taught, San Francisco 1995« vorgelegt hat, die im Deutschen unter dem bezeichnenden Titel »John D. Crossan, Was Jesus wirklich lehrte. Die authentischen Worte des historischen Jesus, München 1997« erschienen sind. Dieses Buch hat nach dem Vorwort des Autors zunächst folgende Aufgabe: Er will »diejenigen Worte [Jesu] wiedergeben, die meines Erachtens seine Zeitgenossen aus seinem Munde gehört haben.« (12) Was dann folgt sind 93 kurze Sätze oder Textstücke. Und das ist es? Ist das der historische Jesus? Nun, Crossan weiß um die Problematik: »Ist der ›wesentliche‹ Jesus in bloßen Worten zu finden, in Worten ohne Taten, Ideen ohne Handlung, Visionen ohne konkretes Programm?«, so fragt er, um diese Frage sofort zu verneinen. (13f.) Und so fügt er seinem Buch zahlreiche »älteste Darstellungen der praktischen Umsetzung der Lehren Jesu« bei, die damit »ein unverzichtbares Gegenstück zur Übersetzung seiner Worte« seien (14).

41 Theissen/Merz, Jesus (s. Anm. 2), 119.

42 A.a.O., 118.

historisch greifbare Moment seines Lebens begrenzten Sichtweise heraus- und in eine Sichtweise hineintreten, in der der Prozess der Wirkung dieser Person zum eigentlichen Gegenstand der Forschung wird.

3. ABSCHLIESSENDE BEMERKUNGEN

Mit dieser Überlegung kann nun weitergearbeitet werden. Es stellt sich doch die grundsätzliche Frage, wonach beim Thema »historischer Jesus« eigentlich gefragt wird. Die durch Bultmann wirkungsmächtig gewordene Forderung nach der Unterscheidung des historischen Jesus vom Christus des Kerygmas verdankt sich einer sehr engen Sicht einer historischen Person, die unter »historisch« allein das raum-zeitliche Geschehen der Existenz dieser Person umfasst, näherhin also des historisch abgrenzbaren Lebens der Person, die als »Jesus von Nazareth« bezeichnet werden kann. Der Versuch des Zugangs hierzu erfolgte zudem lange Zeit mit einer Vorstellung von historischer Rückfrage, die letztlich in den Kategorien der Archäologie denkt: Alles Störende kann und muss beseitigt werden, um dann zum »Kern« vorzustoßen. Auf Jesus angewendet: Den historischen Jesus findet man durch Rückgriff auf authentisches Jesusgut, das man dadurch gewinnt, das alles Fremde ausgeschieden wird. Die Suche nach den ipsissima verba, der ipsissima vox oder der ipsissima intentio ist hierfür ein schönes – oder besser: schauriges? – Beispiel. Das Differenzmodell verdankt sich vollständig dieser Überzeugung. Das Modell von Theißen und Merz von der Kontext- und der Wirkungsplausibilität geht hier bereits einen kleinen Schritt weiter: Hier wird wenigstens bereits der Rahmen dessen, was freigelegt werden kann und soll, weiter gesteckt. Aber genügt das?

Denn abgesehen von den zahlreichen methodischen Problemen, die sich bei dieser Rückfrage ergeben (erinnert sei nur an das Problem der Bewertung vor- oder nebenliterarisch umlaufender mündlicher Überlieferung) – lässt sich hierdurch wirklich die Historie gewinnen? Sie lässt sich vielleicht skizzieren, mehr aber nicht. Sie lässt sich im Letzten doch wieder nur »malen«. Sie bleibt letztlich Konstruktion in der Hand – und damit den Grenzen – der Forschung. Der Zugriff auf dieses zeit- und raumgebundene Geschehen ist durchaus abhängig von der jeweiligen Fragestellung und dabei ebenfalls von den hier zugrunde liegenden Prämissen. Das Ereignis selber aber ist doch unaufhebbar vergangen. Es ist nicht nur durch die Geschichte verhüllt, nicht nur – um den Begriff von oben aufzugreifen – im Nebel der Geschichte verborgen, es ist wirklich vergangen. Alle Rede von dem Ereignis oder der Person ist neue Konstruktion dieses Ereignisses oder dieser Person. Der Historiker schafft dadurch aber in seiner Rede über die Historie Geschichte neu. Das so genannte historische Ereignis oder die Person werden hierdurch zugleich erneut Teil der Geschichte, genau genommen aber der gegenwärtigen. Im Letzten tritt der Historiker in die Reihe der Interpreten ein, die das zugrunde liegende Ereignis seit dem Moment seines Geschehens als Wirkung auf sich wahrnehmen. Diese Wahrnehmung erfolgt durch den Historiker zwar, was auch nicht hoch genug zu schätzen ist, durch eine der wissenschaftlichen Arbeit gemeinsame, damit gegenseitig kompatible und sich in ihren Ergebnissen ergänzende Methodik. Aber bei aller reflektierten Methodik bleibt der gefundene Zugriff Interpretation des historischen Geschehens, ergreift damit das Geschehen selber aber natürlich nicht. Diese Beobachtung aber sollte wirklich ernst genommen und nun ihrerseits methodisch ausgewertet werden.

Denn natürlich führt die so formulierte Grenze nun nicht zu der von manchen »Frommen« vielleicht gewünschten Konsequenz, dass die historische Forschung überflüssig sei und man sich doch wieder ganz auf vergangene Dogmatik stützen könne. Das Gegenteil ist vielmehr richtig – freilich mit zwei wichtigen Ergänzungen. Die erste liegt in der Akzeptanz der Grenze: Das Zugeben der grundsätzlichen Unmöglichkeit des objektiven Zugriffs auf das gesuchte historische Moment. Dieses aber nicht wegen einer Kapitulation vor dem methodischen Mangel, sondern aus der Akzeptanz der fundamentalen Einzigartigkeit, Vergangenheit und damit unüberbrückbaren Fremdheit des Vergangenen. Die zweite Ergänzung liegt in der daraus folgenden Neubeschreibung der Aufgabe, die nun zunächst und vor allem in der Nachzeichnung der stattgefundenen Überlieferungs- und Interpretationsprozesse erkannt werden muss und allein das Ziel hat, diese Prozesse zu verstehen.[43]

Auf die Frage nach dem historischen Jesus angewendet sollten solche Überlegungen die sachgemäße Folge haben, den Anspruch auf die »Entdeckung« der damaligen Person, die wir mit der Tradition »Jesus von Nazareth« nennen, aufzugeben. Dies bedeutet nicht die Aufgabe der Herausforderung, soviel wie möglich über seinen Lebenskontext und seine Wirkung und damit über seine Person im weiteren Sinne beschreiben zu können. Hierbei weisen uns die Ansätze der neueren Jesusforschung den Weg, wenn sie uns sowohl auf die Berücksichtigung der erweiterten Kontexte als auch auf die Berücksichtigung der Wirkungsgeschichte hinweisen und die Erinnerungs- und damit Überlieferungsvorgänge immer näher beschreiben.[44]

---

[43] Die Aufgabe könnte – bei aller Berücksichtigung der Grenzen eines Vergleiches – mit dem Vorgehen bei der Textkritik der neutestamentlichen Schriften verglichen werden. Hier ist es üblich davon auszugehen, dass nicht der so genannte »Urtext« einer Schrift zu finden ist, sondern stattdessen eher vom »Ausgangstext« der folgenden Textgeschichte gesprochen wird. Dass zwischen beiden – Urtext und Ausgangstext – wiederum Textstadien liegen können, ist hierbei selbstverständlich akzeptiert, sodass dieser Methode gleichsam eine Selbstbeschränkung bezüglich des erarbeiteten Ergebnisses eignet, vgl. Barbara Aland, Art. Textgeschichte/Textkritik der Bibel II, in: TRE 33, 2002, 155–168, 156f. Die bisherige Forschung nach dem historischen Jesus will an dieser Stelle nach meinem Eindruck mehr als die Textkritik, obwohl das Objekt ihrer Frage um ein vielfaches komplexer ist als das der neutestamentlichen Texte.

[44] Vgl. dazu z.B. Carsten Claussen, Vom historischen zum erinnerten Jesus. Der erinnerte Jesus als neues Paradigma der Jesusforschung, in: ZNT 10 (2007) 1–17.

Darüber hinaus aber wäre der auch bei einigen Vertretern der gegenwärtigen Jesusforschung immer noch vorhandene historische Positivismus zu beenden. Der Versuchung einer Festschreibung dieser vergangenen Person gilt es sich zu verwehren – nicht weil das Material zu wenig und zu uneindeutig ist, sondern weil der sich historisch gebärdende Ansatz hierzu letztlich unhistorisch, da nicht historisch genug ist. Nicht um die Veröffentlichung des historischen Jesus geht es, sondern um das jeweilige »Neumalen« des Bildes von Jesus aufgrund einer rational verantworteten, kritisch reflektierten und kreativ-konstruktiven Interpretation der weit über den Kanon hinausreichenden Quellen. Der historische Jesus ist für die, die nach ihm fragen, immer der in die Historie eingegangene Christus.

Die Grenze der Jesusforschung hatte Rudolf Bultmann in der Einleitung seines Jesusbuches von 1926 so beschrieben:

> »Eine [...] Geschichtsbetrachtung, die ihre Objektivität durch ihre Methode zu erreichen versucht, gelangt zwar wohl im besten Falle über die Subjektivität des einzelnen Betrachters hinaus, bleibt aber dafür gänzlich in der Subjektivität der Methode, d. h. sie sieht die Geschichte nur in der Perspektive, die durch die Zugehörigkeit des Betrachters zu einer bestimmten Epoche oder Schule gegeben ist, also höchst relativ.«[45]

Diese Beschreibung der Grenze ist über die erwähnte Relativität hinaus noch in Richtung einer Grundsätzlichkeit zu radikalisieren: Die Geschichte kann nicht nur allein in der erwähnten Relativität rekonstruiert werden, sie bleibt als Geschichte vergangen. Der historische Jesus bleibt uns verborgen, gerade weil er historisch ist. Insofern ist dann auch die Third Quest der Jesusforschung dort zu kritisieren, wo sie immer noch nach dem Zugriff zu der historischen Person in ihrem engeren raum-zeitlichen Ereignis sucht. Die Aufgabe der Jesusforschung kann stattdessen nur lauten, die Verständnisweisen der Erfahrung und Deutung dieses im wahrsten Sinne des Wortes vergangenen, damit aber dem Zugriff auch verlorenen Ereignisses in ihrer Vielgestalt zu beschreiben und nachzuzeichnen.

Die Aussage des Glaubens, die den Christus Gottes mit dem in der Tradition so benannten »Jesus von Nazareth« verbindet, der zeitlich und örtlich fremd ist, der so wenig fassbar ist, wie nur irgendein anderer Mensch und darin immer wieder fremd bleibt, ist historisch nicht zu überwinden, sondern theologisch zu ertragen. Es ist die Demut vor diesem Aspekt der Fremdheit Gottes, die nicht zu überwinden ist. Und es ist die Demut vor dem Anspruch, der uns entgegenkommt, dass in diesem uns fremden und auch fremd bleibenden Menschen, Gott geglaubt werden darf und soll. Lebendig gehalten wird dieser Anspruch durch die Verkündigung des Ereignisses und seiner immer neu erfassten und zu erfassenden Bedeutung. Lebendig gehalten wird dieser Anspruch also dadurch, dass das Ereignis immer neu zum Jetzt des

---

[45] BULTMANN, Jesus (s. Anm. 13), 8.

Anspruches wird. In der Fortschreibung des erkannten und geglaubten Anspruches begegnet der Menschgewordene als neu und wieder Geschichte Gewordener. Theologisch gehalten wird damit die zu ertragende Weite der Ergebnisse der neuesten Jesusforschung in dem je neu zu findenden Kerygma, welches sich nicht dem historisch gar nicht zu eruierenden Jesus gegenüber zu verantworten hat, sondern der breiten Wirkungsgeschichte, die diese endgültig verlorene historische Person ausgelöst hat.

Tritt diese so geschilderte Aufgabe nun aber nicht hinter die von Käsemann propagierte Aufgabe zurück, das Zeugnis der Evangelien ernst zu nehmen, die ihrerseits die Kontinuität zum historischen Jesus zum Ausgangspunkt ihrer Darstellung machten? Hier ist mit »Nein« zu antworten. Käsemann nimmt zu Recht wahr, dass die Evangelien die historische Rückversicherung geben wollen. Aber er übersieht, dass sie dies gerade nicht durch den Versuch einer in unserem Sinne historischen Suche leisten, sondern es genau in dem Sinne leisten, wie es hier versucht wurde darzustellen: Der historische Jesus ist insofern historisch, als dass er in einer von ihm unterschiedenen geschichtlichen Situation aufgerufen und zu Wort gebracht werden darf und muss, eben in der von den jeweiligen Evangelien gewählten Darstellung seines Lebens und seiner Lehre. Das Historische dieses Jesus ist das Historische des Kerygmas über ihn, das als Kerygma von ihm verkündigt wird. Nicht der historisch gewesene, sondern der je aktuell in Wort und Tat geschichtlich wirkende und also seiende Christus sollte damit der Interessierende sein und bleiben.

Urchristliche Impulse für unsere Evangelisation heute

Vortrag auf dem Forum Mission des Dienstbereiches Mission des BEFG in Nürnberg am 21.09.2008[1]

1. Einleitung

Wozu fragen wir überhaupt nach urchristlichen Impulsen für unsere Evangelisation heute? Bei aller Wertschätzung und Achtung gegenüber der Heiligen Schrift und den ersten Zeugen fragen wir doch wohl sicherlich nicht, um sie zu kopieren, sondern wahrscheinlich doch deshalb, um hinter dem, was wir in den Zeugnissen der ersten Jahrhunderte sehen können, den Geist, das Bewegende, Bestimmende und Treibende zu erkennen, das dazu beitrug, dass das Evangelium innerhalb der ersten Jahrhunderte zu einer frohmachenden Erfahrung für so überraschend viele Menschen wurde und sich so verbreitete, dass man gerne, wenn auch begrifflich höchst zweifelhaft, von einem Siegeszug des Christentums zu sprechen versucht ist.

Diesem Geist, diesem Bestimmenden und Treibenden möchte ich in diesem Beitrag nachspüren. Damit muss ich all diejenigen, die nun vielleicht Impulse für neue Formen und Gestaltungen der Evangelisation erwarteten, um Entschuldigung bitten – genauer: um etwas Geduld. Denn natürlich werde auch ich mich nicht zurückhalten können, am Ende Gedanken für Folgerungen aus dem weiterzugeben, was mir bei den Beobachtungen zur Mission und Evangelisation der frühen Christengenerationen auffiel.

Wenn ich nun eben von Beobachtungen sprach, so ist auch der weitere Vorgehensweg angedeutet. Ich beginne mit Beobachtungen, die aufgrund der Zeugnisse der frühchristlichen Schriftsteller und auch Gegner des Christentums zur Verbreitung des Evangeliums zu machen sind. Im Anschluss daran werde ich fragen, welche neutestamentlichen Gedanken hierbei aufgenommen wurden. Und hieran werden sich dann schließlich und endlich einige wenige Überlegungen zum möglichen Umgang mit diesen Überlegungen anschließen.

---

[1] Die vorliegende Veröffentlichung des Vortrags will die Vortragsform weitestgehend beibehalten. Aus diesem Grund sind sowohl die Anredeformen als auch persönliche Einschätzungen und vielleicht auch manche spitzen Formulierungen in Bezug auf die Wahrnehmung gegenwärtiger Gemeindewirklichkeiten nicht getilgt worden. Der Vortrag wurde für die Veröffentlichung hinsichtlich der Anmerkungen überarbeitet und erweitert.

2. BEOBACHTUNGEN ZUR FRÜHCHRISTLICHEN MISSION

2.1 Keine organisierte aber dennoch stattfindende Mission

Am Beginn der Beobachtungen muss aber nach meiner Überzeugung etwas stehen, was überraschenderweise gerade *nicht* in den frühchristlichen Zeugnissen der ersten Jahrhunderte zu beobachten ist: Es fehlen Hinweise auf organisierte missionarische oder evangelistische Tätigkeiten.[2] Der so häufig als Ausgangspunkt missionarischer Bemühungen angesehene Auftrag Jesu an die Jünger in Mt 28,19a – »Darum geht hin und macht alle Völker zu meinen Jüngern« – findet seltsam wenig bis gar keine Resonanz in den Schriften der Kirchenväter. Ulrich Luz stellt in der Frage der Wirkungsgeschichte dieses Verses fest:

> »Mt 28,19a ist erst seit dem 16. Jahrhundert vereinzelt zu einem für die Mission entscheidenden Text geworden. Seinen Siegeszug als ›der Missionsbefehl‹ hat der Vers – vor allem im Protestantismus – erst seit Beginn des 19. Jahrhunderts angetreten.«[3]

Freilich haben die frühen Christen diesen Vers ernst genommen, aber sie haben dann sehr konsequent beachtet, an wen er gesprochen war: an die verbliebenen elf Jünger,[4] damit an die Apostel, zu denen man bald natürlich gerne auch noch Paulus hinzurechnete. In späteren Zeiten scheint sich hieraus dann die Legende gebildet zu haben, dass die elf Apostel die Weltbereiche untereinander für ihre jeweilige Missionsarbeit aufteilten.[5]

---

[2] Diese Aussage betrifft die nachneutestamentliche Zeit. Die vergangene und aktuelle Paulusforschung hat sehr wohl zeigen können, dass hinter dem missionarischen Handeln des Apostels eine recht klar zu erkennende Struktur und damit wohl auch mehr oder weniger bewusste und durchgeführte Planung stand. Dies betrifft einerseits die von ihm gewählten Missionsstandorte als auch andererseits die von ihm offensichtlich geplante Ausweitung der Mission bis nach Spanien. Inwieweit hinter dieser Durchführung Ansätze jüdisch-apokalyptischer Vorstellungen standen, ist Gegenstand gegenwärtiger Überlegungen, die aber für diesen Beitrag nicht relevant sind.

[3] ULRICH LUZ, Das Evangelium nach Matthäus, Düsseldorf/Neukirchen-Vluyn/Zürich 2002 (= EKK I/4), 444.

[4] Vgl. JUSTIN, Apologie 1,31,7, übersetzt von Gerhard Rauschen, in: O. BARDENHEWER/TH. SCHERMANN/K. WEYMAN (Hrsg.), Bibliothek der Kirchenväter. Frühchristliche Apologeten und Märtyreraktien aus dem Griechischen und Lateinischen übersetzt, I. Band, Kempten/München 1913, 55–101; ARISTIDES VON ATHEN, Apologie II,8, übersetzt von Kaspar Julius, in: O. BARDENHEWER/TH. SCHERMANN/K. WEYMAN (Hrsg.), Bibliothek der Kirchenväter. Frühchristliche Apologeten und Märtyreraktien aus dem Griechischen und Lateinischen übersetzt, I. Band, Kempten/München 1913, 3–54.

[5] Vgl. Thomasakten, 1: »Zu jener Zeit waren wir Apostel alle in Jerusalem, Simon, genannt Petrus, und Andreas, sein Bruder, Jakobus, des Zebedäus Sohn, und Johannes, sein Bruder, Philippus und Bartholomäus, Thomas und Matthäus, der Zöllner, Jakobus (des Alphäus Sohn), und Simon, der Kananäer, und Judas, (des Jakobus Bruder); und wir verteilten die Gegenden der Erde, daß ein jeder von uns in die Gegend, die durchs

Bemerkenswerterweise aber hat diese Legende unter den Christen keine entsprechende Nachahmertätigkeit ausgelöst. Für die evangelistische Verkündigung schienen allein die Apostel zuständig. So sehr wir also in den ersten Jahrhunderten eine Ausbreitung des Christentums wahrnehmen können – sie scheint nicht das Resultat einer überaus bewussten oder gar organisierten Mission und Evangelisation zu sein, die sich einem spezifischen Missionsbefehl verdankte, den die Christen ganz allgemein auf sich bezogen und für sich annahmen.

Gleichermaßen haben auch die Beispiele der Missionstätigkeiten des Paulus offensichtlich zu keiner entsprechenden Nachahmertätigkeit oder etwa sogar zu einer theologischen Darlegung der Notwendigkeit einer allgemeinen, durch die Christinnen und Christen auszuführenden evangelistischen Tätigkeit geführt. Die Evangelisation ist zu dieser Zeit keine Aufgabe der Kirche sondern immer nur einzelner, hierzu besonders berufener Personen. Waren dies zunächst allein die Apostel, so können wir aus der am Beginn des zweiten Jahrhunderts verfassten christlichen Schrift der Didache erfahren, dass im frühen zweiten Jahrhundert noch Wanderprediger in dieser Aufgabe der Evangelisten unterwegs waren. Allerdings zeigt bereits diese Schrift eine nicht zu übersehende Skepsis gegen diese Gruppe umherziehender und keiner gemeindlichen Autorität untergeordneten Personen. Spätestens mit der Durchsetzung einer bischöflichen Struktur der Kirche verschwinden diese Wanderprediger mehr und mehr[6] bzw. werden zunehmend auch der Häresie verdächtig.

Nun werden es verstärkt die Personen, die in den Kirchen leitende Ämter innehatten, namentlich natürlich die Bischöfe selber, die – wenn überhaupt – der Aufgabe der Apostel zur evangelistischen Verkündigung nachkamen. Ich sage ›wenn überhaupt‹ – denn entsprechende Zeugnisse sind kaum vorhanden. Die Vorstellung von Bischöfen, die ihre Hauptaufgabe in der evangelistischen Verkündigung sahen, scheint der damaligen Zeit fremd – ebenso wie die, dass die Mitglieder der christlichen Gemeinden verkündigend evangelistisch oder missionarisch tätig waren.

Diese erste (Nicht-)Beobachtung mag etwas überraschen. In der Zeit einer der wahrscheinlich größten und umfangreichsten Ausbreitung des christlichen Glaubens überhaupt in seiner Geschichte gab es genau eines nicht: Eine Missions- und Evangelisationsarbeit, die sich einem allgemeinen, an die Christenheit grundsätzlich ergehenden und breit aufgenommenen Missionsbefehl verdankte und etwa institutionell geordnete oder gar vorangetriebene

Los auf ihn käme, und zu dem Volke, zu welchem der Herr ihn schickte, reisen solle.« Zitiert nach Edgar Hennecke/Wilhelm Schneemelcher, Neutestamentliche Apokryphen in deutscher Übersetzung, II. Band Apostolisches Apokalypsen und Verwandtes, Tübingen [5]1989, 303.

[6] Vgl. Friedhelm Winkelmann, Geschichte des frühen Christentums, München 1996, 21.

Missions- und Evangelisationsarbeit hervorbrachte. Die biblischen Zeugnisse etwa der paulinischen Mission oder auch der Berichte von den Aussendungen der Jünger in den Evangelien führten nicht dazu, dass sich die nachfolgende Christenheit Gedanken darüber machte, wie sie diese Mission für sich selbst als Auftrag erkannte. Die Einrichtung eines Missionars, also einer Person, die von Berufs wegen durch die Lande bzw. Städte zog und das Evangelium verkündigte, findet sich geschichtlich ungefähr bis zum Beginn des 2. Jahrhunderts und dann erst wieder ab dem 4. Jahrhundert, ab der Zeit, als das Christentum staatlicherseits anerkannt wurde und es damit auch selber zur politischen Größe wurde. Sowenig sich die Christinnen und Christen zwischen 100 und 350 n. Chr. also von einem *Missionsbefehl* motiviert sahen, sowenig kamen sie gleichermaßen auf den Gedanken, Mission und Evangelisation zu organisieren.

Dennoch verbreitet sich das Christentum aber über die Welt des damaligen römischen Reiches und teilweise auch darüber hinaus in diesen Jahrzehnten und Jahrhunderten überaus weit. Ich vermute, dass diese Ausbreitung gerade damit zusammenhängt, dass es keine *Institution des Missionars*, keine organisierte Mission gab, sondern dass im Gegenteil, wie Friedhelm Winkelman feststellt, »[...] die Mission eine Aufgabe des einzelnen Christen [blieb und eben] [...] nicht als eine Aufgabe der kirchlichen Institutionen verstanden [wurde].«[7] Die frühe Mission brauchte es nicht, organisiert zu werden. Die frühe Mission brauchte auch keine besondere Aufgabe hierfür, keinen Anstoß. Nach allem, was wir beobachten können, hat sie einfach stattgefunden.
Aber wie und in welcher Form erreichten die Christinnen und Christen die damaligen Menschen mit dem Evangelium und was weckte das Interesse am Evangelium?

Waren es keine auf den Märkten predigenden, *professionellen* Missionare, so dürfen wir vermuten, dass die Attraktivität des christlichen Glaubens im Besonderen mit dem Erscheinungsbild der Gemeinden und dabei dann mit dem Leben der Christinnen und Christen zusammenhing. Und zwar weniger mit den Gottesdiensten als vielmehr vor allem mit dem *alltäglichen öffentlichen* Leben der Christinnen und Christen. Zwar waren wahrscheinlich von Anfang an die christlichen Gottesdienste offene Versammlungen und es wurde keiner gehindert an ihnen teilzunehmen (vgl. die Aussagen des Paulus zum ordentlichen Gottesdienst in 1Kor 14 wegen der Gäste im korinthischen Gottesdienst). Doch gleichzeitig muss gefragt werden, was Menschen bewegen konnte, diese Gottesdienste zu besuchen und damit überhaupt erst unter die Verkündigung des Wortes zu kommen. Diese Frage nach der *Attraktivität* frühchristlicher Gottesdienste muss umso massiver gestellt werden, wenn wir beachten, was für Gerüchte über diese Versammlungen der Christen umherliefen.

---

[7] Ebd (s. Anm. 6).

Diese Gerüchte sind uns aus antiken heidnischen Texten gut belegt. In diesen ist immer wieder von allerlei Schandtaten, von der Tötung von Säuglingen über sexuelle Ausschweifungen, Inzest, bis hin zum Kanibalismus die Rede. Glaubten die damaligen Menschen diesen Gerüchten – und warum sollten sie es nicht? – so werden sie die Versammlungen lieber gemieden haben.[8] Freilich hat es in der extrem multireligiösen Gesellschaft der damaligen Zeit immer auch Interesse an ›wieder einmal einer neuen religiösen Idee gegeben‹ – als solche konnte das Christentum ja auch erscheinen. Aber dieses Interesse am Neuen, besonders ausgebildet unter den Gebildeten der damaligen Zeit und uns exemplarisch vorgeführt in der in Apg 17 geschilderten Situation der Areopagrede des Paulus in Athen, führte nur sehr bedingt zu positiven Beurteilungen der Christen und damit zu entsprechenden Erfolgen. Auch hier scheint mir der Bericht der Apostelgeschichte exemplarisch zu sein. So sehr die Neugier die Gebildeten zu einer Auseinandersetzung mit dem Christentum führte, so gering war zunächst die philosophische Überzeugungskraft des Evangeliums. Dass das Wort vom Kreuz eben eine Torheit ist, das hatte schon Paulus festgestellt, und die heidnischen Denker und Intellektuellen der nachfolgenden Jahrhunderte unterstrichen dies immer wieder. Und alles andere, was das Christentum in Lehre und Gottesdienst anbieten konnte, außer dem Wort des Kreuzes, gab es nach Ansicht führender Denker der damaligen Zeit auch schon außerhalb des Christentums. Dieses sei also weder originell noch vernünftig. Und so konnte man sich auch von ihm abwenden – bzw. brauchte sich erst gar nicht zu ihm hinzuwenden.

Aber trotz allem – trotz der fehlenden kirchlichen Mission, trotz fehlender professioneller Missionare, trotz der übelsten Gerüchte über die Gottesdienste und trotz der wohlbegründeten spöttelnden Ablehnung der Gebildeten – trotz allem breitete sich das Christentum aus und die Gemeinden wuchsen. Wieso? Es scheint mir so, als sei es vor allem das, was Menschen an Christinnen und Christen im Alltag sahen, was sie überhaupt dazu brachte, Interesse an diesem Glauben zu zeigen. Ich denke, dass es in erster Linie das *gesehene Evangelium* im alltäglichen Leben der Christinnen und Christen und der Gemeinden war und weniger die *gehörte Evangeliumsverkündigung*, die Menschen für die christliche Botschaft interessierte. Das Evangelium begann durch die Gläubigen unter den Menschen zu leben.

Erst dieses missionarische Alltagsleben führte zu der Offenheit für die evangelistische Predigt. Dieser Zugang zu den Menschen durch das Erleben

---

8 Minucius Felix, ein Apologet des frühen 3. Jahrhunderts fasst in seiner Schrift *Octavius* solche Gerüchte zusammen: Inzest, Anbetung eines Elsels als Zeichen der Fruchtbarkeit, Kindermord und Kannibalismus, sexuelle Ausschweifung, etc; vgl. Minucius Felix, Octavius, IX, übersetzt von Alfons Müller, in: O. Bardenhewer/Th. Schermann/K. Weyman (Hrsg.), Bibliothek der Kirchenväter. Frühchristliche Apologeten und Märtyreraktien aus dem Griechischen und Lateinischen übersetzt, II. Band, Kempten/München 1913, 125–204.

der Christen im Alltag wurde zusätzlich noch dadurch unterstützt, dass für heidnische Gebildete das Gelebte einer Ideologie oder eines Lebens das Entscheidende war. »Wer im Kampf um die Seelen Erfolg haben wollte, mußte im Besitz einer vorbildlichen Ethik sein und diese in überzeugender Weise auch selbst praktizieren.«[9] Über diese Wirksamkeit ihres Lebensstils waren sich die Christen selber auch sehr wohl bewusst. So fordert Ignatius am Beginn des 2. Jahrhunderts die Christen auf: »Darum gewährt ihnen [den Nichtchristen], wenigstens aus den Werken von euch belehrt zu werden.«[10] Ein solches missionarisches Leben brauchte nun aber keinen eigenen Auftrag und scheint im eigentlichen Sinne mehr oder weniger natürlich stattgefunden zu haben. Erst dies mit den Augen zu sehende und zu erlebende gelebte Evangelium aber führt dazu, dass Menschen bereit wurden, dann auch zu hören, was die Anhänger des neuen Glaubens eigentlich zu sagen hatten.

Damit bin ich bei einem ersten Impuls, den ich aus den ersten Jahrhunderten der Christenheit für uns heute höre: Mission und Evangelisation erwächst für die frühen Christen nicht aus einem Verkündigungsauftrag heraus, sondern findet aus der lebensbestimmenden Kraft des Evangeliums selbstverständlich statt. Das Evangelium verkündigt sich im alltäglichen Leben.

2.2 Die Attraktivität des christlichen Glaubens im Alltag

Wie aber sah dies aus? Ich möchte hier nur einige Beispiele von dem nennen, was Menschen an Christinnen und Christen sehen und miterleben konnten, ohne das sie bis dahin überhaupt ein Wort der Verkündigung gehört hatten. Hierbei können einige Zitate am Beginn stehen, die einen gewissen Grundtenor wiedergeben. Lukian von Samosata, ein Schriftsteller, der von 120–180 lebte und dessen Werk teilweise von beißendem Spott über die Christen trieft, stellt fest:

> »Ihr erster Gesetzgeber hat ihnen die Überzeugung beigebracht, daß sie untereinander Brüder seien; sie entwickeln eine unglaubliche Rührigkeit, sobald sich etwas ereignet, was ihre gemeinschaftlichen Interessen berührt; nichts ist ihnen alsdann zu teuer.«[11]

Diese »Rührigkeit« unter den Christen unterstreicht dann auch Tertullian, ein christlicher Schriftsteller an der Wende zum dritten Jahrhundert. Er stellt in

---

[9] ECKHARD PLÜMACHER, Identitätsverlust und Identitätsgewinn. Studien zum Verhältnis von kaiserlicher Stadt und frühem Christentum, Neukirchen-Vluyn 1987 (= BThS 11), 50.

[10] IGNATIUS VON ANTIOCHIEN, Epheserbrief, 10,1, übersetzt und herausgegeben von ANDREAS LINDEMANN/HENNING PAULSEN, Die Apostolischen Väter. Griechisch-Deutsche Parallelausgabe auf der Grundlage der Ausgaben von Franz Xaver Funk/Karl Bihlmeyer und Molly Whittaker, Tübingen 1992, 178–191.

[11] LUCIAN VON SAMOSATA, De morte Peregrini, 10, zitiert nach ADOLF VON HARNACK, Die Mission und Ausbreitung des Christentums in den ersten drei Jahrhunderten, Leipzig [4]1924, 174.

seiner an Heiden gericheten Verteidigungschrift der Christen fest: »Doch eben solcher Liebe Werk drückt uns in den Augen vieler ein Mal auf. ›Seht‹ sagen sie, ›und wie sie für einander zu sterben bereit sind‹ – sie selbst nämlich wären eher einander umzubringen bereit.«[12]

Es scheint, als sind die gegenseitige Liebe und Unterstützung, die ganz praktische Hilfe der Christen untereinander wesentliche Momente der Außenwirkung der frühen Gemeinden. Man kann hier Stichworte wie die Gastfreundschaft, die Armenkasse und die Unterstützung für Witwen und Waisen nennen. Der 1. Clemensbrief, ein Schreiben der römischen Gemeinden an die Gemeinde in Korinth gegen Ende des 1. Jahrhunderts rühmt diese tatkräftige Liebe der korinthischen Christen:

> »Denn wer, der bei euch zu Gast war, hat sich nicht von eurem vortrefflichen und festen Glauben überzeugt? Wer die besonnene und milde Frömmigkeit in Christus nicht bewundert? Wer die großartige Weise eurer Gastfreundschaft nicht verkündet? [...] Denn ohne Ansehen der Person tatet ihr alles, [...]. Und alle wart ihr demütiger Gesinnung, ohne Prahlerei, eher euch selbst unterordnend als (andere) unterordnend, lieber gebend als nehmend. [...] So war tiefer und fruchtbringender Friede allen beschieden und ein unstillbares Verlangen, Gutes zu tun; [...] Ein Wettkampf war bei euch Tag und Nacht für die ganze Bruderschaft, auf daß gerettet würde mit Barmherzigkeit und Gewissen die Zahl seiner Auserwählten. [...] Jegliche Guttat ließt ihr euch nicht gereuen, bereit zu jedem guten Werk.«[13]

Die christlichen Schriftsteller der ersten Jahrhunderte konkretisieren die Betätigungsfelder dieser gegenseitigen Hilfe, die in der Öfentlichkeit wohl deutlich wahrgenommen worden ist: Unterstützung der Witwen und Waisen, der Kranken, der Mangel Leidenden, selbstverständliche Durchführung von Begräbnissen, Gewährung der Gastfreundschaft ohne Ansehen der Person und Sorge und Unterstützung für Gefangene.

So berichtet Euseb, der Verfasser einer ersten Kirchengeschichte, dass allein die Gemeinde in Rom 1500 Witwen und Hilfsbedürftige versorgte. Dies geschah sowohl organsiert als auch privat durch Aufnahme von Frauen und Kindern in Privathäuser. Die Summen die hierfür nötig waren, sind unglaublich – man spricht in der Forschung von Größenordnungen von mehr als 200.000 Sesterzen im Jahr – das sind ca. 200.000 Tageslöhne einfacher Arbeiter. Dass die Kranken der besonderen Beachtung der Diakone einer Gemeinde anbefohlen waren, unterstreicht die sogenannte, zu Beginn des 3. Jahrhun-

---

[12] Tertullian, Apologie 39,7 übersetzt und herausgegeben von Carl Becker, München [2]1961.

[13] Clemens von Rom, 1. Clemensbrief 1,2–2,7, übersetzt und herausgegeben von Andreas Lindemann/Henning Paulsen, Die Apostolischen Väter. Griechisch-Deutsche Parallelausgabe auf der Grundlage der Ausgaben von Franz Xaver Funk/Karl Bihlmeyer und Molly Whittaker, Tübingen 1992, 77–151.

derts verfasste, *Apostolische Kirchenordnung*. Über diese frühen Kirchenbeamten heißt es dort:

> »Täter der guten Werke sollen sie sein, Tag und Nacht überall umherspähend, weder den Armen verachtend noch des Reichen Person ansehend; sie sollen den Notleidenden erkennen und ihn nicht von dem Anteil der Gemeindekollekte ausschließen [...].«[14]

Hier ist es geradezu als Aufgabe formuliert, dass man die Armen und Kranken *suchen* solle, um ihnen Gutes zu tun. Die Witwen und Waisen, die Armen und Kranken waren den frühen Gemeinden nicht Last, sondern sie waren ihr Auftrag. Eine Legende aus einer Verfolgungszeit gegen Ende des 3. Jahrhunderts berichet davon, dass ein Diakon der römischen Gemeinde aufgefordert wurde, die Schätze der Kirche auszuliefern. Daraufhin bot er an, dem Staat alle Armen der Gemeinden zu übergeben, denn diese Armen seien der eigentliche Schatz der Kirche.[15] Sicherlich: eine Legende – aber sie mag doch etwas über das Selbstverständnis zeigen. In der Fürsorge für die Armen lagen einige der – mit modernen Begriffen gesprochen – Kernaufgaben und auch Kernkompetenzen der frühen Christenheit. Es ist bemerkenswert, dass der letzte heidnische Kaiser, Julian Apostata, versuchte dieses Sozialsystem der christlichen Kirche zu kopieren, was dem römischen Staat aber nicht gelang.

Bemerkenswert ist auch die Fürsorge für die Gefangenen. Sie nahm solche Formen an, dass der letzte römische Kaiser, der vor Konstantin die Christen verfolgen ließ, ein Gesetz erließ,

> »[...] daß sich niemand gegen die Unglücklichen in den Gefängnissen durch Darreichung von Speise menschenfreundlich zeigen noch derer, die in Fesseln an Hunger dahinsiechten, sich erbarmen dürfe, [...]«[16]

und wer dieses trotzdem tat wurde ebenfalls in die Gefängnisse oder Bergwerke gebracht.[17]

Diese ganze Fürsorge war nun aber – und hier wird es gerade in Bezug auf die Außenwirkung nochmals interessanter – nicht allein auf die Christinnen und Christen selber beschränkt. Julian, der bereits erwähnte Kaiser, der nach Konstantin den römischen Staat wieder vom Christentum weg und zum Heidentum hinführen wollte, konstatiert:

> »Es ist doch beschämend, daß von den Juden keiner zu betteln braucht, die gottlosen Galiläer aber außer ihren eigenen auch noch unsere Armen durchfüttern,

14 Zitiert nach VON HARNACK, Mission (s. Anm. 11), 186.

15 Vgl. a.a.O., 186f.

16 EUSEBIUS VON CAESAREA, Kirchengeschichte, 10,8,11, hrsg. v. HEINRICH KRAFT, Darmstadt 1967.

17 Vgl. a.a.O., 10,8,11.

> die somit auf die von uns kommende Unterstützung anscheinend verzichten müssen.«[18]

Eine Bankrotterklärung sozialer Versorgung und ein Beispiel für das was, Paulus in Röm 12,20 ausführt: »Wenn dein Feind Hunger hat, gib ihm zu essen, wenn er Durst hat, gib ihm zu trinken; tust du das, dann sammelst du glühende Kohlen auf sein Haupt.« Natürlich gab es auch in römischer Zeit Unterstützung für Arme. Aber diese geschah immer aus einem ganz bestimmten Impuls heraus: wer Arme unterstützte, der wollte etwas von ihnen. Im letzten dienten die sozialen Unterstützungen des römischen Staates im Besonderen der Ruhigstellung der Bevölkerung oder dem Erkaufen von Wählerstimmen bei anstehenden Wahlen. Es war ein System des Gebens und Nehmens – und nur solange jemand für irgendetwas gut war, solange unterstütze man ihn auch. Aber wozu waren Waisen gut, wozu Kranke, wozu Gefangene? Sie fielen durch das sowieso sehr löchrige Netz.[19] In der christlichen Gemeinde scheint es im Vergleich zu entsprechenden staatlichen Aktionen einen deutlichen Unterschied in der *Motivation* zum Tun des Guten zu geben. Das Tun des Guten war eben Kernaufgabe und Kernkompetenz und nicht Mittel zum Zweck des Machterhalts und des Machterwerbs.

Wie uneigennützig dieses Tun des Guten auch unter den Heiden geschah kann man auch daran ablesen, dass diese breit gelebte und niemanden ausschließende Menschenfreundlichkeit die Christen selber noch nicht einmal vor Verfolgungen und Anfeindungen geschützt hat. Im Brief an Diogenet, einer christlichen Schrift wahrscheinlich aus dem 2. Jahrhundert, heißt es über die Christen:

> »Sie lieben alle, und von allen werden sie verfolgt. Man kennt sie nicht, und doch verurteilt man sie. [...] Sie haben an allem Mangel, und sie haben an allem Überfluß. [...] Während sie Gutes tun, werden sie wie Übeltäter bestraft.«[20]

---

[18] Sozomenus, Historia Ecclesiastica, 5,16,11 (Brief des Julian Apostata an Arsacius 5,16,5–15), hrsg. v. Günther Christian Hansen, Turnhout 2004 (= FC 73/2).

[19] Vgl. dazu Elisabeth Hermann-Otto: Reiche und Arme, in: Kurt Erlemann u.a. (Hrsg.), Neues Testament und Antike Kultur, Band 2: Familie – Gesellschaft – Wirtschaft, Neukirchen-Vluyn 2005, 86–90, konkret 88: »Öffentliche Fürsorgeprogramme waren nicht speziell auf die Ärmsten der Armen, Bettler, Krüppel, Aussätzige, arbeitsunfähige Alte, verarmte Witwen und Waisenkinder, in Rom und anderen großen Städten ausgerichtet, sondern vorrangig auf die Bürger, unabhängig von ihrer Soziallage. Das traf auch auf Speisungen und Geldspenden [...] zu außergewöhnlichen Anlässen zu [...]. Zur Vermeidung von Hungerrevolten in den großen Städten wurden Hilfsmaßnahmen ergriffen, die vom Billiggetreide, das staatlich subventioniert war, bis zur Gratisspeisung gingen. Normalerweise waren zu den regulären öffentlichen Getreideverteilungen [...] nur die röm. männlichen Bürger zugelassen, die eine Berechtigungsmarke hatten [...].«

[20] Diognetbrief, 5,11–16, übersetzt und herausgegeben von Andreas Lindemann/Henning Paulsen, Die Apostolischen Väter. Griechisch-Deutsche Parallelausga-

Die Zuwendung auch zu den Nichtchristen erfolgt bei den Christen nicht *um zu*. An keiner Stelle ist dieses als Methode der Mission oder Evangelisation auch nur angedeutet. Sie entspringt einer anderen Motivation.

In zwei Bereichen will ich diese selbstverständliche Hilfe für die Heiden kurz erwähnen und hier als erstes die Sorge um die Verstorbenen erwähnen. Dass die Christinnen und Christen innerhalb der frühen Gemeinden dort, wo ihre Mitglieder kein Geld für das Begräbnis hatten, für die Kosten aufkamen, war selbstverständlich. So berichtet ein Zeugnis vom Beginn des 2. Jahrhunderts: »Wenn aber einer von ihren Armen aus der Welt scheidet und ihn irgendeiner von ihnen sieht, so sorgt er nach Vermögen für sein Begräbnis.«[21] Mit dieser Fürsorge für ihre Verstorbenen standen die Christen freilich nicht allein. Die Sorge für die Toten war allgemein anerkannte Pflicht, erfolgte aber in Regel innerhalb des Familienbundes. Die christliche Gemeinde ging hier aber insofern einen Schritt weiter, als dass *jeder Verstorbene* der Fürsorge der Gemeinde als Ganzer unterstellt war, und damit auch Verstorbene, die keine Familie mehr hatten, sich eines würdigen Begräbnisses sicher sein konnten. Aber die christliche Gemeinde ging auch dort erheblich weiter, als dass sie diese Fürsorge durchaus auch an Nichtmitgliedern einer Gemeinde wahrnahm. Der christliche Schriftsteller Lactantius schreibt an der Wende zum 4. Jahrhundert:

> »Wir werden es nicht dulden, daß das Bild und Geschöpf Gottes den wilden Tiern und Vögeln als Beute hingeworfen wird, sondern werden es der Erde zurückgeben, von der es genommen ist, und auch an einem unbekannten Menschen das Amt seiner Verwandten erfüllen [...].«[22]

Diese Praxis, auch die Totenfürsorge für Heiden zu übernehmen, führt dazu, dass der bereits erwähnte Kaiser Julian feststellt:

> »Merken wir nicht, wie die Gottlosigkeit gerade durch die Zuwendung zu den Fremden und durch die Fürsorge für die Leichenbestattung und die erheuchelte moralische Würde angewachsen ist?«[23]

Damit in engem Zusammenhang stehen die Hilfeleistungen von Christen bei Katastrophen. Auch hier gilt zuerst wieder die selbstverständliche Hilfe der Christen untereinander, die nun aber auch erfolgte, wenn es für das eigene Leben bedrohlich wurde. So berichtet der Bischof Dionysius von Alexandria beim Ausbruch einer großen Pest in der Mitte des 3. Jahrhunderts, dass die Krankenfürsorge auch angesichts der enormen Ansteckungsgefahr durchge-

---

be auf der Grundlage der Ausgaben von Franz Xaver Funk/Karl Bihlmeyer und Molly Whittaker, Tübingen 1992, 304–323.

[21] Aristides, Apologie (s. Anm. 4), XV,8.

[22] Lactantius, Divinae Institutiones VI,12, zitiert nach von Harnack, Mission (s. Anm. 11), 191.

[23] Sozomenus, Historia Ecclesiastica (s. Anm. 18), 5,16,6.

halten wurde. Und dieses geschah selbst dort, wo man die leidvolle Erfahrung machen musste, dass viele selber starben,

> »nachdem sie die Kranken gepflegt und wiederhergestellt hatten, [...] den Tod, der jenen bestimmt war, auf sich selbst übertragend. [...] Auf solche Weise schieden aus dem Leben die Tüchtigsten unserer Brüder, Presbyter, Diakonen und Laien.«[24]

Dass solche Pflege keineswegs selbstverständich war, lässt Dionysius erkenen, wenn er fortfährt:

> »Ganz anders war es bei den Heiden. Sie stießen die, welche anfingen krank zu werden, von sich, flohen vor ihren Teuersten, warfen sie halbtot auf die Straße und ließen die Toten unbeerdigt wie Schmutz liegen.«[25]

War damit das Verhalten der Christen untereinander schon bemerkenswert und auffällig, so steigerte sich das Ansehen der Christen noch dadurch, dass sie sich auch um die Ungläubigen kümmerten. So wird vom Ende des 3. Jahrhunderts ebenfalls bei einem Pestausbruch berichtet:

> »Da wurde auch die allseitige Dienstbereitschaft der Christen und ihre Frömmigkeit allen Heiden in deutlichen Zeichen offenbar, denn sie waren die einzigen, die in den so großen Drangsalen ihr Mitgefühl und ihre Menschenliebe durch die Tat kundgaben. Die einen widmeten sich Tag für Tag der Pflege der Sterbenden und ihrer Bestattung – es waren deren Tausende, um die sich niemand annehmen wollte –, andere versammelten die von Hunger Gequälten aus der ganzen Stadt an einem Orte und teilten Brot unter sie aus. Ihr Tun sprach sich bei allen Menschen herum, und man pries den Gott der Christen und bekannte, daß diese allein die wahrhaft Frommen und Gottesfürchtigen seien, da ihre Werke dies bewiesen.«[26]

Es ist diese gelebte Zuwendung zu den Menschen – gleich ob sie zur christlichen Gemeinde gehörten oder nicht –, die ganz entscheidend erst die Beachtung und dann die Achtung des christlichen Glaubens gefördert hat. Im bereits erwähnten Diognetbrief heißt es:

> »Sie werden beschimpft, und in den Beschimpfungen werden sie gepriesen. Sie werden verunglimpft, und sie werden ins Recht gesetzt. Sie werden geschmäht, und sie segnen. Sie werden beleidigt, und sie erweisen (anderen) Ehre.«[27]

Dieses Evangelium der Tat mag dann dafür verantwortlich gewesen sein, dass Menschen überhaupt bereit wurden, auch die Verkündigung des Evangeliumswortes zu hören. Im dann gepredigten Evangelium konnte der Ursprung, der Grund für die von den Menschen bereits erfahrene und gesehene Tat, gehört werden. Hierbei ist mir besonders wichtig zu betonen, dass die gelebte

---

24 Eusebius, Kirchengeschichte (s. Anm. 16), VII,22,7–8.
25 A.a.O., VII,22,10.
26 A.a.O., IX,8, 13–14.
27 Diognetbrief (s. Anm. 20), 5,14–15.

Fürsorge und das sie begründende Evangeliumswort untrennbar zusammengehörten: Die Tat ist dabei nichts anderes als das gelebte Wort. In der Tat wird das Wort erneut Fleisch. Die Liebestat ist also nicht *Werbemittel*, nicht dazu da, um Leute in die Kirche und also unter die Verkündigung zu bekommen, sondern die Tat ist in sich selber bereits Verkündigung des Evangeliums.

In diesem Erleben des Evangeliums bekommt zudem eine Sehnsucht vieler damaliger Menschen eine gelebte und erfahrbare und sie betreffende Antwort. Wir können in der Zeit der ersten drei Jahrhunderte mit einer ausgeprägten Identitätskrise der unteren, gerade aber auch der mittleren Schichten der Bevölkerung rechnen, eben jener Schichten, aus denen sich das Christentum dann auch zusammensetzte. Diese Identitätskrise lässt sich so beschreiben, dass man trotz eines eventuellen persönlichen und auch wirtschaftlichen Erfolgs dennoch keinen Zugang zu einer der Eliten und Gruppen des römischen Reiches fand, die untereinander füreinander sorgten und sich gegenseitig auch absicherten.[28] Auf diese Erfahrung des *nicht dazu Gehörens* antwortete das Christentum mit der Verkündigung, dass jede und jeder dazugehören konnte, ganz gleich ob Jude oder Grieche, Mann oder Frau, Herr oder Sklave (Gal 3,28). Und genau diese Botschaft wurde nicht allein verkündet, sondern vor allem anderen zuerst einmal offensiv gelebt. Da Hilfe und Beistand ohne Ansehen der Person geschah, fühlte man sich eingeladen in eine *neue Heimat* – eine Begrifflichkeit, die sich durchaus schon in der Sprache des Epheserbriefes, des Hebräerbriefes oder auch des 1. Petrusbriefes wiederfinden lässt.

Insofern komme ich zu einer zweiten Beobachtung: Nicht zuerst der gehörte christliche Glaube, sondern das gesehene Leben der Christen lässt das Christentum in das öffentliche Bewusstsein treten und bereitet darauf vor, das Wort der Verkündigung zu hören.

3. Rückbindung an die neutestamentlichen Zeugnisse

Nun müssen wir freilich kurz innehalten.[29] Woran liegt es eigentlich, dass man in der Zeit der frühen Christenheit, um mit dem Kirchengeschichtler Adolf von Harnack zu reden, »die christliche Missionspredigt auch als *Predigt der Liebe und Hilfleistung* [sic] bezeichnen kann«?[30] Lag es vielleicht etwa daran, dass die Christinnen und Christen keine anderen Möglichkeiten hatten? Lag es daran, dass ihnen umfassendere Verkündigungsmöglichkeiten der Predigt verwehrt waren? Lag es daran, dass ihre Kirchen etwa noch zu klein waren? Das mag alles auch eine Rolle gespielt haben. Ich vermute aber, dass

---

28 Vgl. Plümacher, Identitätsverlust (s. Anm. 9), 31ff.

29 Die folgenden Ausführungen zu den biblischen Impulsen für die frühchristliche Praxis müssen im Rahmen dieses Beitrages naturgemäß flächig bleiben. Deswegen wird im Text auf Anmerkungen und somit auch Verweise auf exegetische Literatur weitestgehend verzichtet.

30 von Harnack, Mission (s. Anm. 11), 171. Hervorhebung auch im Original.

vor allem anderen das Verständnis eines zentralen Aspektes des Evangeliums, ja vielleicht *des zentralen Aspektes des Evangeliums überhaupt* sehr ausgeprägt war. Nämlich das Wissen um die Zuwendung Gottes zum Menschen, um das, was in Tit 3,4 als die *philanthropia*, die Menschenfreundlichkeit des Rettergottes bezeichnet wird.[31]

Wer sich die Zeugnisse der Evangelien über Jesus anschaut, der kann durchaus überrascht sein, dass neben Überlieferungen von Predigten und Gleichnissen immer wieder auch davon berichtet wird, dass Jesus einfach für die Menschen da war.[32] Zugespitzt findet sich dieses Anliegen in der Frage Jesu »Was willst du, das ich dir tue?« gegenüber Menschen, die zu ihm kommen (vgl. Mk 10,36; par. Mt 20,20-23; Mk 10,51 par. Mt 20,32; Lk 18,41).[33] Und häufig deckt ihre Antwort zunächst das ab, was in der aktuellen Situation das Nächstliegende ist.[34] Diese Menschen erleben die Freundlichkeit und Zu-

---

[31] Die Charakterisierung Gottes als *menschenfreundlich* ist gerade in dem näheren Kontext bemerkenswert. So sehr nämlich die nachfolgende Beschreibung des Kommens Christi als Kommen *des Retters* die Mitte des Christusbekenntnisses zum Ausdruck bringt, wird dieses durch den Begriff der *Menschenfreundlichkeit* sofort mit einem ethisch relevanten Ausdruck verbunden. In der philosophischen Ethik der Antike war die gelebte Menschenfreundlichkeit eine »Nachahmung der Güte Gottes« (Ulrich Luck, Art. φιλανθρωπία/φιλανθρώπως, in: ThWNT Bd. IX, 1973, 109). Dass in Tit 3,2 dazu aufgefordert wird, eine umfassende Freundlichkeit allen Menschen zu erweisen rückt die Beschreibung Gottes in die Nähe einer paradigmatischen Aussage, der eine Parallelität im christlichen Handeln entsprechen soll. Vgl. auch Gottfried Holtz, Die Pastoralbriefe, Berlin [4]1986 (= THKNT 13), 233: »Jesus der Reine ist mitten unter den Sündern. Darauf blickend konnte wohl von der φιλανθρωπία [philantropia - Menschenliebe] Jesu gesprochen werden und daran die Erinnerung an V1 geknüpft werden.« Vgl. ferner Jens Herzer, »Das ist gut und nützlich für die Menschen« (Tit 3,8). Die Menschenfreundlichkeit Gottes als Paradigma christlicher Ethik, in: Christfried Böttrich, Eschatologie und Ethik im frühen Christentum. Festschrift für Günter Haufe zum 75. Geburtstag, Frankfurt am Main/u.a. 2006 (= Greifswalder theologische Forschungen 11), 101–120, bes. 115: »Er [sc. Christus] in persona ist bzw. repräsentiert die Erscheinung [...] von Gottes Güte und Menschenfreundlichekeit.«

[32] Neben den zahlreichen Heilungen bzw. Exorzismen, in denen sich Jesus einzelnen Menschen individuell zuwendet und den Heilswillen Gottes offenbart, zeigt sich das Anliegen Jesu für die Menschen da zu sein u.a. auch in Mahlgemeinschaften (vgl. exemplarisch Jesu Tischgemeinschaft mit den Zöllnern in Mk 2,13–17, par. Mt 9,9–13; Lk 5,27–32; Lk 15,2) oder der Tischgemeinschaft mit Pharisäern und Schriftgelehrten in Lk 7,36–50; 11,37; 14,1.

[33] Die Frage Jesu an den blinden Bartimäus in Jericho (Mk 10,51) unterstreicht seine persönliche Hinwendung zu diesem Menschen. Vgl. Joachim Gnilka, Das Evangelium nach Markus. 2. Teilband Mk 8,27–16,20, Zürich/Einsiedeln/Köln/Neukirchen-Vluyn 1979 (= EKK II/2), 111.

[34] Der blinde Bartimäus bittet darum, wieder sehen zu können (Mk 10,51, par. Mt 20,33; Lk 18,41), die Jünger Jakobus und Johannes erhoffen sich eine Vorrangstellung, welche Jesus nicht gewährt (Mk 10,38.40). Vgl. Reinhard von Bendemann, »Was wollt ihr, dass ich euch tue?« (Mk 10,36). Zur Gestalt und Funktion von Fragen im Markusevangelium, in: Ulrike Bail/u.a., Fragen wider die Antworten. Festschrift Jürgen E-

wendung Gottes. Sie erleben den Gott, der ihnen in Jesus entgegenkommt und ihnen neue Möglichkeiten des Lebens schenkt. Gott wird für sie Teil ihres Lebens, denn er kehrt bei ihnen ein, so wie Jesus bei Zachäus (Lk 19,1–10), der Schwiegermuter des Petrus (Mk 1,29–31 par. Mt 8,14; Lk 4,38) oder bei Maria und Martha (Lk 10,38–42). Er geht auf sie zu, wie bei dem blinden Bartimäus in Jericho (Mk 10,46–52), obwohl alle anderen ihn davon abhalten wollen. Er berührt den Aussätzigen (Mk 1,35–39). Er ist offen für die Fragen der Menschen. Denken wir an den Bericht von der Begegnung Jesu mit dem so genannten reichen Jüngling (Mk 10,17–22; par. Mt 19,16–22; Lk 18,17–27). Dort finden sich Rede und Gegenrede und plötzlich wird uns berichtet: »Und Jesus sah ihn an und gewann ihn lieb« (Mk 10,21, Luther 1984). Und dann, aus dieser liebenden Zuwendung zu diesem suchenden Menschen, formuliert er die Antwort, die der Mensch braucht. Überhaupt: Es scheint ein großes Interesse Jesu daran zu geben, das zu tun, was nach seiner Ansicht gerade das aktuell Notwendige ist. Mal beginnt er, im Angesicht einer großen Menge von Menschen sowie der Feststellung, dass sie umhergetrieben seien wie Schafe ohne Hirten, eine lange Predigt (Mk 6,34). Mal stellt er über eine mindestens ebenso große Menge fest, dass ihre Kranken Heilung und die Hungrigen Brot brauchten.[35] Das Handeln Jesu lässt sich nicht in bestimmte Formen und Regeln pressen. Er ist sehr frei in der Art seiner Zuwendung, in der Gestaltung der in ihm lebendigen Menschenfreundlichkeit. Versucht man ein Kriterium für die jeweils geübte Gestalt oder Form seiner Zuwendung zu finden, so scheint das sehr einfach zu sein: Was braucht *dieser* Mensch *jetzt* zum *gerade aktuellen* Leben? Aus der Beachtung dieses Kriteriums für die Wahl der Gestalt des Evangeliums können durchaus die ganz verschiedenen Formen seiner Handlungen erklärt werden: dem einen Pharisäer begegnet er brüsk, dem anderen liebevoll, die eine Handlung vollzieht er spektaklär, die andere verborgen. Immer aber geht es um diesen konkreten Menschen, der vor ihm ist und für den er jetzt die Gegenwart des menschenfreundlichen Gottes ist. Was willst du, das ich dir tue? Was brauchst du jetzt? Was ist deine Not?

Wer diese verschiedenen Facetten des Handelns Jesu wahrnimmt, der mag in späterer Zeit sehr selbstverständlich gefolgert haben: Natürlich müs-

---

bach, Gütersloh 2010, 431: »Jesus negiert den egoistischen Wunsch, sofern er sich auf eigenen Status und an weltlichen Strukturen bemessenen Machtanspruch richtet – anders wird dem existentiellen Wunsch nach Gesundheit / Heilung (Mk 10,51) stattgegeben.«

35 Die Feststellung, dass die Hungrigen Nahrung bleiben erfolgt durchaus expressis verbis (z.B. Mk 8,1ff.; Joh 6,5). Die Feststellung konkreter Heilungsbedürftigkeit durch Jesus findet sich implizit, beispielsweise im Auftrag an seine Jünger, zu heilen (vgl. Lk 9,1f.), in der Feststellung, dass nicht die Gesunden, sondern die Kranken eines Arztes bedürfen im Kontext der Auseinandersetzung um Jesu Mahlgemeinschaft mit Zöllnern und Sündern (Mt 9,9–13), oder im Bericht über Jesu Mitleid mit Kranken, dier er daraufhin umgehend heilt (z.B. Mt 14,14).

sen die Armen während der Pest gespeist und die Toten beerdigt werden. Das ist was ansteht. Das ist zu tun.

Manchmal wünsche ich mir, dass wir in unseren Gemeinden mehr nach dem fragen, was den Menschen um uns herum wirklich aktuell Not tut, als darüber zu grübeln, wie wir ihnen am effektivsten das geben, von dem *wir* entschieden haben, dass es für sie wichtig sei. Erst dadurch entstehen Situationen, in denen man Menschen erst davon überzeugen muss, dass das, was Christen ihnen *sagen*, vielleicht doch auch relevant für ihr Leben ist.

In dieser lebendigen Nähe Jesu ereignet sich dann immer etwas, dass das Leben dieser Menschen reich macht: Jesus schenkt Heilung oder einfach, wie bei Zachäus, zunächst Gemeinschaft mit ihm, er gibt Antworten und Orientierungen. Dieser Eindruck der Zuwendung bleibt *manchmal* nicht ohne Wirkung: Zachäus ändert sein Leben (Lk 19,8), Maria Magdalena wird eine seiner engsten Nachfolgerinnen (Lk 8,2; 24,9ff.). *Manchmal!* Denken wir an die Heilung der 10 Aussätzigen (Lk 17,11–19). Dort findet nur ein einziger in die Nachfolge. Manchmal aber folgt auch gar nicht die erhoffte Reaktion, denken wir an den reichen Jüngling (Mk 10,17-22; par. Mt 19,16–22; Lk 18,18–23). Doch immer, ganz egal, was am Ende dabei herauskommt, bleibt doch eines: Gott hat sich in Jesus diesen Menschen zugewendet, er hat Anteil genommen an ihrem Ergehen. Und es will mir scheinen: Genau darum geht es Jesus: zu zeigen, Gott will dem Menschen nahekommen, er will für ihn da sein. Sollte all dieses nur »Verkündigungsmethode« gewesen sein, nur ein Lockmittel für die Predigt? Sicherlich nicht. In dieser Zuwendung, dieser Menschenfreundlichkeit, lebt vielmehr das ganze Evangelium.

Diese Zuwendung Gottes zum Menschen, dieses unbedingte »Ja« Gottes ist dabei keineswegs etwas, was erst mit Jesus von Nazareth gekommen ist. Wer unter diesem Blickwinkel die Heilige Schrift durchsieht, der stellt schnell fest: Der Gott, der dort bezeugt wird, hat ein schier unbändiges Interesse am Wohlergehen der Menschen. Dieser Wille Gottes, seine Barmherzigkeit, durchzieht die Geschichte Gottes mit der Welt von Beginn an. Und an diesem Willen ändern auch die Menschen mit all ihrem Verhalten nichts. Dieser Wille bleibt, so oft die Menschen auch die ihnen angebotenen Bünde brechen. In allem kommt dieses eine Wort Gottes zum Tragen, das er zu den Menschen spricht: »Ich lebe und du sollst auch leben«, das wir so in dieser Formulierung in Joh 14,19 finden. Dieses Wort Gottes, dieses »Ja«, wird in Jesus Fleisch und lebt unter den Menschen. Durch sein *Leben* aber lädt ein, mit ihm zu leben. Er ist bereit das Leben der Menschen um ihn herum zu teilen. Ihre Fragen, ihre Sehnsüchte aber eben auch ihre Nöte und aktuellen Bedrängnisse. Und überall hinein spricht er sein »Ich lebe und du sollst auch leben«. Die Erfahrung mit Jesus war nach allem was wir aus den Berichten der Evangelien wissen mehr als die Erfahrung eines predigenden Lehrers. Sie war die Erfahrung der menschgewordenen Zuwendung, der ganz konkret werdenden Barmherzigkeit Gottes, der »Menschenfreundlichkeit« Gottes.

Hierzu fügt sich eine Beobachtung, die in der neutestamentlichen Forschung seit langer Zeit angenommen wird und für die vieles spricht. Man geht heute weitgehend davon aus, dass über die ersten Jahrzehnte der christlichen Gemeinde tatsächlich in der Hauptsache Jesusworte, einzelne Sätze, einzelne Predigten oder Predigtteile, etwa auch Gleichnisse etc. überliefert wurden. Was dann aber mit der Abfassung der Evangelien, die wir in unserem Neuen Testament vorfinden, begann, ist etwas ganz besonderes, was nun zu diesen Worten und Predigten hinzutrat und ihnen überhaupt erst ihren angemessenen und offensichtlich für unaufgebbar angesehenen Rahmen gab: Die Person, der Mensch Jesus tritt in den Blickpunkt. Es geht nicht mehr allein und zuerst um das, was da einer gesagt hat, es geht nun ganz zentral darum, dass diese »Botschaft« selber eine Person, ein Mensch war, dass die »Botschaft« Fleisch geworden war. Die Predigt Jesu ist dann nichts anderes als die wortgewordene Verkündigung dessen, was er selber war und mit seinem Leben gelebt hat. Das Johannesevangelium kann deshalb diese Entwicklung letztlich abschließend auf den Punkt bringen, wenn es heißt: »Und das Wort ist Fleisch geworden und hat unter uns gewohnt« (Joh 1,14). Und der Hebräerbrief bringt es dadurch auf den Punkt, dass Gott »in dieser Endzeit [...] zu uns gesprochen [hat] durch den Sohn«. »Durch« meint hier aber nicht allein, dass Jesus der »Wortverkündiger» gewesen wäre, sondern dass dieses Wort in Jesus Gestalt gewonnen hat.[36]

Was aber wird denn nun Gestalt in Jesus? Welches Wort lebt er denn? Er lebt das Wort von der Versöhnung, die Gott will, die Gott mit offenen Händen anbietet und die er mit allem, was er ist und tut, auslebt. Gott will sich versöhnen mit den Menschen. Und diese Versöhnung bedeutet: »Ich lebe und du sollst auch leben.« So zieht Jesus durch das Land und ganz gleich wer zu ihm kommt, er bietet ihm dieses Leben an. So wie derjenige oder diejenige es brauchen. Dem einen im Streitgespräch, der anderen in einer Heilung, dem dritten in der Gemeinschaft beim Abendessen, der vierten in der Erfahrung der Versorgung nach einem langen Tag gemeinsam mit 5000 anderen, dem fünften in der Fußwaschung, der sechsten in dem ganz einfachen Erleben seiner Nähe. »Du sollst leben. Du darfst leben – deswegen bin ich da. Dafür bin ich da, dass der Vater im Himmel seinen Willen an dir tun kann und du leben kannst.« Schließlich, ganz am Ende, ist dann noch einer, der am Kreuz neben Jesus hängt und ihn bittet, das er sich seiner doch erinnere: »Heute noch wirst du mit mir im Paradies sein« (Lk 23,40–43) Jesus schenkt einen neuen Lebensraum, eine neue Heimat, eine »Herberge«, wo Leben möglich ist und die für alle Müden, Fragenden und Notleidenden offen ist. Dies geschieht aus der Menschenfreundlichkeit Gottes, aus der Barmherzigkeit Gottes heraus.

---

[36] Vgl. Erich Grässer, An die Hebräer. 1. Teilband: Hebr 1–6, Zürich/Braunschweig/Neukirchen-Vluyn 1990 (= EKK XVII/1), 54–56.

Die christliche Gemeinde als der Leib Christi, so wie der Epheserbrief (1,23 u.a.) von ihr spricht, ist dann aber vor allem eines: die Fortsetzug dieses Wortes Gottes, seiner Menschenfreundlichkeit durch das Leben der Glieder dieses Leibes in die Welt hinein. In den Christinnen und Christen wird das lebendige Wort Gottes, das in Jesus Gestalt nahm, erneut Getalt, erneut Fleisch, wird wieder ins Leben hinein*verkündigtes* – und das heißt eben: ins Leben hinein*gelebtes* – Wort Gottes. Christen sind wie ihr Meister zuerst solche, die das Evangelium leben, die damit aber die Menschenfreundlichkeit Gottes in ihrer Zuwendung zu den Menschen leben. Sie tun dies dadurch, dass sie beachten, was diesen Menschen, die vor ihnen stehen, sitzen oder liegen jetzt konkret nottut.

Genau dieses, so will es mir scheinen, leben die frühen Christen der ersten Jahrhunderte in ihrer Umwelt. Und genau das ist es, was Menschen um sie herum erleben. Deswegen ist diese Mission im Tun nicht eine Mission, die etwa noch nicht ganz entwickelt ist, weil man nicht die Möglichkeiten hatte, sondern es ist Nachfolge im besten Sinne, es ist gelebtes Evangelium. Es ist die Fortsetzung der »Mission Gottes«, die er durch Jesus von Nazareth unter den Menschen tat, durch die ihm nachfolgende Gemeinde. Und anscheinend haben sich Menschen davon ansprechen lassen.

Somit komme ich zu einer vierten Beobachtung: So sehr das Wort Gottes durch Jesus Christus zur Gestaltung der Zuwendung und Barmherzigkeit Gottes im Alltag der Menschen drängt, so sehr drängt auch die Nachfolge Jesu in das Leben.

4. ANWENDUNGEN

Wenn wir diesen Impulsen nachgehen und überlegen welche Erkenntnis wir für unsere heutige Praxis aus ihnen ziehen können, so möchte ich hier im Besonderen zwei Aspekte hervorheben. Der erste Aspekt besteht in der These, dass es notwendig ist, die Zuwendung zu unseren Mitmenschen nicht als evangelistische Methode zu betrachten, sondern als eigene und in sich wertvolle, lebendige Gestalt des Evangeliums zu entdecken und zu leben. Diese gelebte Zuwendung Gottes ist Mission Gottes auf die eine evangelistische Predigt folgen kann.

Vielleicht kennen Sie die folgende Anekdote: In einem Krankenhaus bedankt sich ein Kranker bei der ihn pflegenden Schwester für die gute Pflege. Und die Schwester, ganz fromm und auch möglicherweise ganz missionarisch veranlagt, antwortet: »Ach das habe ich doch alles für den Herrn Jesus getan.« Daraufhin wird der Kranke traurig und antwortet: »Und ich dachte, sie haben es für mich getan.«

Ich höre aus den frühchristlichen Impulsen in der Folge des Wirkens Jesu heraus, dass Christen gut daran tun, wenn sie an den Menschen so handeln, wie Gott an ihnen handeln will: »Ich lebe und du sollst auch leben«. Teilen, was wir empfangen haben, geben, was uns gegeben ist. Schnell sind bei diesen Aussagen Anfragen zu hören: »Ist das denn genug?« »Ist nicht das Wichtigste, dass Menschen zu Gott finden, dass sie sich – um den bei uns geläufigen Begriff zu verwenden – bekehren? Ist nicht erst wirklich dann der Wille Gottes, dass der Mensch leben soll, erfüllt?«. Vielleicht – aber genau das steht nicht in unserer Macht. Wir können keinen Menschen zu dieser Entscheidung zwingen, aber wir können ihn mit der Zuwendung Gottes zu seinem Leben vertraut machen. Wir können ihn diese Zuwendung erleben und erfahren lassen.

Bevor Menschen zu Gott finden, muss Gott zu diesen Menschen gebracht werden. Und an Jesus sehen wir, wie sich Gott das wohl gedacht hat: im Mitleben und Leben der Freundlichkeit Gottes in ihrem alltäglichen Leben. Dabei rückt immer genau dieser Mensch, so wie er ist, in den Mittelpunkt all unserer Bemühungen und unserer Konzentration. Der Schlüsselmoment hierfür ist das Moment der Liebgewinnung in der Begegnung Jesu mit dem reichen Jüngling: Ich gewinne den anderen Menschen lieb und tue ihm das, was jetzt für ihn wichtig und zum Leben hilfreich ist. Und ich tue dies allein um dieses Menschen willen. Weil es für Gott nichts Wichtigeres gibt als diesen Menschen, deswegen gibt es auch für den Christen in der Nachfolge dieses menschenfreundlichen Gottes nichts Wichtigeres als diesen Menschen.

Hat das aber noch etwas mit Mission und Evangelisation zu tun? Ja, denn es ist zuerst diese Mission, die Gott zu den Menschen trägt. Und sie tut dieses in der Hoffnung, dass die Menschen sich diesem Gott anvertrauen, wenn er sie durch unser Handeln erreicht. Aber auch, wenn das nicht geschieht, so bleibt es doch der Wille Gottes, auch diesen Menschen weiterhin Gutes für ihr Leben zu tun – und also bleibt es unsere Mission, ihnen das zu tun, was ihnen zum Guten dient. Es ist dann die Evangelisation, die den Menschen danach die Barmherzigkeit Gottes im Wort verkündigt, so dass er in die freudige Annahme der Zuwendung Gottes und in die Nachfolge gerufen werden kann.

Ich habe den Eindruck, dass in unserer Tradition über lange Jahre zwischen Mission und Evangelisation nicht unterschieden worden ist und Mission vor allem anderen als die Vermittlung des gesprochenen Wortes gesehen wurde. So wichtig die Predigt über die in Jesus erschienene Menschenfreundlichkeit des Rettergottes ist, so sehr ist das Wort Gottes nicht nur gesprochenes, sondern zuerst in Jesus vor allem gelebtes Wort. Es ist so sehr gelebtes Wort, dass es im eigenen Tod auch den Tod der geliebten Menschen mitleidet. Wenn ich das ernst nehme, so könnte eine Überlegung sein, mit der Gemeinde nicht zuerst über den nächsten Termin einer Evangelisation nachzudenken, sondern darüber, wo eigentlich in unserer Stadt Menschen sind, denen Gott mitten in ihrem Leben etwas Gutes tun will, damit sie leben können und dieses dann einfach zu tun – ohne bereits eine Einladung zur Evangelisation dabei zu haben! Wer hier genauer hinsieht, der wird unendlich viele Menschen sehen, an denen diese Mission Gottes getan werden kann, soll oder eigentlich auch muss.

Auch hierauf gibt es manchmal einen gut gemeinten Einwand: Solche Hilfe sei doch Aufgabe des Staates. Wieso soll die Kirche Aufgaben vollbringen, für die wir dem Staat Steuern zahlen? Ist nicht die »Kernaufgabe« der Kirche die Predigt des Evangeliums und »verkommt« durch solche Gedanken das Evangelium nicht zur Sozialarbeit? Diesen Einwänden steht gegenüber, dass es vieles gibt, was der Staat nicht tut, nicht tun kann oder auch nicht gut kann oder auch nicht tun will. Und es gibt viele Menschen, die hier allein gelassen sind – vom Staat und leider eben auch von den Christen. Hier ist die Mission der gegenwärtigen Christen. Wer dem Evangelium seine soziale und diakonische Dimension nimmt und es auf die Wortpredigt des Evangeliums reduziert, der nimmt ihm das »Fleisch«, das nach dem Zeugnis des Neuen Testaments zur Erscheinung Gottes in dieser Welt gehört.

War es damals die Armenfürsorge, so ist es heute vielleicht die Begleitung von Alleinerziehenden, von Kindern ohne Familienanschluss, die Nachhilfegruppe für Migrantenkinder oder die fachkundige Gesprächsgruppe für Menschen in Problemsituationen. War es damals die Sorge für die Toten, so ist es heute vielleicht die Sorge um die Einsamen, die Sterbenden. War es damals die Sorge um die Gefangenen, so ist es heute vielleicht das Eintreten für Religionsfreiheit, das Zurückweisen fremdenfeindlicher Strömungen oder das Vorleben gemeinsamen Lebens mit Menschen anderer Kulturen. War es damals die Sorge um die Kranken, so ist heute vielleicht das Bemühen um eine Integration körperlich und/oder geistig beeinträchtigter Menschen. Wem nichts einfällt, wo seine Gemeinde an Menschen die Mission Gottes leben kann, der schaue einfach dorthin, wo alle anderen nicht hinsehen wollen – dort wird er die Menschen sehen, denen Gott sich zuwenden will.

Durch solches Handeln im Sinne der Misson Gottes richten wir etwas Ähnliches wie »Herbergen« ein, in die Menschen in der Irrnis und Wirrnis unserer Gegenwart einkehren können. Vielleicht nur zum Auftanken, vielleicht zum längeren Bleiben, vielleicht für immer. Sollte etwas unbefriedigend sein an diesem Bild solcher übertragenen Gastfreundschaft? Sicherlich, wir haben vielleicht keine »Erfolge«, sicherlich, wir werden vielleicht keine Meldung über unsere rapide wachsenden Gemeinden haben. Aber auch dort, wo wir uns von solch unevanglischen Gedanken einer »erfolgreichen« Evangelisation bereits befreit haben, werden wir erleben, dass es ein Moment großer Unbefriedigung gibt, wenn wir solche Herbergen einrichten. Die eigentliche Not besteht nämlich darin, dass der von uns geliebte Mensch wieder gehen könnte. In diesem Moment teilen wir die Traurigkeit Jesu, die Not der Erfahrung, dass auf dieses Wort »Ich lebe und du sollst auch leben« nicht freudig mit »Ja, das will ich ganz« geantwortet wird. Ich glaube, dass die Christen der ersten Jahrhunderte dieses Leid mit Jesus häufig geteilt haben: »Habe ich nicht denen, die mich jetzt verfolgen, im letzten Jahr noch Gutes getan?«, so mögen manche in den Christenverfolgungen gefragt haben. Und dennoch haben sie nach der Verfolgung erneut begonnen, wieder solche »Herbergen« zu errichten, in denen sie die Menschenfreundlichkeit Gottes leben.

Ich war vor kurzem in Reutlingen und hatte dort Gelegenheit ein interessantes Projekt kennenzulernen. Sicherlich gibt es ähnliches auch schon in anderen Städten, ich habe es eben dort kennengelernt. Unter dem Namen »Citykirche« haben sich dort mehrere Konfessionen zusammengetan, ein altes Kirchengebäude mitten in der Stadt ausgeräumt und dort eine »Herberge« – so möchte ich es nennen – eingerichtet.[37] Es gibt dort ein Kaffee, eine kleines Restaurant, aber eben auch eine Gebetsecke, einen Raum der Stille, eine Spieleecke für Kinder und Gesprächsmöglichkeiten mit Seelsorgern. Zwei hauptamtliche Mitarbeiter sind für diese Arbeit angestellt, mehrere Ehrenamtliche arbeiten täglich dort und im Kaffee sowie der Restauration sind Menschen mit Beeinträchtigungen angestellt. Ein Ort für Suchende, für Müde, oder auch nur: für Menschen an denen sie erleben: Hier darf ich sein. Es ist ein Ort wo Evangelium lebt, ohne dass es gesagt werden muss, aber auf Nachfrage gerne auch gesagt wird. Es ist zuerst und vor allem aber eben ein Ort der Menschenfreundlichkeit und ein Beispiel unter sicherlich und hoffentlich vielen anderen, in dem ich durchaus die Impulse aufgenommen sehe, die ich aus der frühen Christenheit in Bezug auf Mission wahrnehme.

Der zweite Aspekt, den ich aus den urchristlichen Impulsen hervorheben möchte ist, dass die Christinnen und Christen der ersten Jahrhunderte keinem Missionsbefehl gefolgt sind, sondern dem Vorbild der Menschenfreundlicheit Gottes, die sie an Jesus sahen. Liebe zum Nächsten, diese Mission Gottes wächst nicht aus dem Befehl zur Mission, sondern aus der Begeisterung über diesen Gott, der sich seinen Menschen in so hinreißender und bedingungsloser Liebe zuwendet. Deswegen möchte ich abschließend mit einigen, sicherlich nicht neuen aber dessen ungeachtet vielleicht doch zu bedenkenden Thesen enden:

- Wenn wir in unseren Gemeinden für Evangelisation und Mission werben wollen, dann brauchen wir keine Predigten über die Verlorenheit der Menschen und über den Auftrag zur Mission und ebensowenig Vorträge über Missionsstraegien. Wir brauchen Predigten des Evangeliums, die uns selber an diese unbändige Menschenfreundlichkeit Gottes erinnern. Wir brauchen Predigten des Evangeliums, in denen wir froh und aufgebaut werden. Wir brauchen Predigten, in denen uns das Geschenk der Gnade und das heißt der Nähe Gottes vermittelt wird. Diese Predigten werden nicht Glaubenssätze wiederholen, die wir sowieso schon auswendig kennen, sondern sie werden uns Luft zum Atmen in unserem Leben geben, weil sie uns die Freundlichkeit Gottes in unser Leben und unseren Alltag hineinzeichnen. Es werden auch nicht Predigten der Moral sein, um Christen auf eine »bessere Lebenspraxis« verpflichten zu wollen unter dem Vorwand, damit lebe man der Welt vor, was Gott will: Nicht *vorleben*, sondern *mitleben* ist die Botschaft des Evangeliums.

---

[37] Vgl. http://www.citykirche-reutlingen.de/extern/home.php, (Stand: 06.11.2015).

- Wenn wir in unseren Gemeinden über Evangelisation und Mission nachdenken, dann ist der Blick auf die Not der Menschen um uns herum das Erste und Wichtigste. Und mit diesem Blick ist die Frage verbunden: Was können wir ihnen Gutes tun? Hierzu gehört die Nähe zu den Menschen. Die Tageszeitung wird zur missionarischen Lektüre, der Besuch in der Kneipe zum Raum des Hörens, die Mitarbeit in der Elternvertung zur missionarischen Aktion – ohne dass überhaupt vom Glauben gesprochen werden muss. Unsere Gemeindehäuser werden zu »Herbergen« für Menschen, die *ihre* Fragen formulieren dürfen – oder die einfach mal nur da sein können.
- Und ein Letztes: Wir werden uns gemein machen mit den Menschen, mit denen wir leben. Ihre Fragen werden unsere Fragen, wenn wir merken, dass unsere Antworten nicht genügen. Ihre Zweifel werden unsre Zweifel, wenn wir merken, dass ihr Reden tief in uns etwas zum Rumoren bringt. Und dann ist Zeit zum Fragen, zum geschwisterlichen Ringen um Antworten. Es geht dabei um die Entdeckung einer rechten, verständlichen und in der Gegenwart verantwortlichen Verkündigung und Ethik. Vielleicht wird dann die Bibelstunde oder der Hauskreis plötzlich wieder interessant, weil er uns nicht nur in dem bestätigt, was wir schon immer gewusst haben, sondern weil wir uns dort gegenseitig helfen, dieses großartige Evangelium im Zusammenhang unserer Zeit, unserer Sprache und unserer Lebenswirklichkeit gemeinsam mit den Menschen um uns herum zu verstehen.

Die Not der Menschen wird unsere Not, die wir mit unseren Mitteln versuchen zu lindern und wir müssen vielleicht viel Phantase entwickeln, um das zu bewältigen. Wir werden die Position der Belehrenden aufgeben und zu solchen werden die mitleben, und die dann gemeinsam mit diesen Menschen vielleicht lange Wege gehen. Wir werden unter ihnen leben, so wie es Jesus getan hat und so wie ich es bei den frühen Christen ebenfalls sehe. Dann wird unsere evangelistische Predigt eine Grundlage in unsrem Leben haben und hierdurch glaubhaft.

Nicht nur Gemeinden, sondern auch Kirche

Die Pastoralbriefe als Herausforderung freikirchlicher Ekklesiologie[1]

1. Einleitung

Dem Thema *Kirche und Gemeinde* soll sich im Folgenden durch einen Blick auf die Pastoralbriefe genähert werden. In ihnen begegnet die Aufforderung zu einer, aufgrund der damaligen Umstände, neu zu gestaltenden Leitungsstruktur. Dabei ergeht zum einen die Auforderung hierzu von einer übergemeindlichen Autorität in die Gemeinden hinein, zum anderen umfasst die Aufforderung die Schaffung einer auch inhaltlichen Leitungsstruktur, die die bisherigen hausgemeindlichen Strukturen überwinden, offensichtlich bewusst übergemeindliche Autoritäten benennen und einführen und hierdurch kirchliche Institutionen schaffen möchte. Diese Beobachtungen sind insbesondere für die kongregationalistisch organisierten Freikirchen von Interesse, die – wie z.B. im Falle der Baptisten – ein hohes Gewicht auf die Selbstverantwortung und Selbstorganisation der Ortsgemeinde legen und übergemeindlichen Strukturen und Institutionen zurückhaltend bis ablehnend gegenüberstehen. Der folgende Beitrag wird daher zunächst die Aussagen der Pastoralbriefe zur Gemeindeorganisation darstellen, sodann nach der Rezeption dieser Aussagen in baptistischer Literatur fragen und schließlich versuchen, Impulse aufzuzeigen, die aus diesem neutestamentlichen Blickwinkel für freikirchliche Gemeinden und Gemeindebünde entstehen können.

2. Die Entwicklung des Amtes in den Pastoralbriefen

2.1 Vorbemerkungen zu den Pastoralbriefen

Wer über die Pastoralbriefe handelt, der kommt nicht umhin, wenigstens kurz die Eckpunkte oder auch Vorentscheidungen seines Lesens dieser neutestamentlichen Bücher zu benennen.

---

[1] Dieser Beitrag wurde erstmals veröffentlicht in: Burkhard Neumann/Jürgen Stolze (Hrsg.), Kirche und Gemeinde aus freikirchlicher und römisch-katholischer Sicht, Göttingen/Paderborn, 2009, 35–62.

Im Folgenden wird davon ausgegangen, dass es sich bei den Pastoralbriefen um pseudepigraphe Schriften handelt, die um die Wende zum 2. Jahrhundert im Kontext eines hier nicht weiter zu problematisierenden paulinischen Kreises entstanden sind.[2] Der Anlass zu diesen drei Schriften scheint, nach den aus ihnen zu erhebenden Merkmalen, massive Auseinandersetzungen mit Irrlehrern gewesen zu sein.[3] Die von diesen vertretene(n) Lehre(n) werden in den Briefen selbst inhaltlich nur skizzenhaft angedeutet. Hierbei finden sich Hinweise auf eine starke Inanspruchnahme mythologisch gedeuteten alttestamentlichen Materials sowie jüdischer Legenden, die zu einer geforderten Lebensweise zusammengefasst wurden, die in die unterschiedlichen Richtungen einer Askese wie auch eines Libertinismus ausufern konnten. Eine Negierung der Schöpfung in ihren Kreisen ist durchaus denkbar, wenn man die Betonung der grundsätzlichen Güte der Schöpfung durch die Verfasser der Pastoralbriefe als Reaktion hierauf betrachtet.[4]

Gleichwohl: Diese inhaltliche Beschreibung bleibt ausgesprochen skizzenhaft. Viel deutlicher werden die Verfasser, wenn sie über die Handlungsweise der Personen schreiben, die diese Lehren in den Gemeinden vertreten. Sie unterstellen ihnen einen unmoralischen Lebenswandel und Gewinnsucht,[5] ein Eindringen in die Gemeinde maßgeblich über den Weg der Beeinflussung von Frauen und dem Eindringen in »die Häuser«[6]. Die häufigen Warnungen vor dem Eingehen auf allerlei Auseinandersetzungen könnten auf eine intensive konfrontative Verkündigungspraxis dieser Personen hinweisen.[7]

In der Darstellung dieser Personen durch die Pastoralbriefe gibt es keinerlei zwingende Gründe für die Annahme, dass sie von außerhalb der Gemeinden kommen und in diese eindringen.[8] Vielmehr erscheint das, was als Charakterisierung der Irrlehre wahrnehmbar ist, als Entwicklung auch durch einen extremen Paulinismus innerhalb der Gemeinde möglich. Paulus selbst bietet Ansatzpunkte, die – entsprechend weitergedacht – auch mitten in einer

---

2 Vgl. hierzu Udo Schnelle, Einleitung in das Neue Testament, Göttingen [6]2007, 369ff. Einen kurzen Überblick über die Diskussion zur Pseudepigrafie der Pastoralbriefe bietet z. B. Alfons Weiser, Der zweite Brief an Timotheus, Düsseldorf/Neukirchen-Vluyn/Zürich 2003 (= EKK XVI/1), 51–59.

3 Vgl. Jürgen Roloff, Der erste Brief an Timotheus, Neukirchen-Vluyn/Zürich 1988 (= EKK XV), 42f.: »In den Gemeinden hat sich [...] eine Irrlehre verbreitet, die ihre Kontinuität in der paulinischen Tradition ernstlich bedroht.«

4 Vgl. z.B. 1Tim 4,3; Tit 1,15.

5 Vgl. z.B. 1Tim 1,9f.; 6,5; 2Tim 3,2ff.; 3,13; Tit 1,11.

6 Vgl. z.B. 2Tim 3,6ff.; Tit 1,11.

7 Vgl. z.B. 1Tim 1,4ff.; 4,2; 6,4; 2Tim 2,14ff.23; Tit 1,10; 3,9.

8 Vgl. hierzu Roloff, 1. Timotheus (s. Anm. 3), 234: »Das verbreitete Klischee, das unter einseitiger Betonung der nomistisch-jüdischen Elemente der Irrlehre deren Vertreter als von außen in die Gemeinden eingedrungene palästinisch-judenchristliche Gnostiker erklären will, basiert letztlich auf der Prämisse eines jüdischen Ursprungs der Gnosis.«

paulinischen Gemeinde zu Überzeugungen führen können, die sich in Richtung einer spirituell-enthusiastischen, prägnostischen Theologie ausformen konnten.[9] Damit befinden sich die Gemeinden in der Situation, dass in ihnen einzelne Gruppen, nach eigener Überzeugung ganz auf dem Boden paulinischer Lehren stehend, eine Theologie entwickeln und propagieren, die nach Ansicht der Verfasser der Pastoralbriefe genau diese paulinische Theologie verlassen hat. Die Dramatik dieser Problematik ist nicht zu überschätzen, berufen sich doch einander ganz und gar entgegenstehende Strömungen in den Gemeinden gemeinsam auf das paulinische Erbe und nehmen es jeweils für sich in Anspruch.

In diesen Zusammenhang gehört auch, dass als eigentliche Adressaten der Pastoralbriefe nicht die konkreten historischen Einzelpersonen Timotheus und Titus anzunehmen sind, sondern die Gemeinden, in denen Personen *wie* Timotheus und Titus in besonderer Stellung tätig sein könnten oder – wie es der Absicht der Pastoralbriefe entspricht – sollen. Zur Fiktion des Absenders fügt sich also die Fiktion der Adressaten. Hierdurch entsteht eine bemerkenswerte Kommunikationsstruktur: Die lesende Gemeinde erhält fiktiv Anteil an einem Schreiben des Apostels an seine Vertrauten, indem diese beauftragt werden, sich mit Themen eben der lesenden Gemeinde zu beschäftigen. Dem immer wieder zu findenden Einwand gegen diese Struktur, der sich auf die besonderen persönlichen Nachrichten etwa an Timotheus im 2Tim stützt, ist mit dem Hinweis auf den Charakter gerade des 2Tim als fiktivem Testamentsbrief zu begegnen.[10]

2.2 Der Aufbau des Episkopenamtes zu Lasten der eingeführten Gemeindeämter

Der auffällig geringen inhaltlichen Auseinandersetzung mit den Irrlehren steht ein ausgeprägtes Interesse der Pastoralbriefe an den Leitungsstrukturen gegenüber,[11] die den Einfluss dieser Gegner in den Gemeinden offensichtlich nicht in der Form unterbinden können, wie das die fiktiven Adressaten Timotheus und Titus sollen. Bezüglich dieser von den Pastoralbriefen vorgefundenen Strukturen sind zwei Hinweise für das Folgende zu beachten: das Witwenamt in 1Tim 5,3–16 und der Umgang mit dem Amt des Presbyters.

---

[9] Vgl. hierzu z.B. die Aussage der Irrlehrer in 2Tim 2,18, nach der die Auferstehung bereits geschehen sei. Eine solche These könnte die Folge einer überspitzten Interpretation der paulinischen Taufaussage von Röm 6,1–14 sein.

[10] Vgl. hierzu ausführlich Michael Wolter, Die Pastoralbriefe als Paulustradition, Göttingen 1988 (= FRLANT 146), 222–242.

[11] Vgl. Roloff, 1. Timotheus (s. Anm. 3), 215f.: Die äußere Erscheinungsform der Kirche »wird sorgsam bedacht, ja, es will so scheinen, als komme ihr mehr Gewicht zu als dem Inhalt ihrer Verkündigung, über den die Briefe sich ausgesprochen summarisch äußern.«

2.2.1 Die Zurückdrängung des Witwenstandes

In 1Tim 5,3–16 findet sich eine in diesem Kontext überraschend lange Ausführung über den Stand der Witwen, die sich bei näherem Hinsehen als Klärung dahingehend darstellt, welche Frauen eigentlich zum Stand der wahren Witwen gehören, die scheinbar auf einer offiziellen Liste geführt und einer Besoldung empfohlen werden.

Ansätze zu solch einer innerhalb der Gemeinden sich bildenden eigenen Gruppe von verwitweten Frauen sind in Apg 9,36–41 zu beobachten, wenn im Bericht der Auferweckung der Tabita der kleine Hinweis in V41 auf eine parallel zu den Heiligen genannten Gruppe der Witwen beachtet wird. Das Idealbild dieser Witwen begegnet dann neben den Hinweisen auf die eschatologisch ausgerichtete Existenz von ihnen in 1Kor 7,8f. in der stilisierten Person der Hanna in Lk 2,36–38, die ihre über 60-jährige Witwenschaft mit Fasten und Beten zugebracht habe. Das Bild der Witwe ist damit nicht mehr zuerst das Bild einer zu versorgenden Frau, wie es in Apg 6 erscheint, sondern das einer Frau, die sich im Besonderen dem Leben der Frömmigkeit hingegeben hat, zu dem auch die Übernahme von Diensten in der Gemeinde gehörte. Somit hat man sich unter den Witwen weniger einen zu versorgenden als vielmehr einen die Gemeinde mitversorgenden Stand vorzustellen, der als solcher auch eine besondere Stellung innerhalb der Gemeinde einnahm.[12]

Allerdings: Ein genauerer Blick auf die Ausführungen zu den Witwen in 1Tim 5 lässt schnell erkennen, dass bei genauer Anwendung der hier angeführten Anweisungen im Grunde nach einiger Zeit kaum noch Witwen vorhanden sind, die diesen geordneten Dienst in den Gemeinden übernehmen können. Zunächst nämlich schließen die Verfasser in V4 alle Witwen aus diesem durch Liste und Besoldung geordneten Dienst aus, die in ihren eigenen Familien leben. Einerseits sollen sich die Familien selbst um diese Witwen kümmern, wodurch sie den Anspruch auf zusätzliche Besoldung durch die Gemeinde, gleichzeitig aber auch die Verpflichtung zum gemeindlichen Dienst verlieren. Denn diese Frauen sind nach Überzeugung der Verfasser allein ihren Familien zum Dienst verpflichtet.[13] Damit ist als Erstes die Gruppe der familiär eingebundenen Witwen für eine Tätigkeit in der Gemeinde ausgenommen. Ab V9 folgt dann nach einer positiven Beschreibung der diakonischen Dienste von Witwen eine zweite formale Beschränkung für die Aufnahme in den Stand: Die Frau muss über 60 Jahre alt sein und darf bis dahin nur mit einem Mann verheiratet gewesen sein. Was die Verfasser mit dieser Festlegung, vor allem der zweiten bewirken, wird deutlich, wenn man sich

---

12 Hier könnte man überlegen, ob die in Apg 9 erwähnte Tabita selbst zu diesem Stand gehört hat und ihre Charakterisierung, nach der sie viele gute Dienste tat und Almosen gab, eben eine Charakterisierung auch dieses Standes war.

13 Dieses Verständnis von V4 geht aus sprachlichen und sachlichen Gründen davon aus, dass das Subjekt des dortigen Verbs die »Witwen« sind und nicht die erwähnten Verwandten; vgl. Roloff, 1. Timotheus (s. Anm. 3), 287f.

nun die ausführlichen Anordnungen für die jüngeren Witwen ab V11 anschaut. Für diese nämlich möchte die Verfasser festlegen, dass sie erneut zu heiraten haben, damit sie ihre Begierden im Zaum halten und nicht »in den Häusern umherlaufen und schwatzen«, sondern stattdessen einen neuen eigenen Hausstand gründen. In der Praxis führt die Anwendung dieser Regeln dazu, dass es bald keine bzw. nur noch sehr wenige Witwen in diesem stark innergemeindlich, auf die Ortsgemeinde bezogenen Gemeindedienst mehr geben wird. Da nämlich alle Jüngeren heiraten sollen, wird es nach und nach auch unter den später über 60 Jahre alten Witwen nur noch wenige geben, die bis dahin nur einmal verheiratet waren. Somit versuchen die Verfasser durch diese Anordnungen von außen in die innere Struktur der Gemeinde einzugreifen, und einen offensichtlich geachteten und in den Gemeinden auch sehr wirksamen Mitarbeiterinnenstand in seiner Bedeutung und seinem Einfluss zurückzudrängen.

2.2.2 Die Zurückdrängung des Presbyteramtes

Etwas ganz Vergleichbares lässt sich auch beim zweiten, offensichtlich ebenfalls gut eingeführten Gemeindedienst beobachten, dem Presbyteramt. Hier soll zunächst mit 1Tim 5,17–20 ein Text außerhalb der Tugend- oder Kriterienkataloge in 1Tim 3 und Tit 1 betrachtet werden, der das Verhalten gegenüber den Presbytern thematisiert. Allerdings – und hier ist eine Kleinigkeit zu beachten – nicht gegenüber allen Presbytern. Denn der Text spricht nicht allgemein von »den Presbytern«, sondern von »den Ältesten, die gute Vorsteher sind«. Interessant ist dabei, dass dieses »gute Vorstehen« mit dem Wort- und dem Lehrdienst konkretisiert wird. Diese »guten Presbyter« sind also nach dem Text aller Ehre wert, genauer gesagt einer doppelten Ehre, was wahrscheinlich ebenso wie bei den Witwen auf eine Besoldung hinweist.

Zusätzlich aber stehen sie nach 1Tim 5,19ff. auch unter einem besonderen Schutz, was eine besondere Beobachtung zulässt. Zunächst wird der alte Grundsatz, dass nur mehrere Zeugen eine Klage als rechtens zulassen, explizit für die Presbyter als gültig erklärt. Man kann fragen, wieso dieses überhaupt einer Erwähnung bedarf. Die eine Möglichkeit wäre der Gedanke, dass die Presbyter bisher einer Rechtssprechung in der Gemeinde enthoben waren. Dies aber würde eine sehr exponierte Stellung von ihnen voraussetzen, die sich sonst nicht erkennen lässt. Die Stoßrichtung der Aussage liegt wohl eher in der Instanz, die diese Anklage von mehreren Zeugen annehmen kann und soll. Als diese Instanz ist hier kein anderer als Timotheus aufgerufen. Er ist der Richter, vor dem Anklage erhoben wird, und er ist auch der, der das Urteil vor der Öffentlichkeit des Presbyteriums und der anklagenden Gemeinde spricht. Die besondere Bedeutung einer Person *wie* die des Timotheus wird hier zur Sprache gebracht.

Eine zweite Beobachtung zur Bedeutung der Presbyter kann 1Tim 3 und Tit 1 entnommen werden. 1Tim 3 bietet zwei umfangreiche Kataloge, die erwähnen, welche Kriterien und Tugenden von potentiellen Bewerbern auf oder

Inhabern von besonderen Gemeindediensten erfüllt sein sollen.[14] Auffällig hierbei ist, dass in den umfangreichen Listen von 1Tim 3 nun aber jegliche Erwähnung der Presbyter fehlt. Die Verfasser konzentrieren sich ganz auf den Episkopos und dann auf die männlichen wie weiblichen[15] Diakone bzw. Diakoninnen. Allerdings liegt in Tit 1,6 ein solcher Katalog auch für die Presbyter vor. Der ist nun insofern sehr interessant, als dass er zum einen im Vergleich zu den Katalogen in 1Tim 3 ausgesprochen kurz ausfällt und er zum anderen durch den folgenden V7 in eine ganz andere Richtung gelenkt zu sein scheint. Das Ziel der dortigen Argumentation sind nicht die Presbyter, sondern ist der Episkopos. Der Übergang von jenen zu diesem ist überaus hart: Nach der einführenden Aufforderung in V5 »damit du [...] Älteste einsetzt, wie ich dir aufgetragen habe« folgt die kurze Liste, um dann übergangslos in V7 fortzusetzen: »Denn ein Bischof muss unbescholten sein, weil er das Haus Gottes verwaltet«. Daran schließt eine wesentlich längere Tugendliste für das Amt des Episkopos, des Bischofs an. Dieser erscheint hier wie die Idealfigur des Presbyters und auf ihn scheint es letztlich anzukommen.

Überblickt man diese Aussagen, so sind sie auf den ersten Blick verwirrend. Einerseits kennen die Verfasser das Gremium der Presbyter und scheinen es auch zu achten – zu beachten ist aber die Differenzierung, die in 1Tim 5,17ff. vorgenommen wird –, andererseits aber ist deutlich erkennbar, dass das Proprium der Aussagen vor allem auf dem *einen* Episkopos liegt. Diese Beobachtungen lassen sich am besten miteinander verbinden, wenn man Roloff folgt und in den Pastoralbriefen den Versuch einer Verschmelzung von Episkopal- und Presbyterverfassung erkennt.[16] Was bei Roloff ebenfalls bereits angedeutet ist, muss aber noch deutlicher betont werden: Den Verfassern geht es über die Verschmelzung hinaus um ein Zurückdrängen des Presbyteramtes zugunsten des Episkopenamtes. Der Episkopos scheint nach dieser Vorstellung aus dem Presbyterkreis heraus berufen zu sein – an dieser Stelle greift die Erwähnung der Einsetzung des »Timotheus« durch die Presbyter in 1Tim 4,14 –, ist aber letztlich die von den Pastoralbriefen eigentlich betonte und gewollte Gestalt der inhaltlichen und strukturellen Gemeindeleitung. Damit liegt bei der Auseinandersetzung um den Presbyter etwas Ähnliches vor, wie

---

14 Im Hintergrund dieser Kriterienkataloge sind Berufspflichtenlehren anzunehmen, die in der hellenistischen Umwelt nichts Ungewöhnliches waren und unter anderem für Feldherren, Hebammen oder auch Berufstänzer vorliegen. Sie sind sich alle darin einig, dass die Forderung nach einem tugendhaften Verhalten für öffentliche Personen eine Grundthese hellenistischer Popularphilosophie war. Vgl. Martin Dibelius/Hans Conzelmann, Die Pastoralbriefe, Tübingen ^{4}1966 (= HNT 13), 41f.

15 1Tim 3,11 erwähnt zwar nicht die weibliche Amtsbezeichnung, dennoch ist davon auszugehen, dass hier nicht die Ehefrauen der zuvor erwähnten Diakone, sondern weibliche Amtsträger aufgerufen sind. Vgl. Gerhard Lohfink, Weibliche Diakone im Neuen Testament, in: Gerhard Dautzenberg u.a. (Hrsg.), Die Frau im Urchristentum, Basel/Freiburg/Wien 1983 (= QD 95), 320–338, 332ff.

16 Vgl. Roloff, 1. Timotheus (s. Anm. 3), 169ff.

es zuvor bei den Witwen deutlich wurde: ein gewohntes Gemeindeamt wird durch die Verfasser zurückgedrängt. Dies erfolgt bei den Witwen ohne direkt erkennbaren Ersatz,[17] bei den Presbytern zugunsten einer Struktur, die zwar das Presbyterium beibehält, es aber letztlich unter die Leitung des einen Episkopos stellt.

2.2.3 Ursachen des Eingriffs von außen in die inneren Angelegenheiten der Gemeinden

Aus welchem Grund und welchem Recht greifen die sich paulinischer Autorität bedienenden Verfasser der Pastoralbriefe so in die Belange der Gemeinden ein? Hier drängt sich die latent die Argumentationen durchziehende Auseinandersetzung mit den wahrgenommenen Gefährdungen durch die Irrlehrer als Ausgangspunkt einer Antwort auf. In diesem Zusammenhang ist dann aber auf eine weitere Beobachtung aufmerksam zu machen.

In 2Tim 3,6 und Tit 1,11 ist von einem Endringen der Irrlehrer in »die Häuser« die Rede. Hinter der Rede von den »Häusern« ist an diesen Stellen sicherlich nicht die ansonsten auch bekannte und in den Pastoralbriefen deutlich ekklesiologisch gefüllte Metapher vom Haus Gottes zu vermuten, sondern viel eher Hinweise auf die konkrete Organisationsform der Gemeinden in Hausgemeinden.[18] Diese scheinen immer noch die Grundstruktur der gemeindlichen Selbstorganisation darzustellen.[19] Obwohl es gemeinsame gottesdienstliche Versammlungen der Christinnen und Christen eines Ortes gegeben hat, versteht sich die Kirche noch nicht als ein organisiertes, institutionelles Gesamtgebilde, sondern hat immer noch die einzelnen »(Privat-)Häuser« als ihre dezentrale Organisationsform. Der Hausvorsteher jedes dieser Häuser konnte nach traditioneller Begrifflichkeit als Episkopos bezeichnet werden. Allerdings übernehmen die Pastoralbriefe diese Bedeutung des Begriffs Episkopos an dieser Stelle gerade nicht. Vielmehr ist es ange-

---

[17] Es ist aber zu überlegen, ob das in 1Tim 3,11 erwähnte weibliche Diakonenamt hier einen Ersatz bieten soll.

[18] Vgl. Gottfried Holtz, Die Pastoralbriefe, Berlin ^{4}1986 (= ThHKNT XIII), 212.

[19] Grundlegend hierzu immer noch Hans-Josef Klauck, Hausgemeinde und Hauskirche im frühen Christentum, SBS 103, Stuttgart 1981. Zur Diskussion der Frage, inwieweit die soziologische Struktur der Hausgemeinde die frühe Christenheit auch in der Ausbildung einer Ekklesiologie geprägt hat, vgl. vor allem Georg Schöllgen, Hausgemeinden, oikos-Ekklesiologie und monarchischer Episkopat. Überlegungen zu einer neuen Forschungsrichtung, in: JAC 31 (1988), 74–90. Schöllgen kommt hierbei u.a. zu der These, dass erstmalig in der Entwicklung der frühen Christenheit in den Past die Gemeindeorganisation am Hausmodell orientiert wurde (a.a.O., 82). Erst hier also habe sich die oikos-Struktur in einer Ekklesiologie niedergeschlagen. Dieser These kann von den Vorarbeiten zu diesem Beitrag nur zugestimmt werden. Einen hilfreichen Überblick über diese Diskussion bietet Ulrike Wagener, Die Ordnung des »Hauses Gottes«, Tübingen 1994 (= WUNT II/65), 15ff., in ihrem Forschungsbericht über die Ständetafeln.

bracht, hinter den Mitgliedern des Presbyterkollegiums die Vorsteher der einzelnen Hausgemeinden zu erkennen.

Waren nun diese Hausgemeinden für die Irrlehrer ihr Einfallstor in die Gemeinde, so entschied sich am Umgang mit ihnen in jeder einzelnen Hausgemeinde, ob die sich dort versammelnden Christinnen und Christen noch auf dem Boden der nach Ansicht der Pastoralbriefe rechten Lehre waren. Und je nachdem, wie ein einzelner Presbyter als Hausvorsteher mit diesem Einfall umgehen konnte, war er ein »gut Vorstehender«, der auch einen guten Wort- und Lehrdienst tat, oder aber eben ein nicht so »gut Vorstehender«. Der Gesamtgefahr der so in die Häuser eindringenden Irrlehre aber konnte nun nach Ansicht der Pastoralbriefe nicht mehr die qualitativ vielgestaltige und damit lehrmäßig unsichere Gruppe der Presbyter begegnen, sondern nur eine Person, die eventuell aus ihrer Mitte berufen, dann aber als zentrale Autorität tätig werden durfte und sollte: Der Episkopos als Einzelautorität.

Der Eingriff von außen in die Belange der Gemeinde erfolgt demnach in der Absicht, die Gemeinden vor dem Einfluss der in ihren Hausgemeinden lebenden und wirkenden Irrlehrer zu beschützen. Hierzu greifen die Verfasser tief in die Struktur der bestehenden Gemeinde ein und versuchen, die Leitungsstruktur neu zu ordnen. Zu beachten ist hierbei, dass sie hierzu sowohl die Vorstellung vom »Haus« als reale Struktur der Teilversammlung der Gemeinde überführen in die Vorstellung von der Gesamtgemeinde als dem umfassenden »Haus Gottes«, als auch die Stellung des realen Hausvorstehers, des häuslichen Episkopos, überführen in die des Vorstehers nun auch des umfassenden Hauses Gottes.

2.2.4 Timotheus und Titus als Idealtyp des Episkopos

An dieser Stelle muss aber noch einen Schritt weitergegangen und die oben angedeutete Abfassungsperspektive der Briefe in den Blick genommen werden. Denn bei dieser kann wahrgenommen werden, dass die Personen Timotheus und Titus doch seltsam frei schwebend in dieser Leitungsstruktur stehen. Im Grunde gibt es für sie in diesem Modell – Diakone, mehrere Presbyter, ein Episkopos – keinen Platz. Es sei denn, man erkennt in ihnen die Vorabbildung des gewünschten Episkopos. Dies ist nun sehr wahrscheinlich, wie ein Vergleich der Aufgaben des Episkopos einerseits mit denen des Timotheus und Titus andererseits ergibt.

In Tit 1,9 werden nach den äußeren Kriterien des Episkopos auch seine Aufgaben genannt: er soll sich an das »wahre Wort der Lehre« halten, damit er mit der »gesunden Lehre die Gemeinde ermahnen und die Gegner widerlegen« kann. Vergleicht man dies mit der Aufgabenbeschreibung an Timotheus z.B. in 2Tim 4,2, lassen sich interessante Parallelen finden: »Verkünde das Wort, [...] weise zurecht, tadle, ermahne, in unermüdlicher und geduldiger Belehrung.« Die »gesunde Lehre« ist nach 1Tim 1,10 Paulus selbst anvertraut und in Tit 2,1 ist sie Maßstab der Rede des Titus. Die Ermahnung – in Tit 1,9 ebenfalls Aufgabe des Episkopos – ist in 1Tim 5,20 Aufgabe des Timotheus. Erkennt man demnach in Tit 1,9 die Aufgabenbeschreibung des Episkopos, so deckt sich diese auffallend mit dem, wozu auch die fiktiven Personen Timotheus und Titus beauftragt sind. Von hierher ist auch ein nochmaliger Blick auf 1Tim 5,19ff. interessant. Wurde dort deutlich, dass Timotheus die eigentliche Gerichtsbarkeit über die Presbyter anvertraut wurde, so muss nun gefolgert werden, dass in der Zeit, in der ein »Timotheus« nicht mehr da ist, wohl kein anderer als der Episkopos diese Aufgabe wahrzunehmen hat.

Von dieser Beobachtung der Vorabbildung des Episkopos in den literarischen Figuren des Timotheus und des Titus kann gleichzeitig auch eine Überlegung zu seiner Vollmacht gemacht werden. Das Zentrale dieser fiktiven Adressaten ist immer wieder ihr betonter Bezug zu Paulus, der in dem als Testamentsbrief stilisierten 2Tim seinen Höhepunkt hat. Demnach ist ein zentrales Moment des Episkopos seine direkte Rückbindung an den Apostel bzw. die ihn repräsentierende Tradition, die in der Autorität der Verfasser der Pastoralbriefe Gestalt nimmt. Hier hat dann auch die Einsetzung des Timotheus durch Handauflegung von Paulus in 2Tim 1,6 ihren sachgemäßen Kontext.

2.3 Ergebnis: Die Veränderung der Gemeindeordnung durch den Eingriff externer Autoritäten

Der hier nur skizzenhaft mögliche Gang durch einige Aspekte der Pastoralbriefe kann abgebrochen werden, um die bisherigen Beobachtungen zu bündeln. In einer Situation, in der Gruppen von Hausgemeinden durch wahrscheinlich innergemeindliche radikale Paulusinterpretation in Richtung auf eine pneumatisch-spirituelle, im weitesten Sinne prägnostische Theologie gedrängt werden sollte, greifen die sich als wahre Verwalter paulinischer Tradition sehenden Verfasser dieser Briefe ein. Sie leisten hierbei nicht zuerst und vor allem eine inhaltlich diskursive Auseinandersetzung mit der Irrlehre, sondern sie nehmen sich die Strukturen der Gemeinde vor. Hierbei erkennen sie im Besonderen zwei zentrale Angriffspunkte der Irrlehrer: Die Frauen und hierbei insbesondere das Institut der Witwen und die Presbyter, die Vorsteher der Hausgemeinden aber von unterschiedlicher Qualität waren. Beide Institutionen werden nicht grundsätzlich negiert, wohl aber in ihrer Bedeutung für die Gesamtgemeinde zurechtgestutzt. Parallel hierzu wird das geordnete Amt des Episkopos aufgebaut, das in der paulinischen Tradition in dieser Funktion noch nicht bekannt ist.[20] Dieser Episkopos wird die zentrale Leiter- und Lehrgestalt mit einer über die einzelnen (Haus-)Gemeinden hinausreichenden Autorität. Er wird in den fiktiven Adressaten Timotheus und Titus idealty-

---

20 Allein in Phil 1,1 ist in den unbestrittenen Paulinen von »Episkopen« die Rede, im deutlichen Unterschied zu den Pastoralbriefen aber eben im Plural. Damit scheint im Philipperbrief der angesprochene Sachverhalt zu greifen, dass die einzelnen Hausgemeinden, die auch in Philippi zu denken sind, jeweils von einer Person geleitet wurden, die nach damaligem Sprachgebrauch als Episkopos bezeichnet wurde.

pisch beschrieben und zwar sowohl in Hinblick auf seine Aufgaben also auch in Hinblick auf sein Fundament, das in einer klaren Anbindung an die apostolische Tradition liegt. Das so geschaffene neue Gemeindeamt hat die Aufgabe des Kontinuitätserweises zur Gestalt des Apostels.

So bieten die Pastoralbriefe zwei interessante Impulse in Hinsicht auf die Frage nach dem Verhältnis von Gemeinde und Kirche. Einerseits ganz grundsätzlich durch den deutlichen Versuch einer Gruppe von Paulusschülern, als ungesund und gefährlich erkannte Strukturen in Gemeinden aus der Position einer gemeindeübergeordneten Instanz der apostolischen Autorität her neu und in ihrer Überzeugung hilfreich zu ordnen. Andererseits aber dahingehend, als dass in diesem Ordnungsversuch selbst das Modell eines mit einer Vorform späterer Episkopalverfassung ausgestatteten Gemeindebundes entwickelt wird, der einzelne Versammlungen von Christinnen und Christen oder auch bereits organisierte (Haus-)Gemeinden zusammenführt und einer apostolisch legitimierten Leitung zuordnet. Im Grunde legen die Verfasser der Pastoralbriefe damit ein Modell vor, dass – konsequent durchgeführt – genau solch ein Eingreifen wie das durch die Pastoralbriefe überflüssig machen würde, da durch den Episkopos bereits diese apostolische Autorität zur Leitung eines Gemeindebundes vorhanden wäre. Mit anderen Worten: Was die Pastoralbriefe an Einfluss auf einzelne Gemeindegruppen leisten wollen, soll in Zukunft durch den Episkopos möglich sein.

3. Rezeption der Pastoralbriefe in baptistischer Gemeindeliteratur

3.1 In dem Bekenntnistext »Rechenschaft vom Glauben«[21]

In der Bekenntnisschrift der Baptisten, der »Rechenschaft vom Glauben«[22], kommen die Aussagen aus den Pastoralbriefen als biblische Belegtexte zu dem Artikel über die »Geistesgaben, Dienste und Ordnungen« vor:

---

[21] Für die folgenden Abschnitte werden allein Quellen herangezogen, die unter den Mitgliedern Evangelisch-Freikirchlicher Gemeinden eine weite Verbreitung gefunden haben. Hierzu zählen neben dem Bekenntnistext, der »Rechenschaft vom Glauben«, Beiträge der Kirchenzeitung »Die Gemeinde« und Mitarbeiterhilfen.

[22] Die Rechenschaft vom Glauben (nachfolgend RvG), wurde zwischen 1974 und 1977 von einer internationalen Kommission erarbeitet und 1977 für die westdeutschen, 1978 für die ostdeutschen Gemeinden auf den jeweiligen Bundesräten angenommen und den Gemeinden zum Gebrauch empfohlen. Zwischen der west- und der ostdeutschen Fassung bestand in der Formulierung des Artikels über die Taufe (2,I,3) eine Differenz, die durch eine gemeinsam 1995 verabschiedete Neuformulierung dieses Abschnittes aufgehoben wurde. Im Folgenden wird auf die Abschnitte verwiesen. Vgl. Bund Evangelisch-Freikirchlicher Gemeinden in Deutschland K.d.ö.R. (Hrsg.), Rechenschaft vom Glauben, Kassel 2009. Der Text des Glaubensbekenntnisses ist im Internet unter http://www.rechenschaft-vom-glauben.de einsehbar.

»Die christliche Gemeinde beruft geeignete Männer und Frauen, deren besondere Begabung durch den Heiligen Geist und Berufung durch Gott sie erkennt, in spezielle Dienste und bildet sie dazu aus. Insbesondere ordnet sie die Dienste der Verkündigung, Unterweisung, Seelsorge, Diakonie und Leitung. Geistesgaben und Ämter dienen in gleicher Weise der Sammlung und Sendung der Gemeinde Jesu Christi.«[23]

Es ist deutlich, dass hierdurch ein Verständnis der Belege aus den Pastoralbriefen im Sinne einer Prüfung der Eignung entsprechender Dienstträger intendiert ist. Von der speziellen Konzentration der Pastoralbriefe auf die Gestaltung der Dienste und Ordnungen zur Sicherung apostolischer Tradition ist ebenso wenig zu spüren, wie von der möglichen Notwendigkeit, dass von außen, hier also vom Gemeindebund aus, in die Belange einer Ortsgemeinde etwa eingegriffen werden sollte oder könnte, um beobachteten Fehlentwicklungen etwas entgegenzusetzen. Dies wird auch deutlich, wenn man sich den sogleich folgenden Absatz in der RvG anschaut, der nun dezidiert das Verhältnis zwischen Ortsgemeinde und Bund unter dem Aspekt der Dienste und Ordnungen in den Blick nimmt:

»Jede Ortsgemeinde versteht sich als Manifestation des einen Leibes Christi und ordnet ihr Leben und ihren Dienst selbst. Untereinander sind die Ortsgemeinden verbunden nicht zuerst durch organisatorische Zusammenschlüsse, sondern durch den einen Herrn und den einen Geist. Die Gemeinden stärken sich aber gegenseitig durch Gemeinschaft im Glauben und Voneinander-Lernen, durch Fürbitte und gegenseitige Hilfe.«[24]

Wie diese hier im letzten Satz zur Sprache kommende Hilfe aussehen kann, wird nicht ausgeführt. Auch die als neutestamentliche Belege angeführten Stellen helfen nicht weiter. Während die hier erwähnte Stelle 1Kor 1,2 die Ansprechbarkeit der einzelnen Gemeinde im Miteinander aller Gemeinden betont, bringt die ebenfalls erwähnte Stelle Eph 4,3–6 die Einheit aller Christen zum Ausdruck. Bemerkenswert ist, dass in diesem Zusammenhang nun auch noch 1Kor 16,1–4, also der Hinweis auf die Sammlung für Jerusalem, genannt ist.

Nun kann man sicherlich gegen eine solche Auswertung einwenden, dass sich Belege in Bekenntnistexten selten eignen, komplexere Aussagen der Bibeltexte aufzurufen. Dennoch ist diese Beobachtung auszuwerten, gibt sie doch einen Einblick sowohl in die Rezeption der biblischen Texte, die bei der Abfassung der RvG im Hintergrund stand, und bietet sie andererseits auch eine mögliche Vorgabe zur weitergehenden und sich an der RvG orientierenden Rezeption. Diese geht in Richtung einer im weitesten Sinne pragmati-

---

23 RvG (s. Anm. 22) 2,I,5. Hier werden 1Tim 3; 4,12–16; 5,17–22; 2Tim 2,2 und Apg 20,28 als Belegstellen angeführt.

24 Ebd.

schen Nutzbarmachung der Pastoralbriefe für die Bestimmung der Eignung von Mitarbeiterinnen und Mitarbeitern innerhalb der Ortsgemeinde. Damit wird zwar der oberflächlichen Sache, nicht aber der eigentlichen zugespitzten Intention der Pastoralbriefe Rechnung getragen.

3.2 In Bibelarbeiten der Gemeindezeitschrift »Die Gemeinde«

Ein nächster Blick soll den Bibelarbeiten gelten, die in der früher wöchentlich, heute 14-tägig erscheinenden Kirchenzeitung »Die Gemeinde« veröffentlicht wurden. Die Verbreitung dieser Zeitschrift geht zwar seit ca. 15 Jahren kontinuierlich zurück, sie hat aber, wie der Leserbriefrücklauf zeigt, immer noch einen nicht unbeträchtlichen Einfluss gerade auf die traditionsbewussten Mitglieder baptistischer Gemeinden.

Hier allerdings ist eine interessante Beobachtung zu machen: In den vergangen 45 Jahrgängen wurden insgesamt nur 35 Bibelarbeiten über die Pastoralbriefe verfasst und von diesen nur eine, die sich wenigstens annähernd mit der Frage der Ämter in den Gemeinden beschäftigt, nämlich zu 1Tim 3,4f.[25] In dieser wird zwar die pseudepigraphe Abfassung vorausgesetzt, allerdings geht es dann auch hier zuerst um die Frage des rechten Hausvorstandes.[26] Im Hintergrund dieses Artikels stand jedoch die konkrete Anfrage, anhand dieses, dem Verfasser vorgegebenen Textes eine Stellungnahme zu der Frage zu verfassen, ob denn Personen, deren Kinder nicht gläubig sind, für ein Gemeindeamt zur Verfügung stehen dürften. Die Anfrage intendierte also die Richtung der Rezeption, die in Andeutungen bereits in der RvG deutlich wurde: Eine Anwendung des Pflichtenkatalogs. Neben diesem Beitrag fehlen Arbeiten, die von Texten der Pastoralbriefe ausgehend über die Gemeindeämter handeln, von der Reflexion des Eingreifens externer Autoritäten zur Sicherung der Gemeinde ganz zu schweigen.[27]

---

[25] Zum Vergleich: 1Tim 2,1ff.; 2Tim 1,7 werden in jeweils fünf, 2Tim 3,14–17; Tit 2,11ff. in jeweils vier Bibelarbeiten bearbeitet.

[26] André Heinze, Wer ist berufen?, in: Die Gemeinde 4 (2006),10f.

[27] Dieses Bild wird auch bestätigt, wenn man sich die in den Jahren recht zahlreichen Artikel anschaut, die nicht direkt biblische Texte behandeln, sich aber eben allgemein mit der Rolle der Mitarbeiterinnen und Mitarbeiter in den Gemeinden beschäftigen. In den ausgewerteten Beiträgen der letzten 15 Jahre ist zunächst auffällig, dass sie häufig ganz ohne einen direkten Rekurs auf das Neue Testament auskommen. Es ist zu spüren, dass die Lösung möglicher Probleme in einer Gemeinde nicht durch »biblische Rezepte« erwartet wird – was ja bereits als ein Fortschritt bewertet werden könnte. Bemerkenswert ist aber gleichzeitig, dass nun die Lösung möglicher Herausforderungen in der Gemeinde durch allerlei Hilfen aus dem Bereich des Managements, dem Coaching oder der Supervision erwartet wird, die durchweg nicht in der Verantwortung der Kirche bzw. des Bundes angesiedelt werden. Hilfen aus dem Gemeindebund selbst finden nur in wenigen Artikeln einen Niederschlag, in denen die Gemeinschaft der Pastorinnen und Pastoren und das »Netzwerk Beratung von Gemeinden« aufgerufen werden. Eine Einflussnahme des Bundes etwa durch die Leitung der Kirche

3.3 In Schulungsmaterialien

Wenigstens etwas anders sieht es in dem Schulungsmaterial aus, das für die Gemeinden zur Durchführung von Hauskreisen, Kleingruppen etc., in denen miteinander Bibel gelesen wird, zur Verfügung gestellt wurde.[28] Hier gibt es seit den 70er Jahren mehrere Veröffentlichungen, die sich mit den Pastoralbriefen beschäftigen und dabei teilweise auch mit den dortigen Aussagen über die Dienstträger. Allerdings fällt auch hier auf, dass die bereits in der RvG gesehene Rezeptionsrichtung sich weitestgehend wiederholt.

Das 1977 erschienene Heft der »Gemeindebibelschule«[29] zu den Timotheusbriefen beinhaltet auch eine Gesprächshilfe für die Teilnehmenden am Bibelgespräch zu 1Tim 3,1–15.[30] Bereits die Überschrift dieses Beitrags zeigt die schon bekannte Rezeption: »Merkmale guter Mitarbeiter«. Diese kommt dann auch in der Zusammenfassung am Beginn des Artikels zur Sprache:

> »Wir sehen in diesem Abschnitt, welche Anforderungen an leitende Mitarbeiter der Gemeinde im 1. Jahrhundert gestellt wurden, und wollen unsere heutigen Berufungen von vollzeitlichen und nebenamtlichen Mitarbeitern stärker von diesen biblischen Leitvorstellungen beeinflussen lassen.«[31]

Wie wenig der Verfasser die Notwendigkeit sieht, die Leserinnen und Leser in die Auseinandersetzung über die Leitungsstruktur hinein zu nehmen, die dieser Brief reflektiert, zeigt sich dann auch darin, dass die Problematik des Verhältnisses zwischen Episkopos und Presbytern ganz einfach nivelliert wird:

> »Leitende Mitarbeiter werden im Neuen Testament entweder mit dem mehr alttestamentlichen Begriff Älteste oder mit dem mehr griechisch gefüllten Begriff Bischöfe bezeichnet. Beide meinen dieselben Personen.«[32]

---

in Belange der haupt- wie ehrenamtlichen Mitarbeiterschaft oder gar der Ortsgemeinden wird als Möglichkeit nicht aufgegriffen.

28 Hier muss leider in der Vergangenheit gesprochen werden, da derzeit keinerlei entsprechende Veröffentlichungen aufgelegt werden.

29 Die Arbeitshefte »Gemeindebibelschule« (später »Treffpunkt Bibel«) erschienen zwischen 1977 und 2006 vierteljährlich. Sie unterstützten die in zahlreichen Gemeinden stattfindenden Kleingruppen, die sich zum gemeinsamen Bibellesen trafen. Die Arbeitshefte hatten in der Regel einen Umfang von ca. 30 Seiten und beinhalteten eine Einführung in ein biblisches Buch bzw. Thema sowie sich daran anschließende Gesprächshilfen zu einzelnen biblischen Texten. Die Resonanz auf die »Gemeindebibelschule« war bis weit in die 90er Jahre in den Gemeinden des BEFG sehr positiv, sodass den hier vermittelten Inhalten eine weite Wirkung zugeschrieben werden kann.

30 O. Vf., Merkmale guter Mitarbeiter, in: Gemeindebibelschule 1 (1977), 13f.

31 A.a.O., 13.

32 Ebd. Zu beachten ist hier, dass der Verfasser ganz selbstverständlich von Bischöfen im Plural spricht.

Ein deutlich ausgeprägteres Problembewusstsein kommt in der Gesprächshilfe zu Tit 1 in einem 1991 erschienenen Themenheft zu den Pastoralbriefen zum Ausdruck.[33] Hier wird im Zusammenhang der Ältestenberufungen von Tit 1,5f. die Spannung zwischen Gemeinde und externer Autorität zur Sprache gebracht, wenn formuliert wird:

> »In welcher Form die junge Gemeinde eine Mitsprachemöglichkeit hat, bleibt unklar. Wahrscheinlich aber wird – entsprechend der Missionssituation – die Initiative stark von Titus ausgegangen sein.«[34]

Die Wahrscheinlichkeit externen Eingriffs in die Ortsgemeinde wird hier für möglich gehalten, wenn auch nicht weiter thematisiert. Das Eingreifen scheint der »Missionssituation« und der noch »jungen« Gemeinde im Gegenüber zu Irrlehren geschuldet. Im weiteren Verlauf erfolgt aber ein interessanter Versuch einer Aktualisierung des Textes, wenn darauf aufmerksam gemacht wird, dass die Irrlehrer aus den eigenen Reihen kommen »und jetzt durch die ›Hauskreise‹ [!] ziehen, um Gehör zu finden.«[35] Ebenfalls wird in diesem Artikel die Schwierigkeit der Redeweise von den Ältesten und dem Bischof angedeutet. In einem anderen Artikel dieses Heftes wird auch auf die Möglichkeit aufmerksam gemacht, dass der Bischof Leiter des Presbyterkreises gewesen sein könnte.[36] Allerdings wird hinsichtlich der Frage des Verhältnisses von Episkopos und Presbyter die bereits bekannte Ansicht wiederholt, dass »diese beiden Begriffe austauschbar seien«.[37] Diese angebliche Identität von Presbytern und Bischof wird auch in einem weiteren Artikel desselben Heftes zu 1Tim 3 wieder selbstverständlich angenommen, der dann auch erneut auf eine Berücksichtigung der geforderten Tugenden auf mögliche Berufungen abzielt. Gleichzeitig aber wird hier dann doch deutlich gemacht, dass Paulus (!) diese Ausführungen im Angesicht der Bedrohung durch Irrlehren wichtig war.[38]

Ein letztes Arbeitsheft mit Berücksichtigung von 2. Timotheus und Titus erschien – nun unter dem neuen Titel »Treffpunkt Bibel« – 2003. Auch hier findet sich unter der Überschrift »Klare Ordnungen für Gemeindeleitungen« ein Beitrag zu Tit 1,1–9, der allerdings gegenüber den Aussagen von 1991 einen deutlichen Rückschritt bezüglich der Vermittlung der Textsituation

---

33 O. Vf., Der Dienst der Gemeindeleitung, in: Gemeindebibelschule 2 (1991), 4f.

34 A.a.O., 4.

35 A.a.O., 5.

36 Wolfgang Buck, Anleitung zu den Leitungsämtern und den Bereichen der Mitarbeit im Neuen Testament, in: Gemeindebibelschule 2 (1991), 30f., 31.

37 Vgl. ebd.

38 Vgl. o. Vf., Der Dienst der Bischöfe und Diakone. 1Tim 3, in: Gemeindebibelschule 2 (1991), 16f., 16: »Für Christen in leitender Funktion [...] hat das Neue Testament zwei Bezeichnungen: Älteste und Bischöfe. Offensichtlich handelt es sich um ein und denselben Personenkreis«.

darstellt.[39] Selbstverständlich wird bei der Information über den Begriff Episkopos unter Berufung auf Phil 1,1 vorausgesetzt, dass es »in den einzelnen Gemeinden mehrere Gemeindeleiter [...] und nicht einen Bischof für mehrere Gemeinden [gab] [...]« und dass »die Begriffe ›Älteste‹ und ›Gemeindeleiter‹ gleichbedeutend benutzt [wurden]«.[40] Was dann folgt, ist eine Wiederholung der im Text gefundenen Anforderungen an die leitenden Persönlichkeiten.

Die Beobachtungen lassen sich wie folgt zusammenfassen: Die Rolle der geordneten Dienste in den Gemeinden zum Zwecke der Ordnung und Abwehr von Irrlehre wird nur angedeutet. Die Rolle einer etwa wie in Tit 1,5f. extern in die Belange der Gemeinde eingreifenden Größe wird ebenfalls höchstens zaghaft vermittelt und mit der damaligen Missionssituation und der noch »jungen« Gemeinde begründet. Gänzlich ohne jede Berücksichtigung bleibt die Spannung zwischen Presbytern und Episkopos und damit auch einerseits das grundsätzliche Thema eines von außen als notwenig gesehenen Eingreifens in bestehende Leitungsstrukturen zum Zwecke einer Optimierung angesichts der Bedrohung der Gemeinden durch Irrlehrer, wie andererseits die Frage nach übergemeindlichen Leitungsstrukturen überhaupt.

So beachtenswert und zu unterstützen es ist, wenn in einer Kirche den interessierten Kirchengliedern Hilfen zur Auseinandersetzung mit biblischen Texten vermittelt werden, so wichtig ist auch der Blick auf die damit vermittelten Inhalte und das damit an den Bibeltexten geschaffene Problembewusstsein für die gegenwärtige Gemeinde von Christinnen und Christen. Die vorgefundenen Arbeiten in der »Gemeindeliteratur« der Baptisten müssen sich fast durchweg die Frage gefallen lasen, ob sie tatsächlich der Brisanz und Herausforderung der damaligen Situation Rechnung getragen haben. Wo dies aber nicht geschehen ist, dort wurde gleichzeitig nicht vermittelt, dass die Frage nach dem Miteinander und der Struktur von mehreren (Orts-)Gemeinden bereits im Neuen Testament als Herausforderung erkannt und – auch jenseits einer rein geistlichen oder finanziellen Ebene – behandelt wurde. Der Eingriff in die Strukturen bestehender und sich selbst verwaltender Gemeinden durch eine externe, sich auf apostolische Autorität berufende Instanz wurde übersehen – damit aber auch das Bewusstsein für solche zur Ortsgemeinde hinzutretenden Instanzen nicht gefördert.[41]

---

39 Burkhard Theis, Klare Ordnungen für Gemeindeleitungen, in: Treffpunkt Bibel 2 (2003), 23–25.

40 Beide Zitate a.a.O, 23. Man kommt nicht umhin nachzufragen, ob alleine die Übersetzung von Episkopos mit Gemeindeleiter der den Pastoralbriefen zu entnehmenden Intention nicht gänzlich widerspricht.

41 Dies ist gerade auch deshalb sehr zu bedauern, da die Frage nach einem geordneten Miteinander von Ortsgemeinde und Kirche/Bund im nationalen wie internationalen Baptismus auf der Ebene der Kirchenleitung als große Herausforderung erkannt wird. So fand 2000 in Kassel eine nationale Konsultation, 2006 in Elstal bei Berlin eine internationale Konsultation zu diesem Thema statt. Bemerkenswert ist dabei aller-

4. ERGEBNISSE

Der vorgelegte Beitrag hat nur einen sehr kleinen Ausschnitt neutestamentlicher Impulse zur Frage nach dem Verhältnis von Gemeinde und übergemeindlichen Strukturen und dessen Rezeption im Baptismus aufgreifen können. Bezüglich der Aufnahme diesbezüglicher biblischer Impulse im Baptismus kann hier nur angedeutet werden, dass auch bei anderen neutestamentlichen Schriften, z.B. dem Epheserbrief, ähnliche Entdeckungen gemacht werden können. Die Wahrnehmung der Problematik eines Bezuges zwischen Ortsgemeinden und einer sie umfassenden Größe eines Gemeindebundes oder gar einer Kirche bereits in den Schriften des Neuen Testaments findet so gut wie nicht statt.

Die neutestamentlichen Aussagen über die Gemeinde werden stattdessen im Baptismus nahezu ausschließlich auf die eigene Ortsgemeinde hin gelesen und konkretisiert. Das Eingreifen in diese wird letztlich nur einer Autorität zugebilligt: der apostolischen, die in evangelischer Tradition hinter den biblischen Schriften vermutet wird. Diese Autorität geht dann aber auch ganz in der Schrift auf, sodass eine institutionelle Autorität, wie sie die Pastoralbriefe vorstellen, aus dem Blick gerät. Eine im Sinne der Pastoralbriefe über einer Ortsgemeinde stehende Autorität, die auch in diese eingreifen dürfte, ist außerhalb der Sicht.

Nun mag sich an dieser Stelle tatsächlich viel traditionelle Abwehr des Großkirchlichen mit all den hierarchischen Strukturen und den sich damit verbindenden Problemen in das möglicherweise doch vorhandene kollektive Selbstbewusstsein baptistischer Freikirchlicher gemischt haben. Deshalb soll zum Schluss versucht werden, die Impulse der Pastoralbriefe in einer Weise zur Sprache zu bringen, die auch die freikirchliche Ekklesiologie mit ihrer Betonung der Ortsgemeinde berücksichtigt.

Hierbei fällt zuerst auf, dass die Pastoralbriefe keine apostolische Verordnung, sondern ein apostolischer Einspruch mit zwar deutlichem, aber eben nur empfehlendem Charakter sind. Wenn oben ausgeführt wurde, dass die Irrlehrer der Pastoralbriefe aus den Gemeinden selbst kommen und sich durchaus auch als Paulinisten bezeichnen könnten, so steht für die ersten Leser der Pastoralbriefe apostolische Aussage gegen apostolische Aussage. Zwar unterlassen es die Verfasser nicht, die besondere Autorität des Apostels durch die Pseudepigraphie aufzurufen, doch es ist bemerkenswert, dass entsprechende apostolische Imperative, die genau diese Autorität zur Wirkung kommen lassen würden, fehlen. Dass Paulus selbst dieses konnte und tat, zeigen seine in nicht geringeren Spannungssituationen verfassten Korintherbriefe und der Galaterbrief. Der externe Eingriff der Autoritäten des Gemein-

---

dings, dass es in beiden Symposien zusammen nur einen Beitrag gab, der sich dieser Frage aus dezidiert neutestamentlicher Sicht näherte.

debundes in die Ortsgemeinden und ihre Strukturen erfolgt also in den Pastoralbriefen nicht als Direktive, sondern empfehlend.

Das entspricht recht gut dem, was man vom Verhältnis des Bundes der Baptistengemeinden zu den einzelnen Ortsgemeinden sagen kann. Man mag sich darüber streiten, ob theologische Erkenntnis oder nur Fehlen der rechtlichen Möglichkeiten zur Durchsetzung dafür verantwortlich sind, aber der BEFG kann den Gemeinden unter seinem Dach tatsächlich nur Empfehlungen geben. Von der RvG bis hin zur Besoldungsliste von Pastorinnen und Pastoren, von der Musterordnung für Gemeinden bis hin zu theologischen Stellungnahmen – all dies ist von der jährlichen Synode des BEFG (dem sogenannten Bundesrat) oder von einzelnen hiermit beauftragten Gremien beschlossen, kann den Gemeinden dann aber nur – wie es so schön heißt – »zum Gebrauch empfohlen werden«.

Hiermit aber nimmt der Bund einerseits eine Verantwortung wahr: er kümmert sich um die Hilfen, die der Ortsgemeinde theologisch, strukturell und organisatorisch helfen; andererseits nimmt er den Ortsgemeinden ihre jeweils eigene Verantwortung nicht ab. Die Entscheidung der Verantwortung, ob und wie diese Hilfen angenommen werden, bleibt ganz bei der Ortsgemeinde. Hier kann durchaus eine Ähnlichkeit zur Situation der damaligen Gemeinden erkannt werden: Hier wie dort stehen manchmal Aussage gegen Aussage, Verständnis der apostolischen Schriften gegen Verständnis der apostolischen Schriften, Empfehlung gegen Empfehlung. Und hier wie dort hat die jeweilige Instanz nur die Kraft der Überzeugung.

Genau hier läge dann aber auch in einem Kirchenmodell, das sich dieser kongregationalistischen Selbstständigkeit der Ortsgemeinde verpflichtet weiß, die Hauptaufgabe kirchlicher Institutionen, sei dieses in Fragen der äußeren Struktur oder in Fragen der Lehre und Lehrbildung. Es kann nicht um hierarchische Bestimmung, sondern allein um intensive Überzeugungsarbeit gehen. Die Kirche in einem kongregationalistisch strukturierten Gemeindebund kann nur überzeugen, nie zwingen, sie kann Irrtümer nur mit dem verantwortlichen und überzeugenden Rekurs auf die apostolische Autorität der Schrift überwinden, nie aber selbst aus sich heraus mit eigener Kraft abschaffen.

In diesem Sinne hat die Kirche bei uns nach meiner Vorstellung vor allem Aufgaben im Bereich der Aufklärung und der Bildung. Aufklärung und Bildung, damit die selbstständigen Ortsgemeinden mit ihrer im Grunde sehr aus der Versammlung aller Gemeindeglieder heraus entstehenden Entscheidungsvollmacht tatsächlich nicht nur die Macht, sondern die Kompetenz haben, gut zu entscheiden. »Gut« in dem Sinne, wovon sie sich haben überzeugen lassen und nicht in dem Sinne, wie es ihnen jemand anderes gesagt hat.

An dieser Stelle hat meine Kirche meiner Meinung nach immer noch nicht genug getan – vielleicht weil häufig die Energie fehlt, nach der Entwicklung von Stellungnahmen auch noch für den notwendigen und überzeugenden Transfer in die Gemeinden zu sorgen. Ein solcher Transfer kann nicht allein bei den Hauptamtlichen, ihrer Aus- und Fortbildung enden, sondern müsste in viel größerem Umfang als bisher die Gemeindeglieder selber durch entsprechende kompetenzbildende Angebote erreichen. Aus diesem Grunde wurde in diesem Beitrag bewusst auf die weit verbreitete Literatur baptistischer Gemeinden zurückgegriffen. Das Ergebnis dieser Betrachtung aber unterstreicht die Aufgabe der Kompetenzbildung nur auf das Deutlichste. Und dass entsprechendes Material für die Gemeindeglieder derzeit nicht angeboten wird, macht sie umso schwerer.

Sünde im Neuen Testament

Die Bedeutung der Sünde in unserer Rede vom Glauben und von Gott[1]

1. Einleitung

Von Sünde zu reden ist schwierig. Dem Begriff haftet eine gewisse kirchliche Verstaubtheit, verbunden mit einer starken Moralisierung an. Dies lässt sich schön daran festmachen, dass im Gegensatz zur »Sünde« von »Schuld« sehr problemlos gesprochen werden kann. Die Frage nach »Schuld« ist in unserer Gesellschaft allgegenwärtig – beispielsweise in der Frage, wer Schuld ist an der Finanzkrise, in der Schuldfrage in Verkehrsdelikten u.v.m. Bei jeder neuen »BILD-Zeitungsfähigen Meldung« ist diese Frage nach der Schuld, genauer: nach dem Schuldigen in den Ausführungen schon impliziert.

Aber Sünde? Kaum jemand würde die Finanzkrise auf etwas zurückführen, was mit Sünde zu tun hat. Und eine Überschrift der BILD-Zeitung mit Sünde in dicken Lettern ist ebenfalls kaum denkbar – mit einer Ausnahme: Wenn im kirchlichen Bereich *etwas schief läuft*, dann wird dort eher mit dem Begriff der Sünde argumentiert: Sünde erscheint dadurch in der Öffentlichkeit unserer Gesellschaft als die kirchliche Form von Schuld.

Interessant ist nun aber, dass – rein begrifflich gesehen – die Dinge in den neutestamentlichen Schriften genau umgekehrt liegen. Der griechische Hauptbegriff für Sünde im Neuen Testament ἁμαρτία (hamartía) kommt in seinen verschiedenen grammatischen Formen ca. 260x vor. Die Begriffe, die im engeren Sinn »Schuld« beschreiben und direkt auch so zu übersetzen sind (ὀφειλή [opheilē – Schuld, Verpflichtung], ὀφείλω [opheilō – schuldig sein, verpflichtet sein], αἰτία [aitía – Schuld] und αἴτιος [aítios – schuldig]) begegnen insgesamt nur ca. 65x. Wenn man sich sogar auf die Belege konzentriert, die im engeren Sinn von »schuldig sein« sprechen, dann liegen wird bei maximal 20–30 Belegstellen – die Zuordnung ist manchmal nicht ganz eindeutig.

Allein diese Äußerlichkeit kann darauf aufmerksam machen, dass mit der Rede von der Sünde im Neuen Testament etwas zur Sprache gebracht werden

---

[1] Dieser bisher unveröffentlichte Vortrag wurde am 08.05.2012 auf der jährlich stattfindenden »Theologischen Tagung« der Gruppe 153 in Bad Salzschlirf gehalten. Für die Veröffentlichung wurde dieser Beitrag sprachlich leicht überarbeitet. Um dem ursprünglichen Kontext dieses Beitrags, einer spirituellen Tagung, sowie dem Charakter dieses Beitrags Rechnung zu tragen, wurde mit einer Ausnahme auf das Ergänzen von Anmerkungen verzichtet.

soll, was von hohem Gewicht für die Botschaft des Neuen Testaments sein wird. Demgegenüber scheint das Neue Testament nur wenig bis gar kein Interesse zu haben an der Frage nach Schuld und schuldig sein.

Das Anliegen dieses Beitrags soll es nun sein, einen theolgischen Impuls zu geben und zwar zu dem, was die Schriften des Neuen Testaments mit dem Begriff der Sünde, des Sünders oder des Sündigens aufrufen. Ich werde dabei die These vertreten, dass es bei der durch dieses Begriffsfeld aufgerufenen Wirklichkeit nicht primär um *juristische Fragen und Wirklichkeiten*, sondern um *Beziehungsfragen und –wirklichkeiten* geht. Mit anderen Worten: das Begriffsfeld Sünde ist kein juristischer Begriff, sondern ein Beziehungsbegriff. Anhand dieser Beobachtung können und müssen wir darüber nachdenken, was diese für unseren Umgang mit Sünde bedeutet und was diese für unser Verständnis von Glauben, letztlich für unser Reden von Gott aussagt. Diese Fragen möchte ich mit Ihnen in drei Gedankengängen durchgehen:

1. Sünde als Beziehungsbegriff
2. Der Umgang mit Sünde
3. Die Bedeutung der Sünde in unserer Rede vom Glauben und von Gott

Zuvor aber möchte ich ganz kurz doch noch einmal auf das im Neuen Testament so »vernachlässigte« Thema der Schuld eingehen, dieses mit einer kurzen Beschreibung charakterisieren und dadurch auch von der Rede über Sünde unterscheiden.

Um die Differenzierung zu verdeutlichen sei hier zunächst auf die Begriffsgruppe »Schuld« eingegangen: Die Sachverhalte, die mit diesen Begriffen für Schuld umrissen werden sind zunächst recht klar. Es sind etwa finanzielle Schulden, so etwa im Gleichnis vom unbarmherzigen Gläubiger (Mt 18,21–35), im Gleichnis vom klugen Verwalter (Lk 16, 1–8) oder dem Gleichnis von der Schulderlassung (Lk 7,40–43). Im etwas übertragenen Sinn kann Paulus davon sprechen, dass man dem Staat etwas schuldig sei (Röm 13,7), oder aber dass ein Mann seiner Frau das leisten solle, was er ihr schuldig sei (1Kor 7,3). Schließlich wird einer der Begriffe für Schuld in den Evangelien innerhalb der Gerichtsverhandlung Jesu verwendet und dann auch im Zusammenhang der Tafel am Kreuz Jesu (Mt 27,37; Mk 15,26; Lk 23,4.14.22). Schuld gewinnt hier vor allem die Bedeutung von »Grund« oder »Ursache«. In diesem Sinne kann dieser Begriff dann auch ganz allgemein verwendet werden, ebenso wie unser »aus diesem Grunde schreibe, tue, lasse ich dies und das« (vgl. Apg 28,20; 1Tim 1,6; 2Tim 1,12; Tit 1,13). Dabei – und das scheint mir nun wesentlich – ist das, was mit Schuld umfasst wird, in der Verfügungsgewalt des Menschen: Er könnte auch anders, aber aus welchen Gründen auch immer hat er sich entschieden, etwas auf eine bestimmte Weise zu tun und dadurch Schuld(en) auf sich zu nehmen. Freilich scheint dies bei der Sünde auf den ersten Blick ähnlich zu sein – jedoch kommt hier ein ganz anderes Moment zum tragen. Und damit kommen wir zum ersten der drei Gedankengänge.

2. SÜNDE ALS BEZIEHUNGSBEGRIFF

Ich möchte an einigen wenigen Beobachtungen verdeutlichen, was ich mit dieser Beschreibung meine. Ich möchte dabei nicht einsetzen bei einer Rede über die Sünde als Abstraktum, sondern ich möchte einsetzen bei den Menschen, die im Neuen Testament mit dem Begriff »Sünder« belegt werden. Und hier setze ich ein mit einem kleinen bekannten Evangelientext aus Mk 2,15–17:

> »Und als Jesus in seinem Haus beim Essen war, aßen viele Zöllner und Sünder zusammen mit ihm und seinen Jüngern; denn es folgten ihm schon viele. Als die Schriftgelehrten, die zur Partei der Pharisäer gehörten, sahen, dass er mit Zöllnern und Sündern aß, sagten sie zu seinen Jüngern: Wie kann er zusammen mit Zöllnern und Sündern essen? Jesus hörte es und sagte zu ihnen: Nicht die Gesunden brauchen den Arzt, sondern die Kranken. Ich bin gekommen, um die Sünder zu rufen, nicht die Gerechten.«

Diese Szene finden wir in ähnlicher Form häufig in den Evangelien: Jesus im Kreis der Zöllner und Sünder. Was zeichnet sie aus, diese Zöllner und Sünder? Sicherlich zum einen sind dies Täter von Taten, die in den Augen von Anderen nicht gut zu heißen sind. Das ist ein geradezu klassisches Verständnis von Sünde: Es ist das Abweichen von einer dem Menschen gesetzten Norm. Wer diese Norm setzt und wie sie aussieht, ist dabei zunächst ganz egal. Die bekannte Grundbedeutung des griechischen Wortstamms für Sünde / sündigen hat etwas mit dem Verfehlen eines Ziels zu tun. Es geht also etwas daneben.

Hier gilt es nachzuhaken: Warum und wozu ist dem Menschen denn eine Norm gegeben, bzw. welches Ziel wird verfehlt? Schnell denken wir hier an das Ziel der Erfüllung von Geboten und Gesetzen. Unter solch einem Gesichtspunkt würde die Sünde dann die Übertretung solcher Gebote und Gesetze umgreifen. Aber sollte das alles sein? Diese Vorstellung aber ist nach meinem Eindruck viel zu kurz gegriffen. Denn warum sollte man irgendwelche Gesetze erfüllen und Normen einhalten? Gut, der fromme Mensch kann schnell antworten: Weil sie von Gott gesetzt sind. Aber sollte das wirklich ausreichen? Wenn dem so wäre, dann wäre dieser Gott im letzten ein willkürlich Ordnungen aufstellender Despot, dem man sich nur um der Unterordnung willen unterordnen müsste.

Etwas weiter kommt man aber, wenn man nach dem Warum und Wozu von Geboten und Gesetzen fragt und zwar unter dem Gesichtspunkt, dass sie zu etwas hinleiten wollen bzw. etwas bewahren möchten. Dann aber wird schnell deutlich: Das Ziel ist nicht die abstrakte Erfüllung von Gesetzen – das Ziel ist die Gewinnung und die Beibehaltung von Gemeinschaft und Beziehung. Es geht in der ganzen Gesetzgebung der Heiligen Schrift nicht um die Befriedigung eines willkürlich Gebote aufstellenden Gottes, sondern es geht darum, dass dieser Gott die beiden Kernfeststellungen der Schöpfungsgeschichte bewahren möchte: der Mensch als Gegenüber zu Gott und der

Mensch im Miteinander mit Menschen. Der Mensch ist in dieser und zu dieser doppelten Beziehung geschaffen: als Gegenüber Gottes und als Gegenüber des Mitmenschen.

Genau an dieser Stelle setzt nun meines Erachtens eine sachgemäße Rede von Sünde an. Es ist nämlich dort von Sünde die Rede, wo diese doppelte Beziehung verfehlt oder zerstört ist oder wird. Das können wir uns sehr gut an der zentralen Geschichte des Lukasevangeliums verdeutlichen, die – ziemlich genau in der Mitte dieses Buches – den längsten zusammenhängenden Erzählteil ausmacht: im *Gleichnis von den zwei Söhnen*, Lk 15,11–32, bekannter unter dem unglücklichen Namen des *Gleichnisses vom verlorenen Sohn*. Hier lässt sich bekanntlich der jüngere Sohn sein Erbe auszahlen, geht dann in ein fremdes Land und kommt unter die Räder. Am Tiefpunkt angelangt geht er in sich, besinnt sich auf seinen Vater und kehrt zurück. Als er dann wieder vor dem Vater steht, der – das wird uns gleich auch noch zu beschäftigen haben – auf ihn zugeeilt war, spricht der ausgezogene und dann zurückgekehrte Sohn davon: »ich habe gesündigt gegen den Himmel und vor dir;« (Lk 15,21). Haben Sie einmal darüber nachgedacht, was damit gemeint ist?

Hier muss tatsächlich gefragt werden, worin denn diese Sünde bestehen soll, denn juristisch ist das Verhalten des Sohnes unproblematisch. Freilich: so etwas »machte man nicht« – aber es gibt keine Rechtsordnung, kein Gebot, keine Ordnung, die der jüngere Sohn übertreten hat. Aber: Er hat die Gemeinschaft, die Beziehung zwischen sich und dem Vater zerstört. Der Aufruf der Sünde wider den Himmel an dieser Stelle zeigt an, dass die elterliche Beziehung hier als ein Abbild des Himmels verstanden wird. Die vom Sohn erkannte und bekannte Sünde ist der Bruch der Beziehung zum Vater. Diese Sünde ist zunächst eine Haltung, nämlich eine Haltung der Abwehr. Wer sich einmal die Begrifflichkeit anschaut, die in dieser Erzählung im Kontext des Aufbruchs des Sohnes aus dem Vaterhaus verwendet wird, der stellt fest, dass dieser Aufbruch »gar nicht schnell genug« erfolgen konnte. Die Sünde war zunächst eine Haltung der Abwehr zum Vater.

Aus dieser Haltung heraus erfolgten Handlungen: Die rechtmäßige Forderung des Auszahlens des Erbes und das – allenfalls moralisch, nicht aber rechtlich verwerfliche – Verlassen des Elternhauses. Was hier mit »Sünde« bezeichnet wird, ist also keineswegs allein eine Handlung, auch nicht allein eine Haltung, sondern ein umfassender Wirklichkeitszusammenhang, der den Zerbruch der Beziehung zwischen Vater und Sohn im ganzen umfasst, keineswegs aber auf einen Teilaspekt dieses Bruches reduziert werden kann und darf.

Das Spannende und Aufregende ist dann aber, dass der zweite Sohn am Ende ebenfalls in der Gefahr steht, dieselbe Sünde zu tun, wie der jüngere Bruder: Er bleibt nämlich, wie es heißt, draußen vor dem Haus des Vaters stehen und geht nicht hinein. Und seine Haltung gegenüber dem Vater, die er in seiner geradezu anklagenden Rede durchblicken lässt, zeigt vielleicht – wir können das hier nicht analysieren – eine wenigstens ebenso große Distanz und Distanzierung zum Vater, wie wir sie auch beim ausbrechenden jüngeren Sohn vermuten können. In dieser Gestalt des älteren Sohnes ist das Moment, die Wirklichkeit der Sünde ebenso präsent – aber versteckt hinter der Fassade äußerlicher Rechtschaffenheit. Interessant ist nun zudem wahrzunehmen, in was für einer Situation Jesus nach Lukas dieses Gleichnis erzählt: Nämlich in der Erklärung, warum Jesus sich mit so vielen Leuten umgibt, die als Sünder gelten.

Und damit sind wir auch wieder – nach dem kurzen Abstecher zu Lk 15, wohin wir auch noch einmal zurückkehren werden – bei unserem eingangs aufgerufenen kleinen Summarium aus Mk 2, wo wir Jesus im Kreis von Zöllnern und Sündern vorfinden. Wir waren bei der Frage, was denn der Grund dafür ist, dass diese Menschen so charakterisiert werden. Das nach meinem Eindruck entscheidende Moment ist: Diese Menschen zeichnen sich dadurch aus, dass sie von der Gesellschaft getrennt sind. Sie stehen in keiner Beziehung mehr zu denen, die fromm und gottesfürchtig sind und die damit die Gegenwart des Göttlichen repräsentieren und leben. Das ist sehr gut daran zu erkennen, dass eben diese Frommen natürlich keine Gemeinschaft mit den Sündern haben. Hier liegt ein Beziehungsproblem vor. Dies gilt auch für die Frauen, die im Neuen Testament als Sünderinnen bezeichnet werden. Sie sind getrennt von den so genannten rechtschaffenen Bürgern. Die Bezeichnung des Sünders umfasst damit einen Menschen, der nicht mehr als zur Gemeinschaft einer Gruppe zugehörig betrachtet wird. Die Gründe hierfür liegen wohlmöglich in seinem oder ihrem Verhalten, sie sind ursächlich für diesen Ausschluss. Das Phänomen der Sünde aber ist eben mehr als das Verhalten, es ist der Gesamtzusammenhang dieser gestörten Beziehung.

Wer diesen Gedanken weiterdenkt kann natürlich in diesen Konstellationen fragen, wer hier eigentlich wen als Sünder bezeichnen kann. Eine weitere Erzählung aus den Evangelien kann dies gut verdeutlichen, Lk 18,9–14:

> »Einigen, die von ihrer eigenen Gerechtigkeit überzeugt waren und die anderen verachteten, erzählte Jesus dieses Beispiel: Zwei Männer gingen zum Tempel hinauf, um zu beten; der eine war ein Pharisäer, der andere ein Zöllner. Der Pharisäer stellte sich hin und sprach leise dieses Gebet: Gott, ich danke dir, dass ich nicht wie die anderen Menschen bin, die Räuber, Betrüger, Ehebrecher oder auch wie dieser Zöllner dort. Ich faste zweimal in der Woche und gebe dem Tempel den zehnten Teil meines ganzen Einkommens. Der Zöllner aber blieb ganz hinten stehen und wagte nicht einmal, seine Augen zum Himmel zu erheben, sondern schlug sich an die Brust und betete: Gott, sei mir Sünder gnädig! Ich sage euch: Dieser kehrte als Gerechter nach Hause zurück, der andere nicht. Denn wer sich selbst erhöht, wird erniedrigt, wer sich aber selbst erniedrigt, wird erhöht werden.«

Hier blicken wir auf eine gänzlich zerstörte Beziehung. Der angeblich Gerechte lebt in innerer und äußerer Distanz zum Sünder. Dieser aber bittet um Überwindung seiner Distanz zu Gott. Der Pharisäer aber verbleibt in seiner

Beziehungslosigkeit zum Zöllner, er bleibt daher in der Wirklichkeit der Sünde – und damit auch in der Wirklichkeit der Beziehungsstörung zu Gott.

Bis hierher ist mir aus den neutestamentlichen Beobachtungen als Möglichkeit des Verständnisses von Sünde entgegengekommen, dass mit diesem Begriff eine Wirklichkeit der Beziehungsstörung in Bezug auf die beiden grundlegenden Orientierungen des Menschen – zu Gott und zum Mitmenschen hin – ausgedrückt wird. Dabei umfasst der Begriff der Sünde sowohl die Beschreibung des Antriebs, der gestaltenden Tat sowie des Resultats. Daher lässt sich auch sagen, dass der Begriff der Sünde eine umfassende Lebenswirklichkeit aufruft: Die des auf sich selbst geworfenen, im letzten von Gott und den Mitmenschen getrennten Menschen.[2]

Mit der letzten Aussage habe ich auch bereits einen Schritt auf die theologische Durchdringung dieser Lebenswirklichkeit in den Briefen des Neuen Testaments gemacht. Hierauf gilt es nun in Kürze einzugehen. Eben aufgrund dieser zeitlich bedingten Kürze beschränke ich mich hier nun auf den Römerbrief. In ihm begegnet uns die Sünde als eine den Menschen im Ganzen seiner Existenz bestimmende Mächtigkeit. So kann Paulus in Röm 3,9 summierend feststellen, »dass alle, Juden wie Heiden, unter der Herrschaft der Sünde stehen«. Diese Herrschaft der Sünde zeigt sich an dem, was er ab Kapitel 2 verdeutlicht hat, an den Übertretungen des inneren wie des äußeren Gesetzes. Die Ursache aber erkennt er in dem menschlichen Wirklichkeitszusammenhang, der mit Adam aufgerufen wurde: Aus der Haltung der Empörung gegen Gott ist ein Schicksalszusammenhang geschaffen, der beide Orientierungen des Menschen – in der vertikalen, wie in der horizontalen Ebene – nachhaltig und grundlegend stört und ihn somit in der Sünde hält. Paulus und damit eine zentrale Position neutestamentlicher Theologie deutet die menschliche Existenz als eine, die grundlegend in der Beziehung zu Gott und zum Mitmenschen gestört ist.

Wir müssen – bevor wir zum zweiten Gedankengang kommen und damit zur Frage nach dem Umgang mit Sünde – kurz die Dimension dieser Überlegung zur Sünde beachten. Wenn Sünde die Wirklichkeit einer Beziehungsstörung zur Sprache bringt, dann können wir »sündige Wirklichkeit« oder »sündiges Handeln« natürlich nicht mehr beschränken auf einzelne Taten oder Haltungen. An dieser Stelle kann ohne kompliziertes Nachdenken schnell deutlich werden, wie sündig eine fromme Gemeinde sein kann – wir denken nochmals an die Szene vom Pharisäer und Zöllner im Tempel. Wir werden vielmehr und viel umfassender zu denken haben und dabei wahrnehmen können, wo überall und wie umfassend Störungen von Beziehungen auftreten. Der erste Gedanke richtet sich natürlich auf den persönlichen Bereich. Ein zweiter Gedanke aber kann in den gesellschaftlichen Bereich gehen und die

---

2 Da der alttestamentliche Bericht zum so genannten Sündenfall in Genesis 3 Gegenstand eines anderen Referats auf der in Anm. 1 genannten Tagung war, wurde auf einen entsprechenden Exkurs an dieser Stelle verzichtet.

Frage nach dem Zusammenleben verschiedener gesellschaftlicher Gruppen stellen – seien dies soziale Schichten oder verschiedene Volkgsgruppen. Ein dritter Gedanke könnte sich in einer globalisierten Welt auf das Miteinander von Völkern und Handelspartnern richten. Hier setzen weitere Blicke an – ich nenne sie nur als Stichworte: wirtschaftliches, politisches, kulturelles Miteinander. Überall ist der Mensch zu einem verantwortlichen Gestalten der im jeweiligen Kontext geforderten Beziehungen aufgerufen und überall kann er und wird er die Mächtigkeit von Sünde im Sinne des »Nichtgelingens von Beziehung« erleben – es sei den, er reduziert Beziehung auf ein rein funktionales Geschehen oder grenzt die Verantwortlichkeit auf einen von ihm gewählten Bereich ein. So könnte man natürlich so tun, als sei man nur für seinen Partner, seine Familie oder seinen Freundeskreis verantwortlich. Dies aber übersieht freilich, dass ich mit jedem Einkauf in ein wirtschaftliches Gesamtsystem eingebunden bin, das ebenfalls unter der Forderung einer guten Gestaltung der Beziehung steht. Vor dem Anspruch aber, dass Beziehung immer das volle Leben des Anderen fördert, wird man dann scheiternd passen müssen.

Schließlich und endlich sei auf eine letzte, meist übersehene Beziehung hingewiesen, in der sündige Wirklichkeit ebenfalls mit voller Mächtigkeit durchschlägt: auf die Beziehung zu sich selbst und zu seiner eigenen Geschichte. Auch hier, aus der Erfahrung von Seelsorge, möchte ich sagen: insbesondere hier ist sündige Wirklichkeit, weil diese Beziehungen zur eigenen Person und zur eigenen Geschichte nur selten wirklich geklärt sind.

Ich habe in den letzten Absätzen scheinbar nur von Beziehungen auf der horizontalen Ebene, zwischen Menschen, gesprochen. Es könnte den Anschein haben, als würde ich das scheinbar eigentliche Moment von Sünde, die Beziehung in der vertikalen Ebene zwischen Mensch und Gott, übersehen. Dem ist aber wirklich nur auf den ersten Blick so. Sünde ist im Neuen Testament immer ein theologischer Begriff. Die aufgerufene Wirklichkeit deckt immer horizontale und vertikale Ebene im Miteinander ab. Daher lassen sich vertikale Gottesfrömmigkeit und horizontale soziale Strukturen auch gar nicht gegeneinander ausspielen oder verrechnen. Ein schönes Beispiel hierfür ist der Umgang Jesu mit dem reichen Jüngling (Mk 10,17–22 par.). Dieser hatte, als Gestaltung seiner vertikalen Gottesbeziehung die horizontal ausgerichteten Gebote alle befolgt. Was ihm aber noch »fehlte« zum ewigen Leben, war nun die Beziehung zum gegenwärtigen Jesus.

Nun aber, nachdem wir so lange über die Wirklichkeit der Sünde gehandelt haben, können wir zum zweiten Gedankengang, dem Umgang mit der Sünde, kommen, der recht kurz erfolgen kann.

3. Der Umgang mit Sünde

Hier steige ich ein mit einer Abgrenzung: Wenn Sünde ein Beziehungsphänomen ist, dann kann mit Sünde letztlich nicht juristisch umgegangen werden. Denn Beziehung kann ich eigentlich nicht juristisch klären. Ich kann juristisch Verhältnisse ausgleichen, aber keine Beziehung herstellen. Der Sünde als Wirklichkeit der Beziehungsstörung kann dann nur durch Beziehungsrettung begegnet werden. Vergebung ist damit kein primär juristischer Akt, sondern ein Beziehungsakt.

Denken wir an unser eingangs zitiertes Summarium von Jesus inmitten der Zöllner und Sünder (Mk 2,15–17): Genau hier zeigt sich, was Evangelium bedeutet. Bisher getrennte Menschen haben Gemeinschaft und essen zusammen. Das, was Jesus an dieser Stelle macht, ist die Überwindung der Störung dieser Beziehung. Im Unterschied dazu verbleiben die Pharisäer in ihrer gestörten Beziehung.

Im Gleichnis von den beiden Söhnen (Lk 15,11–32) ist es der Vater, der auf den Sohn zueilt, der also die Grenze überwindet und dann alles tut, damit der jüngere Sohn wieder in die Gemeinschaft des Vaters und in seine Sohnschaft zurückkehren kann. Dieses beziehungsverändernde Handeln ist im Übrigen seine Reaktion auf das Sündenbekenntnis des Sohnes. Auch in Bezug auf das Verhalten des älteren Sohnes zeigt sich Ähnliches: Der Sohn, der vor der Tür stehen bleibt und damit auf Distanz geht bzw. seine Distanz zeigt, wird vom Vater besucht. Der Vater geht hianus zum Sohn, kommt ihm entgegen und überwindet auch hier die durch die Wirklichkeit von Sünde aufgerissene Distanz.

Das Kommen des Gottessohnes in die Welt ist in diesem Zusammenhang die zentrale Überwindung der Beziehungsstörung von Gott und Mensch, die Überwindung der Sünde. Sünde wird durch Beziehungsgewährung überwunden. Vergebung besteht in der Versöhnung. Oder anders: die Versöhnung beinhaltet die Vergebung.

Unter diesem Gesichtspunkt wird auch die Rede von der Vergebung am Kreuz genau zu formulieren sein. Der auch in den neutestamentlichen Schriften durchaus vorhandene Gedanke der Sühne ist in einem nur juristischen Sinne – etwa einer Genugtuung – nicht ausreichend zu fassen. Vielmehr scheint mir die Sühne gerade darin zu bestehen, dass Jesus die Gemeinschaft der Sünder bis in den Tod, also dem Moment letzter Gottesverlassenheit, sucht und aufrechterhält. Eben hierdurch aber wird der todesverfallene Mensch mit dem lebendigen Gott versöhnt: Dadurch, dass Gott an diesem Menschen bis in den Tod festhält.

Diese Versöhnung aber ist durchaus ein zweiseitiges Geschehen. Gerade, weil Sünde und der Umgang mit ihr ein Beziehungsgeschehen ist, kann Vergebung und Versöhnung auch nur innerhalb dieser Beziehung erfolgen. Wir haben ein dramatisches Beispiel einer nicht funktionierenden Beziehungsklärung in dem eben schon kurz aufgerufenen Bericht vom reichen Jüngling

(Mk 10,17–22 par.). Wo das Angebot einer Beziehung nicht angenommen wird, verbleibt der Mensch in einer Beziehungsstörung und also in der Wirklichkeit von Sünde. Eben diese Anahme von Beziehung zu Gott benennen die johanneischen Schriften mit dem Begriff des Glaubens. Auch dieser ist im Kern ja ein Beziehungsbegriff. So kann Jesus in Joh 15,24 seine Gegenwart in einen direkten Zusammenhang mit der Wirklichkeit von Sünde bringen:

> »Wenn ich bei ihnen nicht die Werke vollbracht hätte, die kein anderer vollbracht hat, wären sie ohne Sünde. Jetzt aber haben sie (die Werke) gesehen und doch hassen sie mich und meinen Vater.«

Es ist die Offenbarung der Gotteswirklichkeit in Jesus, die zu einer Beziehung zu ihm und zum Vater einlädt. Ohne diese Einladung wären sie ohne Sünde – eine Vorstellung, die sich nur vor der johanneischen Vorstellung einer sich im Moment der Begegnung entscheidenden Beziehung verstehen lässt. Und noch radikaler drückt es dann Joh 16,9 aus: »Und wenn er [der Beistand] kommt, wird er die Welt überführen (und aufdecken), was Sünde, Gerechtigkeit und Gericht ist; Sünde: dass sie nicht an mich glauben;«.

Der Glaube ist damit die angemessene Antwort auf das Angebot der von Gott geschenkten Beziehung und damit die Überwindung der Sünde. Dass dieser Glaube und damit die hierdurch aufgerufene gesunde Beziehung sich in einem neuen Leben in der horizontalen Ebene zeigen muss, soll und wird, machen wieder insbesondere die johanneischen Schriften mit ihrer Aufforderung zur Geschwisterliebe deutlich (vgl. Joh 13,34; 1Joh 2,7–11; 3,11.23; 4,7.11; 2Joh 5).

4. Die Bedeutung der Sünde in unserer Rede vom Glauben und von Gott

Was – ebenfalls wenigstens kurz – bedeuten die bisherigen Gedankengänge für unsere Rede vom Glauben und von Gott? Diese Frage kann man stellen, da der Begriff der Sünde ein zentraler Begriff des religiösen Lebens ist und er dadurch sofort die Rede von Gott und Glauben mitbestimmt. Wo ich beispielsweise Sünde eher moralisch definiere, dort – ich skizziere stark – achtet der Glaube durch die Vermeidung und Überwindung von Sünde auf die Einhaltung der Moral und Gott wird als Ermöglicher und Wächter dieser Moral beschrieben. Die Rede vom Glauben, von Gott und von der Sünde bedingen sich demnach gegenseitig.

In unserem Fall kann und muss zunächst noch einmal auf das bereits mehrfach Betonte verwiesen werden: Wenn Sünde als theologischer Begriff im Kern ein Beziehungsbegriff ist, so kann von diesem zentralen Begriff im religiösen Bereich her nur geschlossen werden, dass auch von hieraus der Glaube und die Rede von Gott zentral über die Wirklichkeit von Beziehung gestaltet werden muss. Wenn ich dies nun konsequent weiterführe, dann sind Glaube und die Rede von Gott nicht – wie in dem gerade skizzierten moralischen Denkansatz – die Umsetzung und Verwirklichung eines religiösen, ethischen Ideals im Sinne einer allgemein gesetzten Wahrheit. Vielmehr kommt Beziehung in der Beziehung zum Einzelnen in seiner und ihrer individuellen Befindlichkeit von Person sowie in ihrem und seinem gesellschaftlichen und kulturellen Umfeld zur Anwendung.

Christlicher Glaube empfängt über die Betonung des Beziehungsaspektes eine hohe Freiheit und Verpflichtung zur individuellen und kulturellen Orientierung religiöser Gestaltung. Kirche – um nur ein Anwendungsbeispiel zu nennen – wäre dann nicht »Sammelbecken der Gleichen« sondern »Raum für das gestaltete Miteinander der Verschiedenen«.

Sünde – um zum Thema der Tagung zurückzukehren – Sünde ist Anzeige gestörter Beziehungen; damit aber im Kern der Christusverkündigung des Neuens Testaments etwas, was der Christuswirklichkeit und dem Evangelium im Kern gegenübersteht und allein durch das Angebot der Versöhnung und deren glaubende Annahme überwunden werden kann.

Markus 5,1–20: Zum Menschsein befreit

Ein neutestamentlicher Beitrag zur Frage nach der Freiheit des Willens[1]

1. Einleitung und Vorbemerkungen

In den vergangenen Jahrzehnten hat sich eine Ahnung in der aufgeklärten, westlich geprägten Gesellschaft herausgebildet. Es ist die Ahnung von einer möglicherweise dritten großen Kränkung innerhalb des Welt- und Selbstverständnisses der Menschheit während der vergangenen 500 Jahre. Nach der Feststellung, dass die Welt nicht im Mittelpunkt des Universums steht, und der, dass auch der Mensch keineswegs als »Krone der Schöpfung« anzusehen ist, deutet sich die dritte große Kränkung des menschlichen Selbstverständnisses an, die durch psychologische, sozialwissenschaftiche und gerade in den vergangenen Jahren auch medizinische und konkreter neurobiologische Beobachtungen aufgerufen zu sein scheint. Sie besteht in der Infragestellung der Behauptung des freien Willens und damit der Autonomie des Menschen. Dieser Ansicht vom freien Willen stehen zunehmend psychologische, soziale und auch biologisch-medizinische Thesen von Determinationen gegenüber.

Wie mit allen Entwicklungen der Wahrnehmungen von Welt und Selbst sowie ihrer denkerischen Beschreibungen ist auch in diesem Fall die Theologie aufgefordert, sich der Aufgabe zu stellen, die hierdurch erfolgende Anfechtung der bisherigen Denk- und Sprachsysteme des Glaubens aufzugreifen und sie von der Botschaft des christlichen Glaubens her zu beleuchten. Die Aufgabe des Theologen, insbesondere des neutestamentlichen Theologen, kann nun natürlich nicht darin bestehen, die von anderen Fachdisziplinen gemachten Erkenntnisse wohlmöglich noch unter zuhilfenahme scheinbar feststehender dogmatischer Kriterien zu bewerten.[2] Vielmehr ist es Aufgabe, die aufgerufe-

---

1 Ausgearbeitete Fassung eines Vortrags auf der 2012/2103 der Gruppe 153 – Ev.luth. Missionsdienst e.V. Dieser Text stellt den letzten wissenschaftlichen Beitrag dar, den André Heinze vor seinem Tod fertigstellen konnte.

2 Ein »Bewerten« scheint nur sachgemäß und verantwortlich möglich, wenn der Blick auf das zu bewertende Objekt, die Idee oder Erkenntnis aus derselben denkerischen, sprachlichen und also wissenschaftlichen Richtung erfolgt und sich vergleichbarer Methodiken bedient. In dem Zusammenspiel von verschiedenen Disziplinen kann es nur darum gehen, die gerade verschiedenen Sichtweisen zu einer sich gegen-

nen Phänomene dahingehend aufzugreifen, ob und inwieweit sie im Zusammenhang der Zeugnisse des Glaubens bereits thematisiert wurden, wenn auch natürlich in anderen Denk- und Sprachmustern, und diese Thematisierung in das Gespräch der Disziplinen einzubringen. Im Zusammenhang der Frage nach dem freien Willen sind im Erzählgut des Neuen Testaments[3] hier insbesondere die Berichte von Besessenheit und der daraus erfolgenden Heilung aufzurufen.

Bei kaum einer Beschreibung menschlichen Lebens in den Texten des Neuen Testaments kommt die Erfahrung, dass der Mensch »gelebt wird«, so direkt und bildhaft zum Ausdruck, wie in den Berichten von Besessenheit und Dämonenaustreibung. Diese Berichte entstehen in einer Zeit, in der die Vorstellung menschlicher Autonomie, menschlicher Selbstständigkeit nur im engsten Zusammenhang einer Verwobenheit von sichtbarer und unsichtbarer Welt gedacht und erlebt wurde.[4] Der Mensch sah und erlebte sich eingebunden in ein Netzwerk sichtbarer und unsichtbarer lebensbestimmender Mächte. Dabei war das Sichtbare häufig nur die Brechung des Unsichtbaren in die gegenständliche Welt hinein. Beide Welten konnten auch geradezu kausal miteinander verbunden werden.[5] Vor dem Hintergrund solcher Welt-, Menschen- und Lebenssicht sind auch Entwicklungen der Vorstellung eines Tun-Ergehen-Zusammenhanges zu verstehen, also die Vorstellung, dass Schuld und Sünde bestimmte Strafen oder wenigstens Konsequenzen hervorbringen würden. Von hieraus entwickelte sich eine Lebensvorstellung, nach der z.B. Krankheiten natürlich nicht auf physiologische, also körperliche Kausalitäten

---

seitig ergänzenden Sprachfähigkeit bezüglich des gemeinsamen Objekts korrespondieren zu lassen.

3 Außerhalb des Erzählguts wird das Thema der Freiheit in der Briefliteratur mehrfach sehr intensiv thematisiert, wobei das Motiv der Besessenheit interessanterweise unberücksichtig bleiben kann; vgl. Gal 5 oder Röm 7.

4 Vgl. hierzu als Überblick und Einstieg HARTMUT ROSENAU, Die Auffasung vom Menschen, in: JÜRGEN ZANGENBERG (Hrsg.): Neues Testament und Antike Kultur, Bd. 3: Weltauffassung – Kult – Ethos, Neukirchen-Vluyn 2005, 114–122, besonders 117f.

5 Hiermit ist ein grundsätzlich magisches Weltverständnis der damaligen Welt benannt, das aber nicht in zwei Richtungen mißverstanden werden sollte. Zum einen ist die beliebte Unterscheidung von Magie und Religion in dem Sinne, dass Magie das Überirdische, die Gottheit zwingen, die Religion sich aber demütig bittend unter die Gottheit beugen würde (vgl. z.B. HANS-JOACHIM KLAUCK, Die religiöse Umwelt des Urchristentums, Bd. 1, Stuttgart 1995, 175), in der neueren Forschung einer stärker zeitgeschichtlichen Binnenperspektive gewichen. Zum anderen wird man Magie, ihre Praktiken und damit auch das mit ihnen transportierte Weltverständnis keineswegs auf eine »Volksfrömmigkeit« mit den zu beobachtenden Äußerungen reduzieren können; vgl. hierzu als Überblick PETER BUSCH, Wunder, Wundertäter und Magie, in: JÜRGEN ZANGENBERG (Hrsg.): Neues Testament und Antike Kultur, Bd. 3: Weltauffassung – Kult – Ethos, Neukirchen-Vluyn 2005, 133–137.

reduziert werden können.[6] Das vor einigen Jahrzehnten so sehr bemühte Schlagwort der Ganzheitlichkeit hatte in der Lebenserfahrung und Lebenserklärung der Menschen der Antike eine tatsächlich umfassende Bedeutung.

Insofern lassen die Berichte über Besessenheit und Dämonenaustreibung in den Evangelien einen tiefen Blick in die Deutung des Lebens und das Angebot des Evangeliums zu, gerade auch in Hinblick auf die Frage nach Willensfreiheit und Autonomie. Deutlich ist dabei, dass die Frage z.B. nach den Krankheitsbildern, die in diesen Schilderungen mit dämonischen Mächten in Verbindung gebracht werden, am Thema vorbei greifen würde, denn hiermit würde die von den damaligen Erzählern der Jesusberichte aufgerufene und von den Leserinnen und Lesern erwartete und nachgefragte, eigentlich zur Sprache gebrachte Dimension der Auseinandersetzung unbeachtet bleiben. Kann nahezu alles Geschehen mit einer unsichtbaren, göttlichen Welt verknüpft werden, in die der Mensch verwoben ist und der er sich auch vielfach als ausgeliefert erlebt, so geht es diesen Erzählern nicht darum zu konstatieren, dass Jesus etwa die Epilepsie oder die manische Depression eines Menschen als körperlich-seelisches Phänomen geheilt habe. Es geht ihnen darum zu berichten und zu bezeugen, dass sich in dieser Heilung eine Auseinandersetzung um das göttliche Heil abspielt.

---

6 Diese Aussage soll nicht in Frage stellen, dass auch in der Antike eine physiologische Erklärung von Krankheiten möglich war und hierbei auch eine entsprechende Medizin hervorbrachte, vgl. hierzu z.B. MICHAEL DÖRNEMANN, Krankheit und Heilung in der Theologie der frühen Kirchenväter, Tübingen 2003 (= STAT 20), 35–57; GARY B. FENGREN, Art. Krankheit, in: RAC 21, 2006, 966–1006, hier besonders 975–979. Zur hippokratischen Medizin vgl. auch JACQUES JOUANNA, Die Entstehung der Heilkunst im Westen, in: MIRKO D. GRMEK (Hrsg.): Die Geschichte des Medizinischen Denkens, Antike und Mittelalter, München 1996, 28–80. Zur Komplexität der Krankheitskonzeption in der Antike vgl. MIRKO D. GRMEK: Das Krankheitskonzept, in: DERS.: Geschichte, 260–277. Zum Neben- und Miteinander empirisch-physiologischer Medizin und religiöser Medizin vgl. z.B. HENRY E. SIGERIST, Anfänge der Medizin. Von der primitiven und archaischen Medizin bis zum Goldenen Zeitalter in Griechenland, Zürich 1963, 509–591. Die besondere Schwierigkeit der »Abgrenzung der Geister« zeigt REINHARD V. BENDEMANN, Heilige Krankheit? Epilepsie im Spannungsfeld physiologisch-sozialer und religiöser Deutungen im Neuen Testament und im rabbinischen Judentum, in: MICHAEL ROTH/JOCHEN SCHMIDT (Hrsg.): Gesundheit. Humanwissenschaftliche, historische und theologische Aspekte, Leipzig 2008, 11–44. Am Beispiel der Epilepsie zeigt er auf, wie diese Krankheit im nichtjüdischen Umfeld als positiv konnotierte heilige Krankheit gedeutet wird, in der die Götterwelt in die sichtbare Welt einbricht, während sie im jüdischen Umfeld dann primär empirisch-medizinsch berücksichtigt wird. Erst das Christentum lässt diese Krankheit zu einer Gestalt dämonisch, also religiös negativ konnotierter Krankheit werden, wie V. BENDEMANN an Mk 9,14–29 par. und dessen Wirkungsgeschichte aufzeigt. Zur weiteren Wirkungsgeschichte der Frage nach dem Verhältnis von empirisch-medizinischer und religiöser Krankheitsdeutung im Christentum vgl. neben der o.g. Arbeit von MICHAEL DÖRNEMANN auch KAY PETER JANKRIFT, Krankheit und Heilkunde im Mittelalter, Darmstadt [2]2012.

Die Erfahrungen von Krankheit im Allgemeinen, im Besonderen aber von Phänomenen, die mit dem Begriff der Besessenheit bezeichnet wurden, riefen eine über die Natürlichkeit der Existenz hinausreichende Wirklichkeit des Menschen in Erinnerung: Das Bewusstsein, wie sehr der Mensch anderen Mächten ausgeliefert ist, die er selber nicht bestimmen und auch im Letzten nicht beeinflussen kann. Die an dieser Stelle über lange Zeit in moderner Exegese wurzelnde Irritation in Bezug auf den Umgang mit Wunderberichten im Allgemeinen und Exorzismen im Besonderen kann jedoch überwunden werden, wenn diese Berichte aus der Erfahrungswelt der damaligen Zeit heraus gelesen werden und ihnen nicht vorschnell ein (post-)modernes Weltbild als Kriterium des Verstehens übergezogen wird.[7] Denn so sehr die Sprache, die Vorstellungswelt und die aufgerufenen Bilder mythologisch überhöht und damit in unserer Zeit unpassend erscheinen mögen, so sehr könnte es dennoch sein, dass sie in ihrer Sprache Wahrheiten zum Ausdruck bringen, die, wenn man nicht bei der mythologischen Schale stehenbleibt, auch in der Gegenwart bekannt und aktuell sind.

In den Berichten der Evangelien über Heilungen und Exorzismen geht es damit immer auch um eine Auseinandersetzung, die mitten in der sichtbaren Welt die unsichtbare Welt thematisiert und ihre Wirklichkeit berücksichtigt. Beachtet man diese Dimension des Berichtes nicht, so reduziert man den Menschen – sowohl den erzählten als auch den lesenden Menschen – auf seine rein sichtbare, immanente und letztlich gegenständliche Wirklichkeit. Hierdurch lässt man zugleich die ihm, im christlichen Glauben aus der jüdischen Tradition aufgegriffenen, zugedachten theologisch-anthropologischen Prädikate als »Geschöpf Gottes«, als »Gegenüber Gottes« und als »Ebenbild Gottes«, wie auch die aus christlicher Botschaft ergänzend hinzutretenden »Geliebte Gottes«, »Gerechtfertigte«, »Hausgenossen Gottes« etc. unbeachtet – Prädikate, die den Menschen besonders auszeichnen, da sie ihn in ein Verhältnis zum Schöpfergott setzen. Wo jedoch diese Prädikate mitgedacht werden, ist die damit beschriebene theologische Wirklichkeit des Menschen zu berücksichtigen, also eine Größe, die sich durch Krankheit, Besessenheit und also Unfreiheit ebenso wie im Fall der Heilung oder Befreiung der sicht- und erfahrbaren menschlichen Welt zeigt. Unter diesem Ausgangspunkt einer christlich-theologischen Anthropologie ist damit in der Konfrontation mit Krankheit oder gar Besessenheit eine, im wahrsten Sinne des Wortes, umfas-

---

7 Vgl. Busch, Wunder (s. Anm. 5), 133: »Die Heilungen, Exorzismen und Wundertaten Jesu in den Evv sowie der Jünger in der kanonischen Apg gehören gerade in der heutigen postaufgeklärten Welt zu den befremdlichsten Texten des NT überhaupt, widersprechen sie doch in der modernen Anschauung dem Kriterium der Analogie, das seit Troeltsch – neben dem Kriterium der Korrelation – als ein Grundpfeiler exegetischer Wissenschaftlichkeit gilt. Die zahlreichen Parallelen aus der Umwelt des NT entlarven diese Perspektie allerdings als rein neuzeitliche, die antikem Empfinden kaum gerecht wird.«

sende Frage des Menschen gestellt, nämlich die nach seiner Stellung im Zusammenhang von sichtbarer und unsichtbarer Welt. Ist der Mensch allein Spielball der Götter (im monotheistischen Kontext spricht man dann ungerne von Göttern, viel lieber von Dämonen oder unreinen Geistern), ihnen hilflos ausgeliefert? Oder ist ihm eine Hoheit möglich, die eine Freiheit von solcher Fremdbestimmung beinhaltet? Es ist daher nicht von ungefähr, wenn das Markusevangelium als das älteste Evangelium seinen Bericht über die Wirksamkeit Jesu mit einer Geisteraustreibung beginnt[8] und unmittelbar danach auch in einem Summarium von Dämonenaustreibungen berichtet.[9] Hiermit wird schon ganz am Anfang dieses Evangeliums die Ebene der Auseinandersetzung angezeigt, um die es in der Begegnung mit Jesus geht.

Der in diesem Beitrag genannte Bericht eines Exorzismus aus Mk 5,1–20 ist nun zusätzlich in mehrfacher Hinsicht auffällig. Er gehört sicherlich zu den spektakulärsten Heilungs- bzw. Exorzismusberichten und auch zu den Texten der Evangelien, die Ausleger immer wieder vor einige Probleme in der Erklärung der dahinterstehenden historischen Fakten und Vorstellungen stellen. Selbst den Nachfolgern des Evangelisten Markus, erging es bei diesem Text schon so: Die auf dem Markusevangelium aufbauenenden Fassungen von Matthäus und Lukas, versuchen, aus diesem Bericht ein besser nachvollziehbares Geschehen werden zu lassen und es in ihren Duktus der Berichte über Jesus einzuordnen.[10] Im Folgenden wird auf einzelne exegetische Fragen allein in den Anmerkungen eingegangen, um in den weiteren Ausführungen in der

---

[8] Mk 1,23–28.

[9] Mk 1,32–34.

[10] Vgl. Mt 8,28–34; Lk 8,26–39. Die Fassung des Matthäusevangliums lässt von Beginn an zwei Besessene auftreten. Eher unwahrscheinlich ist, dass damit das Problem des Wechsels vom Singular zum Plural in VV9.12 der Markusfassung behoben werden soll, denn dieser Plural bezieht sich allein auf die Dämonenschar. Allerdings gibt es bei Matthäus auch an anderer Stelle Verdoppelungen von Personen gegenüber der markinischen Vorlage, vgl. Mt 20,29–34; par. Mk 10,46–52. Mt vermeidet eine durch detaillierte Schilderungen des/der Besessenen mögliche erzählerische Konzentration auf diese Person(en) und »konzentriert alle Aufmerksamkeit auf Jesus als dem Herrn über die Dämonen«; WALTER GRUNDMANN, Das Evangelium nach Matthäus, Berlin 1968 (= THKNT 1), 263. Vgl. auch JOACHIM GNILKA, Das Matthäusevangelium, I. Teil: Kap. 1,1–13,58, Freiburg/Basel/Wien 2000 (= HThKNT 1/1), 320: »Durch die christologische Konzentration verliert die Geschichte ihr missionarisches Kolorit, das ihr bei Mk zu eigen war.« Lukas übernimmt zwar weitestgehend den Erzählumfang und die Struktur aus der Vorlage, teilt aber die lange Beschreibung des Besessenenen in zwei Teile und ordnet sie um das erste Votum Jesu an die unreinen Geister herum. Vgl. dazu FRANÇOIS BOVON, Das Evangelium nach Lukas. 1. Teilband Lk 1,1–9,50, Neukirchen-Vluyn/Zürich 1989 (= EKK III/1), 429. Ich stimme zu, wenn er ebd. formuliert: »Die Beschreibung (8,29b) dient jetzt der Begründung [...] der Heilsabsicht (8,29a.30) Jesu.« Wesentlich bei der Beachtung des lukanischen Berichtes ist, dass in der Darstellung des dritten Evangelisten diese Begebeneit die einzige ist, die im heidnischen Gebiet stattfindet.

Hauptsache ein Angebot zu machen, wie dieser Bericht als ein Beitrag zum Thema Unfreiheit und Freiheit gelesen werden kann.

Allerdings muss die Frage nach der Entwicklungsgeschichte des Berichtes und seiner redaktionellen Einschaltung in das Evangelium vorweg behandelt werden, da sie auch eine methodische Vorentscheidung mit sich bringt. Sehr nachvollziehbar erscheint mir mit Rudolf Pesch eine wenigstens dreifache Entwicklungsfortschreibung zu sein.[11] Demnach läge ursprünglich eine »einfache« Austreibungsgeschichte vor, die zwar bereits in der Dekapolis stattgefunden hat, aber noch auf alle Auskleidungen verzichten konnte, die sich aus dem heidnischen Umfeld ergeben konnten. Dieser Bericht dürfte sich im Umfang an der exemplarischen Austreibungsgeschichte Mk 1,23ff. orientiert haben. Seine Besonderheit läge dann in der Lokalisierung innerhalb eines vom Heidentum geprägten Landstrichs, in den Jesus aufgebrochen sei. Diese Schicht wird auch das Staunen der Beobachter (Schweinehirten, Dorfbewohner), deren Wunsch zur Abreise und den Aufbruch Jesu umfasst haben. An diesen Bericht schließt sich eine wenigstens einfache Bearbeitung an, die einerseits die Elemente des Heidentums in der Beschreibung des Besessenen (VV2b–5) umfasst, sowie andererseits die Aussagen über die Vorbereitung und Durchführung der Austreibung in die Schweineherde mitsamt den Folgen, die sie hat (VV10–13.16c). Schließlich ist mit redaktioneller Arbeit des Evangelisten in V8 sowie am Ende VV18–20 zu rechnen, die dieser Episode inhaltliche, der Erzählabsicht des Evangeiums angepasste Schwerpunkte gibt. Dieses Entwicklungsmodell steht im Hintergrund der folgenden Ausführungen und ist zu beachten, wenn der Text im Weiteren in seiner nun vorliegenden kanonischen Endgestalt betrachtet werden soll.

2. Die Begegnung des Freien und des Unfreien

2.1 Die Freiheit zum Überwinden von Grenzen

Jesus wechselt mit seinen Jüngern[12] über den See Genezareth an dessen Ostufer. Dies ist mehr als eine einfache Schiffsfahrt an einen neuen Ort, denn die im Text geschilderte Gegend ist heidnisch besiedelt. Diese Aussage trifft auf alle hier möglichen Lokalisierungen dieses Ortes zu, an dem sich das Ereignis abgespielt haben soll. Markus spricht von Gerasa. Diese Lesart ist die wahrscheinlichste, weil sie die schwierigste ist und sich am wenigsten einer späteren Verschreibung oder gar Korrektur verdanken würde. Denn Gerasa liegt ca. 50 km vom See Genezareth entfernt und lässt sich somit kaum mit der

---

[11] Vgl. zum Folgenden RUDOLF PESCH, Das Markusevangelium. I. Teil: Kap. 1,1–8,26, Freiburg/Basel/Wien 2000 (= HThKNT 2/1), 292f.

[12] Allerdings »verschwinden« die mitfahrenden Jünger bei Markus und Lukas sogleich mit der Ankunft am jenseitigen Ufer. Dort steigt allein Jeus aus dem Boot. Konsequenterweise läßt Mt 8,28 Jesus diese Fahrt alleine übernehmen.

Schweineepisode in Verbindung bringen. Der Ort wäre aber gut geeignet als Lokalisierung der oben vermuteten ersten Schicht des Berichts. Allerdings ist dann auch darauf aufmerksam zu machen, dass der Ausflug Jesu in dieses Gebiet der Dekapolis einen größeren Zeitraum als nur den einer kurzen Überfahrt umfasst haben muss. Es ist dann mit einem wenigstens mehrtägigen Aufenthalt mit Wanderungen im heidnisch besiedelten Gebiet zu rechnen. Gleichzeitig lässt die Nennung von Gerasa Jesus in einer der größeren und bedeuteren Städte der Dekapolis auftreten. Die Irritation der Kombination dieser im Binnenland liegenden Stadt mit einer Seegeschichte mag bei Matthäus zu der bei ihm am besten gesicherten Lesart Gadara geführt haben. Dieser Ort liegt liegt nur ca. 10 km vom See entfernt und lässt sich so einfacher mit der Seegeschichte verbinden.[13] Noch weiter an den See schließlich werden die Ereignisse durch die Lesart Gergesa gelegt, einer Ortschaft direkt am See. Diese Überlieferung geht allerdings erst auf Origenes, aber auch bei ihm scheinbar nicht auf handschriftliche Befunde, zurück,[14] verdankt sich möglicherweise also – wie auch schon die Lesart Gadara – der Absicht einer Harmonisierung von Ortschaft und Seegeschichte. Wie dem aber auch sei, eine Beobachtung ist allen diesen Lokalisierungen gemeinsam: Es liegt ein Aufbrechen aus der zunächst auf das jüdische Stammland begrenzten Tätigkeit Jesu heraus vor, und dies ist beachtenswert.

Dass das erzählerische Konzept des Evangelisten Markus sehr bewusst einen Aufbruch Jesu in heidnisches Gebiet vorsieht, ist durch den sehr klar komponierten Teil 7,1–8,9 deutlich ersichtlich und immer wieder beobachtet worden:[15] Die vorgeschaltete Auseinandersetzung um das Thema »Rein und Unrein« (7,1–23) bereitet die Heilungen in Syrophönizen (7,24–30) und in der Dekapolis (7,31–37) vor und führt zum Höhepunkt der Zuwendung Jesu zu den Heiden in der schließlich parallel zur ersten Brotvermehrung in Galiläa (6,30–44) folgenden Brotvermehrung in der Dekapolis (8,1–9). Umso bemerkenswerter ist dann aber der, in diesen klaren Aufbau zunächst gar nicht passen wollende Ausflug Jesu in die Dekapolis bereits in dem hier zu untersuchenden Bericht Mk 5,1–20. Eine mögliche Erklärung könnte in der Beobachtung ihren Ausgang nehmen, dass die Begegnungspartner Jesu in 5,1ff. und 7,24f.31f. zu unterscheiden sind. Während nämlich Jesus in 5,1ff. nicht vom

---

13 Hierzu helfen auch die Einfügungen »in der Gegend von« vor den Nennungen der jeweiligen Orte.

14 Vgl. Origenes GCS X, IV, 150,8.15 und die Diskussion der – mit den handschriftlichen Befunden bei Markus vergleichbaren – Beobachtungen zur lukanischen Parallele bei Michael Wolter, Das Lukasevangelium, Tübingen 2008 (= HNT 5), 316f.

15 Vgl. nur als Beispiel Peter Dschulnigg, Das Markusevangelium, Stuttgart 2007 (= ThKNT 2), 198: »Der vierte Hauptteil von 7,1–8,26 zeichnet Jesus als den, der die Öffnung zu den Völkern grundsätzlich ermöglicht, indem er die Dominanz der kultischen Reinheit überwindet und der danach paradigmatisch die Mission in nichtjüdischem Gebiet eröffnet. Jesus selbst wird so für die AdressatInnen des Mk zum Vorbild des wahren Missionars, der die Mission unter den Völkern legitimiert.«

Besessenen, sondern von dessen unreinem Geist bedrängt wird, liegen in Kap. 7 Begegnungen auf der Ebene der betroffenen Menschen vor. Dies stellt 5,1ff. nochmals in einen Bezug zu 1,23ff. Auch dort ist es der unreine Geist, der sich Jesus entgegenstellt. So wie die Episode in der Synagoge von Kafernaum die Verkündigung der Stellung Jesu unter den Juden vorbereitet, so scheint ganz ähnlich die provozierte Auseinandersetzung Jesu mit den Geistern die Mission unter den Heiden, vorzubereiten.[16]

Was mit diesem Aufbruch Jesu in das mehrheitlich heidnische Gebiet der Dekapolis freilich inhaltlich aufgerufen ist, kann mit dem Begriff der *Grenzüberschreitung* beschrieben werden. Allein dieser Aspekt der Erzählung ist bereits für das Thema der »Freiheit« von Interesse, denn Jesus durchbricht eine angeblich selbst für ihn geltende Grenze. Wenn der Evangelist in 7,27 die Bitte der syrophönizischen Frau um Heilung ihrer Tochter von einem dämonischen Geist mit der Aussage zurückweist, dass zunächst die Kinder Israels satt werden müssten und es nicht recht sei, das Brot den Kindern wegzunehmen und es den Hunden vorzuwerfen, so begegnet in diesen Aussagen aus dem Munde Jesu die Aufnahme einer deutlichen Grenzziehung zwischen Juden und Heiden.[17]

Diese Verkündigung vom Aufbruch Jesu in das heidnische Gebiet – und zwar insbesondere bereits zur Auseinandersetzung mit den dort die Menschen bedrängenden Geistern in 5,1ff. – ist damit eine deutliche Überschreitung einer heilsgeschichtlichen Grenze[18] und es ist zu fragen, wie es hierzu

---

[16] Es kann überlegt werden, ob in dieser Funktion des Berichts auch der Grund für die im ganzen etwas unglücklich erscheinende redaktionelle Einschaltung von V8 mit dem Hinweis auf den bereits erfolgten, im Text aber eben nicht genannten Ausfahrbefehl liegt. Markus hätte demnach möglicherweise den sicherlich zur ersten Überlieferungsebene gehörenden Befehl gestrichen, um die Möglichkeit einer direkten Zuwendung des Menschen an Jesus gar nicht erst aufkommen zu lassen. Eben eine solche Begegnung mit dem Menschen als Bittendem hätte eine ähnliche Reaktion wie in 7,27 provozieren können; dies aber ist an dieser Stelle und in der hier aufgerufenen Dimension der Auseinandersetzung unerwünscht. V8 gewinnt in diesem Zusammenhang eine erklärende Funktion eben dieser Ebene der aufgerufenen Auseinandersetzung, die sich von denen in 7,24ff. und 7,31ff. unterscheidet.

[17] Dies gilt auch bei der Berücksichtigung der Einfügung des leicht abschwächenden πρῶτον (prōton – zunächst), vgl. PESCH, Markus (s. Anm. 11), 388. Grundsätzlich ist hier auf die Differenzierung der Ausagen von 7,27a und 7,27b hinzuweisen. Während V27a den heilsgeschichtlichen Vorzug Israels bei grundsätzlich sich daran anschließender Heilszuwendung auch an die Heiden zulässt (vgl. auch z.B. Röm 1,16), formuliert V27b eine grundlegende Ablehnung. Diese seltsam anmutende Zuspitzung macht erst dann Sinn, wenn man beachtet, dass die Heidin sich allein auf diese radikale Ablehung V27b bezieht, diese aber durch die bekenntnishafte Anrede Jesu κύριε (kyrie – Herr) in Richtung auf V27a überwindet.

[18] Diese Grenze kommt in der matthäischen Fassung (Mt 15,21–28) des Berichts Mk 7,24–30 deutlich zum Ausdruck: Der erste Evangelist streicht das πρῶτον (prōton – zunächst) im Bildwort von der Speisung, fügt aber vor allem mit 15,24 eine deutliche

kommt. Unter der Berücksichtigung des Themas »Freiheit und Unfreiheit bzw. Gebundenheit« ist hierzu festzustellen, dass Jesus an dieser Stelle eine Freiheit von traditionellen Festschreibungen, Bewertungen und Grenzen lebt. Er wird verkündigt als derjenige, der sich die Freiheit von Vorstellungen nimmt, wie die Heilszuwendung Gottes auszusehen hat, nämlich als – wenigstens primäre – Zuwendung zu Israel. Diese Bindung überwindet Jesus mit seiner Fahrt über den See Genezareth und lässt sich stattdessen mit der Geisterwelt der Heiden konfrontieren: Auch in dieser Welt ist sein Heilsangebot in Form der Befreiung zu machen.[19] Die hier zutage tretende Freiheit ist auch in anderen Verkündigungszusammenhängen immer wieder anzutreffen. Im Grunde sind es häufig Erwartungsdurchbrechungen, die das verkündigte Handeln Jesu auszeichnen: seine Zuwendung zu den so genannten Sündern oder auch zu sozialen und damit häufig auch religiös Ausgegrenzten. Er ist der, der diese Grenzen überwindet, die nicht allein den Ausgegrenzten binden, sondern die gerade auch denjenigen unfrei machen, der sich diesen Menschen nicht zuwenden zu können meint, da Konventionen, Traditionen, Dogmen etc. ihn in seinen Wünschen einengen. Der in die Dekapolis aufbrechende Jesus ist eine Person der Freiheit. Es ist eine Freiheit, die etwa im Christushymnus des Philipperbriefes (Phil 2,5–11) zum Ausdruck kommt, wenn dort von der Aufgabe des Rechtes der Gottessohnschaft zu Gunsten der Begegnung mit den Menschen gesungen wird.

Es ist der Freie, der hier ans Ostufer fährt, der sich weder von religiösen Konventionen beeinträchtigen, noch von den »Frommen« festhalten lässt, denen, die Recht zu haben meinen und zu wissen, was das Recht ist. Er lässt sich nicht aufhalten von solchen, die ihn möglicherweise gewarnt haben, sowohl vor dem, was ihm dort in der Dekapolis begegnen kann, als auch vor dem, was ihm bei seiner Rückkehr von Bedenkenträgern entgegenkommen mag. Er ist frei von zwar gut eingeführten, gut begründeten aber zugleich ihn selbst begrenzenden und bestimmenden und vor allem andere Menschen ausgrenzenden *Geistern*. Der *Geist der Unfreiheit* hat die Begegnungsverweigerung zum Ergebnis, der *Geist der Freiheit* aber die offene Begegnung.

2.2 Der in sich gefangene Unfreie – Gefangen in einer Legion von Geistern

Und so kommt es zu der Begegnung zwischen Jesus und dem Besessenen. Dort am Ostufer, nach der vermuteten ersten Überlieferung in der Gegend einer der Zentren der Dekapolis und damit einer größeren Ansiedlung von Heiden, dort begegnet Jesus einem Menschen. Dieser Mensch wird beschrieben als der Inbegriff von Unfreiheit. Zusammengefasst kommt diese Beschrei-

---

Abwehr einer möglichen Sendung zu den Heiden hinzu: »Ich bin nur gesandt zu den verlorenen Schafen des Hauses Israel.«

[19] Hier ist erneut auf die Parallelität zu Mk 1,23ff. als Aufruf der Wirksamkeit Jesu in Israel hinzuweisen.

bung in der Feststellung zum Ausdruck, er habe einen »unreinen Geist«. Aber was heißt hier »unreiner Geist«? Der weitere Verlauf konfrontiert Jesus und auch die Leserinnen und Leser mit der schrecklichen Wirklichkeit, dass es sich um eine ganze Legion von Geistern handelt. Zweitausend Schweine werden kurz darauf nicht in der Lage sein, die lebenszerstörerische Kraft dieser Geistervielfalt aufzuhalten.[20] Einige der Geister, die diesen Menschen bestimmen, lassen sich hier exemplarisch beschreiben, um den Horizont der damit thematisierten Unfreiheit zu beschreiben. Dabei erfolgt diese Beschreibung, entsprechend den eingangs gemachten Überlegungen, an dieser Stelle unabhängig von jeglichem klassisch-medizinischen Erklärungsversuch.[21]

Da ist zunächst die Bestimmung des Menschens durch seine in den Augen von Juden gottlose Wirklichkeit. Hierbei ist zunächst nicht von Belang, ob bereits die Beschreibung seines Wohnorts – die Grabeshöhlen – zur polemisch klassischen Beschreibung des Wohnortes für Heiden gehört.[22] Hierzu wird gerne auf die Nähe zu Jes 65,4 verwiesen, wo es heißt: »sie sitzen in Grabkammern und verbringen die Nächte in Höhlen; sie essen das Fleisch von Schweinen und haben Brühe von verdorbenem Fleisch in ihren Töpfen«. Jedoch spricht Jes 65 allgemein nur von Abtrünnigen und Götzendienern und zwar im engeren Sinne von Volksgenossen Israels. Klarer äußert sich hier Jub 22. Dort ergeht in V16 ein Trennungsgebot:

> »Trenne dich [sc. mein Sohn Jakob] von den Völkern und iß nicht mit ihnen und handele nicht nach ihrem Werk und sei nicht ihr Gefährte! Denn ihr Werk ist Unreinheit, und alle ihre Wege sind befleckt und Nichtigkeit und Abscheulichkeit.«[23]

In V17 folgt dann eine Konkretion, an die auch Mk 5 anknüpfen könnte: »Und ihre Opfer pflegen sie den Toten zu schlachten und die Dämonen beten sie an. Und auf ihren Gräbern essen sie.«[24] Doch auch unabhängig von der Frage, ob

---

20 Vgl. hierzu ERNST HAENCHEN, Der Weg Jesu. Eine Erklärung des Markus-Evangeliums und der kanonischen Parallelen, Berlin 1966 (= STö 6), 193: »Wenn in einem Menschen 2000 Dämonen hausen, muß er ja über eine unvorstellbare Energie verfügen.«

21 Vgl. hierzu HEINZ SCHÜRMANN, Das Lukasevangelium. I. Teil: Kap. 1,1–9,50, Freiburg/Basel/Wien 2000 (= HThKNT 3/1), 487, der zur synoptischen Parallele Lk 8,26–39 die so auch für die Markusfassung zutreffende Feststellung macht: »Die Aussageabsicht der Erzählung wird verkannt, wenn hier die Besesenheit als Geisteskrankheit erklärt wird. Sosehr es auch in Bezug auf antike medizinische Diagnose echte Probleme gibt – die Erzählung will unverkennbar Jesu hoheitliche Macht über Dämonen speziell auch in der Heidenwelt demonstrieren.«

22 So, sehr pointiert PESCH, Markus (s. Anm. 11), 286: »Jes 65 schildert die Heiden als solche, die auf Bergen (VV7.11) den Götzen = Dämonen (V3) opfern, in Grabstätten schlafen (V4) und Schweinefleisch essen. Der Besessene verkörpert also heidnisches Unwesen.«

23 Übersetzung nach KLAUS BERGER, Das Buch der Jubiläen, Gütersloh 1981 (= JSHRZ II/3), 437.

24 Zitat ebd.

hier Bezüge zu jüdisch-literarischen Quellen vorliegen, die eine sofortige Indentifikation mit heidnischer Lebensart nahelegen,[25] kann in der Verbindung der heidnischen Ortschaft mit einer entsprechenden Beschreibung des Menschen davon ausgegangen werden, dass Jesus und damit auch den Leserinnen und Lesern nicht allein ein abgefallerner Jude, sondern ein Heide, der überdies durch seine Lebensart als unrein und verderbt gelten muss, entgegen kommt. Dies wird von Markus dann nochmals unterstrichen, wenn er in der Anrede des Geistes an Jesus den Gottestitel »höchster Gott« nachschiebt (V7). Dieser Titel ist typisch für die Prädikation Gottes durch Heiden in jüdischer Tradition.[26] Dieser Mensch ist beschrieben als besessen mit dem für Juden unreinen Geist des Heidentums. Ist er vom nichtjüdischen Geist geprägt, so wird er sich entsprechend verhalten, entsprechend reden, entsprechend glauben. Allein gefangen in diesem Geist ist er für Juden ein Fremder.[27] Ganz unabhängig von einer bewertenden Verwendung des Begriffs »Heidentum« kann gesagt werden: Er ist einer, der gefangen ist in den Geistern seiner Kultur, seines Landes, seiner Religion, seiner Geschichte. Freilich erfolgt die Zuschreibung der Besessenheit durch die in diesem Fall jüdische Deutung seines Daseins. Mit anderen Worten: Die ihn bestimmenden Geister des Heidentums rufen im Normalfall eine Grenze auf, die weder von der Seite des Heiden noch von der Seite der Juden zu überwinden war. Die Unfreiheit, die sich im Kern erneut in der Unfähigkeit zur Begegnung zeigen müsste, betrifft beide Seiten. Die »Geister« einander fremder Lebensstile, religiöser Überzeugungen und wohl auch kultureller Differenzen werden zu »unreinen« Geistern, indem sie Begegnung und Miteinander ausschließen.[28]

---

25 Angesichts der Aussagen von Jes 65 sind hier z.B. Gnilka, Markus (s. Anm. 10), 203, oder auch Dschulnigg, Markus (s. Aanm. 15), 155 deutlich zurückhaltender.

26 Vgl. hierzu Georg Bertram, Art. ὕψιστος, in: ThWNT Bd. VIII, 1969, 613–619, bes. 617: »In der Zeit des Hellenismus aber wird der Titel zum Mittel der weltförmigen, apologetischen und propagandistischen Selbstdarstellung des Judentums, wenn er nicht gar zum Ausdruck des auch auf das Judentum übergreifenden Synkretismus herabsinkt.« Da der Begriff in der hellenistischen Umwelt häufig Prädikat des Zeus ist, bietet er einen guten Übergang von jüdischer zu heidnischer Gottesprädikation. Vgl. auch Apg 16,17, wo das heidnische wahrsagende Mädchen Paulus und seine Mitreisenden als »Knechte des höchsten Gottes« bezeichnet.

27 Vgl. auch den Vorschlag, den Besessenen symbolisch für das Heidentum anzusehen, z.B. bei Pesch, Markus (s. Anm. 11), 286: »Die zerstörerisch-chaotische Macht heidnischen Unwesens wird symbolisch-polemisch dargestellt.«

28 Erwähnt sei an dieser Stelle wenigstens der nachvollziehbare Vorschlag, auch die politischen »Geister« zumindest der Zeit der ersten Leserinnen und Leser und damit das ihnen vertraute Wissen über die Zustände in Palästina in Erinnerung zu rufen. Über die Namensnennung des Geistes »Legion« ist eine Anspielung auf die römische Besatzung des Landes zu vermuten, vgl. hierzu Hermann L. Strack/Paul Billerbeck, Kommentar zum Neuen Testament aus Talmud und Midrasch. Zweiter Band: Das Evangelium nach Markus, Lukas und Johannes und die Apostelgeschichte, München [6]1974, 9, die ausgehend von der rabbinschen Verwendung von »Legion« den Legio-

Aber könnte der Besessene dann nicht seinen heidnischen Mitbürgern ein Mitbürger sein? Auch dieses ist ihm verwehrt, diesmal aber nicht durch die Geister seiner Geschichte, Kultur und Religion, diesmal durch die Geister seiner Krankheit – und zwar ebenfalls wieder ganz unabhängig von einer konkreten medizinisch diagostizierbaren Krankheit. Es sind die, durch die Krankheit ausgelösten Verhaltensformen, die ihn zum Ausgestoßenen, zum Außenseiter machen. Krankheiten, ganz gleich welche es sind, grenzen Menschen aus der normalen Umwelt aus. Kranke funktionieren nicht wie gewohnt. Körperliche wie psychische Belastungen, nicht selten auch in Kombinationen, führen zu Verhalten, die sie von der angeblich normalen Umwelt und deren Lebensgestaltung trennen. Die Krankheit bindet Menschen in ihrer Wirklichkeit und macht sie damit unfrei in Bezug auf das erwartete, »normale« Verhalten. Sie sind manchmal zu nichts zu gebrauchen und dann wieder können sie von einer Klarheit und Wachheit sein, dass sie kaum zu bändigen sind. Dieser Mensch dort vor Jesus war nicht mehr in der Lage in einem normalen menschlichen Umfeld zu leben. So hatte man ihn herausgedrängt an den Rand. Man hatte noch versucht ihn zu bändigen. Aber die Kräfte der Geister, die in ihm waren, ließen sich nicht so einfach bändigen. Ein Unbequemer, ein Unangepasster, eben – ein Besessener. Einer, der daher keinen Platz mehr hatte in seinem Umfeld.[29] Auch in seiner Familie, bei Menschen, die zu ihm gehörten (vgl. die Aussagen von V19) hatte er keinen Platz mehr. Die Geister seiner Krankheit, die ihn trieben, waren dort nicht zu ertragen. Zu viel unbändige Lebenskraft – und zwar eine Lebenskraft, die sich am Ende gegen sich selbst, gegen das eigene Leben richtete. Es sind die inneren Dämonen, die Antreiber, die innewohnenden Kräfte, die es zuerst den Mitmenschen schwer machen, mit den Kranken zu leben, und die dann am Ende den Kranken selbst zerstören. Getrieben von was auch immer wird zuerst soziales Miteinander und dann die eigene Existenz vernichtet. Hier, im Bericht über diesen Menschen, zerschlägt er sich selbst mit Steinen.

---

närssoldaten aufgerufen sehen. Doch auch unabhängig von dieser Überlegung wird man mit Gnilka, Markus (s. Anm. 10), 205 »mehr vermuten dürfen, nämlich eine Anspielung auf die politischen Verhältnisse im Land.« Interessant wird diese Überlegung einerseits durch die Konzessionsbitte der Geister im Lande bleiben zu dürfen, die ja ganz die politische Realität der nicht abziehenden römischen Besatzungsmacht aufgreift, andererseits aber auch durch die dann folgende Zerstörung »der Legion« durch das Ersaufen der Schweine, in welche die Geister eingefahren waren, die im Lande bleiben durften. Die Legio Decima Fretensis, unter Vespasian maßgeblich am jüdischen Krieg beteiligt, hatte als Wappentier das Schwein, so dass die Erzählung die Befreiung vom Ungeist staatlich politischer Unterjochung thematisieren würde: Diejenigen, die unfrei machen, jagt Jesus ins Meer. In dieser letztlichen Vernichtung der »Legion« könnte sich eine Hoffnung zur politischen Veränderung spiegeln.

[29] Vgl. Pesch, Markus (s. Anm. 11), 286: »Ein Todgeweihter lebt unter Toten, von der Kommunikation des Lebens abgeschnitten, entfremdet, verloren.«

Die dem Kranken auferlegte Distanzierung und damit Unfreiheit in Bezug auf die Welt der so genannten Gesunden wird auch an einer anderen Stelle erahnbar. Am Ende des Berichtes wird Jesus gebeten, das Land zu verlassen, nachdem die große Schweineherde sich ins Meer gestürzt hat. Dieser Wunsch ist sicherlich auf der einen Seite begründet in der von dem Exorzismus (in der ursprünglichen Fassung) und seiner spektakulären Wirkung (in der ergänzten Fassung) ausgelösten Furcht bezüglich der Person Jesu.[30] Allerdings bietet die vorliegende Fassung des Berichtes eine Auffälligkeit. Nach dem vollständigen Wortlaut von V16 umfasst die Wahrnehmung der Ortsansässigen nicht allein die Heilung, bzw. Wiederherstellung des ehemals Besessenen, sondern, wie im Vers fast nachklappend nochmals betont wird, auch »das mit den Schweinen«. Diese besondere, nochmalige Erwähnung des Vorfalls mit den Schweinen lässt neben der Furcht vor der göttlichen Macht als Begründung der Bitte um Verlassen der Gegend in V17 auch eine zusätzliche Motivation erkennen: Es ist die Furcht, so etwas wie mit den Schweinen könnte sich wiederholen – und damit ein weiterer wirtschaftlicher Schaden entstehen. [31] Hier wird ein weiterer »Geist« in der Erzählung offenbar, nach dem es besser ist, wenn der Kranke besessen bleibt, bevor dessen Heilung solchen Schaden anrichtet. Es ist ein Geist des »Nichtwertes«. Es ist besser, wenn ein Kranker in den Grabhöhlen lebt und sich wegen seiner inneren Antreiber langsam selbst zerstört, als dass seine Heilung die Schweinemast und Arbeitsplätze kostet. Auch solch ein Geist belastet und trennt von der Gemeinschaft.

Diese kurzen Ausführungen mögen genügen, um »Geister« zu benennen, die diesen Menschen bestimmen und es nachvollziehbar machen, dass er in der Situation, in der er von Jeus vorgefunden wird, als ein von diesen Geistern besessener, bedrängter und eingeengter Mensch beschrieben wird. Er ist geschildert als ein Unfreier. Freilich, alle diese Geister – Tradition, Kultur, Religion, Überzeugungen, eigene Kraft, Antreiber, wirtschaftliche Notwendigkeiten – all dies und mit diesen noch vieles mehr sind nicht automatisch und sozusagen »natürlich« unreine Geister, die immer unfrei machen. Sie haben aber das Potential dazu, einengend und isolierend zu wirken. So können sie sich – geradezu bildlich – um einen Menschen legen und ihn an der offenen,

---

30 Vgl. z.B. Dschulnigg, Markus (s. Anm. 15), 156: »Die Bewohner reagieren zunächst angemessen mit numinoser Scheu vor dem großen Wunder.« Vgl. auch Otto Böcher, Christus Exorcista. Dämonismus und Taufe im Neuen Testament, Stuttgart 1972 (= BWANT 96), 167, der vermutet, dass Jesus den Bewohnerinnen und Bewohnern als ein gefährlicher Magier erschienen sein müsste.

31 Vgl. Dschulnigg, Markus (s. Anm. 15), 156: »Angesichts des großen Schadens mit den Schweinen sind sie [sc. die Bewohnerinnen und Bewohner] nicht in der Lage, die weit größere Wundertat Jesu angemessen zu würdigen.« Noch deutlicher hat Walter Grundmann, Das Evangelium nach Markus, Berlin [10]1989 (= THKNT II), 146 diese Gedanken aufgegriffen und vertieft: »Mehr als an dem geheilten Kranken mit seinem neuen Leben liegt ihnen an ihrer verlorenen Herde. Der Verlust ist größer als der Gewinn des verlornen und neugewonenen Gliedes ihrer Gemeinschaft.«

zugewandten, erwartenden, ergänzenden und insofern freien Begegnung mit anderen Menschen hindern. Erst durch eine Isolierung, die selbst gewählt, vom Umfeld aufgezwungen oder aber durch das nicht mehr kontrollierte Ausleben des »Geistes« entstanden sein kann, werden die Geister dann lebensfeindlich, lebenszerstörend, unfrei-machend und damit »unrein« und »dämonisch«. In diesem Moment ist der Mensch mit seiner Prägung, seinem Glauben und seiner Lebenskraft für sich, die Seinen und Teile seiner Umgebung eine Bedrohung. Er zerstört sich selbst und andere und wer weiß, was geschieht und was es kosten würde, wenn er geheilt würde. Dinge, Überzeugungen, Ideen, die ihn bestimmen, sind zu Geistern geworden, die das Leben langsam aber sicher vernichten und Verzweiflung schüren. Sie schnüren das Leben ein und lassen nur noch verzweifeltes Geschrei und hilflose Autoaggression zurück.

2.3 Die Unfreiheit des Besessenen zur Begegnung mit Jesus und die Freiheit Jesu zur Begegnung mit den Dämonen

Die Begegnung dieses Menschen mit Jesus ist an Dramatik kaum zu übertreffen, zeigt sie doch in besonderer Weise nochmals die Momente von Freiheit und Unfreiheit. Der Mensch sieht Jesus, läuft auf ihn zu und wirft sich vor ihm nieder. Dann aber erfolgt keine Bitte um Heilung und Befreiung. Vielmehr redet ab jetzt auch nicht mehr der Mensch, sondern bis hin zum Tod der Schweine nur noch der ihn bedrängende Geist. Der Mensch scheint in dieser Begenung zum Sprachrohr des Geistes zu verkommen. Der aber geht auf Konfrontation. »Was habe ich mit dir zu tun, Jesus, Sohn Gottes des Höchsten? Ich beschwöre dich bei Gott, quäle mich nicht« (Mk 5,7). Die Unfreiheit sucht die Freiheit – und wenn sie sie gefunden hat, wehrt sie sie ab. Es ist quasi der Gipfel der Unfreiheit und Gebundenheit: Der Mensch muss zu Jesus und vor ihm liegend muss der ihn bestimmende Geist genau den ablehnen, auf den er gerade noch zugelaufen ist. Diese unüberbietbare Diskrepanz der Reaktionen spiegelt sich in der Ambivalenz aus den abwehrenden Worten einerseits und dem Kniefall vor Jesus andererseits.[32] Der Mensch sucht die Befreiung, der ihn beherrschende Geist fürchtet sie. In dieser Zerrissenheit mag sich die Getriebenheit in ihrer vielleicht stärksten negativen, lebensverneinenden Weise zeigen: Um das Leben zu wissen, zu ihm hingerissen zu sein – und es zugleich zu fürchten, so dass man es von sich weisen muss. Die Unfreiheit sucht die Freiheit und fürchtet sie doch. Mit dem Auftauchen Jesu ist eine Wirklichkeit von Befreiung, von Freiheit eingekehrt an diesem Ort. Eine Wirklichkeit, die in sich selbst wirksam ist und die die Unfreiheit überhaupt erst als solche entlarvt. Wenn der Evangelist in V8 die Information nachschiebt »Jesus hatte nämlich zu ihm gesagt: Verlass diesen Menschen, du unreiner Geist«, so versucht er nur etwas anschaulich zu erklären, was als Wirklichkeit längst da ist.

---

[32] Vgl. GRUNDMANN, Markus (s. Anm. 31), 143: »Der Kranke kann sich der Huldigung vor Jesus nicht entziehen und sucht sich zugleich seiner zu entledigen.«

In der Gegenwart Jesu müssen sich die lebensbeengenden Geister zeigen und sie wissen, dass sie gehen werden müssen. In der Gegenwart von Menschen der Freiheit fühlen sich Unfreie unwohl. Sie fühlen sich eingeholt in ihrer Sehnsucht und doch zugleich zu etwas herausgefordert, was beängstigt. Grabhöhlen mögen zwar dunkel und eng sein, aber da weiß man, was man hat. Die Weite der Auferstehungskraft in die Freiheit hinein mag da blenden und erschrecken.

Wie sehr diese Geister der Unfreiheit den Freien erkennen, zeigt sich darin, dass sie ihn beim Namen nennen können und ihm auch den Titel beilegen, mit dem im Markusevangelium bis zum Kreuz kein Mensch Jesus benennen kann: »Jesus, Sohn Gottes!« In der Tradition der Geisterbeschwörungen und Exorzismen ist dieses Wissen um den Namen des zu beschwörendn Geistes ein wesentliches Moment: Um Macht über sie zu haben, müssen Geister benannt werden. Der Geist des Menschen zeigt hier sein übernatürliches Wissen und will dieses gegen Jesus gebrauchen. Um nichts anderes geht es hier, als dass der Geist des Menschen versucht, Jesus zu bannen und zu vertreiben.[33] Ein Vorgang höchster Absurdität, der im Letzten aber allein die verzweifelte Lage des Besessenen bezeichnet: Im Namen Gottes beschwört er den Sohn eben dieses Gottes, an ihm nicht das zu tun, was Gottes Sache wäre!

Die anschließende Frage Jesu nach dem Namen des Geistes mag überraschen, könnte sie doch Zeichen eines Nichtwissens und damit einer Unterlegenheit Jesu sein, was aber der unmitelbar zuvor geschilderten Hoheitsanerkennung durch den Dämon widersprechen würde. Die Mehrzahl der Kommentare verweist hier zunächst auch ganz sachgemäß darauf, dass diese Aufforderung durchaus als ein Machtakt Jesu zu deuten wäre, der die Namensnennung erzwinge. Gleichzeitig aber ist dann das sich anschließende Gespräch mit einer zweifachen Konzession (kein Vertreiben aus der Gegend, Flucht in die Schweine) von Jesus an den Dämon zu beachten, ein im Vergleich mit anderen Austreibungsgeschichten wenigstens auffälliges Merkmal, das auch für eine andere Überlegung öffnen könnte, die den klassischen Deutungsrahmen etwas ergänzt.

Grundmann hat in einer Nebenbemerkung zu dieser Stelle angemerkt: »Mit der Namenspreisgabe wird dem Kranken der erste Schritt auf dem Wege eröffnet, sich selbst, der sich verloren hatte, wiederzugewinnen«.[34] Diesen Gedanken aufgreifend und weiterführend kann diese Nachfrage im Zusammenhang des Wechselgesprächs geradezu »therapeutisch« verstanden werden:

---

[33] Vgl. Pesch, Markus (s. Anm. 11), 287: »Der Besessene schleudert dem Exorzisten eine Abwehrformel entgegen [...] und versucht, mit seinem Wissen um Jesu Namen und Würde Macht über ihn zu gewinnen. [...] Der Besessene versucht, Jesus zu beschwören; er gebraucht eine (in Zauberpapyri belegte) gebräuchliche Beschwörungsformel, die hier freilich parodiert erscheint; denn die Beschwörung, Jesus möge den Dämon nicht quälen [...], enthält ja die Anerkennung der Macht Jesu.«

[34] Grundmann, Markus (s. Anm. 31), 144.

Es ist die Aufforderung an den Geist des Menschen, sich seiner selbst zu vergewissern, sich seiner eigenen Gebundenheit klar zu werden, diese Bindungen zu nennen und ihnen einen Namen zu geben. Geister, die binden, müssen benannt werden. Hier aber ereignet sich etwas Besonderes: Jesus fordert den Geist auf, sich selbst zu benennen. Er gibt ihm die Freiheit dazu.[35] Er bindet nicht den Gebundenen, er gibt ihm die Freiheit, sich seiner Bindung selbst bewusst zu werden. Und noch mehr: Jesus scheint sich dem unreinen Geist in gleich mehrfacher Weise geradezu zuzuwenden: Er darf sich selbst erkennen und benennen, er darf um etwas bitten und die Bitten werden ihm sogar gewährt. Jesus wendet sich diesem Geist achtend zu, er gibt ihm Raum, er lässt sich auf eine Begegnung mit ihm ein. Die ganz sachgemäß aufgerufene Macht Jesu in dieser Situation wird nicht demütigend, entlarvend und bestimmend eingesetzt, sondern bietet selbst dem Feind und Lebensvernichter Raum, sich seiner selbst und seiner Bedürfnisse bewusst zu werden.

Dies steht in einem wirklich seltsamen Gegensatz zu der Szene, die durch die Schilderung des Menschen und der kollektiven Vernichtung der Schweine zunächst so martialisch und kämpferisch anmutet. Aber Freiheit wird hier nicht erkämpft, errungen, oder in geisterbeschwörerischer, magischer Art erzwungen. Sie wird gewährt und Jesus begleitet Schritt für Schritt in sie hinein. Zuerst kommt er in die Wirklichkeit der Unfreiheit, dann hält er die Ablehnung, die abwehrende Beschwörung aus, danach gibt er auffordernd Raum zum Erkennen der bindenden Kräfte und schließlich hilft er den dämonisch wirkenden Geistern, diesen Mächten der Unfreiheit dabei, indem er ihnen das von ihnen selbst gewünschte Asyl ermöglicht. Der Befreiende ist nicht zuerst der machtvolle, gewaltige Exorzist. Es ist der sich in aller seiner Macht geradezu dem Feind Zuwendende. Die Begegnung Jesu mit diesem besessenen Menschen und seinen Dämonen ist damit bei aller Dramatik und aller Intensität still, ernsthaft, freundlich. Freiheit zwingt nicht, sie würde sonst nicht frei machen. Dass das Ganze für die Schweine und deren Hirten und Besitzer nicht gut ausgeht, liegt daran, dass auch ein freundlicher Umgang die lebensverneinende Potenz und das Zerstörerische von Bindung und Unfreiheit nie fassen und halten kann. Hier lässt der Bericht keinen Zweifel. Gerade aber dieses Ende der Legion von Geistern unterstreicht die auffallende Hinwendung der zuvor geschilderten besonderen Umgangsform Jesu.

---

[35] Vgl. WOLFGANG KLAIBER, Das Markusevangelium, Neukirchen-Vluyn 2010, 107: »Jesus nimmt die Stimmen, die aus dem besessenen Menschen herausdringen, ernst und überwindet so ihre Macht über ihr Opfer.«

3. FREIHEIT ALS GRUNDLAGE VON BEGEGNUNG UND BEZIEHUNG

Doch dies ist ja nur die eine Seite des Ausgangs. Die andere ist die nun erfolgende zweite Begegnung Jesu mit dem Menschen selbst. War die erste von Zerrissenheit und dem Aufeinanderprallen von Freiem und Unfreien geprägt, so ist die zweite Begegnung ein Bild des Miteinanders zweier, die frei sind. Der Mensch sitzt bei Jesus, er ist ordentlich bekleidet und bei Verstand.[36] Und nun ist im Bericht auch wieder von ihm als Gegenüber Jesu die Rede, während nach VV2.6 die Geister als Gegenspieler Jesu auftraten. Diese Befreiung von den lebenseinengenden Geistern befreit den Menschen zum Menschsein.[37] Hier überhaupt erst kommt der Mensch in dem zum Ausdruck und zum Vorschein, was er ist und sucht: die Begegnung. Wie die beiden in V15 zusammensitzen, das hat im Vergleich zu der vorher geschilderten Szene – Kampf zwischen Jesus und dem Geist, Massenhafter Tod der Schweine, Aufregung der Ortsbewohner – etwas sehr Besonderes und Herausgehobenes. Plötzlich ist er da: der Mensch, der bisher verborgen war hinter dem Getriebensein von den Dämonen und Geistern, die ihn bestimmten – was V15 nochmals betont. Hier ist er als der, der er sein soll: als Mensch, der befähigt ist, ein Gegenüber zu sein, der befähigt ist zur Existenz im Miteinander. Der wesentliche hier in diesem Bericht aufgerufene Gegensatz zur Besessenheit und zur Unfreiheit ist nicht die eine wie auch immer angelegte und ausgelebte Selbstbestimmtheit, sondern die Freiheit zu Begegnung und Miteinander. Es ist eine Freiheit, in der die Grenze des Eigenen überwunden und ihre Potenz und Schöpferkraft gerade in die Begegnung mit dem Gegenüber eingebracht werden kann.

Befreiung ermöglicht die Begegnung eigentlich Fremder: Sohn Gottes und Mensch, Jude und Heide. Im Normalfall würde nichts dafürsprechen, dass diese beiden Gegenüber jeweils etwas miteinander zu tun hätten. Freiheit aber überwindet die Bindungen in sich selbst, sie öffnet zu sich selbst und öffnet damit auch zum Nächsten hin. Die gerade noch ausgelebte Ablehnung Jesu durch den gebundenen Menschen hat sich in Offenheit und Begegnung verwandelt.

Kein Wunder, dass die herbeigeeilten Leute aus den Dörfern sich erschrecken und sich fürchten. Wo Menschen frei werden, werden gewohnte Ordnungen außer Kraft gesetzt: Kranke haben krank zu sein, Besessene besessen,

---

36 Ganz richtig macht GNILKA, Markus (s. Anm. 10), 206 auf den hier aufgerufenen Gegensatz zwischen den Ortsbewohnern und Hirten auf der einen und dem Geheilten auf der anderen Seite aufmerksam: »Zurecht besteht die Vermutung, daß die sehenden Zeugen die Bedeutsamkeit des Wunders zu sehen, nicht imstande waren. Die Reaktion des Geheilten hebt sich hiervon positiv ab. Er, der bisher wie ein Tier leben mußte, ist der Verstehende.«

37 Vgl. GRUNDMANN, Markus (s. Anm. 31), 146: »[Jesus] ist der Retter, der den zerstörten und verlorenen Menschen neu gestaltet hat zu einem Menschen, wie ihn der Schöpfer gewollt hat, als er ihn ins Dasein rief.«

Heiden heidnisch, Juden jüdisch, Gott göttlich und im Himmel und der Mensch hat seine Last zu tragen. Schweine gehören auf die Wiese, Gläubige haben den Kontakt zu ihnen zu meiden, Ökonomie hat ihre eigenen Gesetze. Befreiung bringt all dies durcheinander, sie irritiert zunächst und die Zeugen der Heilung des Besessenen können damit nicht umgehen. Daraus resultiert ihr Wunsch, Jesus möge das Gebiet verlassen (V17).[38] Mit ihm wollen sie nichts zu tun haben, so wie kurz zuvor der unreine Geist des Menschen Jesus beschwor, ihn in Ruhe zu lassen. Dieser Geist der Ablehnung und Furcht lebt in ihnen neu auf und weiter, er bindet sie an ihre Vorstellungen und behindert eine wirkliche Begegnung mit Jesus.

4. Freiheit zum eigenen Verstehen und zur eigenen Gestaltung

Wahrscheinlich die Redaktion des Evangelisten (s.o.) fügt nun einen Schluss an diese Erzählung an, die mit der Schilderung des Miteinanders von Jesus und dem Geheilten sowie der Aufbruchsszene in V18a eigentlich beendet ist. Dieser Schluss ist missionstheologisch gestaltet und zielt auf eine christologische Zuspitzung. Sie beginnt mit der Bitte des Geheilten, mit Jesus gehen zu dürfen. Aus demjenigen, der „nur den Dämonen seinen Mund lieh“[39] will ein Jünger Jesu werden. Den Aufbruch, den Jesus zu ihm, dem Heiden, vollzog, will der Geheilte nun mit Jesus zu den Juden hin vollziehen. Inwiefern in dieser Bitte auch die nüchterne Einschätzung mitschwingt, dass er es bei seinen ehemaligen Mitbewohnern schwer haben würde, kann nur vermutet werden.[40] Doch wird ihm die Erfüllung dieser Bitte verwehrt. Jesus bindet den Befreiten nicht in seine Personalgemeinschaft ein.[41] Er läßt ihn im Gegenteil inmitten seines ursprünglichen Lebensumfeldes zurück. Er lässt ihn damit verortet in den Wurzeln seines ehemaligen heidnischen Kontextes: Zu seiner Familie soll er zurück und dort alles berichten, was der Herr, was Gott, an ihm getan hat (V19).

Dieser Abwehr Jesu beugt sich der Mensch. Aber in allen drei Konkretionen der Aussage Jesu geht er in seiner Lebensgestaltung zugleich über diese hinaus. Fordert Jesus den Befreiten auf, in sein Haus zurückzukehren und den Seinen zu verkündigen, so macht sich der Mensch auf und geht in die Dekapo-

---

38 Apg 16,19f. und 19,27ff. reflektieren ähnliche Schwierigkeiten, die sich durch missionarische Wirkungen im wirtschaftlichen bzw. sozialen Gefüge einstellen und zu Ablehnung der Verkündiger führen.

39 Pesch, Markus (s. Anm. 11), 293.

40 Vgl. Gnilka, Markus (s. Anm. 10), 206: »Er muß fürchten, daß die Bevölkerung nicht bereit sein wird, ihn zu integrieren.«

41 Vgl. als deutlich anders akzentuierte Handlung die Berufung der zwölf Jünger in Mk 3,14.

lis, um dort zu berichten (V20).[42] Dass der Evangelist hier das Verb für die Tätigkeit des befreiten Menschen vom Auftrag Jesu in V19 zur Umsetzung durch ihn in V20 von ἀπαγγέλλω (apangéllō – melden, berichten) zu κηρύσσω (kēryssō – verkündigen, predigen) ändert, signalisiert die zweite Aufgabenüberschreitung, die ihrerseits mit der dritten zusamenhängt: Soll der Geheilte nämlich nach V19 *berichten*, was Gott getan habe, so *verkündigt* er, was Jesus ihm getan hat. Aus einem *Bericht* über die Taten Gottes[43] wird eine *Verkündigung Jesu*, das Tun Gottes wird christologisch interpretiert und damit wird aus dem Sprachrohr der Dämonen nun tatsächlich ein Jünger Jesu, der in den Auftrag der Verkündigung des in Jesus geschehenen Heils einsteigt.[44] Dies allerdings – beachtet man die redaktionell ja wohl bewusst gewollte Veränderung und Überbietung von V19 zu V20 – geschieht in ganz eigener Interpretation und Initative des Befreiten. Der befreite Mensch wird zum Verkündiger des Evangeliums von Jesus Christus im heidnischen Gebiet der Dekapolis.[45]

Der Mensch findet aus seinem eigenen Verstehen seinen eigenen Umgang mit dem Erlebten. Er ist nicht gebunden an den Wortlaut des Auftrags Jesu, sondern er ist frei, im Geist des Auftrags diesen selber zu entwickeln und durchzuführen – und geht dabei er auch über das hinaus, was ihm gesagt war. Es gibt vielleicht kein intensiveres Gegenbild zu der Dumpfheit der Gefangenheit in den Grabhöhlen, als den Menschen, der frei seine Erfahrungen entwickelt und der hierbei die Weite jenseits jeglicher Bindung spürt und lebt. Befreiung durch das Evangelium und in das Evangelium Gottes hinein ist eine Befreiung in einen weiten, offenen Lebensraum, der entsprechend den einzelnen Lebensumständen entwickelt werden kann und soll.

---

42 Der hier deutliche Unterschied zwischen dem Auftrag Jesu und der Umsetzung wird noch schärfer sichtbar, wenn man mit Gnilka, Markus (s. Anm. 10), 206f. annimmt, dass mit dem Befehl, das Geschehen nur den eigenen Anghörigen zu melden, dieser »zu einer besonderen Form des Schweigebefehls« werde, der dann durch dessen Verkündigung in der Dekapolis natürlich aufs Deutlichste gebrochen würde. Vgl. auch Klaiber, Markus (s. Anm. 35) 108: »Damit deutet sich eine neue Form der Nachfolge an, die nicht mehr darin besteht, alles zu verlassen und hinter Jesus herzugehen, sondern im eigenen angestammten Umland das weiterzugeben, was Gott im eigenen Leben bewirkt hat, und sein Erbarmen zu rühmen.«

43 Zu ἀπαγγέλλω (apangéllō – melden, berichten) als Verb des einfachen Berichtens (vgl. auch V14) im Unterschied zu einem Missionsbegriff vgl. z.B. Mk 6,30.

44 Vgl. die sonstige Verwendung von κηρύσσω (kēryssō – verkündigen, predigen) als Begriff der Verkündigung des Evangeliums bei Markus in 1,4.7.14.38f.45; 3,14; 6,12; 7,36; 13,10; 14,9; 16,8 [16,15.20].

45 Mit dem Terminus Dekapolis ist an dieser Stelle nochmals die eigene, politisch und religiös von Israel unterschiedene und getrennte Landschaft östlich des Jordans aufgerufen und hiermit eine Ausweitung der Verkündigung Jesu im heidnischen Gebiet. Vgl. Pesch, Markus (s. Anm. 11), 294: »Wie die erste Austreibungsgeschichte zur Ausbreitung des Rufs Jesu in Galiläa (1,28), so führt diese zur Mission in der Dekapolis.«

5. ABSCHLUSS

Mk 5,1–20 kann nach diesen Überlegungen in dreierlei Weise als exegetisch-theologischer Beitrag zum Gespräch über Freiheit und Unfreiheit des Menschen dargestellt werden.

Der erste Aspekt ist in dem Bild vom Menschen zu finden, der von vielen Geistern auf individueller, geistesgeschichtlicher und sozialer Ebene gebunden ist. Diese Beschreibung erfährt zudem dadurch eine deutlich negative Verstärkung, da diese Bindungen zur Ablehnung einer Begegnung mit dem Freien, mit Jesus führen, der sich zur Begegnung mit dem Gebundenen aufgemacht hatte.

Diesem Bild des in sich ganz gefangenen und eingeengten Menschen begegnet dann das zweite Bild, in dem sich die beiden Freien gegenübersitzen, der Befreite und der Befreiende. Die Erfahrung der Freiheit von den bestimmenden Geistern ist hier nicht zuerst das Moment des freien Willens, sondern die *Befähigung zur Begegnung*, die so zur lebendigen Gestalt des Evangeliums wird. Die Freiheit ist damit getragen in einem Raum der zuwendenden Gegenwart Gottes.

Eben dieser Raum des Gottesbezugs führt sodann zur dritten Beobachtung: Der Befreite gestaltet in eigener Verantwortung und mit eigenen Möglichkeiten sein Leben und seine Erfahrungen nun selbst. Befreiung in der Begegnung mit Jesus führt nicht in eine neue Knechtschaft hinein, sondern führt von der Befreiung von lebensverneinenden, weil einengenden und Gemeinschaft verhindernden »Geistern« in einen Raum neu geschaffener Geschöpflichkeit, die sich in der Fähigkeit zu positiv und vernünftig gestalteter Begegnung und Beziehung und einer daraus folgenden selbstverantworteten Lebensgestalt zeigt. Befreiung ist nicht allein Befreiung zu einem freien Willen, sondern viel umfassender Befreiung[46] zum, in Begegnung, Austausch und Miteinander gegenüber Gott und den Menschen, zur Vollendung gelangenden Menschsein.

---

[46] Vgl. KLAIBER, Markus (s. Anm. 35), 109: »der Besessene findet zu sich und in die menschliche Gesellschaft.«

Spiritualität

Drei Dinge

Drei Dinge sind im Leben wichtig:

Beten, Denken und Tanzen.

Zum Ende des Lebens muss zuerst der Tanz aufhören,
der Körper, der müde, fordert sein Recht.

Dann hört das Denken auf,
denn die Welt ist zu groß geworden, sie zu fassen.

Schließlich verstummt das Gebet,
weil das Staunen die Worte beendet.

Und dann,

dann wird der, zu dem man gebetet hat, einen tragen.

Er wird die Welt zum Verstehen bringen.

Und er wird mich tanzen lassen vor ihm.

Predigt über Joh 1,35–39a

Predigt zur Eröffnung des Wintersemesters 2010/11 an der Theologischen Hochschule Elstal[1]

»35 Am Tag darauf stand Johannes wieder dort, und zwei seiner Jünger standen bei ihm. 36 Als Jesus vorüberging, richtete Johannes seinen Blick auf ihn und sagte: Seht, das Lamm Gottes! 37 Die beiden Jünger hörten, was er sagte, und folgten Jesus. 38 Jesus aber wandte sich um, und als er sah, daß sie ihm folgten, fragte er sie: Was wollt ihr? Sie sagten zu ihm: Rabbi – das heißt übersetzt: Meister –, wo wohnst du? 39 Er antwortete: Kommt und seht! «

»Kommt und seht« – das ist das erste, wozu Jesus im Bericht des Johannesevangeliums einlädt. Eine Einladung zum Schauen. Eine Einladung zur Begegnung. Eine Einladung zum Miteinander. »Wo wohnst Du?«, so hatten sie ihn gefragt, nicht: »Wer bist Du?«. Nicht: »Was hast du uns zu sagen?«. Nicht: »Was können wir von dir lernen?«. Nicht: »Könntest du uns mal schnell die Wahrheit über die Erschaffung der Erde, das Heil, den Himmel, den Weltfrieden und den ganzen Rest sagen?«. Auch nicht: »Johannes hat dich Lamm Gottes genannt. Sag uns doch was das bedeutet?«. Stattdessen: »Wo wohnst du?« Wo ist dein Zuhause? Wo kommst du her? Was ist dein Lebensraum? Wo ist der Ort, wo du bist und sein wirst?«. Es ist eine zur damaligen Zeit ganz normale, alltägliche Frage zum Kennenlernen.

Die Antwort ist ebenfalls ganz normal: eine Einladung zur Begegnung, zum Schauen. Kein Dozieren, kein Referieren, an das sich Diskussion und Streitgespräch anschließen. All dies erfolgt in diesem Evangelium auch – aber erst viel später und immer aus besonderen Gründen heraus. Hier, ganz am Beginn, geht es um die Frage nach der Begegnung mit dem Lamm Gottes. Und sie wird beantwortet mit der Einladung zum Schauen.

Dieser erste Satz, den Jesus im Johannesevangelium sagt, ist dabei wahrscheinlich Programm und mit sehr viel Bedacht an dieser exponierten, hervorgehobenen Stelle überliefert. Das Sehen und Schauen hat in diesem Evangelium eine besondere Bedeutung. Auch die ersten Jünger nehmen diese Aufforderung zum Schauen Jesu auf, wenn sie dem frommen Theologen Nathanael auf dessen skeptische Frage, was denn aus Nazareth Gutes kom-

---

[1] Die Theologische Hochschule Elstal – bis zum 31.03.2015 Theologisches Seminar Elstal (Fachhochschule) – ist die Ausbildungsstätte für Pastorinnen und Pastoren sowie Diakonninen und Diakone im Bund Evangelisch-Freikirchlicher Gemeinden in Deutschland K.d.ö.R.

men könne, antworten »Kommt und seht!«. Glaube und Schauen gehen eine besondere Verbindung ein: wer glaubt, der sieht die Herrlichkeit, so wie Jesus es Maria bei der Auferweckung des Lazarus sagt, ja: Das Schauen Jesu wird zur Grundlage des Glaubens überhaupt, denn das Zeugnis der Gemeinde, das zum Glauben einlädt, gründet auf dem Schauen Jesu. Dieses Zeugnis der glaubenden Gemeinde findet sich zusammenfassend in Joh 1,14 »und wir haben seine Herrlichkeit gesehen« und ebenso in Joh 3,11 »was wir gesehen haben, das bezeugen wir«. Und nur weil es dieses Zeugnis gibt, kann dann der Auferstandene zu Thomas sagen: »Selig sind, die nicht sehen und doch glauben« (Joh 20,29). Das Zeugnis aber gründet auf dem Schauen und Betrachten, wie es auch am Beginn des 1. Johannesbriefes heißt: »was wir mit unseren Augen gesehen, was wir geschaut und was unsere Hände angefaßt haben, das verkünden wir« (1Joh 1,1).

Das Schauen ist ein besonderer Zugang zu Jesus und zum Christus. Nach Ansicht dieses Evangeliums ist es zunächst sogar der einzig angemessene Zugang. Zunächst, es gibt dann noch einen weiteren Umgang, aber zunächst wird dem Geheimnis Gottes nicht die Erklärung, die Erkenntnis suchende, wortreiche und Wörter schaffende Erklärung gerecht, sondern: das Schauen. Warum das so ist? Nun vielleicht deshalb, weil im Schauen Seele und Geist aufgefordert werden, über das hinauszugehen, was bisher bekannt ist. Manche mögen dies kennen, wenn sie sich an Bilder erinnern, die ihr Leben geprägt haben – zum Guten wie zum Erschrecken. Und der Volksmund stellt lapidar fest: Ein Bild sagt mehr als 1000 Worte. Kommt und seht. Nehmt meine Wirklichkeit wahr, erfahrt sie.

Nun, ich male hier kein Bild sondern rede hier und deshalb muss unser wort- und begrifforientierter Geist sofort fragen: »Ja, was sehen sie denn?«. Offensichtlich nichts, was der Evangelist in Worte fassen und überliefern möchte. Die meisten Kommentatoren sind sich seit altersher einig, es sei nichts Spektakuläres gewesen – aber wohl genau darin lag das Spektakuläre. Sie haben geschaut, dass das Lamm Gottes mitten unter ihnen war, ihnen zugewandt, sie einladend, für sie da und erreichbar, beschaubar. Sie haben damit geschaut, dass hier etwas zusammen kommt, was eigentlich nicht zusammen passt. Himmel und Erde, Gott und Mensch. Wenn aber dieses sonst Getrennte zusammen zu schauen war, dann doch ebenfalls anderes, was sonst nicht zusammen geht: Freude und Leiden, Schuld und Vergebung, Trennung und Versöhnung, Leben und Tod sind plötzlich miteinander verbunden in Einem – ›Einem‹ groß geschrieben, denn dieser Eine ist Jesus. In ihm wird das Wort Fleisch, nimmt das Geheimnis Gottes Gestalt an. Und so schaut der Glaube mit und in Christus das Geheimnis Gottes. Dieses Geheimnis, das darin besteht, zusammenzufügen und zu versöhnen, was eigentlich grundsätzlich und nach allen frommen und weltlichen Maßstäben nicht zusammen geht: Neues Leben für den zu Richtenden, Vergebung für den Schuldigen, Gerechtigkeit für den Sünder, Freiheit für die Geknechteten. Der Glaube, der dieses Geheimnis Gottes geschaut hat, der atmet die Freiheit des Evangeliums, des

Evangeliums, das versöhnt statt trennt, das aufrichtet, statt zu be- und dann zu verurteilen, das in die Weite des Himmels, statt in die Enge frömmelnder Ordnungen führt. Der Glaube, der dieses Geheimnis Gottes geschaut hat, schaut inmitten des Leides die Nähe Gottes, inmitten der Verzweiflung die haltende Hand Gottes, inmitten der Krankheit die Umarmung und Tröstung und inmitten des Sterbens die Auferstehung. Der Glaube, der dieses Geheimnis Gottes schaut, sieht durch den Zorn im Gesicht des Nächsten dessen Verzweiflung, durch das Gesicht der Sachlichkeit die Hilflosigkeit, durch das Gesicht des versteinerten Dogmatismus die Angst, durch das Gesicht der moralischen Überheblichkeit die Flucht vor der eigenen Schuld – und er schaut hinter all dem die ausgebreiteten Arme des Gekreuzigten, der all dieses umschließen will, um es durch seine Auferstehung zum Leben zu bringen. Der Glaube, der dieses Geheimnis Gottes schaut, kennt keine Ausgrenzung, keine Besserwisserei, keine Furcht vor dem Fremden. Komm und sieh – das ist die Einladung zu einer Begegnung des Schauens; eines Schauens, das inmitten einer auf Trennung, Unterscheidung und Bewertung beruhenden Welt die Wirklichkeit der Versöhnung Gottes sieht. Diese Jünger haben dort wo Jesus wohnt gesehen, dass das Unglaubliche geschieht: Der Himmel berührt die Erde. Se haben damit in Jesus von Nazareth den Ausgangspunkt und Grund des Glaubens an alle Überwindung der üblichen Trennung geschaut. Komm und sieh es auch! Das Gebet hilft unserem Blick zu diesem Schauen zu kommen: Durch die Worte der Heiligen Schrift ermutigt, hinter den Vordergründigkeiten der Kirche ihr Geheimnis zu sehen, im Abendmahl die Überwindung der Trennung von mir und Gott zu erblicken. Das Gebet, die Stille, die Meditation, diese wesentlichen Elemente einer persönlichen Frömmigkeit, einer Praxis pietatis, üben uns im Schauen der Herrlichkeit Gottes.

Nun mag es vielleicht etwas irritieren, dieses Gotteswort über eine Semestereröffnungspredigt für uns Theologiestudierende und -lehrende zu stellen. Denn dieser im Johannesevangelium so stark gemachte Gedanke des Zusammenhangs von Schauen und Glauben hat mit einem Studium der Theologie – zunächst einmal – wenig zu tun. Die Wissenschaft der Theologie weiß sich zunächst anderen Aufgaben verpflichtet. Sie soll ja, um nur eine mögliche Aufgabe aufzurufen, dazu helfen, den Glauben so zu beschreiben, dass er für die jeweils gegenwärtige Welt Anstoß, Kritik, Hilfe und Einladung wird. Hierdurch wird sie zur Brücke zwischen Welt und glaubender Gemeinde, die beiden im besten Fall ein kommunikatives Miteinander ermöglicht. Sie will damit eine Beschreibung des Glaubens leisten, nicht aber das Schauen des Geheimnisses. Für diese Beschreibung des Glaubens ist das gesprochene und geschriebene Wort das Mittel und das Denken die Methode der Theologie. Denken aber heißt in der europäischen Tradition seit Platon, Aristoteles und dann Plotin: Unterscheiden. Sicher: auch die Wissenschaft kennt ein Schauen – aber dort ist es das sezierende Schauen durch das Mikroskop – in der Geisteswissenschaft etwa das Mikroskop eines Buches, das sich mit einem kleinen oder kleinsten Detailproblem auseinandersetzt. Solches Schauen hat das Ziel, zum erklärenden Reden einer gemeinsam erarbeiteten Erkenntnis zu führen. Nicht umsonst sind die erklärenden Wörter, zusammengefügt in Büchern, das zentrale Erzeugnis von solcher Art von Wissenschaft. Und: Dies ist auch gut so. Denn im Denken und im Wort haben Menschen untereinander die Mittel zu einer Kommunikation, die auf gegenseitiger Wertachtung beruht und auf diese abzielt.

Solche Theologie, die sich als Wissenschaft versteht, muss sich daher der Mittel und Methoden bedienen, die in dem gegenwärtigen Denken, den gegenwärtigen Wissenschaften gang und gäbe sind. Wer fordert, dass das Evangelium in der Welt gehört wird und dass hierzu die Sprachen der angesprochenen Menschen verwendet werden, der darf von der Theologie nicht verlangen, ausgerechnet diese müsse in der Vorstellungswelt des 17. Jahrhunderts oder noch besser der Zeit Jesu verbleiben. Frommes Kanaanäisch in Wort und Vorstellung gehört weder auf die Kanzel noch in den Lehrsaal und darf auch nicht der Maßstab theologischer Arbeit sein. Gleichzeitig werden sich die Theologinnen und Theologen bewusst sein, dass all ihr Reden und Schreiben allein der *Beschreibung* des Glaubens dient. Theologie ist dem Glauben immer hinterher. Sie ist nie selbst Gegenstand des Glaubens, sondern vielmehr immer Gegenstand der Diskussion und Entwicklung. Theologie lebt von der unterscheidenden und damit immer im Diskurs stehenden, differenten Beschreibung des Glaubens. Sie will, sie muss immer genauer differenzieren, ausformulieren und zur Sprache bringen. Wer der Theologie dies verbieten will, wer meint sie einengen zu müssen, gar ihr manche Methoden verbieten zu wollen, oder andere aufzwingen zu müssen, der macht Theologie und noch schlimmer ihre Methoden zu Glaubensgegenständen. Theologie ruht auf dem Glauben, aber sie ist nie selber Glaubensgegenstand; sie ruht auf dem Schauen des Geheimnisses, das sie allein beschreiben will und kann. Die in manchen Kreisen geschürte Angst vor der Theologie – wonach Theologie oder manche ihrer Methoden den Glauben bedrohen, gar vernichten könnte – missachtet diese Unterscheidung: Theologie kann nur dort den Glauben gefährden, wo sie sich selber als Ursprung oder gar Gegenstand des Glaubens darstellt. Dies wird sie freilich dort, wo die Einladung Jesu zum Schauen überhört wird und stattdessen Lehrsätze oder gar Methoden zum Ausgangspunkt und Maßstab des Glaubens gemacht werden. Wo aber die Einladung Jesu gehört wird, dort findet die Theologie ihre ihr zustehende wichtige Aufgabe: Beschreiben, was der Glaube geschaut hat.

Und so gehören die beiden – Theologie und Glaube – dann auch zusammen: Theologie beschreibt, was der Glaube schaut. Ohne Glauben verliert die Theologie ihren Ausgangspunkt, ihren Impulsgeber. Ohne Glauben verkommt dann die Theologie zu den Wissenschaften, denen sie ihre gegenwärtigen Methoden verdankt. Ohne Theologie aber verliert der Glaube seine Kommunikationsmöglichkeiten. Er verkommt zu einer individuellen subjektiven Innerlichkeit oder bringt in sich abgekapselte Gemeinschaften hervor, für die Bekehrung zum Glauben gleichgesetzt ist mit der Bekehrung zu den zufälligen und so zeitgeistbedingten Werten, Normen, Überzeugungen und Moralitäten eben dieser Gemeinschaft. Ohne Theologie verliert der Glaube auch seine Geschichte und damit seinen Halt in Zeiten der Krise und des Zweifels. Denn die Beschreibung des Glaubens durch die Theologie will und kann gerade in solchen Zeiten zum neuen, ja zum neugierigen Schauen einladen: »Wo wohnst du?«.

Wir stehen am Beginn eines neuen Semesters, eines neuen Studienjahres. Ich hoffe, dass wir uns neu oder wieder mit Begeisterung in die Arbeit stürzen. Am Beginn steht dieses Wort Jesu: »Kommt und seht!«. Es ist die Einladung, den Ursprung, aber auch die Grenze und damit die Geborgenheit all unserer theologischen Begeisterung und Arbeit zu erinnern und ernst zu nehmen. Ernst zu nehmen, dass unser Glaube die Theologie braucht, um Rechenschaft über unseren Glauben ablegen zu können. Aber auch Ernst zu nehmen, dass unser Glaube gleichzeitig nicht in unserer Theologie ruht, sondern darin, dass wir uns vom Auferstandenen selber einladen lassen, zu schauen, wo er wohnt. Unsere theologische Arbeit braucht, damit sie wirkliche theologische Arbeit ist, Räume und Zeiten, in denen alleine oder gemeinsam diese Einladung Jesu gehört und ihr nachgegangen werden kann. Unser Seminar hat sich erfreulicherweise in den vergangenen Jahrzehnten immer mehr der Herausforderung gestellt, das Gespräch mit der theologischen wissenschaftlichen Welt zu suchen und die Studierenden hierzu zu ermutigen und hierauf vorzubereiten. Gerade ein solches Seminar muss aber gleichermaßen die Aufgabe annehmen, miteinander immer wieder nach dem zu fragen und sich bei dem zu treffen, in dem alle Theologie ihre Heimat hat: im Schauen des fleischgewordenen Geheimnisses Gottes.

Nur wo beiden Aufgaben nachgegangen wird, findet eine eigentlich *theologische* Ausbildung statt. Wir haben umfangreiche finanzielle, sächliche und personelle Anstrengungen in die Entwicklung unserer theologisch-wissenschaftlichen Kompetenz gesteckt. Um der doppelten Aufgabe theologischer Ausbildung gerecht zu werden, könnte es dringend Zeit sein, nun ebenfalls finanzielle, sächliche und eventuell auch personelle Anstrengungen zu unternehmen, um unsere theologische Arbeit in Angebote der Entwicklung und Fundierung persönlicher und gemeinsamer Frömmigkeit einzubetten. Bis dem soweit ist, können wir als Studierende und Lehrende jetzt bereits gemeinsam mit den hier auf dem Campus Lebenden die Einladung Jesu hören: »Kommt und seht!«. Und dann lasst uns gemeinsam Andacht feiern, aufeinander achten, füreinander beten, miteinander die Begegnung Jesu im Abendmahl erleben. Der gekreuzigte und auferstandene Jesus, der lebendige Christus lädt uns ein in die Gemeinschaft mit ihm. Dort sind wir geborgen, von dort empfangen wir Inhalt und Aufgabe unserer Theologie, dorthin dürfen wir Abend für Abend zurückkehren und Heimat finden. Dort wohnt er und lädt uns ein.

AMEN

Heilung mitten in der Krankheit

Ein persönlicher Beitrag[1]

Während der Tage, in denen ich diesen Artikel schreibe, habe ich einen wichtigen Arzttermin. Eine erneute Untersuchung mittels einer Kernspintomographie (MRT) liegt vor mir. Bei einer Routineuntersuchung Anfang dieses Jahres wurde ein neuer Krebstumor an der Bauchspeicheldrüse entdeckt, der sich dann im Sommer bei dem Versuch ihn zu entfernen als nicht operabel erwies. Nun soll seine Entwicklung beobachtet werden. Gemeinsam mit meinen Ärzten hatte ich entschieden, dass die normalerweise sofort eingesetzten Behandlungen – Chemotherapie oder Bestrahlungen – erst im äußersten Notfall angewendet werden. Denn dieser neue Tumor ist das dritte Aufbrechen meiner Krebserkrankung innerhalb von drei Jahren. Eine große Operation und mehrere Chemo- und Bestrahlungstherapien habe ich bereits hinter mir. Erneute Behandlungen mit diesen Mitteln würden meinen ohnehin sehr schwachen Gesundheitszustand nochmals verschlechtern.

Ich bin also krank. Aber ich möchte natürlich gesund sein. Eine ganz selbstverständliche Reaktion. Keiner will krank sein. Krankenversicherungen, Gesundheitsfürsorge, Diskussionen um Therapien, Transplantationsgesetze, Vorsorge – es vergeht kein Tag, an dem nicht eines dieser und verwandter Themen in den Medien präsent sind. Hiermit können sich Zeitungen oder Moderatoren der Aufmerksamkeit gewiss sein. Nachrichten über neue Behandlungsmethoden sorgen für mediale Aufregung – auch dann, wenn diese noch so sehr in der Entwicklung stecken und Betroffenen vielleicht eher Enttäuschungen statt Hoffnungen bereiten. Was habe ich in den vergangenen Jahren nicht alles für Hinweise auf »ganz neue« Methoden erhalten.

Die Krankheit ist die große Relativierung menschlicher Existenz. Sie ist Zeichen, Hinweis, Symbol für die Grenze und Vergänglichkeit. Ganz gleich, ob es die Entzündung eines Nervs im Zahn, ein Beinbruch oder ein Krebstumor ist: Jede Krankheit verweist auf die Zerbrechlichkeit und die Bedrohtheit menschlichen Lebens. Jede Überwindung einer Krankheit bedeutet dann umgekehrt eine Aufrichtung, eine Wiederherstellung des Lebens. Die zum Teil martialische Ausdrucksweise, die in diesem Bereich nicht selten aufgerufen wird, spiegelt dies: Da ist dann vom Kampf und vom Sieg, ja von Kriegsführung und Schlachten die Rede. Mir ist im Verlauf meiner Krankheit immer wieder zum »Sieg über den Krebs« gratuliert worden – nämlich dann, wenn

---

1 Dieser Artikel wurde erstmals in der Zeitschrift Aufatmen 2/2013, 60–64 veröffentlicht.

ich in mein »normales« Lebensumfeld zurückkehrte. Schwierig war es aber, wenn sich dieser »Sieg« kurze Zeit später beim Auftreten eines Rezidivs oder nun bei einem neuen Tumor als vorläufig erwies. Habe ich nun verloren? Wenn man mir zum Sieg gratulieren konnte, muss man mir dann nicht eine Niederlage vorwerfen? Tatsächlich beginnt der Kopf sofort zu überlegen, ob ich denn alles richtig gemacht habe. Zu früh angefangen zu arbeiten? Zu wenig Sport? Die falschen Medikamente? Die falsche Ernährung? Ein Glück für mich, dass meine Ärzte solche sinnlosen Selbstvorwürfe und Anklagen immer abwehrten. Instinktiv aber drängt sich der Gedanke ja auf: Ich kann etwas tun; ich kann mich retten; ich kann an meiner Gesundheit arbeiten! Und dann kommt sie doch: Die vernichtende Diagnose, die auch über die eigene Anstrengung, das eigene Mühen den Stab bricht. Wieder ist ein Tumor aktiv geworden, wieder hat eine Behandlung nicht angesprochen. Und plötzlich dann noch ein ganz neuer Tumor an bedrohlicher Stelle. Der Arzt schaut mich an und fragt: »Wie viel Zeit geben Sie sich noch?«. Gibt es eine tiefere »Niederlage« des Urantriebs des Lebens, des Willens zum Leben? Krankheit relativiert das Leben – daher ist sie so unerträglich, deswegen die Gier nach Gesundheit und nach Heilung.

Was aber ist das eigentlich: Heilung? Und wann ist man gesund? Als ich nach meiner ersten Operation im Krankenhaus lag, erinnerte ich mich an eine Besonderheit in der Erzählung der Heilung des Blinden in Jericho (Mk 10,46ff.; Lk 18,35ff.), die mir in dieser Intensität bisher noch nicht aufgefallen war. Jesus fragt dort den Kranken: »Was soll ich dir tun?«. Dies scheint doch eine seltsame Frage zu sein. Natürlich will dieser Blinde doch wohl »gesund« werden und das bedeutet für ihn: Er will wieder sehen können. Und so kommt es dann ja auch. Die Krankheit, die Behinderung, die sein Leben massiv eingeschränkt und von der Hilfe anderer abhängig gemacht hat, die es ihm verweigerte, am normalen Leben teilzunehmen, diese Relativierung des Lebens musste behoben werden. Und dann wäre doch wieder alles gut. Wenn das Normale hergestellt ist, dann ist man gesund? Würde nicht auch bei mir wieder alles gut werden, wenn mein Krebs »besiegt« wäre? Die folgende Zeit machte mir deutlich: Dies ist eine Illusion. Allerdings keineswegs nur durch Rückfälle und neue Erkrankungen. Vielmehr dadurch, weil ich mittlerweile weiß, dass ich nie wieder so sein werde wie früher, selbst wenn jetzt plötzlich alles »in Ordnung« wäre. Es gibt keine Rückkehr in die von früher gewohnte Normalität. Ich *habe* nicht nur Krebs, so wie ich eine schlechte Angewohnheit *habe*, die ich mir auch abgewöhnen könnte. Ich *bin* vielmehr krebskrank. Diese Krankheit gehört zu meiner Existenz dazu, sie bestimmt mich und sie lässt mich anders sein, als Menschen, die von dieser Krankheit nicht bestimmt sind. Selbst wenn man äußerlich gesundet, man ist nie wieder so wie vorher. Der geheilte Blinde ist immer anders als alle Menschen um ihn herum, die nie blind waren. Die Erfahrungen der Krankheit bleiben im Körper und der Seele präsent.

Krankheit verändert die eigene Existenz. Sie reißt aus der Normalität des geordneten Lebens heraus und lässt einen Menschen anders sein. Ein Kranker ist nicht *weniger* Mensch als ein Gesunder, aber er ist *anders* Mensch als die vielen um ihn herum, die seine Krankheit nicht mit ihm teilen müssen. *Anders* Mensch sein als die Menschen um mich herum, genau das erlebe und übe ich, seitdem ich krank wurde. Und wo dieses Anderssein von mir akzeptiert wird, dort erlebe ich etwas wie Heilung und Gesundung. Heilung und Gesundung sind nicht die – sowieso illusionäre – Rückkehr in den Normalzustand vor meiner Erkrankung. Sie sind die Entdeckung des Lebens inmitten meiner neuen, anderen Lebensumstände.

Diese zum Teil sehr deutlichen Veränderungen meiner Lebensumstände umfassen Äußeres – z.B. Beruf und Ehe – wie auch die innere Einstellung zum Leben und natürlich auch meinen Glauben und seine Gestaltung.

Die äußeren Lebensumstände sind seit der ersten Diagnose u.a. geprägt von einem sehr klaren Bewusstsein der Begrenzung meiner Möglichkeiten und der daraus folgenden Notwendigkeit, mit den neuen Grenzen umzugehen. Ich war es z.B. gewohnt mein Leben langfristig zu planen. Mein Beruf brachte es mit sich, dass ich nicht selten mindestens zwei Jahre im Voraus Termine machen musste. Dies ist nicht mehr möglich: alle drei Monate können die Ergebnisse der Kontrolluntersuchungen zu Therapien und Behandlungen führen, die alle Planungen zu Makulatur werden lassen. Damit aber kann auch meine Umwelt nicht mehr in gewohnter Weise »mit mir rechnen«. Die Relativität meines Lebens schlägt sich nieder in der Relativität von Terminen, Projekten, Vorhaben. Mein Leben findet in einem Drei-Monats-Rhythmus statt. Alles darüberhinaus verschwimmt im Nebel des Ungewissen. Heilung bedeutet für mich in diesem Zusammenhang die Entdeckung, dass mein Leben in ganz neuer Intensität im Hier und Jetzt stattfindet. Wenn ich da bin, dann bin ich jetzt auch da. Ich muss mich nicht in der Zukunft beweisen, sondern kann jetzt den Moment mit seiner Fülle und auch seinen Fehlern genießen. Die Intensität des Augenblicks, der Reichtum einer Begegnung und Erfahrung, dies genieße und erfahre ich. Aus diesen Erfahrungen heraus Projekte, auch langfristige zu planen, ist etwas ganz Besonderes: Ich plane nicht mehr, damit ich etwas davon hätte, es geht ganz neu und intensiv um die Menschen für die und mit denen ich plane.

Ein anderes Moment der Begrenzung ist ganz körperlich begründet durch Nebenfolgen meiner Behandlungen: Ich habe eine ausgeprägte Schwerhörigkeit mit Ohrgeräuschen, die es mir nahezu unmöglich machen, in größeren Gruppen anwesend zu sein. Die beliebten Zusammenkünfte vor oder nach Veranstaltungen beim Kaffee, Absprachen auf dem Flur, ein schneller Austausch von Informationen in der Mensa, der Small Talk vor, nach oder während einer Sitzung – all diese Begegnungen sind mir weitestgehend verwehrt und mit ihnen die Momente von kurzen Kontaktaufnahmen, der scheinbar unaufwendigen Pflege von Beziehungen mit ihrer Mischung von Funktionalem und Persönlichem. Erst durch die Krankheit habe ich erfahren, in welchem Umfang mein Beruf genau diese Kontakte fordert. Plötzlich wurde es einsam. Heilung war für mich hier die Entdeckung, dass ich viel stärker und intensiver einzelne Begegnungen wahrnahm und genießen konnte. Die persönliche Zuwendung, die Zeit für eine etwas längere Begegnung und die hierbei gemachten Erfahrungen eröffneten einen Reichtum jenseits aller funktionalen Meetings. Heute kann ich sehr gut zwischen funktionalen und persönlichen Kontakten unterscheiden – das eine mache ich per Telefon oder Mail, zum anderen nehme ich mir eine Kaffeetasse und mache einen Besuch.

Auch die Partnerschaft, in meinem Fall die Ehe, hat natürlich Teil an der Veränderung. Meine Frau und ich haben unser Miteinander sehr intensiv erlebt. Der Austausch und die Teilnahme am Ergehen des anderen, das Eintreten füreinander und das Begleiten waren von uns geübte und für uns selbstverständliche Lebensvollzüge. Wie aber sollte dies jetzt gehen? Wie könnte ich meiner Frau helfen in den auf sie zukommenden Belastungen, die ja weit über das Er- und Mittragen meines Leides hinausgingen? Sie wurde ja zur Kontaktbörse über mein Ergehen für Familie und Freude und sollte mitten in ihrem eigenen Ringen, ihrer Sorge, ihrer Trauer Auskunft geben. Sie musste zusätzlich plötzlich alle Aufgaben der normalen Alltagsorganisation übernehmen, die in unserer bisherigen Arbeitsteilung bei mir lagen. Und neben all dem brauchte ich ihre Nähe und Begleitung. Welche Belastung, welches Leid brachte meine Krankheit auch über sie!

Heilung und Gesundung dieser Situation haben für mich in einer Zusage ihren Grund, die wir uns gegenseitig ganz am Anfang der Krankheit machten: Jeder achtet auf sich selbst und sorgt für sich selbst. Immer wieder haben wir erlebt, dass wir genau hierdurch die Kraft hatten, ganz füreinander da zu sein. Wo ich z.B. Hilfe oder Unterstützung brauchte, habe ich erst überlegt, ob ich diese von meiner Frau erwarten will oder ich sie auch von anderer Seite erfahren kann. Und meine Frau konnte sich darauf verlassen, dass solange ich sie nicht konkret um etwas bitte, sie auch nicht für mich Verantwortung übernehmen musste. Und wenn sie meinte, etwas sei vielleicht gut für mich, so hat sie mir dies als Vorschlag gemacht und mir die Freiheit gegeben, dieses auch für mich als wichtig anzusehen – oder auch nicht. Diese Vereinbarung gab uns auch das Recht, sich einmal zurückzuziehen und nicht unter der Erwartung zu stehen, immer für den anderen da sein zu müssen. Für sich selbst sorgen bedeutet dabei, sich Zeiten, Räume und Menschen zu suchen, die jedem von uns gut tun, auch ohne das der jeweils andere beteiligt ist. Für unsere Umwelt hatte dies manchmal seltsame Früchte. Wenn meine Frau mitten in einer intensiven Phase einer Chemotherapie für einige Tage wegfuhr oder wenn ich später für fast zwei Wochen allein verreiste, so löste dies nicht immer Verständnis aus. Uns aber hat es füreinander gestärkt. Ich habe erlebt, wie ich aus dieser so möglichen Stärke meiner Frau und auch aus dem Erleben ihrer Grenzen Klarheit und damit Kraft für meinen Weg erfahren habe. Und so habe ich inmitten der durch die Krankheit aufgerufenen Not in unserer Partnerschaft Heilung erlebt, die weit über den Moment hinaus – genauer: bis heute! – uns unsere Ehe anders und in neuer Fülle leben lässt.

Sehr intensiv waren und sind natürlich die Veränderungen, die in den vergangenen drei Jahren in meiner Frömmigkeit stattfanden. Ich hatte glücklicherweise nie die Warum-Frage. Vielmehr hat sich sehr schnell ein grundlegender Zug meines bisherigen Glaubens stark gemacht: das Vertrauen, dass der Gott der Bibel, der Gekreuzigte und Auferstandene, nicht fern ist von der Krankheit, dem Leid, der Schuld, noch sonst etwas, was zu meinem Menschsein gehört. Die Kreuzesdarstellung des Isenheimer Altars hat seit frühester Zeit meinen Glauben und mein Gottesbild geprägt. Dieser Altar hing in einem Kloster, das sich der Krankenpflege verpflichtet sah und der dort abgebildete Gekreuzigte ist mit den Wunden der Kranken abgebildet, die in der Hauptsache dort gepflegt wurden. Er war einer von uns – dieses Vertrauen war Mittelpunkt meines Glaubens. Und eben dieses Vertrauen hat mich auch bisher durch alle Phasen der Krankheit getragen. Ich habe hierdurch noch einmal ganz neu gelernt, was es heißt, einen festen Grund zu haben (vgl. Mt 7,24ff.), der in guten Zeiten gelegt wurde. Ich bin meinen Vätern und Müttern im Glauben sehr dankbar, dass sie diesen Grund bei mir geschaffen haben, der sich in den vergangen Jahren als fester Felsen erwiesen hat. Denn auch wenn es die anklagende Warum?-Frage nicht gab: Die Erfahrungen von Schwäche und Zerbrechlichkeit, von Schmerzen und Krankheit, von Lebensbedrohung und Lebenseinschränkung wollten immer wieder mit der Aussage verbunden werden, dass Gott uns »das Leben und volle Genüge« verheißt (Joh 10,10 Luther 1984) – und sie wollen das immer noch, Tag für Tag neu.

Auf diesem Weg habe ich etwas wieder neu und – auf die Dauer der Zeit und der Erfahrungen – immer mehr entdeckt. Was für mich *Leben* heißen kann besteht in dem, was mir entgegenkommt und weniger in dem, was ich an Vorstellungen von meinem Leben habe. Die Ideale, wie das Leben zu sein hat, verschwinden. Es geht mir nicht mehr darum, etwas zu verwirklichen oder zu erreichen. Es geht mir darum, offen zu sein für das, was auf mich zukommt – und genau darin das Leben zu erwarten. In dieser Haltung höre ich immer mehr auf zu machen und werde zu einem, der empfängt. Das Leben wird nicht erarbeitet, es wird auch nicht erreicht, es wird mir vielmehr umsonst geschenkt. Ich erhalte es dort, wo die mich umgebende Umwelt – die Menschen, Arbeiten, Aufgaben, Dinge – transparent werden für das mich durch all dies erreichende Leben Gottes. Dies hat bei mir einerseits eine Veränderung der Haltung ausgelöst, mit der ich auf meine Umwelt reagiere, andererseits auch eine Veränderung des Verhaltens, mit der ich in ihr agiere.

Die Veränderung der Haltung kann ich vielleicht am besten an meinem Umgang mit Freunden und Bekannten verdeutlichen. Ich war auch bisher nicht gerade der extrovertierte, laute und offene Typ, nun aber bin ich noch einmal stiller und abwartender geworden. Ich bin voller Erwartung, was mir von den Menschen, mit denen ich zu tun habe, entgegenkommt. Dabei hat sich eine Sensibilität entwickelt, ob mich jemand vereinnahmen, für etwas instrumentalisieren möchte, damit irgendetwas angeblich ganz Wichtiges entstehen kann. Oder ob jemand mit mir seine Erwartungen, Erfahrungen, Wünsche, Träume teilen möchte, so dass wir dann miteinander arbeiten und abwarten, was entsteht. Als jemand, der dauerhaft erlebt, dass ihm das Leben aus der Hand genommen ist, machen mich Menschen mit festen Vorstellungen, wie das Leben oder etwas in ihm zu sein hat, unendlich müde – interessanterweise im wahrsten Sinne des Wortes. Gesprächen über Ideale oder Ähnlichem gehe ich mittlerweile aus dem Weg. Gespräche über Erfahrungen, über Wahrnehmungen und dann darüber, was sie für eine Bedeutung für das Leben eines Menschen haben können – darin kommt mir Lebendigkeit und Lebensfülle entgegen. Dies gilt auch für Begegnungen, in denen Schweres, Leid, Schuld oder Trauer zum Thema werden und wir dann entdecken, wie dieses miteinander getragen werden kann. In diesen Situationen werde ich hellwach und mich hier hinein zu investieren schenkt mir neue Kraft, Hoffnung und Zuversicht. Durch dieses erfahre ich die gegenwärtige Zuwendung der Lebensfülle Gottes.

Dies konkretisiert sich für mich zunehmend auch in der Form des von mir gesuchten Gottesdienstes. Ich komme von Seiten meiner kirchlichen Prägung aus einer Frömmigkeit, die festen liturgischen Formen eher argwöhnisch gegenübersteht. In solchen festen Formen wurde schnell eine Veräußerlichung vermutet, so als förderten solche Gottesdienstgestaltungen eine innere Distanz. Stattdessen wurde und wird die eigene persönliche Beteiligung in Form der Mitgestaltung propagiert. Echter persönlicher Gottesdienst könne doch nur da sein, wo man sich selbst mit einbringt. Ich finde so etwas inzwischen nur noch anstrengend und fühle mich hier völlig überfordert. Den Satz »Wovon das Herz voll ist, davon spricht der Mund« (Lk 6,45) erfahre ich in Fragen gottesdienstlicher oder auch gemeindlicher Gestaltungen zunehmend als schwierig: Mein Herz ist oft leer, meine Seele trocken, mein Leib gebrochen. Ich suche statt dessen Gottesdienstformen, die nichts von mir fordern, sondern in denen ich erfahre, wie freundlich und zuwendend Gott auf mich zukommt: im Wort des Evangeliums (und nicht des Appells in der Predigt), im Gesang, in den ich mich fallen lassen kann, in Formen, die mir vertraut sind, im Angebot des Abendmahls als unbedingte und voraussetzungslose Zuwendung. Kirchliche Tradition, in der sich die Freundlichkeit Gottes Gestalt und Gestaltungen gesucht hat, gibt mir Raum zum Leben, trägt mich und richtet mich auf.

Dies setzt sich fort in der Gestaltung der privaten Frömmigkeit. Ich bediene mich fester Gebetsformen statt mich jeden Tag von neuem dazu bewegen zu müssen, selbst zu formulieren. Hier habe ich etwa das Herzensgebet (Jesusgebet) entdeckt und geübt. Ich habe mir Symbole und Zeichen angewöhnt, in denen sich die Vertrautheit mit Gott gestaltet, auch dann, wenn meine Seele mal wieder aufgewühlt und mein Geist nicht konzentriert ist. Hierzu habe ich etwa körperliche Übungen vom Verbeugen bis hin zum Bekreuzigen entdeckt. In all dem entdecke ich: Ich bin getragen und empfangen – und muss nicht selber die Nähe zu Gott durch meine Gedanken, Worte, Erkenntnisse oder Gefühle etc. herstellen.

So hat mich die Krankheit verändert. Und in all dieser Veränderung hat sich mir neues Leben mitgeteilt. Ich habe dieses nicht durch die Krankheit – ich bin weit davon entfernt meine Krankheit zu idealisieren. Aber ich habe inmitten dieser Krankheit Heilung erfahren. Nicht Heilung aus der Krankheit heraus, aber Heilung inmitten der Krankheit, denn Gott hat meiner immer wieder verstörten Seele Frieden geschenkt. Dieser Frieden, der darin besteht, dass meine verstörte, traurige, manchmal wütende und nicht selten weinende Seele einen Ort hat, wo sie so sein darf, wie sie ist. Dieser Frieden ist meine Heilung. »Was soll ich dir tun?«. Wenn ich nur diese Heilung erfahre, dass meine Seele Frieden hat, dann ist es gut. Dann erlebe ich mich als gesund und hoffe noch lange zu leben.

Im Zustand dieser Gesundheit und der Erfahrung dieser Heilung ordne ich derzeit »mein Haus«. Ein nicht immer ganz einfaches Unterfangen (sowohl emotional als auch praktisch), aber ein ungemein befreiendes Geschehen. Ich habe die Freiheit und immer noch die Zeit, für Menschen zu sorgen, Beziehungen zu ordnen, Unwichtiges zu verlassen. Zu diesem Ordnen des Hauses gehört auch das Ordnen der eigenen Wünsche. Ich nutze die Zeit, das zu tun, was ich immer schon machen wollte und erlebe hierbei, dass dies überraschend gewöhnliche, kleine Dinge sind. Dieses Ordnen des Hauses wird derzeit für mich zu einer Quelle von neuen Lebensräumen.

In den Tagen, in denen ich diesen Artikel schrieb, lag mein wichtiger Arzttermin. Die anstehende Kernspintomographie hat nur eine geringe Veränderung meines Tumors gezeigt. Ich habe wieder drei Monate Ruhe. Drei Monate der Erwartung, was mir und meiner Frau durch unsere Familie und Freunde, unsere Aufgaben und Berufe, unsere Geschwister in der Kirche und der Gemeinde entgegenkommt – was mir durch all dies von unserem so freundlichen Gott begegnet.

Die Macht der Krankheit

Was Krankheit aus Menschen macht[1]

1. Einleitung

Das Erleben einer Krankheit, zumal einer schweren, möglicherweise sogar lebensbedrohenden Krankheit verändert das Leben. In mehrfacher Hinsicht bin ich nicht mehr derselbe, der ich ohne diese Krankheit war. In meinem Lebensumfeld muss ich mich neu positionieren. Mein Lebenspartner, meine Kinder, meine Familie, meine Freundschaften, der Bekanntenkreis und natürlich nicht zuletzt das berufliche Umfeld sind mehr oder weniger direkt davon betroffen, dass ich krank bin. Der bisherige Umgang mit mir wird sich verändern, denn ich kann unter Umständen nicht mehr so präsent sein, nicht mehr so aktiv sein, nicht mehr so leistungsfähig. Je nachdem, was meine Krankheit bewirkt, werde ich vom Aktiven zum Passiven.

Auch mein persönliches Selbstverständnis und Selbstbewusstsein verändert sich. Mit der Krankheit erfahre ich eine große Relativierung meiner bisherigen Möglichkeiten. Was ich bisher ganz selbstverständlich konnte, ist mir mitunter genommen. Körperliche Gebrechlichkeit und Schwäche, selbst vorübergehend, machen Grenzen deutlich, die mir bis dahin gar nicht bewusst waren. Die Erfahrung, eine Treppe nicht mehr ohne fremde Hilfe hinaufsteigen zu können, hat etwas ganz Elementares. Eine solche Schwäche war bisher die von anderen, von Kranken – nun erfahre ich sie an mir selbst. Gewohnte Rollen und Positionen in Familie und Beruf können nicht mehr ausgefüllt werden. Wo ich ein verständiges und mir freundlich gesonnenes Umfeld habe, bleiben mir Verletzungen und Demütigungen erspart. Aber selbst dort erlebe ich, plötzlich zum Objekt des Handelns anderer zu werden. Da sagt dann ein Arbeitskollege: »Du musst dir keine Sorgen machen, wir organisieren alles so, dass es auch eine Zeitlang ohne dich geht«. Das soll beruhigen und es beruhigt auch tatsächlich. Aber was wird damit eigentlich gleichzeitig gesagt: a) andere organisieren für mich, b) ich werde dabei unter Umständen gar nicht mehr gefragt, c) es geht auch ohne mich – zum Glück angeblich nur eine Zeitlang. Was ein Gesunder als Trost sagt, zeigt dem Kranken nur auf, wie anders er gerade ist.

---

[1] Bei diesem bisher unveröffentlichten Beitrag handelt es sich um einen Vortrag im Rahmen des Schnelsener Herbstgespräches am 18.09.2012, veranstaltet vom Albertinen Diakoniewerk Hamburg.

2. Krankheit als destruktive und beängstigende Macht

Krankheit lässt Menschen anders werden. Sie sorgt dafür, dass ein von ihr betroffener Mensch aus dem ganz normalen Lauf der Dinge herausfällt. In einem glatten, durchorganisierten Alltag bilden Kranke Unterbrechungen, Eckpunkte, Kanten, Unwägbarkeiten, an denen die Gesunden sich stoßen, an denen sich das normale Leben stößt, mit denen die Gesunden umgehen müssen. Die Kranken aber finden sich plötzlich in dieser störenden Sonderrolle wieder und müssen ihrerseits nun damit umgehen. Und dies nicht freiwillig. Die Macht der Krankheit besteht zunächst darin, einen Menschen in dieses Anderssein zu zwingen. Es ist die Macht, in eine persönliche, körperliche, seelische und auch eine soziale Sonderrolle zu versetzen. Die körperlich erzwungene Sonderrolle kann zum Glück immer mehr und mehr durch medizinische und pflegerische Leistungen abgemildert oder sogar behoben werden.

Die seelische und vor allem die soziale Sonderrolle bleiben dagegen häufig unbeachtet. Denn zunächst geht es ja um die Heilung der körperlichen Anzeichen der Krankheit. Aus dem Anderssein heraus zu kommen, wieder äußerlich normal sein – dies soll ärztliche, pflegerische und therapeutische Kunst ermöglichen. Dann bin ich wieder gesund, dann bin ich geheilt, dann ist alles wieder so wie früher, dann bin ich wieder normal.

Wie sehr wir diese Erwartung verinnerlicht haben, kann eine kleine, aber verräterische Variante in der Art und Weise zeigen, wie wir von Krankheit sprechen. Wenn ich zum Arzt gehe, so rede ich häufig davon, dass ich krank *bin* – komme ich vom Arzt, dann *habe* ich eine Krankheit. Das was ich zuvor in meiner ganzen Existenz bin, wurde nun durch gute Diagnostik zu etwas, das behandelbar, handhabbar – und damit eben auch abschaffbar ist. Denn das, was man hat, das kann einem ja auch genommen werden. Und habe ich keine Krankheit mehr, so bin ich auch nicht mehr krank, dann bin ich doch gesund. Damit ist doch alles gut – oder?

Wer einen zweiten Blick auf diese Situation wagt, der kann schnell feststellen, dass dies ein vorschneller Schluss sein kann. In zahlreichen Fällen hat die verändernde Macht von Krankheit eine dauerhafte Wirkung – körperlich, vor allem aber auch geistig und seelisch und in all dem dann auch sozial. Körperlich besteht solch dauerhafte Wirkung etwa in Form von Nachwirkungen eingesetzter Medikamente oder Therapien. Wer denkt schon beim Einsatz einer lebenswichtigen Chemotherapie daran, dass hierdurch unter Umständen das Gehör nachhaltig geschädigt werden kann? Wer denkt bei einer Magenoperation daran, dass damit die Essgewohnheiten nachhaltig verändert werden können? Und wer berücksichtigt dann, welche Folgen solche Veränderungen für das alltägliche Leben des wieder Genesenen haben können?

Auch im sozialen Umfeld bleiben teils massive Veränderungen. Ein genesener Kranker trägt seine Krankheit als Geschichte unsichtbar mit sich herum – und hier meine ich nicht die neue Krankenkassenkarte. Versuchen sie mal, mit Asthma als Vorerkrankung eine private Zusatzkrankenversicherung abzuschließen oder mit einer überwundenen ehemals aber lebensbedrohenden Krankheit eine Lebensversicherung zu erlangen. Sie haben hier nur die Möglichkeit, ehrlich zu sein oder versichert. Man gehört nun zu einer Risikogruppe – auch wenn man sich gar nicht so fühlt, die Krankheit hat es über einen verfügt. Sicherlich, bei Bewerbungen braucht man solche Erkrankungen nicht anzugeben. Aber im eigenen Betrieb, wenn es um Beförderungen und neue Aufgaben geht, dann kann man vielleicht doch laut oder leise den Hinweis hören, dass es ja mit der Gesundheit vom Kollegen Maier nicht so gut steht – meist verbunden mit dem Hinweis, dass man ja für ihn sorgen und ihn schonen sollte. Wer wollte solchen wirtschaftlichen Zwängen bei Versicherungen und dem eigenen Betrieb auch widersprechen wollen? Aber auch die engsten Freunde und nicht zuletzt der Ehepartner schauen einen viel schneller besorgt an, wenn irgendetwas auftaucht, was auch nur im Entferntesten als Symptom der angeblich doch schon längst geheilten Krankheit scheinen kann. Nein, die Krankheit hat man längst nicht mehr – aber in den Augen der anderen ist man keineswegs ein ganz normaler Mitmensch – man bleibt auf ganz spezielle Art ein Kranker, einer, der jetzt anders ist.

Nur in den Augen der anderen? Mitnichten! Eine der schweren bleibenden und nachhaltigen Erfahrungen der Krankheit ist das, was ich oben als Relativierung des eigenen normalen bisherigen Lebens bezeichnet habe. Ich bin konfrontiert mit der eigenen Schwäche; konfrontiert mit der Erfahrung, das eigene Leben so gar nicht mehr bestimmen zu können; konfrontiert mit einer aufgezwungenen neuen Wirklichkeit, die ich nur als schreiende Ungerechtigkeit bezeichnen kann. Ich liege im Krankenhaus und spüre nach der erfolgreichen Operation, dass mich diese Erfahrung der Intensivstation, das Aufwachen und das Erleben, nur noch von den Geräten, Ärzten und Pflegern um mich herum abhängig zu sein, dass mich diese Erfahrung nie wieder verlassen wird. Und tatsächlich: Ich werde dieses Gefühl noch Jahre später in Erinnerungen des Körpers im eigenen Bett zuhause erleben. Ich rieche und schmecke noch die Chemotherapie – Monate später mitten in meinem Garten. Jedes Reden über meine Möglichkeiten, Fähigkeiten, Stärken, jede Vorstellung von eigener Souveränität hat ein Moment der Negation erfahren. Natürlich, ich stehe wieder aufrecht – aber ich hatte erfahren, dass mir ohne mein Zutun, ohne meine Schuld, ohne einen irgendwie erklärbaren, von mir ausgehenden Kausalzusammenhang mal eben der Boden unter den Füßen weggezogen wurde. Zudem hat mich die Krankheit zu Auseinandersetzungen gezwungen, die ich nicht wollte. Sie verfügte über mich, weil ich Lebenspläne und Lebensträume aufgeben oder wenigstens massiv verändern musste. All das wollte ich nicht, all das muss ich nun – Macht der Krankheit, Macht mein Leben zu verändern – und zwar jenseits jeder medizinischen Behandlung.

3. Krankheit als eine die Lebenswirklichkeit dauerhaft bestimmende Macht

Krankheit verändert – und zwar dauerhaft. Die Krankheit, die man hat, die Symptome, Beeinträchtigungen, Schmerzen, Behinderungen können durch ärztliche, pharmazeutische und pflegerische Kunst genommen oder wenigstens gelindert werden – was für ein Segen! Aber die Feststellung, dass ich auch danach noch an meiner Krankheit leide und insofern immer noch krank bin, kann mir kein Chirurg und kein Physiotherapeut nehmen. Ich kann diese Feststellung verleugnen – aber Körper, Seele, Geist und nicht zuletzt die Umwelt werden mich daran erinnern. Die Krankheit hat mich in eine neue Lebenswirklichkeit gezwungen. Die Kompetenz von Ärzten und Pflegern hat mir ermöglicht, dieses andere Leben zu erleben. Nun aber muss ich dieses andere Leben auch bewusst leben, muss es gestalten.

Als Theologe sind mir solche Beobachtungen nicht fremd und zwar aus zweierlei Gründen. Zum einen hat Krankheit, bevor sie im Zuge der geistes- und naturwissenschaftlichen Entwicklungen der letzten Jahrhunderte zu einem behandelbaren Phänomen wurde, immer eine religiöse Dimension umfasst. Dass die Krankheit weit über das Körperliche hinaus die ganze Existenz des Menschen betrifft, belastet und verändert, war umfassende Erfahrung. Nicht zuletzt deswegen wurden die Erfahrungen von Krankheiten mythologisch gedeutet, etwa indem man sie mit dem Wirken überirdischer Mächte verband oder sie in den Zusammenhang magischer Vorstellungen stellte. Man reagierte damit auf eben diese Erfahrung, dass Krankheit eine den Menschen durch und durch bestimmende Mächtigkeit hat, eine Mächtigkeit, die man in ihrer lebensbestimmenden Dimension nur einer überirdischen Macht zuerkennen konnte.[2]

Der zweite Grund, warum mir als Theologe solche Überlegungen und Fragen nicht fremd sind, liegt in den Berichten von Krankenheilungen in den Schriften des Neuen Testaments. Sie wissen vielleicht, dass wir dort zahlreiche Berichte von Krankenheilungen haben. Der damaligen Zeit entsprechend, sind ihre Darstellungen teils sehr wundersam und geradezu mirakulös ausgestaltet. Und ebenfalls der Vorstellung der damaligen Zeit entsprechend zeigte eine solche Heilung dann natürlich nichts anderes als die Überwindung dieser umfassenden Existenzstörung inklusive der sozialen, religiösen und spirituel-

---

[2] Ebenso hat auch die immer wieder und wieder anzutreffende Verbindung zwischen Schuld und Krankheit in Form simpler kausaler Zusammenhänge in solchen religiösen Deutungsmustern ihren Grund: Der durch Schuld sich an einer Gemeinschaft vergehende Mensch wird durch die ebenfalls von der Gemeinschaft trennende Krankheit bestraft – eine freilich fatale Ansicht, denn sie sorgte für eine schreckliche Potenzierung der Isolation von Kranken, waren diese doch nun angeblich zu Recht Gestrafte. Gegen solche lebensverachtenden Zusammenhänge kämpft schon die uns in den biblischen Schriften begegnende Glaubensbotschaft der frühen Christinnen und Christen und ihrer jüdischen Vorgängerinnen und Vorgänger.

len Bezüge. Hier liegt das eigentlich Interessante dieser Berichte: Der umfassenden Vorstellung von Krankheit, die die ganze Existenz von Leib, Seele, Geist und sozialem Umfeld einschließt, korrespondiert eine entsprechend weite und umfassende Vorstellung von Heilung und dann auch Gesundheit. Und so wird in nicht wenigen dieser Berichte verdeutlicht, dass die erfahrene Heilung weit umfassender ist als allein die körperliche Wiederherstellung. Die Wiedereinbindung in das bekannte oder auch ein neues soziales Umfeld wird hier ebenso reflektiert, wie die persönliche Geschichte oder aber spirituelle Fragen.

Die eingangs geschildeten Beobachtungen zur umfassend verändernden Macht von Krankheit und die Beobachtungen im theologischen Umgang mit Krankheit führen mich damit zur Frage nach einem veränderten Begriff von Gesundheit und Heilung. Heilung würde dort erfahren, wo zu der dauerhaften oder wenigstens vorübergehenden Erfahrung körperlicher Heilung ein Zustand versöhnten Lebens mit den trotz allem immer noch vorhandenen und bleibenden Veränderungen hinzutritt. Gesund ist ein Mensch, der mit den durch eine Krankheit ausgelösten Veränderungen versöhnt ist. Heilung ist damit aber nicht allein ein Vorgang, der aus den körperlichen Erfahrungen einer Krankheit herausführt, sondern eine Erfahrung, die mitten in diesen seelischen, psychischen und sozialen Aspekten der Krankheit entstehen kann und die – im Letzten sogar – selbst in der bleibenden Erfahrung starker körperlicher Begrenzungen und Leides erlebt werden kann. Heilung ist die Wiederentdeckung des Lebens inmitten des Krankseins und der damit verbundenen Veränderungen.[3]

4. Krankheit als in neues Leben hineinführende Macht

Wo solch eine Heilung erlebt wird, dort besteht die Möglichkeit, eine ganz andere Macht der Krankheit zu entdecken. Es ist eine Macht, die nicht allein destruktiv, zerstörend, vernichtend, beängstigend, einengend ist. Es ist eine Macht, die ganz überraschend öffnend und erweiternd ist, die neue Zugänge zu sich selbst und zur Umwelt auftut. Zur Macht der Krankheit, aus Gewohntem und Normalen herauszureißen, tritt die Macht, in neues Leben hineinzuführen.

Lassen sie mich dieses etwas konkretisieren und zwar an wenigstens einer für mich wichtigen eigenen Erfahrung in meiner nun mehrjährigen Krebserkrankung. Es ist die Erfahrung, dass das eigene Leben begrenzt ist.

[3] Auch dies ist für einen christlichen Theologen eine durchaus geläufige Vorstellung. Denn christliche Theologie weiß darum, dass die Gewinnung des Lebens und der Fülle des Lebens nicht darin besteht, aus dem gegebenen Leben in seinen Grenzen auszubrechen, sondern dieses volle Leben inmitten der Grenzen zu erfahren.

Nun, so werden sie sagen, das ist auch für den normalen Gesunden eine selbstverständliche Lebenserfahrung oder Lebensweisheit. Wenigstens solange man mit etwas Realitätssinn gesegnet ist. Der Unterschied besteht darin, dass der Kranke im Normalfall in Grenzen und Begrenzungen *zurückgestoßen wird*, die er bereits einmal überwunden hatte, die er aber aller Voraussicht nun nicht mehr erneut überwinden werden kann. Krank zu sein bedeutet, in Grenzen zu leben, die man früher nicht hatte. Wer einmal außerhalb dieser Grenzen gelebt hat, dessen Bewusstsein ist geschärft für diese Grenzen.

Die Erfahrung von Begrenzung mache ich beispielsweise dort, wo mir viele, bisher ganz normale soziale Kontakte nicht mehr möglich sind. Ich kann mich wegen einer Schädigung des Gehörs z.B. nur schwer in größeren Gruppen aufhalten. Der so wichtige Small Talk beim Kaffee nach einer Veranstaltung fällt ganz einfach weg. Ebenfalls in Folge einer meiner Operationen gibt es viele Nahrungsmittel, die ich nicht mehr vertrage – und vor allem: Da ich nie sicher wissen kann, womit irgendwo gekocht wird, bin ich kein ganz einfacher Gast mehr. Und jetzt überlegen sie mal, was bei ¾ aller Einladungen immer das verbindende Element ist? Richtig: Essen! Essen, bei dem ich nun immer erklären muss, warum ich nichts esse. Am einfachsten ist es, gar nicht zum Essen zu gehen – und wieder fallen Kontakte weg.

Freilich, dies scheinen Beispiele für nur geringfügige Begrenzungen. Sie zeigen aber, wie fein verästelt Krankheit ins Leben eingreifen kann. Noch substantieller erlebe ich Begrenzungen meines Kräftehaushaltes. Vieles, was früher problemlos möglich war, ist nun nur noch eingeschränkt zu leisten. Und Sie können es mir glauben: Dies ist in einem Arbeitsumfeld, das von hoher Dynamik, Engagement und – durch die Studierenden – immer auch jugendlicher Leichtigkeit geprägt ist, keine einfache Erfahrung. Auch hier beginnt – ganz ungewollt aber unaufhaltsam – eine Isolierung. All dies ist dabei ja mehr als nur eine Reduzierung sozialer Kontakte. Es geht auch um eine Reduzierung meiner Möglichkeiten, inhaltlich, gestalterisch, kreativ am Leben teilzunehmen.

Die grundsätzlichste Begrenzung aber ist die der Zeit. Im Grunde muss ich sagen: Mit der Feststellung, krank zu sein, muss ich mich immer wieder der Wirklichkeit stellen, dass meine Lebenszeit unter Umständen sehr begrenzt ist. Als Kranker habe ich damit einen ganz anderen Bezug zu etwas, was vielen Gesunden ganz selbstverständlich ist und womit sie auch ganz selbstverständlich planen: zur Zukunft. Auf mehrfacher Ebene ist mir mit der Diagnose meiner Krankheit die Zukunft weggebrochen.

Einerseits in der praktischen Planung von Vorhaben und Terminen. Mein Beruf bringt es mit sich, dass ich eine langfristige Terminplanung habe: Vorlesungen, Lehrveranstaltungen, Tagungen, Konferenzen, Einladungen in Gemeinden oder Hochschulen – nicht selten haben entsprechende Planungen zwei Jahre Vorlauf. Als der Kranke, der ich bin, kann ich eine Teilnahme hier verantwortlich immer nur mit Vorbehalt zusagen: Die nächste Untersuchung in sechs Wochen kann mir eine Diagnose präsentieren, die diese Planung völlig illusorisch werden lässt. Hiermit aber bricht mir ein wesentlicher Teil meiner Möglichkeiten weg: Denn für meine Umwelt bedeutet dies – auch wenn man es freundlicher ausdrückt – dass man mit mir nicht mehr rechnen kann. Ich bin zu einem unsicheren Partner geworden – und dann sucht man sich andere.

Die Zukunft bricht auch weg in der Planung von Projekten. Ich erlebe es zur Zeit immer wieder, dass Planungen und Projekte, an denen ich initiativ mitgearbeitet habe oder die ich gerne initiieren würde, nicht mehr mit mir oder durch mich durchgeführt werden können. Andere übernehmen. Und andere machen es anders. Hier mache ich Erfahrungen von Abschied, die häufig auch mit Trauer verbunden sind.

Und natürlich, im Grunde als erstes, bricht die Zukunft in der ganz persönlichen Lebensplanung und Lebensgestaltung weg. Was meine Frau und ich gerne noch machen wollten, was wir für die Zukunft geplant haben, was wir uns vorgenommen hatten, all dies ist wenigstens unsicher, eigentlich aber – mindestens in der geplanten Form – unrealistisch geworden. Ich weiß ja gar nicht mehr, wie viel Zeit ich noch habe.

Wie aber habe ich in solchen Erfahrungen der Konsequenzen meiner Krankheit Heilung erfahren? Oder mit den Worten unserer Veranstaltung: Wie kann hier möglicherweise eine positive, konstruktive Macht von Krankheit zum Vorschein kommen? Auch hier möchte ich nur eine grundsätzliche Entdeckung nennen, die dann auf verschiedenen Ebenen Gestalt gewinnt und konkret wird.

Diese grundsätzliche Entdeckung lautet: Was für mich Leben, Lebendigkeit, Zufriedenheit und Glück bedeuten, liegt nicht mehr außerhalb meiner persönlichen Grenzen, sodass ich es erst noch erreichen müsste, sondern es begegnet mir innerhalb meines neuen, jetzt ganz anders begrenzten Lebensrahmens. Zwar sind meine Möglichkeiten am Leben *teilzunehmen* reduziert, aber damit ist keine Reduzierung von *Lebenserfahrung*, von *Erfahrungen* der Fülle, der Freude, der Zufriedenheit verbunden. Vielmehr erfahre ich statt einer Reduzierung eine Konzentration. Ich erlebe das Leben, um es im Bild auszudrücken, nicht in der Weite seiner vielfältigen Möglichkeiten, sondern in der Tiefe der Erfahrungen, Begegnungen und des Verstehens.

In der Praxis meiner Erfahrungen der vergangenen Jahre: Nein ich kann nicht mehr teilnehmen an den vielen kleinen Gesprächen, die mal so in Mensa, Kantine, beim Kaffee am Stehtisch gemacht werden. Ich bin deshalb auch nicht mehr in den auf solchen Ebenen laufenden Informationsfluss eingeschlossen – und manche, viele Entscheidungen gehen dann auch mir vorbei. Aber ich erlebe plötzlich und gleichzeitig, wie sehr ich als konzentrierter Zuhörer, Gesprächs- und Diskussionspartner in und von Zweier- oder Dreiergesprächen profitiere. Etwas ganz ähnliches ereignet sich dort, wo ich die Dynamik meines beruflichen Umfelds, also der Hochschule, nicht mehr so wie ehemals mitgehen kann. Dieser lauten Dynamik offensiver Veränderung begegne ich mittlerweile gerne mit einer stillen Achtsamkeit, die ganz andere

Aspekte von Veränderungen und Entwicklungen wahrnimmt und beachtet. Achtsamkeit Menschen, Entwicklungen und Planungen gegenüber: Dies ist gewachsen und stellt sich als abrufbare Kompetenz der Dynamik und der Geschäftigkeit von anderen zur Seite – sowohl beruflich als auch privat.

Besonders interessant sind die Erfahrungen mit dem, was ich wegbrechende Zukunft nannte. Wem die Zukunft abhanden kommt, der kann das Hier und Jetzt entdecken. So ist es bei mir. Ich nehme gerne Einladungen in der Zukunft an. Das Wichtige ist mir aber nicht mehr dieser zukünftige Termin, sondern die mit meinem Mitarbeiter gemeinsame Ausarbeitung des dortigen Beitrags. Hier und jetzt mit jemandem daran zu arbeiten – das ist mir wichtig. Ob der Beitrag mal von mir gehalten wird – es ist mir nicht mehr wichtig. Hier und jetzt haben wir miteinander gearbeitet und gerungen, sind auf gute Gedanken gekommen. Das ist eine besondere Lebenserfahrung! Und darauf trinke ich gerne ein gutes Glas Wein. Und damit der Beitrag dann gehalten werden kann, bestehe ich darauf, nur noch mit meinem Mitarbeiter gemeinsam eingeladen zu werden. Ähnliches beobachte ich in meinem Umgang mit Projekten. Was *will ich* hier und jetzt noch leisten? Das Kriterium von Mitarbeit ist nicht mehr: Was ist möglich? sondern lautet nun: Was ist mir wirklich noch wichtig? Die Folge ist eine Konzentration auf wirklich wenige Arbeitsgebiete. So arbeite ich nach wie vor für die Zukunft, ordne sie auch, ich rechne aber nicht mehr persönlich mit ihr. Ich mache mich nicht von ihr anhängig – glauben sie mir: das hat etwas sehr befreiendes! Und die Qualität meiner Mitarbeit leidet dabei nicht unbedingt – um es mal zurückhaltend auszudrücken.

Gleiches gilt schließlich für die Planungen des eigenen Lebens. Die Achtsamkeit auf das, was im Hier und Jetzt möglich und nötig für uns ist, hat dazu geführt, dass meine Frau und ich uns Zeit genommen haben, um miteinander zu überlegen, was wir wirklich noch gerne machen wollen und was uns gut tut. Allein dieser Prozess war aufregend. Im Letzten ist nur weniges geblieben, was wirklich Gewicht hatte. Aber wir haben hierbei z.B. gemerkt, wie wichtig uns ein enges Zusammenleben mit Freunden ist, die uns persönlich oder auch geistlich, spirituell nahe stehen. Um dies zu verwirklichen, sind wir im vergangenen Jahr dann sogar an einen neuen Wohnort gezogen. Die erste Reaktion der Freunde: In deiner Situation der Krankheit macht man doch so etwas nicht. Wir haben erlebt: Gerade weil ich krank bin, tat uns dies gut, denn es hat auf Dauer unser Leben erleichtert. Wir achten darauf, was uns jetzt – in unserem persönlichen, freundschaftlichen und auch beruflichen Kontext – gut tut. Dies verfolgen wir, hierhinein investieren wir uns.

5. Abschluss

Meine Krankheit hat aus mir einen Kranken gemacht. Einen Menschen, der nun – nur dieses eine Beispiel habe ich hier ja aufgerufen – mit den neu gesetzten Grenzen seines Lebens umgehen muss. Diese Macht der Krankheit habe ich mit Wucht und Schmerz erlebt und erlebe sie auch weiterhin so. Diese Macht löst bei mir Trauer, Enttäuschung, Wut und, ja, immer auch Tränen aus.

Durch Menschen – meine Frau, unsere Freunde, auch einige Ärzte – und durch meinen Glauben habe ich aber auch diese ganz andere Erfahrung machen können: Ich habe erleben können, dass die Krankheit aus mir einen veränderten Menschen gemacht hat, mit Achtung auf das jetzt Wichtige, mit Respekt vor eigenen Grenzen und damit immer auch den Grenzen anderer, mit der Entdeckung der Fülle des Lebens mitten im Erleben der Gegenwart. Konzentration statt Ausweitung, Tiefe in den gegebenen Grenzen statt immer mehr Erweiterung dieser Grenzen. So erlebe ich die Füllung meines Lebens in den mir durch die Krankheit gegebenen Grenzen. Und es ist tatsächlich eine Füllung. Diese Erfahrungen lösen bei mir Staunen, Ehrfurcht vor dem Leben, Achtung, Freude und, ja, immer auch neuen Humor aus.

Diese Entdeckung der verändernden Macht der Krankheit ist nach meiner Überzeugung ein wesentliches Moment der Erfahrung von einer Heilung und Gesundung, die über die Heilung und Gesundung von körperlichen Widerfahrnissen hinausgeht. Heilung, die mitten in der Erfahrung der destruktiven Macht von Krankheit eine Erfahrung von Lebensfülle weckt. Wo solche Heilung stattfindet, dort kann die Macht der Krankheit eine Macht sein, die zu einem neuen Blick auf das Leben ermutigt. Die Macht der Krankheit wird so zu einer Macht, die hilft, Leben neu zu entdecken.

Predigt über Joh 10,10–11

Predigt in der Campusandacht des Bildungszentrums Elstal am 27.06.2012[1]

Christus spricht:

> »Ich bin gekommen, damit sie das Leben und volle Genüge haben sollen. Ich bin der gute Hirte. Der gute Hirte lässt sein Leben für die Schafe.« (Joh 10,10–11, Luther 1984)

Lust auf Leben. Lust am Leben. Das Leben genießen und es in seiner ganzen Fülle entdecken und auskosten. Als Christin und Christ? Christen sind doch diese Leute die einem immer sagen können, warum das Leben auch dann noch gut sein soll, wenn so wirklich alles schief geht. Die es hinbekommen, einem weißzumachen, dass Leben eigentlich nichts mit Lust und Genuss zu tun haben soll.

Tatsächlich scheint es mir so, als meinten manche und vor allem auch gar nicht so wenige Christenmenschen, dass das mit dem Leben doch eher etwas Mühsames sei und das es dann vielleicht doch das Ziel vom Ganzen sei, getrost und voller Hoffnung auf ein ewiges Leben aus diesem Leben zu scheiden. Und bis dahin, nun bis dahin erfüllen wir unsere Berufung und unsere Pflichten – und wenn wir diese Pflichterfüllung Gott gegenüber nicht bereits als Lebenslust definieren, so ordnen wir ihr die Lebensfülle doch gerne unter.

Die Verkündigung Christi, die uns aus dem Johannesevangelium entgegenkommt, ist mit dieser Vorstellung nicht immer in Übereinstimmung zu bringen. So auch bei diesem Wort des heutigen neutestamentlichen Lehrtextes: »Ich bin gekommen, damit sie das Leben und volle Genüge haben sollen.« Das hat etwas Überschießendes. Nicht nur Leben sollen die Nachfolgerinnen und Nachfolger haben. Das wäre ja schon etwas – ach was sage ich: das wäre *etwas* – das wäre doch schon das Ziel überhaupt. Wer sehnt sich nicht danach endlich zu leben? Aber nein, damit nicht genug: »[...] und volle Genüge« – so übersetzt Luther diese schwierige Aussage, andere Übersetzungen sprechen – wie ich finde sachgemäßer – davon, dass dieses Leben in Fülle, in Gänze, in

---

[1] Das Bildungszentrum Elstal bei Berlin umfasst eine Reihe zentraler Einrichtungen des Bundes Evangelisch-Freikirchlicher Gemeinden in Deutschland K.d.ö.R. Neben der Theologischen Hochschule Elstal sind hier vor allem auch die Bundesgeschäftsstelle des BEFG, das Gemeindejugendwerk (GJW), die Europäisch Baptistische Mission (EBM international) u.a. angesiedelt. Die wöchentliche Campusandacht richtet sich an alle Menschen, die auf dem Gelände des Bildungszentrums leben, studieren und arbeiten.

vollem Umfang, uneingeschränkt erhalten werden soll. Ist das nicht fantastisch – also ich meine: zu fantastisch? Eigentlich kann das doch nur übertagen zu verstehen sein – irgendwie spirituell oder wenigstens auf die himmlische Zeit hinweisend. Weil, nun weil doch unsere Erfahrung uns anderes lehrt. Das Leben ist doch weit davon entfernt in Fülle vorhanden zu sein. Da sind Einschränkungen, Beschränkungen. Da sind all die vielen Wünsche und Ideale, auch und vielleicht gerade die frommen Ideale und Wünsche, die so gar nicht erfüllt sind, und bei denen dann die Fülle natürlich fehlt. Vom Leben, so scheint es, ist man immer wieder entfernt – von der Fülle des Lebens schon ganz und gar. Muss dann das Christuswort nicht irgendwie übertragen verstanden werden?

Vor kurzer Zeit machte in Deutschland ein bemerkenswerter Film Schlagzeilen: Er heißt »Ziemlich beste Freunde«. Dort wird von einem schwerkranken, an den Rollstuhl gefesselten Mann erzählt, der einen neuen Pfleger erhält. Dieser Pfleger ist seinerseits durch massive Schwierigkeiten in seiner Familie, durch begrenzte Bildung und ein mehr als problematisches soziales Umfeld gekennzeichnet. Er zeichnet sich durch einen hohen Grad von Unsensibilität, ja manchmal geradezu Unverschämtheit aus. Aber durch eben diesen Pfleger entdeckt der Kranke wieder seine Lust am Leben und gemeinsam leben sie diese Lust auch aus. Diese neu entdeckte und neu gelebte Lebenslust ist dabei teilweise befremdlich für die Umwelt des Kranken, denn die Umwelt weiß natürlich, wie das Leben des Kranken auszusehen hat.

Ja, es gibt immer wieder und überall Menschen, die wissen und uns verkündigen, wie das Leben auszusehen hat. Sie wollen uns glauben machen, dass Leben doch nur dann und dort stattfinden kann, wo Gesundheit, Erfolg und Schönheit sind. Und leben wir in der gemeindlichen Umwelt so will uns diese Umwelt glauben machen, dass *das* Leben in einer bestimmten Theologie oder Frömmigkeit oder Lebenspraxis bestünde. Alle wollen uns glauben machen, dass es so etwas wie *das* eine ideale Leben gibt und dass man nur lebt, wenn man dieses und genau dieses Ideal des Lebens hat, teilt und erfährt.

In der, im Übrigen auf tatsächlich lebenden Menschen beruhenden, Geschichte von den ziemlich besten Freunden überwinden die beiden miteinander und auch füreinander solche im Letzten lebensfeindlichen Ideale und fragen nach dem, was in ihren Situationen Leben heißt. Und im Miteinander entdecken sie es und leben es aus.

Christus spricht: »Ich bin gekommen, damit sie Leben und zwar in Fülle haben.« Was Christus hier verheißt und wozu er zugleich seine Nachfolgerinnen und Nachfolger einlädt, ist die Entdeckung und Gestaltung dessen, was für jede und jeden Einzelnen eigentlich Leben heißt. Es ist nicht das eine Leben, die eine Form, der eine Inhalt von Leben. Es ist nicht die eine Vorstellung von Leben, die er für uns und mit uns verwirklicht. Es ist eben das Leben, das unser ganz eigenes, unser ganz persönliches, unser ganz individuelles Leben ist. Unser ganz persönlicher Platz auf dem großen Feld der Weide, die er, der große Hirte für uns ausbreitet und mit seinem Leben für uns verteidigt. Es ist nicht das Leben im Stall der genormten Einstellplätze. Es ist das Leben an den vielen verschiedenen Orten eines weiten Feldes – je nachdem, wo es passt. Es ist ein Leben, das unabhängig von dem ist, was uns andere einreden wollen, was Leben heißen soll.

Unmittelbar zuvor spricht Christus von den Dieben und Räubern, die das Leben stehlen, die schlachten und vernichten. Und er meint damit die, die ganz genau wissen, wie Leben auszusehen hat, in seinem Fall sind es die Frommen, die Frömmsten und gelehrtesten Gottesmänner. Formatierung des Lebens tötet. Christus aber sagt: Ich bin gekommen, damit du dein Leben entdecken kannst, leben kannst, genießen kannst, damit du deine Lust am Leben hast.

Wo ich mir so von Christus *mein* Leben in Fülle schenken lasse, dort mache ich eine interessante weitere Entdeckung. Die Entdeckung, dass sich meine Gebete und Bitten verändern. Ich bete und bitte nicht mehr um das, von dem andere mir eingeredet haben, es gehöre doch zu meinem Leben dazu. Ich bete nicht mehr darum, dass Christus mir doch helfe, diese Lebensideale zu erfüllen, die mir irgendwer vermittelt hat. Ich werde stattdessen still und voller Erwartung, was Christus mir für mich an Fülle des Lebens schenken möchte. Christus kommt nicht, um auf- und auszufüllen, was am angeblich idealen Leben noch fehlt. Er kommt, um den innigsten Willen Gottes zur Erfüllung zu bringen: das Miteinander zwischen ihm und uns. Leben in der Fülle ist keine Erfahrung der materiellen oder geistigen oder geistlichen Ausstattung. Es ist auch keine Erfahrung körperlicher oder seelischer Gesundheit. Es ist nicht die Erfahrung, irgendwelche fremdbestimmten Ideale und Lebens- oder Heilsvorstellungen erfüllt zu haben. Es ist vielmehr eine Erfahrung der Begegnung und Beziehung. Fülle ist keine Frage der Ausstattung, des Habens, sondern allein eine Frage der Beziehung. Christus sagt: Ich bin gekommen, damit wir im Miteinander entdecken und erfahren, was dein Leben voll, rund und lebenssatt macht und damit wir dann an deinem Ort, zu deiner Zeit, in deiner Situation meine Lebensfülle zu deiner Erfahrung machen. So wird volles Leben lustvoll und genießerisch erfahren – ganz unabhängig von den äußeren Umständen oder der inneren Befindlichkeit.

Die Erfahrung dieser Lebensfülle und Lebenslust liegt in der Erfahrung der Nähe Christi. Lebensfülle und Lebenslust ist dort, wo uns Christus nahe kommt. Für manche mag das in Gottesdiensten sein, für andere in Klöstern, für andere in der Erfahrung des Miteinanders einer Gemeinde, für noch andere in dem Lesen der Schrift oder der Arbeit. Christenmenschen, die diese Lebensfülle erfahren haben, stehen nicht in Ställen mit normierten Boxen, automatischen Futtertrögen und geordneter Ausrichtung. Sie stehen auf weiten Weiden und zeigen sich gegenseitig die interessanten Orte des Lebens, die sie entdeckt haben. Für diese weiten Weiden steht Christus mit seinem Leben.

Im Film »Ziemlich beste Freunde« stehen beide irgendwann einmal am Rande einer Bergstraße und blicken auf die Massivität und Majestät der unter und vor ihnen liegenden Welt. Dort sind sie angekommen: der unheilbar

Kranke und der, der in seinem Umfeld am Leben immer scheitert. Sie sind angekommen in ihrer Fülle des Lebens. Viele von uns gehen in diesen Tagen in den Urlaub oder wenigstens in eine Zeit, die anders aussieht, als die Normalität des sonstigen Jahres. Vielleicht sind diese besonderen Tage oder Wochen ja eine Gelegenheit, sich Zeit zu nehmen, um dem nachzusinnen, wo Christus uns begegnet. Und diese Orte und Zeiten dann bewusst zu suchen und um dort zu hören: Ich komme zu dir, damit du Leben hast und dieses in Fülle; damit du die Lust am Leben wieder oder ganz neu entdeckst.

AMEN

Predigt über Lukas 8,1

Predigt in der Campusandacht des Bildungszentrums Elstal am 13.02.2013[1]

Ich spreche heute Morgen in dieser Andacht über Lk 8,1:

> »In der folgenden Zeit wanderte er von Stadt zu Stadt und von Dorf zu Dorf und verkündete das Evangelium vom Reich Gottes.«

Ja, das war's schon. Nochmal, es ging so schnell: »In der folgenden Zeit wanderte er von Stadt zu Stadt und von Dorf zu Dorf und verkündete das Evangelium vom Reich Gottes.«

Solche kurzen Verse, die in den Evangelien aber auch der Apostelgeschichte gar nicht selten anzufinden sind, haben in der Exegese einen eigenen Namen: Summarien nennt man sie. In den Evangelien lauten sie immer in etwa wie folgt: »Und Jesus wanderte durch das Land und verkündigte das Evangelium.« Manchmal folgt darauf noch die Ergänzung »... und heilte alle Krankheiten«, was aber genau genommen eine gar nicht notwendige Konkretion bedeutet und eben auch, wie hier in unserem Gotteswort, weggelassen werden kann. Diese Summarien stehen immer zwischen den Berichten größerer Geschehnisse. In unserem Fall ist es die Begegnung Jesu mit einer Sünderin im Hause eines Pharisäers vor diesem Vers und eine längere Gleichnispredigt Jesu danach. Aber da meistens das Große und Besondere den Blick auf sich zieht, übersieht und überliest man diese kleinen Verse der Summarien häufig. Sie erscheinen auf den ersten Blick wie Füllmaterial, das gebraucht wird um zu erklären, was Jesus denn sonst noch so tat, wenn er gerade mal nicht mit Pharisäern stritt oder eine besondere Heilung vollbrachte.

Aber solch eine Bewertung und Beschreibung wird unserem Predigtwort nicht gerecht. Sie verdankt sich dem, was man auf den ersten Blick auch mit dem Begriff der Summe und damit des Summariums verbindet, der Vorstellung einer – ich nenne es mal so – *mathematischen* Summe. Was tat Jesus? Er wanderte durch Städte und Dörfer. Durch eines, ein zweites, ein drittes – Schlussstrich, Summe: durch viele. Was tat er dort? Er predigte einmal, zweimal, dreimal – Schlussstrich, Summe: er predigte überall. Sicherlich, in der

[1] Diese Predigt hielt André Heinze am 13. Februar 2013, nur wenige Tage vor seinem Tod. Seine lange und schwere Krankheit war den Hörerinnen und Hörern bekannt und bewusst und sie bildet damit einen hermeneutischen Rahmen dieser Predigt. André Heinze hat sich mit dieser Predigt von der Hochschul- und Campusgemeinschaft, in der er viele Jahre gewirkt hat, »verabschiedet«.

Botschaft dieses Verses steckt auch diese Information – aber daneben und darüber hinaus auch noch eine ganz andere: Wir können hierin noch anderes und noch mehr hören: Dieses Summarium erzählt und verkündigt nämlich vor allem die *inhaltliche* Summe des Wirkens Jesu. Hier verdichtet sich in einem Satz, was Jesus Christus wollte und tat, was Gott bis heute will und tut.

Diese inhaltliche Summe zeigt uns die ganze Fülle, die ganze Liebe, die ganz Kraft des Willens unseres Herrn. Es ist die bedingungslose, die unbedingte, die sehnsüchtige Zuwendung zum Menschen. Nichts sucht unser Herr so sehr wie die Menschen, um ihnen das Evangelium zu sagen. Alle seine Kraft geht immer und überall dahin, diese Menschen zu erreichen. Der Schöpfer macht sich auf, nachdem sein Geschöpf verwirrt und unsicher geworden ist. Der Hirte macht sich auf, nachdem die Schafe verängstigt und verstreut sind. Er macht sich auf zu uns, damit er uns ganz erreichen kann, damit er sie erreicht, die Menschen, damit er sie aufrichten kann mit seiner frohen Botschaft.

Er sucht sie dort wo sie sind. In ihren Dörfern und Städten, wie es so ganz lapidar in diesem Vers heißt. Romantik, Tourismus, Israelreise? Nein – Alltag pur. So sehr Alltag und nüchternste Normalität, dass Gott sich aufmachen muss zu uns, weil *unser* Alltag und *unsere* Normalität mit ihren selbstverständlichen Lebensnotwendigkeiten keinen Raum zu lassen scheinen, dass *wir* uns aufmachen. Also macht *er* sich auf, uns in unserem Alltag, in unserer Normalität zu begegnen. Dort wo wir vor den Bildschirmen sitzen in der Verwaltung oder der Buchhaltung; wo wir uns um Essen und gute Zimmer kümmern, in den Servicediensten; wo miteinander geplant wird in den Dienstbereichen; wo man in der Bibliothek über Büchern sitzt oder sich im Büro um gute Gedanken und Sätze müht; wo Zimmer zu renovieren sind oder die Grünanlagen gepflegt werden, beim Hausmeisterteam. Dort geht er hin, unser Herr, in seiner Menschenfreundlichkeit mit seinem Evangelium, das er zuspricht.

Er sucht die Menschen auf, wo sie sind und er sucht sie auf, wie sie sind. Das Irritierende an diesen Summarien ist oft, dass dort keine konkreten Ansprechpartner genannt sind. So ja auch nicht in unserem Wort. Während in den großen Geschichten die Menschen Namen – Zachäus, Maria, Martha, Lazarus – und auch eine Geschichte haben – sie sind krank, Sünder, Zöllner etc. -, so fehlt das naturgemäß in den Summarien. Hier geht unser Herr zu denen, die in der Öffentlichkeit namenlos sind und auch bleiben können. Aber zu denen geht er. Man muss kein Zachäus sein, keine Maria Magdalena, man muss nicht an schwerer Krankheit und Versehrtheit leiden, jahrelang am Teich Bethesda liegen oder sich als Nikodemus zeigen, damit Gott mir sein Evangelium sagt. Er geht zu denen, die in der Öffentlichkeit nie einen Namen erhalten werden, weil sie nichts Besonderes haben und sind, mit dem man die Öffentlichkeit beeindrucken könnte.

Diesen Namenlosen im Alltageschehen ihrer Normalität verkündet er das Evangelium vom Reich Gottes. Er verkündet die Botschaft vom angebrochenen Reich Gottes. Er verkündet die Wahrheit und Wirklichkeit, dass dieses Reich

Gottes nun auch in unserem ganz normalen Leben an- und aufbrechen will und soll; eine Wahrheit und Wirklichkeit von dem Geschenk der liebenden und bergenden und helfenden Gegenwart Gottes. Diese Gegenwart Gottes stellt unser Leben in ein neues Licht und dreht alle Wertungen um, die andere und wir selbst darüber fällen, in die eine Aussage: »Du bist mein geliebtes Kind.« In der Wirklichkeit dieses Reiches Gottes erfährt das Leben einen festen Grund, der von niemand anderem als dem Schöpfer selbst gelegt ist. Das eigene Leben ruht auf dieser Gabe der Geborgenheit in dem, der selber Leben ist. Im Evangelium erreicht uns die Nähe von dem, der sich nichts sehnlicher wünscht, als dass er unser Leben mit allem, was es ausmacht tragen kann und es durchfluten kann mit seiner Fülle, seinem Licht, seiner Freude, seiner Zuversicht.

Wo und wie kommt diese Botschaft heute zu uns? Sie kommt selten so, wie wir sie erwarten. Die Berichte von Jesus zeigen immer wieder, dass er gerade die Erwartungen an ihn entäuscht. »So müsste, könnte, sollte er doch sein. Dies und das, das sollte er doch tun.« Nein, so nicht. Stattdessen wird – manchmal plötzlich, manchmal nach und nach – entdeckt, dass von ihm Worte des ewigen Lebens, überraschende Heilung, Sündenvergebung, Nähe in Trauer und Schmerz ausgehen und nahe sind. Wer etwas Bestimmtes erwartet, schaut unter Umständen die ganze Zeit an dem vorbei, der bereits neben ihr oder ihm steht und nur entdeckt werden möchte. Die frohe Botschaft vom Reich Gottes mitten im Alltag meiner Namenslosigkeit will mir die Nähe und Freundlichkeit unseres Gottes so aufdecken, wie ich sie in diesem Moment brauche und auch in meinem Leben wahrnehmen kann. So geht Jesus zu den Menschen und der Geist Gottes setzt in den Menschen seiner Nachfolge diesen Weg zu den Menschen bis zu uns hin fort. Entdecken wir, was andere Menschen uns tun und was uns gut tut; gut tut im Innern, in unserer Seele, unserem Geist, aber auch unserem Körper. Wo wir dies entdecken, dort haben wir vielleicht das Evangelium gehört – jetzt, in unserer Situation und ganz persönlich; häufig nicht spektakulär, klein, nur für uns erkennbar. Aber wie oft sind es im Alltag gerade diese scheinbar nur kleinen Erfahrungen von Nähe, Güte, Zuwendung, von Gutem, die helfen und neu aufrichten.

»In der folgenden Zeit wanderte er von Stadt zu Stadt und von Dorf zu Dorf und verkündete das Evangelium vom Reich Gottes.« In diesem Gotteswort können wir tatsächlich auch die inhaltliche Summe des Wirkens Jesu hören. Der sich aufmacht aus seinem Himmel, um die namenlos Bleibenden in der Normalität ihres Alltags zu besuchen und ihnen das Evangelium vom Reich Gottes zu verkündigen – dieses Evangelium: Dass Gott uns in der Begegnung mit ihm das Leben gibt und unser Leben damit umgibt und trägt – auf ganz vielfältige Arten und Weisen, die immer wieder neu zu entdecken sind.

So verstanden kann dieses kleine Gotteswort uns als Wort der Zuversicht, der Erwartung und des Trostes begleiten.

AMEN

Theologie

Die Wahrheit

Die Wahrheit ist nie bei den Siegern,

auch wenn sie noch so sehr auf der Seite der Gewinner sind.

Die Wahrheit ist stets dort,

wo die sind, die das Leben zulassen,

ein Leben das frei ist zur Begegnung mit dem Fremden,

mit dem, dem das Leben selber so fremd ist,

dass er es zerstören muss.

Herausforderung zur Theologie

Beobachtungen am 3. Johannesbrief und Überlegungen für die Gegenwart[1]

1. Einleitung

Häufig bieten gerade die Briefe im Neuen Testament Gelegenheit, in die Situation einer Gemeinde zur Zeit des frühen Christentums Einblick zu nehmen. Dies ist nicht nur für den Historiker von Interesse, sondern auch für diejenigen, die sich heute um das Leben in den Gemeinden mühen. Zwar sicherlich nicht so, als könnte man die Konflikte der damaligen Zeit und ihre Lösungen direkt auf heute übertragen. Dies würde aus den Texten des Neuen Testaments eine Dienstanweisung machen, die wie alle solche Anweisungen in der Gefahr stehen, vorschnell die Situationen der damaligen mit denen der gegenwärtigen Gemeinde gleichzusetzen. Allerdings lassen sich durchaus aus den neutestamentlichen Berichten vom Mühen um ein dem Evangelium gemäßes Gemeindeleben grundsätzliche Linien aufzeigen, auf denen bis heute Konflikte entstehen und Lösungen für sie gefunden werden können. Hierzu wird es aber notwendig sein, sich zu vergegenwärtigen, dass eine in einem Brief des Neuen Testaments geschilderte Situation immer schon eine Vorgeschichte hatte, die dann erst zu den uns berichteten Äußerungen und Reaktionen geführt hat.[2]

---

1 Dieser Beitrag wurde erstmals veröffentlicht in ThGespr 27 (2003), 91-103.

2 Die Relevanz solcher Vorgeschichten ist im Zusammenhang etwa des Verständnisses der paulinischen Briefe nach Korinth oder Galatien durchaus selbstverständlich. Sie nicht wahrnehmen zu wollen, würde die grundsätzliche Verankerung der Botschaft in einer historischen Situation leugnen und damit dem Charakter z.B. der neutestamentlichen Briefe nicht gerecht werden. Freilich ist die Suche nach solch einer Vorgeschichte nur mit höchstem Respekt vor dem Text der Schrift erlaubt, öffnet sich ansonsten doch Tür und Tor für allerlei Spekulationen. Der Maßstab für diese Suche nach dem Hintergrund kann nur darin bestehen, ob sie den überlieferten Text nachvollziehbar verständlicher macht. Der Exeget tut gut daran, wenn er sich bewusst bleibt, dass die von ihm gefundene Vorgeschichte bei aller Begründung doch immer nur eine Wahrscheinlichkeit bleibt. Die Aufforderung zum Verstehen zwingt dazu, das zu erhellen, was wir zunächst nicht wissen, der Respekt vor der Geschichte aber nötigt zu der Feststellung der immer auch gegebenen Vorläufigkeit dieser Erkenntnisse. Falsch aber wäre es, aus dieser Feststellung zu folgern, man solle doch einfach bei dem vordergründig Erkennbaren stehen bleiben. Wer so argumentiert übersieht die geschichtliche Distanz zwischen der neutestamentlichen und der gegenwärtigen Zeit und macht aus den Schriften erneut Handlungsanweisungen.

Der 3. Johannesbrief[3] schildert eine Situation, in der ein die Gemeinde tief bewegender Konflikt zu einem scheinbaren Ende gekommen ist. Es scheint auf den ersten Blick nur eine Episode zu sein, um die es hier geht. Doch zeigt sich diese beim näheren Hinschauen doch als Resultat einer gravierenden Auseinandersetzung in den frühen Gemeinden.

Nun gehört der 3. Johannesbrief – obwohl er so kurz ist – nicht unbedingt zu den häufig und intensiv gelesenen Büchern des Neuen Testaments. Vielleicht ist er auch so kurz, dass man ihn eher überblättert. Genau genommen ist er mit 219 Wörtern das kürzeste Schreiben im Neuen Testament, etwa ein Drittel kürzer als der Philemonbrief und nur halb so lang wie der Judasbrief. Er war lange Zeit ein umstrittenes Buch. Bis in das vierte Jahrhundert hat es gedauert, bis man ihn in den meisten Kirchen in den Kanon aufnahm. Eigentlich ist es letztlich allein die Annahme, diese Schrift sei vom Apostel Johannes verfasst, die ihr den Weg dorthinein ebnete. Doch diese apostolische Verfasserschaft war bis in das 3. Jhdt. n. Chr. hinein umstritten.[4] Fast könnte man sagen, dass die Überzeugung von seiner apostolischen Wertigkeit mit dem Abstand zur Abfassungszeit beständig wuchs. Über diesen Zeitpunkt lässt sich aber, ebenso wie über den Abfassungsort oder den Verfasser, aus dieser kurzen Schrift nur wenig Konkretes gewinnen. Nicht umsonst werden die sogenannten Einleitungsfragen meist im Zusammenhang aller drei Johannesbriefe und meist auch noch unter Einschluss des vierten Evangeliums behandelt. Aber im Folgenden soll es nicht um diese Diskussion gehen, sondern um die schwierige Situation innerhalb des johanneischen Gemeindebundes[5] und

---

[3] Übersicht über die Kommentare zu den Johannesbriefen: JOHANNES BEUTLER, Die Johannesbriefe, Regensburg 2000 (= RNT 8); HANS-JOSEF KLAUCK, Der zweite und dritte Johannesbrief, Neukirchen/u.a. 1992 (= EKK XXIII/2); RUDOLF SCHNACKENBURG, Die Johannesbriefe, Freiburg i.B./u.a., [7]1984 (= HThK.NT XIII/3); GEORG STRECKER, Die Johannesbriefe, Göttingen 1989 (= KeK 14); WERNER VOGLER, Die Briefe des Johannes, Leipzig 1993 (= THKNT 17); FRANÇOIS VOUGA, Die Johannesbriefe, Tübingen 1990 (= HNT 15/III); KLAUS WENGST, Der erste, zweite und dritte Brief des Johannes, Gütersloh [2]1990 (= ÖTK 16).

[4] Sehr informativ, vor allem durch das angemessene Referat der frühkirchlichen Bezeugungen, hierzu KLAUCK, Johannesbrief (s. Anm. 3), 9-14. Ausführlicher STRECKER, Johannesbriefe (s. Anm. 3), 11-19.

[5] Die Feststellung, dass im Hintergrund der johanneischen Schriften mit einer Gruppe von Gemeinden zu rechnen ist, die innerhalb der Entwicklung der frühen Christenheit eine eigenständige Entwicklung erlebten, sollte heute nicht mehr umstritten sein. Wesentlich kritischer ist allerdings mit dem Begriff der *johanneischen Schule* umzugehen. Die Anfragen, die MARCO FRENSCHKOWSKI, Pseudepigraphie und Paulusschule, in: FRIEDRICH WILHELM HORN (Hrsg.), Das Ende des Paulus, Berlin 2001 (= BZNW 106), 239-272, an die Vorstellung einer paulinischen Schule heranträgt, treffen mutatis mutandis auch auf die angebliche johanneische Schule zu. Zur Diskussion um die nicht zuerst aber dann sehr wirkungsmächtig von ERNST KÄSEMANN, Jesu letzter Wille nach Johannes 17, Tübingen [4]1980, aufgeworfene Frage, ob das johanneische Christentum als eine sektiererische Gruppe im Konzert der frühchristlichen Gruppen anzuse-

die möglichen Ursachen hierfür. Um sie zu verstehen, ist zunächst ein Blick auf den Aufbau des Schreibens hilfreich.

2. Der Aufbau des 3. Johannesbriefes

V1 beginnt mit dem obligatorischen Eingangsgruß. Diesem entspricht am Ende in V15 der Abschiedsgruß, dem mit V13–14 noch zusätzliche ausleitende Aussagen, u.a. mit der Ankündigung eines erhofften Besuches, vorangestellt sind. Diese Verse bieten somit den brieflichen Rahmen. Die direkte Anrede des Absenders, der sich nur als ὁ πρεσβύτερος (ho presbýteros – der Presbyter) bezeichnet, an den namentlich genannten Gaius deutet zunächst auf einen privaten Brief hin.

V2 bietet zunächst einen allgemeinen Wohlergehenswunsch, an den sich in V3 ein Lob des Gaius anschließt. Dieses Lob ist in die Aussage von der Freude des Presbyters über Gaius verpackt, die ihren Grund in dessen Wandeln in der Wahrheit hat. Hiermit ist nicht allein die Rechtgläubigkeit des Gaius gemeint, sondern vor allem auch sein daraus erwachsendes Tun. Zu beachten ist an dieser Stelle bereits die Erwähnung der Brüder, durch deren Bericht der Presbyter erst von dem guten Tun des Gaius erfahren hat. V4 weitet den Blick über den angesprochenen Gaius hinaus: Der Presbyter freut sich darüber, wenn seine Kinder in der Wahrheit leben. Diesem Lob in VV3.4 korrespondiert nun die Aufforderung von V11, dem Guten und nicht dem Bösen zu folgen. Dort findet sich auch sehr schön die typisch johanneische Verbindung von Rechtgläubigkeit und rechtem Tun, von Orthodoxie und Orthopraxie: Wer Gutes tut, der ist aus Gott, wer Böses tut, hat Gott nicht gesehen.[6] So gesehen rahmen VV2–4 und V11 den nächsten Abschnitt VV5–10.[7]

Hier bieten VV5.6 zunächst ein erneutes Lob des Gaius, das mit seiner Gastfreundschaft für die Brüder begründet wird. Mit diesen, so konkretisieren VV7.8, sind Wanderprediger gemeint. Es handelt sich um christliche Missionare, die sich ganz auf die Unterstützung der Gemeinden verlassen, da sie von den Heiden nichts annehmen.[8] Also ist es gut und recht, aber eben auch notwendig, sie zu unterstützen.

---

hen ist, vgl. die Arbeit von Jörg Augenstein, Das Liebesgebot im Johannesevangelium und in den Johannesbriefen, Stuttgart 1993 (= BWANT 134), der anhand der Untersuchung des für die johanneischen Gemeinden zentralen Liebesgebotes die Überlegung einer Binnenethik zurückweist.

6 Vgl. 1Joh 2,29; 3,10; 4,10f. u.ä.

7 Ein hilfreiches Mittel zur Gliederung ist neben den inhaltlichen Bezügen auch die Beobachtung der Verwendung *Geliebter* am Beginn der VV2.5.11. Sie zeigen einen jeweils neuen Einsatz in der Argumentation.

8 Vgl. Strecker, Johannesbriefe (s. Anm. 3), 364: »Es ist daran zu denken, dass christliche Gemeinden im Land verstreut sind und Stützpunkte für die Wanderprediger darstellen können. Die christlichen Missionare [...] lehren nicht aus Eigennutz,

Diese Unterstützung scheint aber nicht ganz selbstverständlich zu sein, wie aus den VV9.10 zu erfahren ist: In einer anderen Gemeinde,[9] die dem Presbyter und auch Gaius bekannt ist, wird sie nicht mehr praktiziert. Plötzlich und scheinbar ganz unvermittelt taucht hier ein neuer Name auf: Diotrephes. Der muss dem Gaius wohlbekannt sein, denn es scheint nicht nötig, ihn weiter einzuführen. Allerdings sieht sich der Presbyter genötigt, das Verhalten dieser Person näher zu beschreiben. Dabei wird deutlich: So gut, wie er auf Gaius, so schlecht ist der Presbyter auf Diotrephes zu sprechen. Diese ganz unterschiedliche Bewertung erfolgt dabei aufgrund desselben Maßstabes. Sowohl in VV5–8, als auch in VV9.10 geht es um den Umgang mit den umherziehenden Verkündigern. Während aber Gaius nach allgemeinem Urteil mit diesen gut umgeht, handelt Diotrephes genau entgegengesetzt. Gaius steht für den guten, Diotrephes für den schlechten, unangemessenen Umgang mit ihnen.

Die antithetische Parallelität in diesen Versen zeigt sich auch darin, dass der Presbyter sowohl bei Gaius, als auch bei Diotrephes sehr persönlich argumentiert. Der erste gehört zu *seinen Kindern*, während der zweite ihn nicht annimmt. Zwar ist hier nicht an eine persönliche Begegnung gedacht, da der Presbyter mit dem Plural *uns* seine Anhängerschaft umgreift, doch unterstreicht diese Formulierung nur noch mehr, dass er eine Ablehnung seiner Abgesandten auch als eine Zurückweisung seiner selbst begreift.[10] Seine gute Beziehung zu Gaius ist geradezu die helle Folie für seine schlechte Beziehung

---

sondern um der Wahrheit willen. Daher dürfen sie auch die brüderliche Liebe in Anspruch nehmen, umso mehr, als alle Christen zur Mitarbeit für die Wahrheit verpflichtet sind.«

[9] Es deutet nichts darauf hin, dass Diotrephes ein Glied der Gemeinde des Gaius ist. Diese Annahme würde eine ganze Reihe von zusätzlichen Problemen aufwerfen. Wie sollte Gaius, der die Abgesandten des Presbyters aufnimmt (V5), noch Glied einer Gemeinde sein, in der Diotrephes eben die Glieder, die das tun, ausschließt (V10)? Dies ginge nur, wenn entweder der Presbyter mit Gaius ein *ehemaliges* Gemeindeglied anschreibt (vgl. VOGLER, Briefe [s. Anm. 3], 200: »ehemaliges Gemeindeglied«) oder wenn der Presbyter mit Gaius einen innergemeindlichen Widerpart gegen Diotrephes unterstützen oder aufbauen möchte (so im weitesten STRECKER, Johannesbriefe [s. Anm. 3], 358f.; KLAUCK, Johannesbrief [s. Anm. 3], 100ff.; SCHNACKENBURG, Johannesbriefe [s. Anm. 3], 328). Alle diese Vorstellungen haben aber keinen zwingenden Anhalt im Text. Die Feststellung von WENGST, Brief (s. Anm. 3), 249, dass Gaius zur Gemeinde des Diotrephes gehören müsse, da V9 keinen Ort von dessen Gemeinde angebe, ist ausgesprochen schwach: Die anzunehmende zwischengemeindliche Kommunikation (s.u.) wird dazu beigetragen haben, dass Gaius sehr wohl allein über die Namensnennung des dortigen Verantwortlichen wusste, um welche Gemeinde es sich handelt. Ganz richtig deshalb VOUGA, Johannesbriefe (s. Anm. 3), 91, der aus der Feststellung, dass der Presbyter Gaius über die Vorgänge überhaupt erst informiert, folgert, »dass Gaius und Diotrephes zu zwei verschiedenen Kreisen gehören.«

[10] Ganz richtig STRECKER, Johannesbriefe (s. Anm. 3), 368f., der darauf hinweist, dass das *Wir* mit dem *Ich* wechselt.

zu Diotrephes. Über die Gründe hierzu wird gleich ausführlicher zu sprechen sein. Zuvor aber noch die letzten Anmerkungen zum Aufbau.

Machte der Brief bis hierher einen recht geschlossenen, ja fast abgeschlossenen Eindruck, so fällt V12 zunächst aus diesem Rahmen heraus. Hier taucht – wieder ganz unvermittelt – eine vierte Person auf: Demetrius. Der ganze V12 ist eine einzige, großartig begründete Empfehlung für ihn. Ein dreifaches Zeugnis wird für ihn abgelegt: von jedermann, von der Wahrheit und von dem Verfasser, der hier im Plural spricht, womit er seine Autorität unterstreicht. In diesem Vers darf der eigentliche Anlass des Briefes vermutet werden. Es geht um die Empfehlung eines Abgesandten des Presbyters in die Gemeinde des Gaius. Von dieser Beobachtung aus erhält der Brief nun einen doppelten Inhalt. Der erste und eigentliche ist in VV1–4.11–15 zu vermuten. Er enthält neben Eingangs- und Ausgangsgruß die Empfehlung des Demetrius. Der zweite liegt in dem – im Verhältnis zum Umfang des Briefes – langen Einschub VV5–10 vor. Er ist eine Anklage an das Verhalten des Diotrephes, dem Leiter einer anderen Gemeinde, dem der angeschriebene Gaius positiv entgegengesetzt wird. Ob diese Gegenüberstellung nur eine allgemeine Klage über einen abtrünnigen Gemeindeleiter ist oder ob sie eingefügt ist, um Gaius zur Treue gegenüber dem Presbyter zu bestärken, kann nicht letztlich geklärt werden.

3. Die Hintergründe des Schreibens

3.1 Die Notwendigkeit der Empfehlung

Für das Verständnis der Auseinandersetzung, die im Hintergrund des 3. Johannesbriefes liegt, ist es wichtig, sich den Grund für diese intensive Empfehlung zu verdeutlichen. Es war schon deutlich, dass das Verhalten gegenüber den Wanderpredigern in diesem Schreiben einen großen Raum einnimmt. Die sind im Neuen Testament nichts Unbekanntes. Als Traditionsträger, Lehrer und vor allem Missionare sind sie im Hintergrund der palästinischen Gemeinden anzunehmen, sie begegnen uns in den Gemeindegesandten des Paulus,[11] sie tauchen als Abgesandte der Jerusalemer Gemeinde auf,[12] und mit ihnen ist auch im Miteinander der sogenannten johanneischen Gemeinden zu rechnen. Durch sie bildet sich innerhalb der Gemeinden und auch der verschiedenen Gemeindegruppen ein gut funktionierendes Informationsnetzwerk. Die Lehre der Autoritätspersonen dieser Gruppen fließt zu den Gemeinden und ihren Verantwortlichen, gleichzeitig kommen Informationen über diese auch zu-

---

[11] Grundlegend hierfür immer noch Wolf-Henning Ollrog, Paulus und seine Mitarbeiter, Neukirchen 1979 (= WMANT 50).

[12] Vgl. z.B. Gal 2,12.

rück.[13] Es ist durchaus denkbar, dass die Informationen, die der Presbyter über Gaius und auch Diotrephes hatte, ihn durch solche ›Brüder‹ erreichten. Hierdurch wird das Miteinander der Gemeinden gestärkt, gleichzeitig aber auch eine theologische Identität vorangetrieben.[14]

In den ersten 100 Jahren ist eine sehr große Anzahl unterschiedlichster christlicher Verkündiger in den Gemeinden anzunehmen. Doch genau in dieser Vielfalt liegt ein Problem: Was ist eigentlich christliche Verkündigung? Mit der Vielzahl der umherziehenden Prediger taucht das Problem ihrer Rechtgläubigkeit auf. Ist eine neue Lehre eine Botschaft Gottes, die die Gemeinde voranbringt oder handelt es sich um ein Abdriften von der Linie dessen, was sich in der Gemeinde Jesu durchsetzen soll?

Die Probleme, die diese Vielfalt mit sich brachte, kommen uns an manchen Stellen im Neuen Testament entgegen: Es genügen hier die Stichworte des antiochenischen Konfliktes zwischen Paulus und Petrus (Gal 2), des Apostelkonzils (Apg 15), der Auseinandersetzung zwischen Paulus und den Johannesjüngern (Apg 19). Auch die synoptischen Evangelien scheinen solche Anfragen zu reflektieren, so etwa wenn die Jünger des Zwölferkreises nach denjenigen fragen, die im Namen Jesu heilen, aber angeblich nicht zu Jesus gehören (Mk 9,38; Lk 9,49). Nicht zuletzt ist hier auch das sogenannte johanneische Schisma zu nennen, dass in 1Joh 2 thematisiert wird.

All das sind nur die Konflikte zwischen Christen unterschiedlicher Prägung und Überzeugung, die uns ganz offen in den neutestamentlichen Schriften berichtet werden. Wer in den Bereich der nichtkanonischen Schriften des zweiten Jahrhunderts hineinschaut, der erkennt dort noch eine Fülle anderer potentieller und tatsächlicher Konfliktherde – man lese die natürlich an dieser Stelle sehr tendenziöse aber dennoch informative Kirchengeschichte des Euseb. Auch hier genügen Stichworte: die sogenannte christliche Gnosis, die chiliastisch-apokalyptischen und die enthusiastisch-charismatischen Strömungen.[15] Wer sich das vergegenwärtigt, kommt nicht um die Feststellung umhin, dass es nur eine fromme Legende sei, die Zeit der ersten Christen als eine Epoche zu bezeichnen, die in Fragen der Theologie und der Frömmigkeit klar und eindeutig gewesen sei. Paulus würde über solche Behauptungen nur leise lächeln. Die ersten Jahrhunderte sind vielmehr eine Zeit intensivster theolo-

---

13 Dieser Kommunikationsvorgang ist für die paulinischen Gemeinden sehr schön beschrieben von REINHOLD RECK, Kommunikation und Gemeindeaufbau. Eine Studie zu Entstehung, Leben und Wachstum paulinischer Gemeinden in den Kommunikationsstrukturen der Antike, Stuttgart 1991 (= SBB 22).

14 Vgl. KLAUCK, Johannesbrief (s. Anm. 3), 91, der betont, dass diese umherziehenden Brüder neben der Mission noch eine weitere Funktion hatten: »Wenn die Brüder christliche Gruppen im Umland aufsuchen, dient das auch der Stärkung des inneren Zusammenhalts der johanneischen Christenschar«.

15 Vgl. hierzu z.B. die Untersuchung von WOLFRAM UEBELE, Viele Verführer sind in die Welt ausgegangen. Die Gegner in den Briefen des Igantius von Antiochien und in den Johannesbriefen, Stuttgart 2001 (= BWANT 151).

gischer Auseinandersetzungen und Debatten, in der sich das, was wir heute als christlich kennen, erst langsam und durchaus unter Mühen durchgesetzt hat.

Der 2. Johannesbrief thematisiert diese Problematik sehr massiv. Dort schreibt der Presbyter – es ist davon auszugehen, dass er identisch ist mit dem des 3. Johannesbriefes – an eine oder mehrere Gemeinden und gibt ihnen Regeln für den Umgang mit diesen umherziehenden Wanderpredigern mit. Er bemüht sich dabei um eine theologische Abgrenzung: Verführer und damit ein Irrlehrer ist danach, wer nicht bekennt, dass Jesus Christus im Fleisch kommt (2Joh 7). Wer dies nicht lehrt, dem darf man nach den Aussagen des 2. Johannesbriefes kein Gastrecht gewähren, ja man soll ihm sogar jeglichen Gruß verwehren (2Joh 10). Wer dies nicht tut, macht sich mitschuldig (2Joh 11).

Um sich der Rechtgläubigkeit eines solchen Wanderpredigers sicher sein zu können, hat es schon recht früh Empfehlungsbriefe gegeben. Sie sollten klar stellen, dass dem Überbringer zu trauen ist, dass er in der Autorität des Absenders auftritt. Auch dieses lässt sich an anderen Stellen des Neuen Testaments beobachten.[16] Und wie oben deutlich wurde ist der 3. Johannesbrief in seiner Intention zunächst einmal genau solch ein Empfehlungsschreiben des Presbyters für Demetrius, der ihn zu Gaius und dessen Gemeinde sendet. Die Kritik an Diotrephes entzündet sich dagegen daran, dass eben solche und wahrscheinlich doch auch mit Empfehlungsschreiben versehene Abgesandte durch ihn nicht anerkannt wurden. So wird im Hintergrund des 3. Johannesbriefes ein Gemeindebund aus einer uns unbekannten Zahl von Gemeinden erkennbar, die untereinander durch umherziehende Prediger kommunizierten.

3.2 Der Konflikt zwischen Diotrephes und dem Presbyter

Doch die mögliche Harmonie des Miteinanders dieser Gemeinden scheint gestört. Und zwar in diesem Fall nicht von außen, sondern von innen. Die Autorität des Presbyters wird durch Diotrephes nicht anerkannt. Aus VV9.10 sind fünf Vorwürfe erkennbar, die letzterem gemacht werden: 1) Diotrephes akzeptiert die Empfehlungsschreiben für Abgesandte des Presbyters nicht.[17] 2) Diotrephes redet schlecht über den Presbyter. 3) Diotrephes nimmt die Abgesandten des Presbyters nicht bei sich auf. 4) Diotrephes verbietet seinen Gemeindengliedern, solche Abgesandten aufzunehmen. 5) Diejenigen, die dieser

---

16 Vgl. z.B. Apg 15,23ff. Die Problematik dieser Empfehlungsschreiben wird sehr schön in 2Kor 3,1ff. thematisiert.

17 Zur Diskussion, ob mit dem in V9a erwähnten Schreiben der 2Joh gemeint sei (so z.B. Strecker, Johannesbriefe (s. Anm. 3), 357f.368; Vouga, Johannesbriefe (s. Anm. 3), 90f., als Möglichkeit) oder aber uns unbekannte Empfehlungsschreiben (so z.B. Wengst, Brief [s. Anm. 3], 248; Beutler, Johannesbriefe [s. Anm. 3], 180f.; Schnackenburg, Johannesbriefe [s. Anm. 3], 326) vgl. Klauck, Johannesbrief (s. Anm. 3), 99f.

Anordnung zuwider handeln, werden von Diotrephes aus der Gemeinde herausgeworfen.

Bemerkenswert bei all dem ist, dass der Presbyter an keiner Stelle die Gründe für die Ablehnung durch Diotrephes referiert oder wenigstens andeutet. Der Vorgang an sich erscheint ihm kritikwürdig, eine inhaltliche Beschäftigung dagegen weder notwendig noch wert zu sein. Diese Feststellung gilt aber nicht allein in Bezug auf die möglichen Gründe des Verhaltens von Diotrephes. Sie gilt gleichermaßen für den Anspruch des Presbyters. Auch über diesen scheint er gar nicht reden zu müssen. Er ist ihm selbstverständlich und es scheint, als könne er ihn als solchen auch bei Gaius voraussetzen. Besonders der letzte Vorwurf zeigt in seiner Formulierung, wie skandalös der Presbyter das Vorgehen seines Kontrahenten bewertet. Er verwendet mit ἐκβάλλειν (ekbállein – herauswerfen) einen Begrifff, der im johanneischen Kontext einen ganz besonderen Klang hat. Er wird im Evangelium (Joh 9) zur Beschreibung des Verhaltens der Juden benutzt, die den von Jesus geheilten Blinden aus der Synagogengemeinschaft *herauswerfen*. Damit handeln sie genau entgegengesetzt zu Jesus, der nach Joh 6 niemanden, der zu ihm kommt, *hinauswerfen* wird (Joh 6). Mit diesem Begriff verbindet sich im johanneischen Bereich somit die Beendigung der Glaubensgemeinschaft. Genau die verweigert Diotrephes nach dem Referat des Presbyters denjenigen, die als seine Boten kommen und verhält sich damit wie die Juden, die den von Jesus geheilten Blinden *hinauswerfen*.[18] Ein aus der Sicht des Presbyters – und wahrscheinlich auch des Gaius – ungeheuerlicher Vorgang.[19]

Denkt man sich aber in die Sicht des Diotrephes hinein, bietet sich ein ganz anderes Bild. Aus seinem Blickwinkel wird er wohl von sich sagen, dass er nur konsequent zum Schutz seiner Gemeinde gehandelt habe. Aus irgendeinem Grund hat er die Empfehlungen des Presbyters nicht akzeptieren können. Da er diese Ablehnung begründen musste, wird es dabei ganz natürlich zu Vorwürfen gegenüber dem Presbyter gekommen sein. Üble Nachrede aber ist das nur aus der Sicht des Abgewiesen, also des Presbyters. Dass Diotrephes diese Gesandten nicht in sein Haus aufgenommen hat, ist wiederum nur konsequent. Gleiches muss er natürlich seinen Gemeindegliedern verbieten. Die Verantwortung für sie gebietet es, sie vor möglichen glaubensschädlichen Einflüssen fern zu halten. Und wer sich dem widersetzt, der hat nach 2Joh 11 Teil an den bösen Werken der Irrlehrer – und damit selbst-

---

18 Vgl. STRECKER, Johannesbriefe (s. Anm. 3), 369: Das Verb »bezeichnet denn Akt des Ausstoßens aus der Gemeinde, analog der jüdischen Disziplinarmaßnahme des Synagogenbanns«.

19 Es genügt hier demnach nicht anzunehmen, der Presbyter mache allein den Vorwurf einer nicht gewährten Gastfreundschaft. Zu ihrer Bedeutung vgl. KLAUCK, Johannesbrief (s. Anm. 3), 95ff. Er führt ganz richtig aus, dass diese allgemeine Selbstverständlichkeit aber in Fragen der Rechtgläubigkeit ihre Grenzen hatte. Genau dies liegt hier vor: Demetrius fordert zur Verweigerung der Gastfreundschaft auf, da der Vorwurf der Irrlehre im Raum steht.

verständlich nichts in der Gemeinde zu suchen. Es ist gerade der 2. Johannesbrief, der das Verhalten des Diotrephes zu legitimieren scheint. Die vom Presbyter in 2Joh 9–11 gegebenen Anweisungen verwendet Diotrephes nun gegen ihn selber. Je nach Blickwinkel wechselt die Bewertung der in den VV9.10 aufgeführten Handlungsweise völlig. Der Presbyter erkennt hierin eine Zurückweisung seines rechtgläubigen Einflusses, Diotrephes aber könnte argumentieren, dass er der Gefahr der Verführung zum Schlechten wehren muss und hätte dabei die Anweisungen des 2. Johannesbriefes auf seiner Seite.

Selbstverständlich erhält der Konflikt hierdurch eine Dimension, die weit über einen persönlichen Streit hinausreicht. Da Diotrephes die Boten anderer johanneischer Gemeinden nicht zu Wort kommen lässt, blockiert er den gegenseitigen Informationsaustausch. Hierdurch ist die Gemeinde des Diotrephes dabei, sich aus der Gemeinschaft der johanneischen Gemeinden zu verabschieden. Der johanneische Gemeindebund ist in der Gefahr auseinander zu brechen.

Wie konnte es aber so weit kommen, dass sich Diotrephes mit den Anweisungen des 2. Johannesbriefes gerade gegen den Absender dieses Briefes auflehnt, sodass er im 3. Johannesbrief so massiver Kritik ausgesetzt wird? Es war aufgefallen, dass in V9 keinerlei Grund für die Ablehnung des Presbyters durch Diotrephes genannt wurde. Um diese Lücke im Brief zu füllen, wird eine ganze Reihe von Erklärungen angeboten, die unter drei Gesichtspunkten skizziert werden können. Es gibt Erklärungen, die sich an der Person des Diotrephes entzünden, solche, die sich an Fragen der Kirchenpolitik festmachen und schließlich solche, die in einem grundlegenden theologischen Konflikt die Ursache des Streites sehen.

Zum Ersten: Die in der traditionellen Auslegung am häufigsten zu findende Erklärung lässt sich folgendermaßen zusammenfassen: Diotrephes ist ein selbstgerechter Emporkömmling, der sich ungerechtfertigterweise gegen die geistliche Autorität des Presbyters auflehnt, den man hierbei am besten sogar noch mit dem Apostel gleichsetzt. Argumente, die hierfür genannt werden, sind z.B. sein Name, der eindeutig heidnisch ist: ›von Zeus genährt‹. Wer diesen Namen nicht ablege, der könne doch gar nicht auf der richtigen Seite stehen.[20] Auch die vom Presbyter für Diotrephes gewählte Beschreibung ὁ φιλοπρωτεύων αὐτῶν Διοτρέφης (ho filoprōteúōn autōn Diotréphēs – »Diotrephes, der unter ihnen der erste sein will«) in V9 passt hier wunderbar: Diotrephes sei einer, der Führung und Macht anstrebt, er liebe es, der Erste zu sein. So wird er in der Sicht dieser Kommentatoren zu einem Gemeinde-

[20] So in der Exegese schon seit Hieronymus, allerdings auch bis hinein ins 20. Jahrhundert, vgl. George G. Findlay, Fellowship in the Life Eternal: An Exposition of the Epistles of St. John, London 1909, 41f.; Alfred Loisy, Les épîtres dites de Jean, in: Ders., Le Quatrième Évangile, Paris [2]1921, 589.

tyrann, der seine Gemeindeglieder knechtet, unterdrückt und sie auf einen Weg der Irrlehre führen möchte.[21]

Diese Argumentation hat freilich ein Problem: Sie übersieht, dass wir nur aus der Feder des Presbyters etwas über Diotrephes wissen. Ehrlicherweise muss man damit rechnen, dass diese Darstellung nicht gerade objektiv erfolgt ist. Die Wortwahl und Beschreibung könnte durchaus aus persönlicher Betroffenheit gespeist sein. Dann aber täte man gut daran, die Begründung des Konflikts nicht auf diese Bezeichnung zu stützen. Gleichwohl kann dieser Ansatz darauf aufmerksam machen, dass im Hintergrund dieses Konfliktes durchaus auch mit persönlichen Betroffenheiten und unter Umständen nicht ganz einfachen Persönlichkeiten zu rechnen ist – allerdings muss wenigstens die Möglichkeit beachtet werden, dass dies auf beide beteiligten Personen zutreffen kann. Immerhin hält es auch der Presbyter nicht für nötig, seine Stellung zu begründen.

Zum Zweiten: Der Versuch im Hintergrund einen kirchenpolitischen Konflikt zu erkennen, verbindet sich mit dem Namen Adolf von Harnack.[22] Er sieht im Presbyter einen Regionalbischof, der die von ihm gegründete kleinasiatische Kirchenprovinz leitet. Diotrephes aber sei ein aufstrebender Ortsbischof, das Vorbild des späteren monarchischen Episkopats, der sich gegen ihn auflehne. Doch dieser Vorschlag hat ebenfalls seine Grenzen. Sie liegen einfach darin, dass die Idee einer kleinasiatischen Kirchenprovinz, die bereits zur Zeit der Wende zum zweiten Jahrhundert bestanden hätte, letztlich allein eine These Harnacks ist, für die wir kaum historische Belege haben. Allerdings kann man dem Vorschlag auch etwas entnehmen: Dass es für den Presbyter um einen größeren Gemeindeverbund, für Diotrephes zuerst um seine Gemeinde geht, das darf man wohl vermuten. Der Konflikt zwischen Gemeindebund und Einzelgemeinde scheint nicht nur ein moderner zu sein.

Drittens schließlich: Für die Annahme einer grundlegenden theologischen Auseinandersetzung als Grund des Konfliktes stehen zuerst die Namen von Walter Bauer[23] und Ernst Käsemann[24]. Sie versuchen auf dem Hintergrund der Vorstellung einer frühen christlichen Gnosis die Kontrahenten in die Lager der orthodoxen Rechtgläubigkeit und der häretischen Gnostiker einzuordnen, kommen dabei aber zu völlig gegensätzlichen Ansichten. Für Bauer ist der Presbyter, für Käsemann Diotrephes der jeweils Rechtgläubige. Umgekehrt ist dann für Bauer Diotrephes, für Käsemann der Presbyter der gnostische Ket-

---

21 Eine ausführliche Aufzählung von Kommentatoren, die in diese Richtung gehen, bei Klauck, Johannesbrief (s. Anm. 3), 107.

22 ADOLF VON HARNACK, Über den dritten Johannesbrief, Berlin 1897 (= TU 15/3b).

23 WALTER BAUER, Rechtgläubigkeit und Ketzerei im ältesten Christentum, [2]1964 (= BHTh 10), 93–98.

24 ERNST KÄSEMANN, Ketzer und Zeuge. Zum johanneischen Verfasserproblem, in: DERS., Exegetische Versuche und Besinnungen I, Göttingen [6]1970, 168–187 (Erstveröffentlichung: 1951).

zer. Wie immer man es auch drehen und wenden will: Klar wäre, dass sich beide immer gegenseitig als Irrlehrer verdächtigen müssen.

Ein erstes Problem dieses Vorschlags sowohl von Bauer als auch von Käsemann liegt in der Annahme eines so frühen christlichen Gnostizismus'. Diese Annahme ist mittlerweile sehr fraglich geworden. Allerdings springt in diese Lücke nun z.B. Georg Strecker. Er erkennt im Presbyter den Anhänger einer apokalyptisch-chiliastischen Richtung, der die Wiederkunft Jesu im Fleisch und das sich daran anschließende tausendjährige Reich erwarte. Diotrephes stehe dagegen auf der Seite der sich durchsetzenden orthodoxen Überzeugung von der Wiederkunft Christi in Herrlichkeit. Im Ergebnis kommt Strecker damit auf die Lösung Käsemanns, wenn er auch den Presbyter einer anderen, wahrscheinlich bereits als Häresie verdächtigen Gruppe zuordnet.[25]

Problematisch an diesen Vorstellungen einer genuin theologischen Ursache des Konflikts ist weniger die Vielfalt der vorgeschlagenen Lösungen, sondern vor allem eine Beobachtung im Text. Es ist doch auffällig, dass der Presbyter trotz seiner massiven Vorwürfe gegen Diotrephes mit ihm nicht so umgeht, wie man es nach dem 2. Johannesbrief erwarten sollte, wenn er ihn für einen Irrlehrer halten würde. Nicht nur, dass kein Wort über eine etwaige Irrlehre fällt, es fehlt auch jeder Hinweis auf die im 2. Johannesbrief so klare Sprache vom Verführer oder Antichristen. Auch ergeht keinerlei Warnung vor Diotrephes. Ginge es tatsächlich im Kern allein um solch einen massiven theologischen Disput, dann ist die Sprache auffallend zurückhaltend.

Gleichwohl machen die Impulse Bauers, Käsemanns und Streckers darauf aufmerksam, dass auch ohne eine sofortige Einordnung in die Kategorien von rechtgläubig und Ketzer ein theologischer Aspekt im Hintergrund des Konflikts zwischen dem Presbyter und Diotrephes möglich ist. Hierbei erscheint der Hinweis Streckers insofern interessant, als das in 2Joh 7 wenigstens die Möglichkeit einer noch bestehenden Unklarheit in der sich abzeichnenden johanneischen Christologie gegeben ist.

In allen drei Thesen werden somit mögliche Aspekte für die Ursache des im 3. Johannesbrief deutlichen Konfliktes sichtbar. Persönliche Betroffenheit,

---

[25] Strecker ordnet den Presbyter unter die Häretiker, weil er die in 2Joh 7 für das Kommen Christi gebrauchte Verbform ἐρχόμενον (erchómenon – gekommen) nicht wie die Vielzahl der Interpreten präsentisch, sondern futurisch versteht. Dann ist nicht von dem im Fleisch *gekommenen*, sondern von dem im Fleisch *wiederkommenden* Jesus Christus die Rede. Ob der Vers diese Beweislast für den konkreten Inhalt des theologischen Konflikts tragen kann, braucht hier nicht erörtert zu werden. Allerdings ist Strecker, Johannesbriefe (s. Anm. 3), 334 Recht zu geben, wenn er feststellt, dass die präsentische oder gar perfektische Interpretation grammatisch kaum zu rechtfertigen sei. So auch Vogler, Briefe (s. Anm. 3), 189. Das Argument, die Wiederkunft Christi ereigne sich nach eindeutigem neutestamentlichem Zeugnis nicht im Fleisch, sondern in Herrlichkeit, setzt zu selbstverständlich voraus, dass diese Botschaft unumstritten war. Ein Blick auf das außerkanonische Schrifttum (vgl. Barn 6,9; 7,9) zeigt hier durchaus auch andere Überzeugungen.

kirchenpolitische Beweggründe und auch theologische Meinungsverschiedenheiten könnten als Gründe angeführt werden. Allerdings wurde auch deutlich, dass alle drei Lösungsvorschläge ihre Grenzen haben. Dies gilt vor allem dann, wenn man sie jeweils exklusiv nimmt, also einem von ihnen die ganze Last der Begründung auflädt und somit im letzten einen monokausalen Grund für diesen Konflikt annimmt. Sinnvoll erscheint es deshalb, den Grund für den Konflikt zwischen den beiden Personen mit einem etwas breiteren Blick zu erfassen zu suchen. Hierzu bietet es sich an, Diotrephes als jemanden anzuerkennen, der sich mit unterschiedlichsten kursierenden Nachrichten und Lehren konfrontiert sah. Nimmt man diesen Gedanken auf und denkt ihn weiter, dann kann man über Diotrephes vor allem eines vermuten: Er war zutiefst verunsichert.

Diese Überlegung gewinnt durch Beobachtungen zur Situation der johanneischen Gemeinden ein Fundament. Der 2. und auch der 1. Johannesbrief berichten deutlich über heftige Streitigkeiten in Bezug auf die richtige Christologie.[26] Aufgrund der früheren Kommunikation zwischen den Gemeinden kann davon ausgegangen werden, dass Diotrephes um diese Auseinandersetzung wusste. Da der Ausgang dieses Disputes noch offen war,[27] wurde er gegenüber jeglicher Beeinflussung von außen vorsichtig. Und so schüttete er infolge seiner eigenen Unsicherheit das Kind mit dem Bade aus und verweigerte jedem Wanderprediger die Aufnahme. Dass dies sogar für die Abgesandten des Presbyters gilt, kann letztlich einen Grund in den verschiedenen Interpretationsmöglichkeiten der Aussage von 2Joh 7 haben, die unter Umständen selbst den Presbyter innerhalb dieser Auseinandersetzungen verdächtig gemacht hat. Dabei muss es sich gar nicht um eine dezidiert andere theologische Position des Diotrephes gegenüber dem Presbyter handeln. Vielmehr möchte Diotrephes zuerst seine Gemeinde vor möglicherweise gefährlichen Einflüssen schützen. Diesen Schutz setzt er dann mit der Macht

---

26 Vgl. 2Joh 7; 1Joh 2,22ff.; 4,15; u.a. Ausführlich hierzu UDO SCHNELLE, Antidoketische Christologie im Johannesevangelium. Eine Untersuchung zur Stellung des 4. Evangeliums in der johanneischen Schule, Göttingen 1987 (= FRLANT 144).

27 An dieser Stelle sollte man nicht mit dem in 1Joh 2,18ff. geschilderten Schisma in der Richtung argumentieren, der Streit sei zum Zeitpunkt des 3. Johannesbriefes bereits entschieden. Diese Argumentation geht von der zwar traditionell angenommenen, aber durchaus hinterfragbaren Reihenfolge der Abfassung 1Joh – 2Joh – 3Joh aus. STRECKER hat allerdings gute Argumente vorgelegt, die beiden kleinen Schriften als die älteren anzusehen, so dass dann die Auseinandersetzung zwischen dem Presbyter und Diotrephes in die Zeit *vor* dem johanneischen Schisma fallen würde. Folgt man dann aber auch noch der theologischen Einordnung des Presbyters in einer apoklaptisch-chiliastischen Richtung, so wird im johanneischen Bereich mit nicht weniger als drei unterschiedlichen christologschen Richtungen zu rechnen sein: neben der des Presbyters die der Gegner des 1. Johannesbriefes, die am besten als doketisch bezeichnet werden sollte, und die sich letztlich durchsetzende Richtung, die besonders die Darstellung des vierten Evangeliums bestimmt.

seines Amtes, das ihm offensichtlich von seinen Gemeindegliedern auch nicht streitig gemacht wird, durch. Dass er sich damit, kirchenpolitisch gedacht, über den Presbyter stellt, ist die logische Konsequenz – braucht aber ebenfalls keineswegs seine ursprüngliche Absicht gewesen sein. Und weil er diese ablehnende Haltung begründen muss kommt es zu dem, was der Presbyter als üble Nachrede bezeichnen muss.

Im Hintergrund dieses Konfliktes wird so zwar ein theologischer Streit erkennbar, ebenso aber auch ein kirchenpolitischer Machtkampf und gleichfalls wahrscheinlich sogar persönliche Verdächtigungen. Doch sind diese drei Aspekte nicht zwingend die genuinen Auslöser der aktuellen Zwistigkeiten, schon gar nicht nur einer von ihnen allein. Dieser liegt viel eher in etwas, was modern als ein Kommunikationsproblem bezeichnet werden könnte. In der Ahnung einer solchen Ursache könnte dann der Grund für den zu beobachtenden gemäßigten Umgang des Presbyters mit Diotrephes liegen, der dann geradezu etwas Seelsorgerliches hätte. Persönliche Betroffenheit, kirchenpolitische Fragen und theologische Probleme verweben sich hier zu einem Konglomerat, aus dem zunächst Unsicherheit folgt, die dann einen massiven Gemeindekonflikt entstehen lassen.

4. Die Botschaft des 3. Johannesbriefes für die Gegenwart

Schaut man nun von diesen Beobachtungen am 3. Johannesbrief in die Realität heutiger Gemeinden, so zeigen sich interessante Parallelen. Denn auch in der gegenwärtigen Gemeinde- und Kirchenrealität liegen häufig Konflikte vor, die man unter ganz unterschiedlichen Gesichtspunkten betrachten und verstehen kann. Und möglicherweise führt gerade diese unterschiedliche Sichtweise überhaupt erst zum Entstehen des Problems. Natürlich kann man es bei Konflikten in Gemeinden immer auch mit theologischen Fragen zu tun haben. Doch lassen sich persönliche Differenzen – Sympathie und Antipathie – zwischen den beteiligten Kontrahenten gleichfalls nie ganz ausschließen. Und ebenfalls sollte dabei nicht außer Acht bleiben, dass hierbei durchaus auch die Frage nach Macht und Einfluss eine Rolle spielen kann – natürlich immer mit bester Absicht für die Gemeinde.

Als Theologe und damit als Pastor steht man nicht selten mitten in diesem multikasualen Konfliktpotential – und ist manchmal durchaus nicht frei davon, sich auch von persönlichen oder kirchenpolitischen Beweggründen in seinen Entscheidungen leiten zu lassen. Ein weiterer Blick auf die Entwicklung der johanneischen Gemeinden könnte einen anderen Weg weisen. Zu fragen wäre, wie der Streit damals ausging.

Hierzu muss zunächst zugegeben werden, dass niemand zu sagen vermag, wie der Konflikt zwischen dem Presbyter und Diotrephes ausgegangen ist. Doch etwas anderes ist feststellbar: In den johanneischen Gemeinden bildet sich nach und nach mit einer deutlich antidoketischen Christologie[28] eine theologische Klarheit heraus. Hierdurch wurde auch die Aussage in 2Joh 7 präzisiert und eine deutliche Abgrenzung gegen Irrlehrer möglich.[29] Parallel dazu bildet sich eine eigene klare Identität der Gemeinde, deren Leitsätze im ersten Johannesbrief deutlich werden. Genau diese theologische Klarheit und die gemeindliche Identität scheinen im Hintergrund des 3. Johannesbriefes noch zu fehlen, was die Verunsicherung des Diotrephes und damit den ganzen geschilderten Konflikt zur Folge hat.

So kann der im 3. Johannesbrief geschilderte Konflikt mit seinem dargelegten multikausalen Grund zu einer Wegweisung für die Arbeit in der Gemeinde werden. Es ist die Aufgabe der Theologie, von den Zeugnissen der Offenbarung Gottes her Schneisen des Erkennens und der Klarheit zu schlagen, um die Unsicherheit zu bekämpfen und zu verhindern, das die Nachfolger Jesu von »hin und her getrieben von jedem Widerstreit der Meinungen«, wie es in Eph 4,14 heißt. Fragen der Macht und auch der persönlichen Betroffenheiten sind dabei der Berufung zur Schaffung von theologischer Klarheit unterzuordnen. Sonst drohen solch unklare Verhältnisse, wie sie im Hintergrund des 3. Johannesbriefes angenommen werden können. In der Gemeinde, die so oft anfällig ist für Politik oder den gerade aktuellen Trend und die durch allerlei Persönliches bestimmt wird, braucht es eine klare Theologie, die vor allem anderen und zuerst und mit ganzer Kraft dem Reden Gottes hinterherdenkt. Durch sie werden die guten Worte Gottes hörbar und verständlich werden, in denen allein der Grund der Möglichkeit liegt, Unsicherheiten zu bekämpfen und Gewissheit zu wecken.

---

28 Als Meilensteine hierfür kann man Aussagen wie Joh 1,14; 6,52ff. und 1Joh 2,22 nennen.

29 Folgt man den Überlegungen von STRECKER, so ist dabei sogar zu konstatieren, dass man sich *gegen* die Überzeugungen dieser Autorität der johanneischen Gemeinden entschied.

Hermeneutik

Grundlagen der Bibelauslegung[1]

1. Einleitung und Vorbemerkungen

1.1 Die Frage nach der Hermeneutik im Zusammenhang der gegenwärtigen Auseinandersetzungen um das Bibelverständnis

Wer heute über die Frage des Verständnisses der Bibel ins Gespräch kommen möchte, dem begegnen sehr verschiedene Reaktionen. Da sind die einen, die sich gelangweilt abwenden: »Das hatten wir doch schon tausend Mal – und nie ist etwas dabei heraus gekommen.« Da sind andere, die sich erschreckt abwenden: »Bloß nicht dieses Thema – das bringt nur Streit und Zank in der Gemeinde.« Da sind noch andere, die das Thema mit Begeisterung aufgreifen: »Ja, hierüber muss gestritten werden.« Diese letzte Gruppe aber teilt sich dann erneut in etliche verschiedene Lager. Und jedes dieser Lager stellt fest: »Wir müssen endlich klarlegen, wie die Bibel richtig zu verstehen ist.« – Wie? Nun so, wie die jeweiligen Vertreter sie verstehen. Besonders in diesen Lagern ist man ganz schnell mit Schubladen bereit, das eigene Bibelverständnis zu kategorisieren und das der anderen erst recht. Da ist jemand, der die Historizität eines Jona befragt schon per se ein liberaler Theologe, bei dem man sich des Glaubens nicht so ganz sicher sein kann. Und ein anderer, der diese Historizität behauptet, der ist dann ein Fundamentalist, der wahrscheinlich demnächst in den heiligen Krieg zieht. Freilich es gibt allerlei Abstufungen, doch die sind nur schwer klar und eindeutig nachzuvollziehen. Und wer das einmal gemerkt hat, der wird schnell zu jemandem, der einer der ersten beiden Gruppen zuzurechnen ist – »lassen wir es sein«. Das wird umso mehr dadurch gefördert, dass wir merken, wie viele verschiedene Zugänge zur Bibel, wie viele verschiedene Arten und Weisen des Verstehens, wie viele unterschiedliche Methoden allein im Umkreis der Baptistengemeinden leben und genutzt werden. Da es davon so viele gibt und da es natürlich viel wichtigere Fragen zu geben scheint, lassen wir diese Frage auch schnell beiseite und leben fröhlich und

---

[1] Bei diesem Beitrag handelt es sich um einen gleichnamigen Vortrag auf der Pastorenstudientagung des Landesverbands Bayern im September 2005. Bei den Pastorenstudientagungen handelt es sich um regionale, jährlich stattfindende Fortbildungsveranstaltungen für Pastorinnen und Pastoren des Bundes Evangelisch-Freikirchlicher Gemeinden innerhalb einer Region. Für den Abdruck wurde der Beitrag sprachlich sowie hinsichtlich der Anmerkungen leicht überarbeitet.

möglichst unbehelligt mit unserer ganz eigenen Lehre vom Verstehen der Bibel, mit unserer eigenen Hermeneutik.

Die Auseinandersetzung um das Verständnis der Bibel erscheint mir in weiten Kreisen gerade freikirchlichen Gemeindelebens entweder als unwichtig ignoriert oder als gefährdend verweigert oder aber aus unterschiedlichen Gründen – von der Glaubensüberzeugung bis hin zur Kirchenpolitik – ideologisiert zu werden. Letzteres umso mehr, wenn es um die Klärung von vielleicht doch nicht ganz unwichtigen Fragen geht, denken wir an die Frage nach der Frauenordination in der Vergangenheit oder aktuelle ethische Fragen. Hier wurde und wird schnell mit den Schubladen gearbeitet, auf deren Deckeln die Schlagworte verschiedener Bibelverständnisse stehen.

Ich halte ein solches Verhalten des Ausweichens oder der Ideologisierung gegenüber der Frage nach dem Verständnis der Bibel für wenig verantwortungsbewusst: und zwar dem eigenen Glauben gegenüber, der Gemeinde gegenüber und vor allem auch den Menschen gegenüber, denen wir das Evangelium verkündigen wollen und sollen. Denn mit welchem Recht glaube ich, was ich glaube, verkündige ich als Pastorin oder Pastor, was ich verkündige und rufe Menschen in eine Umkehr aus ihrem bisherigen Leben heraus – teilweise ja mit gravierenden Folgen für ihr Leben? An dieser Stelle ist Rechenschaft gefordert – und diese Rechenschaft schließt, wenigstens für evangelische Christen, die Frage nach der Heiligen Schrift mit ein. Hier geben wir aber schnell die Antwort, dass die Heilige Schrift letzte Norm und Orientierung unseres Glaubens, unserer Lehre und Verkündigung ist. Aber – und damit sind wir bei der Frage nach der Hermeneutik – wer solch eine vollmundige Behauptung aufstellt, der muss im selben Augenblick Rechenschaft über seinen Umgang mit der Schrift ablegen und damit über den eigenen Ansatzpunkt für ihr Verständnis, über das Warum eben dieses von mir vertretenen Verständnisses.

Unsere Fragerichtung geht also über die Frage, wie ich den Text verstehe, noch einen entscheidenden Schritt weiter zurück: Warum verstehe ich einen Text so, wie ich ihn verstehe? Was ist der Grund für meine Art, den Text zu verstehen? Hierüber gilt es in der Vielfalt unserer Bibelauslegungen Rechenschaft abzulegen. Die Notwendigkeit eben dieser weitergehenden Frage in Richtung auf das Warum unseres eigenen Verständnisses wird schnell einleuchtend, wenn wir uns die Sackgasse vergegenwärtigen, in der wir landen, wenn wir mit einer Person über einen Bibeltext reden wollen, die einen gänzlich anderen Zugang zur Schrift hat als wir selber. Wir reden über denselben Text. Wir geben diesem Text auch dieselbe Autorität – aber wir kommen zu gänzlich anderen Konsequenzen. Persönlich habe ich das sehr schön in Russland erlebt, wo ich auf einer Konferenz aufgefordert wurde, auf das dort beliebte Thema des Kopftuches für Frauen einzugehen. Die russischen Brüder beriefen sich auf die geschriebenen Worte, ich berief mich auf die für mich deutliche Absicht des Paulus. Sie kamen zu einem Muss des Kopftuches für heutige Frauen, ich kam zu der Feststellung, dass wir von diesem Text her heute genau gegen den Wortlaut des Textes lesen müssen um in seiner Absicht zu bleiben. Ein kleines Beispiel – aber eines, was deutlich macht, das die auch unter uns geläufige Aussage, wir müssten ja nur in die Heilige Schrift schauen, wirklich nicht ausreicht. Es reicht deshalb nicht aus, weil wir unterschiedlich lesen. Und wir lesen unterschiedlich, weil wir verschiedene Zugänge zum Text haben, verschiedene Mechanismen des Verstehens – eben: verschiedene Hermeneutiken. Wer Predigerin oder Prediger des Wortes Gottes sein will, der muss deshalb nicht nur Rechenschaft ablegen, wie sie oder er einen Bibeltext versteht, sondern auch, warum der Text so verstanden wird. Hermeneutik ist somit keine distanziert theologische oder gar philosophische Aufgabe aus dem Studierzimmer einzelner Gelehrter, sondern es ist die Aufgabe, der sich jeder Verkündiger biblischer Aussagen in Verantwortung vor sich selber, der Gemeinde und der Öffentlichkeit zu stellen hat. Denn auf dem Weg vom gelesenen zum verkündigten Wort geht dieses Wort einmal durch mich hindurch – und das, was dabei mit dem Wort geschieht, muss verantwortet werden.

1.2 Die Konkretion der Aufgabe

Diese Aufgabe wird häufig dadurch schnell erledigt, dass man sich einer bestimmten Auslegungstradition, einem bestimmten Schriftverständnis und dann einer bestimmten Auslegungsmethodik zuordnet. Hier erscheinen mir im freikirchlichen Spektrum vor allem der historisch-kritische, der fundamentalistische und der evangelikale Zugang mit ihren Methodiken vorzukommen. Andere Zugänge, etwa der feministische, der tiefenpsychologische oder der materialistische scheinen mir eher wenig vertreten zu sein. Etwas später werde ich daher auch nur auf die ersten drei Genannten ausführlicher eingehen.

Doch zuvor ist für einen Moment Einhalt geboten. Denn wenn wir bei der Klassifizierung von Zugangsmethodiken stehen bleiben, setzen wir im Grunde zu spät ein. Diesen Zugangsmethodiken liegen nämlich Vorentscheidungen zugrunde – Vorentscheidungen, die in der Frage nach der Art und Weise des Verstehens eines Textes überhaupt und damit in der Hermeneutik gründen. Unter Hermeneutik verstehe ich damit hier also zunächst ganz allgemein die Antworten auf die Frage, wie ich einen Text oder ein Ereignis verstehen kann.[2]

Dieser Vorgang ist nur auf den ersten Blick einfach und scheinbar selbstverständlich. Ich möchte etwas weiter ausholen, um uns hinein zu nehmen in die Problematik. Hierzu ist es hilfreich, sich den Prozess zu vergegenwärtigen, den wir lesen nennen. Der Lesevorgang beinhaltet im Grunde drei voneinan-

---

[2] Zur Entwicklung des Begriffs vgl. GERHARD EBELING, Art.: Hermeneutik, in RGG³ Bd. 3, 1959, 243–245. Das hier von mir benutzte enge Verständnis des Begriffs liegt in der Tradition Schleiermachers. Zur Ausweitung des Begriffs über die Frage nach dem Verstehen von Texten hinaus vgl. bes. GÜNTER FIGAL, Art.: Hermenutik IV. Philosophisch, in RGG4 Bd. 3, 2000, 1652–1654.

der zu unterscheidende Fakoren. Wir haben das lesende Subjekt, das gelesene Objekt und das dieses Objekt verfassende Subjekt, wir haben also – in umgekehrter Reihenfolge – den Autor, den Text und den Leser. Und alle drei haben entscheidenden Einfluss auf den Vorgang des Verstehens, der am Ende des Lesens herauskommen soll.

Der Autor möchte einen Vorgang oder ein Ereignis mitteilen. Er tut das in seiner Sprache, seiner Begrifflichkeit, seinem geschichtlichen Umfeld. Er tut es in Abhängigkeit davon, was er mitteilen möchte und wem er es mitteilen möchte. Wir kennen das: Einem Kind schreibe ich anders als einer Kollegin. Berichte ich über meine Hochzeit wird es anders sein, als berichtete ich über die Ordnung meines Bücherschrankes. Wobei: Vorsicht. Hier kann sich der Bericht ähneln, wenn ich in beiden Fällen versuche, reine sachliche Fakten zu vermitteln oder wenn ich über das eigene Erleben und die eigenen Absichten schreibe: warum ich meine Hochzeit oder meinen Bücherschrank so gestaltet habe, wie ich es getan habe ist eine gänzlich andere Sache, als wenn ich darüber schreibe, was ich jeweils empfunden habe.

Dann ist da der Text selber. Für den Vorgang des Verstehens ist es dabei gar nicht unerheblich, wo und wie er irgendwo steht. Es wäre ein Irrtum anzunehmen, ein Text sei darauf zu beschränken, dass er eine Ansammlung von Buchstaben und Worten ist. Ein Bibelwort, das ich etwa in einem Band von Asterix und Obelix finde (vgl. ›Asterix und Obelix im Morgenland‹) lese ich anders als dasselbe Wort in meiner Bibel. Die Bibel selbst ist ein schönes Beispiel für diese Bedeutung des Textes. Den in ihr gesammelten Texten billigen wir wie selbstverständlich eine gewisse Wertigkeit zu. Und ich lese Texte schon ganz anders, wenn ich sie etwa in dem Fachbuch vorfinde.

Und schließlich ist da dann natürlich der Leser am Ende der Kette. Und nun denkt einmal an all das, was bei eurem Lesen geschieht und was dabei mitspielt. Das reicht von der eigenen Befindlichkeit (bin ich müde, aufgeregt, erbost, freudig), über die eigenen Fähigkeiten (ein theologischer Text ist mir eingängiger als eine chemische Abhandlung) und die Erwartungen (will ich informiert, belehrt oder unterhalten werden), bis hin zu den Vorverständnissen, die ich in Bezug auf Aussagen habe (ich übersetze den Begriff Kreuz in einem Evangelium gänzlich anders als wenn ich denselben Begriff Kreuz etwa in einem Bericht über das Rote Kreuz lese).

Was bedeutet nun Verstehen in diesem Konstrukt unterschiedlicher Faktoren? Es sollte schnell verständlich sein, dass verstehen überaus vielfältig sein kann. Wenn ich als Leser an einen Text herangehe kann ich sagen, dass ich ihn verstanden habe, wenn ich in der Lage bin, seine Worte wahrzunehmen. Ich kann sagen, dass ich ihn verstanden habe, wenn ich seine Absicht wahrgenommen habe. Ich kann sagen, dass ich ihn verstanden habe, wenn er bei mir eine Handlungsänderung bewirkt (vgl. die Aufdrucke auf Zigarettenschachteln). Hierbei kann es ebenfalls sein, dass ich einen Text unter Umständen gänzlich anders verstehen kann, als sein Autor ihn gemeint hat und dass er bei mir etwas ganz anderes auslöst, als der Autor beabsichtigte. Und es kann sogar sein, dass ich in dem Text viel mehr entdecke, als der Autor aussagen wollte. Wir sehen vielleicht: Einen Text zu verstehen ist ein vielgestaltiger Vorgang, in dem der Autor, der Text selber und schließlich der Leser jeweils das Verstehen bedingende Funktionen haben.

Die Frage, die nun entsteht, ist – über die Beschreibung dieser Komplexität hinaus – die, ob wir zu einer Vorstellung eines richtigen Verstehens kommen können und ob wir uns sogar auf Eckpunkte eines richtigen Verstehens einigen können. Genau hier setzen nun die hermeneutischen Modelle ein, die den Anspruch haben, den Weg des richtigen Verstehens zu beschreiben und entsprechende Methodiken an die Hand geben, um zu diesem richtigen Verstehen zu kommen.

Dabei müssen wir bei der Frage nach dem Verstehen von biblischen Texten noch einen weiteren Aspekt berücksichtigen, der bisher gar nicht erwähnt wurde, in der Diskussion um den unterschiedlichen Umgang mit der Bibel aber immer wieder vorkommt: Können wir das Verständnis der Bibel und damit die Auslegung biblischer Texte unter denselben Kriterien angehen, wie jeden anderen Text? Oder müssen wir nicht bei der Bibel als Heiliger Schrift andere Verstehenskriterien anlegen, solche nämlich, die mit der Wirkung des Heiligen Geistes bei Abfassung, Überlieferung und Auslegung rechnen? Wenn wir von der Autorität der Bibel sprechen und diese mit der Aussage begründen, sie sei doch Gottes Wort – haben wir dann nicht gänzlich andere Zugänge zu den gesammelten Texten zu verfolgen?

Ein kurzer geschichtlicher Überblick soll uns helfen, diese Bezüge von den Überzeugungen über die Qualität biblischer Schriften, hin zu den sich daraus entwickelnden hermeneutischen Überzeugungen und schließlich zu den hieraus folgenden Umgängen mit der Bibel zu ergreifen.

2. Die Auslegung der Bibel im Laufe der Kirchengeschichte

2.1 Die Beziehung zwischen Hermeneutik und Schriftauslegung – ein geschichtlicher Überblick[3]

Zuvor ist es aber nötig in eine Art Koordinatenkreuz einzuführen, das die Eckpunkte des Verstehens der Heiligen Schrift bewusst macht. Hier unterscheide ich zwischen der Schrift, als dem wie auch immer entstandenen Erzeugnis eines Verfassers, der aktuellen Auslegung dieser Schrift zu einer bestimmten Zeit und der sich aus dieser Auslegung bildenden Tradition. Wir werden sehen, dass sich die Überzeugungen in Bezug auf die Hermeneutik

[3] Ich beziehe mich für diesen Überblick zur Entwicklung des Verstehens der biblischen Schriften, also einer theologischen Hermeneutik auf den meines Erachtens sehr gelungenen Artikel von Werner G. Jaenrond, Art.: Hermeneutik V. Fundamentaltheologisch, in: RGG[4] Bd. 3, 2000, 1654–1659.

biblischer Schriften immer wieder in diesem Dreieck bewegen, das mit zunehmender Zeit allerdings auch immer differenzierter werden wird.

Ich beginne meinen Überblick bei Origenes von Alexandrien und damit am Übergang vom 2. zum 3. Jahrhundert. Wir befinden uns in einer Zeit, in der das frühe Christentum bereits die Schriften des Neuen neben die Schriften des Alten Testaments gestellt hatten, in der der grundsätzliche Rahmen eines Kanons biblischer Schriften sich abzeichnete – aber in der eben dieses frühe Christentum durch mancherlei Lehren verwirrt wurde. In der Pluralität der religiös-philosophischen Schriften musste es nicht nur einen Grundbestand von verlässlichen Urkunden, sondern auch einen begründbaren Umgang, mit anderen Worten eine eindeutige Verstehensmöglichkeit dieser Urkunden entwickeln. Diese Herausforderung entstand besonders durch die Auslegung der Schriften in esoterisch-gnostischen Kreisen. In ihnen lebt, was wir auch später immer wieder entdecken: nämlich erstens die Grundüberzeugung von einem doppelten Schriftsinn (buchstäblicher und geistlicher Sinn) und, damit zusammenhängend, zweitens die allegorische Auslegung, die eben diesen geistlichen Schriftsinn zur Aussage brachte. Zur wirklichen Auslegung braucht es also eine zusätzliche Offenbarung bzw. eine zusätzliche Erkenntnis (Gnosis), erst diese bringt die Texte nach ihrem eigentlichen Sinn zum Sprechen. Dieser bereits in den neutestamentlichen Schriften selber problematisierte Umgang mit der christlichen Überlieferung[4] wird nun zum Ausgangspunkt der ersten systematischen christlich-hermeneutischen Überlegungen bei Origenes.

Er übernimmt sowohl die Allegorese als das zu seiner Zeit allgemein auf alle Texte angewendete Auslegungsverfahren, als auch die Überzeugung vom zweifachen Schriftsinn. Aber – und das ist das entscheidende – er stellt fest, dass diese Auslegung allein durch das Wirken des Heiligen Geistes geschehen kann. Denn – und da sind wir bei der Berücksichtigung der Besonderheit der biblischen Schriften als Wort Gottes – die Heiligen Schriften sind durch den Heiligen Geist geschrieben. Sie können also auch nur durch diesen sachgemäß in ihrem geistlichen Schriftsinn entschlüsselt und damit ausgelegt werden. Der von der Gnosis behauptete alldurchwaltende Logos, der den Gnostikern die geistliche Deutung der Schriften ermöglichte, wird bei Origenes also durch den Heiligen Geist ersetzt.[5] Hieronymus wird dieses etwa 150 Jahre später in die schöne Aussage packen, dass die Bibel in dem Geist gelesen und interpretiert werden muss, in dem sie geschrieben wurde. Wie sehr dieses Prinzip galt, kann man an einer schönen kleinen Beobachtung festmachen: Der in der Diskussion um die Inspiriertheit der biblischen Schriften immer wieder be-

---

[4] Vgl. die in 1Tim 6,20: »fälschlich so genannte Gnosis«, den Protest des 2Petr 3,16 gegen die verdrehte Paulusinterpretation oder die Rolle des Parakleten im Johannesevangelium, der allein »in alle Wahrheit leiten wird« (Joh 16,13).

[5] ORIGENES, de principiis I, Praef 8, hrsg. v. Paul Koetschau, Berlin 1913/2012 (= GCS 22), 14–15.

mühte Begriff aus 2Tim 3,16 – θεόπνευστος (theopneystos – von Gott inspiriert) – ist in der alten Kirche keineswegs ein exklusiver Begriff für die heiligen Schriften. So kann etwa Gregor von Nyssa den Kommentar seines Bruders Basilius zur Schöpfung als »von Gott eingegebene (θεόπνευστος) Auslegung« bezeichnen, die nicht weniger bewundernswert sei als sei sie »von Mose selber geschrieben«. Das Konzil von Ephesus kann das Verdammungsurteil gegen Nestorius als »einen von Gott eingegebenen Beschluss (θεόπνευστος)« bezeichnen, ja selbst Grabinschriften können als θεόπνευστος bezeichnet werden. Selbstverständlich ist auch sonstige Auslegung, etwa die einer angeblichen Predigt des Konstantin, von Gott inspiriert.[6] Der Begriff der Inspiration oder des θεόπνευστος war also keineswegs exklusiv auf die biblischen Schriften anzuwenden, sondern eben auch auf deren Auslegung – ganz im Sinne des Origenes und der ihm bis ins hohe Mittelalter folgenden Hermeneutik der rechtgläubigen christlichen Kirchen im Westen und im Osten.

Freilich stellte sich mit dieser Aussage von dem Heiligen Geist als dem im Ausleger wirkenden Interpreten nun ein ganz neues und gewichtiges Problem: Wie konnte man denn wissen, dass im Ausleger nun wirklich der Heilige Geist und kein anderer wirkte? Hier kommt nun die Kirche und mit ihr die apostolische Sukzession ins Spiel. Origenes argumentiert in seinem Werk de principiis (Über die Hauptlehren des Christentums):

> »Der heilige Geist spricht durch die Propheten des Alten Testaments und die apostolischen Autoren des Neuen. Die von den Bischöfen geleitete Kirche partizipiert Kraft der apostolischen Sukzession [...] in ihrer Lehre und Verkündigung an der inspirierten apostolischen Tradition. Schrift, Tradition und Kirche werden also gemeinsam vom heiligen Geist getragen. Dementsprechend ist es geboten, die Texte der Schrift unter Orientierung an der kirchlichen Tradition auf das in ihnen innewohnende Geistzeugnis hin zu interpretieren.«[7]

Es gibt damit ein Kontinuum zwischen dem menschlichen Autor der Schrift und dem gegenwärtigen Ausleger der Schrift: den Heiligen Geist.

Nun ist aber zu beachten, dass bei Origenes mit der Hochschätzung des geistlichen Schriftsinns der buchstäbliche Sinn keinesfalls unter den Tisch fiel. Vielmehr achtete er, in alexandrinischer Tradition stehend, diesen durchaus. Er war ihm der erste Zugang und die grammatisch-historische Auslegung verdankte sich der einfachen Tatsache, dass die Schriften aus Text bestehen, der von historisch abständigen Verfassern formuliert wurden. Texte aber konnten und mussten mit den Methodiken jener Zeit verstanden werden, etwa denen der Rhetorik. Seine eigenen großen Werke zur Auslegung legen davon Zeugnis ab, dass er dieser grammatisch-historischen Auslegung einen hohen

---

[6] Vgl. Bruce Metzger, Der Kanon des Neuen Testaments. Entstehung, Entwicklung, Bedeutung, Düsseldorf 1993, 242, der dort auch auf die jeweiligen Quellen verweist.

[7] Peter Stuhlmacher, Vom Verstehen des Neuen Testaments. Eine Hermeneutik, Göttingen ^{2}1986 (= GNT 6), 80.

Wert beimaß. Unstreitbar hingegen ist, dass dieser allein die Grundlage für den zweiten Zugang, die geistliche und damit die eigentliche Auslegung war.[8] Dieser geistliche Schriftsinn wird von ihm zweifach aufgegliedert, in einen moralischen und einen mystischen. Jeder Text der Bibel hat damit eine insgesamt dreifache Botschaft, eine historische, eine moralische und eine mystische. Und hier lässt sich auch erkennen, dass die Mühe um die buchstäbliche Bedeutung keineswegs abgewertet ist:

> »[...] (man muss) den Sinn der heiligen Schriften dreifach in sein Bewußtsein schreiben, dergestalt, daß der Einfältige sozusagen vom ›Fleische‹ der Schrift erbaut wird – so nennen wir den nächstliegenden (d.h. den buchstäblichen) Sinn – der einigermaßen Fortgeschrittene aber gleichsam an ihrer [sc. der Schrift] ›Seele‹ (d.h. an dem moralischen Sinn), der Vollkommene aber [...] (wird sich) an dem geistigen Gesetz (erbauen) [...]. Denn wie der Mensch aus Leib, Seele und Geist besteht, ebenso auch die zum Heil der Menschen von Gott eingerichtete Schrift.«[9]

Ich habe mich bei Origenes länger aufgehalten, weil er die Grundlage der ganzen hermeneutischen Tradition bis hin zur Reformation legt. Die bei Origenes noch recht nebeneinander stehenden Zugänge von buchstäblichen und geistlichen Sinn wurden von Augustin stärker einander zugeordnet: Da alle Wirklichkeit auf Gott verweist ist ihm auch die Sprache und damit der geschriebene Text ein System von Zeichen, das als biblischer Text als Hinweis auf das wahre göttliche Sein verstanden werden kann, will und soll. Er betont also eine direkte semiotische Beziehung zwischen dem Text und der daraus folgenden geistlichen Deutung. So kann er der grammatisch-historischen Auslegung einen hohen Wert beimessen, denn nur und zuerst hierdurch kann der Ausleger Texte und damit zugleich (!) erst den auf Gott verweisenden Tiefensinn des biblischen Wortes erfassen. Erst von hieraus ergibt sich die Möglichkeit zwischen einem buchstäblichen und einem übertragenen Sinn zu unterscheiden. Dabei ist der buchstäbliche Sinn hoch geachtet, denn er bildet den Rahmen für die allegorische Deutung. Erst dort darf man über den literari-

---

[8] Vgl. Origenes, de princ. Prooem. 8 in der Übersetzung von Karlmann Beyschlag, Vom Urchristentum zur Weltkirche. II. Teil: Das dritte Jahrhundert mit einem Anhang: Frühchristliche Märtyrerakten, Gladbeck 1968, 44: Die Kirche lehrt, »Sodann (lehrt die Kirche), daß die (heiligen) Schriften durch den heiligen Geist geschrieben sind und (darum) nicht nur einen offenkundigen (d.h. wörtlichen) Sinn haben, sondern noch einen anderen, (nämlich allegorischen), der den meisten verborgen ist. Das, was (offenkundig) geschrieben steht, sind nämlich (nur) Andeutungen von heiligen Geheminissen und Abbilder göttlicher Dinge. Darüber, daß das ganze Gesetz geistlich (zu verstehen) sei, gibt es in der ganzen Kirche nur eine Meinung, dagegen ist das, was das Gesetz (eigentlich) meint [...] nicht allen, sondern nur einzelnen bekannt, denen die Gande des heiligen Geistes im Wort der Wissenschaft und der Weisheit verliehen ist.«

[9] Origenes, de princ. IV 2,4 in der Übersetzung von Beyschlag, Urchristentum (s. Anm. 8), 52.

schen Schriftsinn hinausgehen, wenn der zuvor unter Berücksichtigung aller geschichtlichen Umstände untersuchte Text es nötig macht. Bei all dem bleibt Augustin aber natürlich in dem von Origenes bereits vorgesteckten Rahmen: Die Auslegung braucht die Teilhabe an dem in der Kirche präsenten Heiligen Geist als des Verfassers der Schriften.

Bekanntermaßen entwickelt sich bereits im 4. Jahrhundert aus diesen Überlegungen eine Methode der Schriftauslegung, die bis ins hohe Mittelalter beibehalten und gepflegt wird, nämlich die Lehre vom vierfachen Schriftsinn. Der Lernvers lautete: *Littera gesta docet – quid credas allegoria – moralis quid agas – quo tendas anagogia*: (Der Wortsinn lehrt die Geschehnisse, die Allegorie, was du glauben sollst, der moralische Sinn, was du tun sollst, die Anagogie, was du hoffen sollst [eschatolgische Vollendung].) Die Trias von Glaube – Liebe – Hoffnung ist hier in der Differenzierung des geistlichen Schriftsinns deutlich erkennbar. Gleichwohl – und das ist zu beachten – blieben die Bestimmungen der Aussagen der biblischen Texte im Verlauf des Mittelalters in hohem Maße gebunden an die Kriterien der Deutung, die die Kirche vorgab: Schriftauslegung konnte nur im Rahmen der bestehenden Glaubensregel geschehen. Mit anderen Worten: die regula fidei gab immer den Rahmen für die Auslegung der Schrift vor. Letztlich konsequent scheint es dann Thomas von Aquin ausgeführt zu haben. Bei ihm wird zwar in der Schriftauslegung scheinbar wieder der Literalsinn betont, schaut man aber genauer hin, so findet die Auslegung allein durch die Dogmatik statt und die Exegese liefert lediglich philologische Vorarbeiten. Das liegt zwar ganz auf der Linie Augustins, aber die Bindung an die Tradition ist so mächtig, dass eigentlich gerade keine theologische oder gar geistliche Schriftauslegung stattfindet, sondern nur eine Untermauerung der eigentlich geistlichen Dogmatik durch Schriftzitate. Die Geschichtlichkeit der Texte wird der Geistlichkeit ihres Inhalts und dann eben auch der kirchlich institutionalisierten Geistlichkeit der Dogmatiker untergeordnet. Etwas karikiert ausgedrückt: Der Geist Gottes wird einerseits von der Geschichte der Autoren und ihren Situationen getrennt, andererseits aber der dogmatischen Auslegungsgeschichte und Auslegungstradition unterworfen. Die Lebenswelt der Autoren und die in den Texten ausgedrückte Vorstellungswelt bleiben so weitestgehend unberücksichtigt, die Auslegungsautorität der Kirche gewinnt das letzte Wort. Das Kontinuum zwischen dem Geist als Verfasser der Schrift und dem Ausleger als Geistträger ist ganz deutlich akzentuiert auf der Seite des Auslegers, der in der Tradition der Kirche steht, die ihrerseits den Geist hält. Aus der Inspiration der Schrift ist die Inspiration der Kirche geworden.

Gegen diese Geringschätzung der Geschichte der Schrift kommt es in der Reformation zum regelrechten Gegenschlag. Aus der humanistischen Tradition heraus wurden die biblischen Texte in ihrem Literalsinn wieder neu entdeckt, wozu auch das Lesen der Texte in den Ursprachen gehörte. Freilich tritt auch hier sofort ein geistliches Moment der Interpretation hinzu. Als Mitte der Schrift wurde Christus entdeckt und damit zum Schlüssel aller Interpretation.

Luther formuliert: »Das ist ungezweifelt, dass die ganze Schrift auf Christum allein ist gericht.«[10] Doch allein dieser neue Interpretationsschlüssel hat enorme Konsequenzen: Wenn Christus, der die Schrift bestimmt, die Kirche geschaffen hat, dann kann nicht die Kirche über die Schrift bestimmen, sondern umgekehrt: Christus und also die Schrift muss über die Kirche bestimmen. Die Kirche behauptete ihre Autorität über die Schrift u.a. durch den von ihr festgelegten Kanon der biblischen Schriften. Da sie hierdurch die Schriften erst autorisiert habe, komme ihr also auch die letzte Autorität über die Bestimmung ihres Verständnisses zu. Luther argumentiert genau umgekehrt: Da in der Schrift Christus selber die bestimmende Mitte ist, dieser aber der Herr der Kirche sei, muss sich die Kirche der Schrift unterordnen.[11]

Luther negiert hierbei keineswegs die Inspiriertheit der Schrift, er bringt sie seiner Überzeugung nach vielmehr wieder in Achtung: »Die Schrift solle alleine durch den Geist verstanden werden, durch den sie geschrieben ist«. Aber er fährt fort – und hier liegt der Frontalangriff auf die Bedeutung der kirchlichen Tradition:

> »[diesen] Geist du nirgends gegenwärtiger und lebendiger finden kannst, denn eben in seiner heiligen Schrift, die er geschrieben hat. So sollen wir denn danach trachten, nicht daß wir die Schrift beiseit setzen und uns auf die menschlichen Schriften der Väter richten, nein vielmehr zuerst sollen wir die Schriften aller Menschen beiseit setzen und allein an die heilige Schrift desto mehr und desto beharrlicher unsern Schweiß setzen.«[12]

Freilich schafft er damit die Tradition nicht ab oder wertet sie grundsätzlich negativ. Luther kann sich durchaus auf die Bekenntnisse der Kirche stützten und er kann auch eigene schreiben. Aber diese sind für ihn Folgen der Schrift und verdanken sich ihr. Insofern stehen sie nicht über, sondern unter der Schrift.

> »Es entsteht auf diesem Wege ein ständig in Bewegung bleibender Zirkel von Schrift, kirchlicher Schriftauslegung und Bekenntnis (als Summe der Schrift): ›So sollen denn nichts denn die göttlichen Worte die ersten Prinzipien der Christen sein, aber aller Menschen Worte sind Schlüsse, die davon abgeleitet sind und wieder darauf zurückgeführt und daran bewährt werden müssen‹.«[13]

Dieser vom Protestantismus behaupteten Normativität der Schrift entspricht zugleich ihre Klarheit. Gibt es kein anderes Gremium, das über die Auslegung der Schrift verfügen kann, als nur die Schrift selber, so legt sie sich selber aus. Tut sie das aber, so ist ihre Botschaft auch von allen Christen zu lesen und zu entdecken. Im Gegenschlag des Tridentinums der römisch-

---

10 WA 10 II,73,15.

11 Vgl. PAUL ALTHAUS, Die Theologie Martin Luthers, Gütersloh [5]1980, 71–74.

12 WA 7,97,1–9.

13 STUHLMACHER, Verstehen (s. Anm. 7), 100f.

katholischen Kirche wurde dann konsequent anders formuliert: Die letzte Entscheidung über Kriterien und Gültigkeit wahrer Bibelauslegung stehe allein dem kirchlichen Lehramt zu.

Allerdings ist mit der reformatorischen Position ein ganz erhebliches Problem gegeben: Wo finde ich denn nun den Maßstab für Richtig und Falsch bei einer Auslegung. Um hier nicht in einen enthusiastischen Spiritualismus abzugleiten musste so etwas wie ein hermeneutischer Schlüssel gefunden werden, durch den der Leser den Aussagen der Bibel begegnen konnte. Denn der Geist, der die Schrift auslegt, wurde ja nun nicht mehr in der ihn haltenden Tradition gefunden, sondern irgendwie in der Schrift selber. Dass dadurch zwangsweise Zirkelschlüsse entstehen, muss nicht extra erwähnt werden. Hierbei lassen sich nun zwei Beobachtungen der frühen reformatorischen Hermeneutik machen. Einerseits finden wir bei Luther eine sehr ausgeprägte Wertschätzung des Literalsinns. Es gibt eine äußere Klarheit der Schrift, die im Wortsinn und in der Grammatik besteht. Hier kann er den Forderungen seiner Zeit, etwa der eines Erasmus nach gründlichem grammatischem und historischem Studium der Schriften, folgen. Konsequenterweise verwirft Luther dann auch die anfangs von ihm noch gepflegte allegorische Auslegung. Nein, das Wort ist klar. Aber andererseits betont Luther auch eine innere Klarheit der Schrift, die sich auf die Unterscheidung von Gesetz und Evangelium bezieht. Es gibt also so etwas wie die Mitte der Schrift von der aus sich alles andere öffnet. Luthers innere Bibelkritik etwa am Jakobusbrief oder aber auch zwischenzeitlich an der Apokalypse hat hier ihren Grund. Hier aber kommt man nun nicht umhin festzustellen, dass er an dieser Stelle plötzlich wieder einen Schritt zurück macht. Denn wo er eine Mitte der Schrift konstatiert, setzt er ja erneut einen hermeneutischen Schlüssel an, der ein Ergebnis seines Bibelstudiums nun zum Ausgangspunkt des weiteren Bibelstudiums macht. Im Grunde ersetzt er die angeblich geistbestimmte kirchliche Tradition durch eine geistgewirkte biblische Erkenntnis, um die Bibel verstehend zu öffnen.

Mit dieser Mitte der Schrift hat Luther freilich der ganzen folgenden protestantischen Hermeneutik ein Ei ins Nest gelegt, dass ganz unterschiedliche Vögel hervorbrachte, die aber alle das Grundproblem nicht lösten – man kann diese Linie meines Erachtens ausziehen bis hin zur Betonung des den Menschen zum Glauben auffordernden Kerygmas bei Bultmann. Das sich unter exegetischem Gesichtspunkt stellende Problem von einer solchen Mitte der Schrift hat Berger in seiner Hermeneutik knapp, etwas polemisch aber wie ich denke zutreffend beschrieben, wenn er darauf hinweist, dass eine solche Mitte der Schrift exegetisch kaum haltbar ist – vorausgesetzt, man nähert sich der Bibel eben nicht mit der Vorentscheidung, es gäbe eine Mitte, die dann freilich wieder dogmatisch festgelegt wäre.[14] Die Beobachtung unterschiedlicher

14 Vgl. Klaus Berger, Hermeneutik des Neuen Testaments, Gütersloh 1988, 210.

Theologien, das Schweigen einzelner Schriften vom Sühnetod, von Einsetzungsworten etc. verhindert letztlich die Behauptung solch einer Mitte.

Doch wie dem auch sei: Zunächst war mit der reformatorischen Lehre von der Schrift im Zusammenhang mit dem immer mächtiger werdenden Humanismus der Damm zu einem neuen Verstehen der biblischen Schriften gebrochen, der durch die bisher einengenden dogmatischen Vorgaben entstanden war. Gerade der Humanismus mit seiner Wiederentdeckung der ursprünglichen Quellen führte zu einer Konzentration auf die Untersuchung und Betrachtung der Texte selber.

Und nun treten noch zwei weitere Geschehnisse hinzu, die auf den ersten Blick so gar nichts mit der Frage nach dem Verstehen der Bibel zu tun haben: der Dreißigjährige Krieg und die Buchdruckerei. Im Dreißigjährigen Krieg erfährt der konfessionelle Glaube eine kaum zu überschätzende Krise und damit zugleich das jeweils – mittlerweile ja auch auf protestantischer Seite mehr und mehr – dogmatisch gebundene Schriftverständnis. Der Philosoph Odo Marquard hat in diese Richtung überlegt und vermutet, dass die methodische Hermeneutik des 17. Jahrhunderts, um die die Gelehrten kämpfen, »an die Stelle eines blutig umkämpften einheitlichen und absoluten Sinnes der heiligen Schriften und Gesetze die Lektüre und Interpretationen der vielen Sinnmöglichkeiten«[15] setzt. Hatte das reformatorische Schriftver-ständnis zu einer Befreiung von der kirchlich dogmatischen Bevormundung des Verstehens der Schrift geführt, so führt die Erfahrung der Konfessionskriege zu einer gänzlichen Zurückhaltung bis Abscheu jeglicher konfesionellen Bevormundung. Wie die Bibel zu verstehen ist, dieses darf nun keiner mehr dogmatisch vorgeben, nicht im Detail, wie im römischen Katholizismus, noch in der Grundlage, wie im Protestantismus – jeder hat dazu in den Kriegen das moralische Recht verloren. Damit aber muss eine ganz eigene Hermeneutik entwickelt werden. Der Damm, auch religiöse Schriften unter den Kriterien, die für jede andere Schrift gelten, zu verstehen zu suchen, war gebrochen. Und das umso mehr, als nun – das zweite Geschehnis – durch den Buchdruck die Bibel überall zu lesen war: Das reformatorisch eingeforderte Recht zum Lesen und Verstehen gewann Anwendung – die hohe Zahl der Schul- und Universitätsneugründungen tat das ihre dazu. Nun aber wurde die Kunst des Lesens und Verstehens zum Thema. Die Folge war, dass die nun entstehenden hermeneutischen Methodiken sich in Bezug auf die Bibel immer deutlicher jeglichem Primat einer theologischen Vorbestimmung und Grenzsetzung entzogen. Stattdessen gewannen die allgemein auch für sogenannte profane Literatur geltenden Regeln der Textinterpretation einerseits, sowie das grundsätzliche Bewusstsein der historischen Abständigkeit des gegenwärtigen Lesers zum Text andererseits eine immer höhere Bedeutung auch für das Verstehen bibli-

[15] CLAUS VON BORMANN, Art.: Hermeneutik I. Philosophisch-Theologisch, in: TRE Bd. 15, 1986, 108–137, 113. Vgl. ODO MARQUARD, Frage nach der Frage, auf die die Hermeneutik die Antwort ist, in: DERS., Abschied vom Prinzipiellen, Stuttgart 1981, 117–146.

scher Schriften. Umgekehrt mussten Theologen natürlich immer wieder fragen, inwieweit sich eben diese biblischen Schriften unter solchen allgemeinen Lese- und Verstehensregeln immer noch als Heilige Schrift verstehen ließen. Dass diese Auseinandersetzungen bereits damals heftig geführt wurden, zeigen die Dispute zwischen den theologischen Fakultäten in Halle und Tübingen in der zweiten Hälfte des 18. Jahrhunderts. Während die Hallenser um Johann Jakob Semler ganz auf der Linie einer historischen Hermeneutik stehen, die dann zu sehr kritischen Ergebnissen gegen-über der vorherrschenden kirchlichen Lehre führt, positionieren sich die Tübinger erheblich konservativer und lehren den göttlichen und damit unhinterfragbaren Ursprung der Schrift.

Gerade aber die Position des ganz in der Tradition des Rationalismus stehenden Semlers muss uns hier kurz beschäftigen, denn in ihr begegnet uns etwas wieder, was kaum zu vermuten ist. Semler nämlich hält gänzlich fest an dem Prinzip, dass der Geist, in dem die biblischen Bücher geschrieben wurden, auch der Geist sein muss, der sie interpretiert. Dieser Geist aber ist nun keineswegs mehr der Heilige Geist Luthers oder der katholischen Kirche, sondern im weitesten Sinne die religiös verankerte, aber doch auf ihre eigene Leistungsfähigkeit vertrauende und ganz der Humanität verpflichtete Vernunft. Diese ist dann letztlich identisch mit dem Wort Gottes, das »alle Menschen in allen Zeiten weise macht zur Seligkeit«, den Menschen menschenfreundlich macht, ihm Ordnung gibt und »lauter göttliche allgemeine Liebe und Wohltätigkeit zur Ausbesserung des Menschen mitteilt«.[16] Die Folge ist eine radikale und absolute Befreiung der Auslegung von jeglicher kirchlichen Bevormundung und Grenzziehung und damit eine ebenso radikale und absolute Öffnung für die Betrachtung und Untersuchung der biblischen Schriften nach den reinen, jeweils aktuellen Regeln der Vernunft. Dass hierbei innerhalb der biblischen Bücher natürlich ganz grundsätzlich differenziert werden konnte, dass der Kanon damit gänzlich zur Disposition stand, ist offensichtlich. Im Grunde entdeckt Semler die Mitte der Schrift in eben diesem rational humanistischen Geist des Rationalismus – und folgerichtig kann er davon sprechen, dass etwa solch ein Buch wie die Apokalypse gänzlich unsinnig ist und das Wort Gottes nicht enthalte.

Die Wirkungsgeschichte dieser Überlegungen reichte weit. Sie brachte das Grundproblem des Verstehens biblischer Schriften auf ihren Kern, indem sie fragte, welcher Geist eigentlich Abfassung und entsprechend auch Verstehen und Auslegung bestimmen darf. Die Radikalität, mit der Semler den hermeneutischen Zirkel jeglicher kirchlichen Auslegung durchbrach, brachte ihn aber selbstverständlich in den anderen hinein, dass nun der jeweils aktuelle Zeitgeist zum Maßstab der Beurteilung der Schrift wurde. Doch dieses Problem zu benennen heißt nicht, die epochale Bedeutung Semlers zu schmälern.

---

[16] Johann Salomo Semler, Abhandlung von freier Untersuchung des Canons, 4 Bde., 1771–1775, hrsg. v. Heinz Scheible, Texte zur Kirchen- und Theologiegeschichte 5, Gütersloh [2]1980, zitiert nach Stuhlmacher, Verstehen (s. Anm. 7), 62.

Der Theologie war in der Folge in aller Deutlichkeit die Aufgabe gestellt, die Spannung zwischen dem herrschenden Dogma und der selbst redenden Schrift, die auf ihr Reden durch die immer weiter verfeinerten historisch-wissenschaftlichen Methoden hin untersucht wurde, immer wieder neu zu beantworten.

In aller Kürze seien hier zum Abschluss weitere wirkungsmächtige Ecksteine genannt. Da ist zunächst Schleiermacher, womit wir am Beginn des 19. Jahrhunderts angelangt sind, und dem wir – ganz nebenbei festgestellt – auch das Thema Hermeneutik als wissenschaftliche Disziplin verdanken. Er verwirft, ähnlich wie seine Vorgänger, jeglichen Anspruch, den eine außerhalb des Textes stehende Autorität, also eine Kirche oder eine Lehre oder eine bekannte Interpretation, auf das Verständnis einer Schrift haben dürfte. Deshalb gibt es nach ihm auch keine Unterscheidung mehr zwischen einer etwa philosophischen oder theologischen Hermeneutik. Aber anders als bei Semler ist der Text nicht allein der Kritik einer aktuellen Vernunft des Lesers unterworfen. Der Text steht vielmehr im Gegenüber zu seinem Leser, der wiederum allein im Gegenüber zum Text steht. Das Verstehen selber wird zum Nachdenken des Prozesses des Schreibens. Eine besondere Inspiration des Verfassers beim Schreiben der neutestamentlichen Bücher ist gar nicht denkbar, da der Heilige Geist die ganze Wirklichkeit der Kirche und also auch den heutigen Leser durchflutet. Er ist die Quelle aller Gedankenerzeugung, sofern sie dem Reich Gottes angehören, er ist der Inbegriff des religiösen Selbstbewusstseins. Das Neue Testament ist damit zwar die Quelle des Christentums, aber sie muss auch gelesen werden wie jede andere christliche Geschichtsquelle.

Mit dieser radikalen Ablehnung jeglicher speziell theologischen Hermeneutik, die eben doch immer wieder neu bereit ist, den glaubensmäßigen Verstehenshorizont beim Verstehen der Schriften zu berücksichtigen, mit dieser radikalen Ablehnung einer solchen theologischen Hermeneutik hat Schleiermacher das Thema der Hermeneutik des 20. Jahrhunderts in Gang gebracht. Stuhlmacher spricht davon, dass die Frage, wie sich historisch-geisteswissenschaftliche Kritik und reformatorischer Glaube in Hinsicht auf die heilige Schrift verbinden lassen, letztlich unerledigt vom 19. an das 20. Jahrhundert weitergegeben wurde.[17]

Die Kritik an der schleiermachschen Konzeption geht aber zunächst andere Wege. So erhalten die dort zugrunde liegenden Überzeugungen, dass der Geist Gottes eben Ausdruck eines dem Menschen selbstverständlich zugänglichen religiösen Selbstbewusstseins sei, kräftigen Gegenwind. Gunkel erbrachte nämlich den exegetischen Nachweis, dass in den biblischen Schriften der Heilige Geist das dem Menschen geradezu entzogene, »schlechthin Übernatür-

---

[17] Vgl. STUHLMACHER, Verstehen (s. Anm. 7), 160f.

liche und daher Göttliche«[18] war. Der Geist Gottes war dem Menschen, nach den Zeugnissen der Schrift, Gegenüber und konnte – karikiert ausgedrückt – damit natürlich auch nicht mit dem religiösen Selbstbewusstsein identisch sein. Johannes Weiß untermauerte diese Kritik am selbstverständlichen religiösen Selbst durch den Nachweis der apokalyptischen Natur der Predigt Jesu, wodurch auch das von ihm verkündigte Gottesreich zu einer schlechthin überweltlichen Größe wurde.[19] Hiermit aber wurden die Grundpfeiler eines aus dem Geist der Menschen selber möglichen Verständnisses der Heiligen Schrift gebrochen, sei dieser Geist nun rationalistisch oder religiös bestimmt: Das, was es nämlich zu verstehen galt, war übernatürlich und damit dem Zugriff des Menschen eigentlich entzogen.

Genau diese Erkenntnis wurde in einer gänzlich anderen Richtung flankiert durch die Untersuchung von Adolf Deißmann zur Sprache des Neuen Testaments. Diese Arbeit war insofern revolutionär, als man bis dahin selbstverständlich davon ausging, dass das Neue Testament in einem besonderen, eben christlichen, Griechisch geschrieben wurde, es also schon in seiner Sprache eine religiöse Besonderheit und Dignität hätte. Man mag hier durchaus eine Nachwirkung von Augustins Verständnis der Semiotik vermuten. Genau damit brach Deißmann, indem er den Nachweis führte, dass

> »das Neue Testament im großen und ganzen ein Denkmal der spätgriechischen Umgangssprache ist, in seinen weit überwiegenden Bestandteilen das Denkmal einer mehr oder weniger volkstümlichen Umgangssprache«[20].

Zerstörten Gunkel und Weiß die Vorstellung von einem, dem Menschen innewohnenden, natürlichen Zugang zum ganz anderen der Verkündigung der biblischen Texte, so zerstörte Deißmann die letzte gebliebene Bastion, dass die biblischen Texte als Texte etwas Besonderes wären. Wir haben also die seltsame Situation am Beginn des 20. Jahrhunderts, dass einerseits das Übernatürliche des Inhalts der Schrift, andererseits das Natürlich-Geschichtliche ihrer Gestalt sehr deutlich in den Blick trat. Die Schere zwischen einem sich dem Glauben einerseits und einem sich der historischen Forschung andererseits verdankenden Verständnis war so weit geöffnet wie nie zuvor.

Infolge dessen fallen Exegese und Dogmatik gänzlich auseinander, wobei sich nun die Exegese natürlich auch allen zugänglichen Quellen über das Neue Testament hinaus öffnen kann. William Wrede weist folgerichtig auch jede dogmatische Verantwortung exegetischer Erkenntnisse zurück:

> »Aus gegebenen Urkunden will die biblische Theologie einen Thatbestand erheben [...] Sie sucht ihn so objectiv, so richtig, so scharf als möglich aufzufassen – das ist

---

[18] Hermann Gunkel, Die Wirkungen des heiligen Geistes nach der populären Anschauung der apostolischen Zeit und der Lehre des Apostels Paulus, Göttingen ^{3}1909, 22.

[19] Nach Stuhlmacher, Verstehen (s. Anm. 7), 162.

[20] Adolf Deißmann, Licht vom Osten, Tübingen ^{4}1923, 53.

alles. Wie sich der Systematiker mit ihren Resultaten abfindet und auseinandersetzt, das ist seine Sache. Sie selbst hat wie jede andere Wissenschaft ihren Zweck lediglich in sich selbst und verhält sich durchaus spröde gegen jedes Dogma und jede systematische Theologie.«[21]

Gleichwohl war das für Wrede im Grunde selber schon gar kein Problem mehr, da in der systematischen Theologie die Überzeugung heranwuchs, die ganze Menschheitsgeschichte als einen fortschreitenden Prozess sich offenbarender Vernunft zu betrachten. Was uns vorher als Vernunft oder als religiöses Selbst begegnet war, ist nun also – und hiermit verbinden sich Namen wie Troeltsch oder Harnack – die Geschichte selber, die das Kontinuum zwischen den abständigen biblischen Berichten und der Gegenwart hält. Die Geschichte selber ist für

»den ethisch und religiös gläubigen Menschen [...] eine geordnete Folge, in der die zentrale Wahrheit und Tiefe des menschlichen Geisteslebens aus dem transzendenten Grunde des Geistes unter allerhand Kampf und Irrung, aber auch mit der nötigen Konsequenz einer normal begonnenen Entwicklung emporsteigt.«[22]

Vor diesem Hintergrund war die rein historische Erforschung der biblischen Schriften natürlich die einzige Möglichkeit des angemessenen Umgangs mit ihnen. Eine Frage nach einem extra literalis liegenden Sinn war überflüssig. Und selbst die Hinweise von Gunkel und Weiß auf das Übernatürliche der Botschaft wurden in den Entwicklungsprozess der Geschichte integriert.

Dieser Geschichtsoptimismus verschwand mit dem ersten Weltkrieg grundsätzlich. Erneut haben wir hier eine Zeitenwende vor uns, die der des Dreißigjährigen Krieges zu vergleichen ist. Die Folge ist erneut das Aufbrechen einer neuen Hermeneutik, die sich mit dem Begriff der dialektischen Theologie und damit mit Karl Barth und Rudolf Bultmann verbindet. Barths Entsetzen über die Haltung seiner Lehrer zum ersten Weltkrieg forderte ihn auf, diesen Geschichtsoptimismus zu hinterfragen und nach der Botschaft der biblischen Schriften hinter dem Historischen zu fragen.[23] Es sind die Antworten des Paulus auf dessen damalige Fragen, von denen Barth behauptet, dass sie auch die Antworten auf unsere Fragen heute sind. Barth entreißt die Bibel der reinen, sich selbst genügenden historischen Betrachtung und fragt ganz direkt wieder nach ihren Aussagen für den herausfordernden und verändernden Glauben. Die Exegese steht damit im Dienst der Gemeinde Jesu Christi

---

21 WILLIAM WREDE, Über Aufgabe und Methode der sogenannten Neutestamentlichen Theologie, Göttingen 1897, 83.

22 ERNST TROELTSCH, Über historische und dogmatische Methode in der Theologie, in Theologie als Wissenschaft, hg. v. GERHARD SAUTER, München 1971 (= ThB 43) 105-127, 122.

23 Vgl. KARL BARTH, Der Römerbrief, Zürich [13]1940, V: »meine ganze Aufmerksamkeit war darauf gerichtet, durch das Historische *hindurch* zu sehen in den Geist der Bibel, der der ewige Geist ist.«

und lebt in der Erwartung, in den biblischen Schriften das alte prophetisch-apostolische Zeugnis zu hören. Die auch von Barth anerkannte historische Kritik muss also nicht mehr das göttliche Handeln in Jesus Christus bzw. in den bezeugten Ereignissen der Schrift nachweisen oder abwehren – woran sie immer gescheitert ist –, sie darf nun vielmehr allein dieses Handeln durch ihre Arbeit aufzeigen. Glaube entsteht nicht durch das Aufzeigen des historischen Geschehens, aber der Glaube entdeckt das historische Geschehen, macht es sichtbar für den darin und dahinter stehenden Gott. Somit wird der Glaube letztlich aber zur Voraussetzung einer der biblischen Schriften angemessenen Hermeneutik. Wir haben also nach langer Zeit wieder eine theologische Hermeneutik. Allerdings geht Barth nun so weit, dass er meint, das gehörte apostolische Zeugnis nun für das ganze der Dogmatik fruchtbar machen zu können.

Eben an dieser Stelle trennen sich Barth und Bultmann fundamental. Für Bultmann ist das einzige, was aus der Schrift zu hören ist, das den Menschen in die Krise stürzende Wort vom Angebot des Glaubens, auf das es nur das gehorsame Hören als Antwort geben kann. Jegliche Erklärung dieses göttlichen Angebots des Glaubens ist ihm als spekulatives Denken verdächtig. Hier allein, in dieser Herausforderung zum Glauben und nur hier erkennt er die Mitte der Schrift, von der aus er sie selber auch kritisch betrachten kann und bis hin zur theologischen Sachkritik an den Texten geht. Verstehen kann die Schrift deshalb nur, wer sich im Zusammenhang seiner existentiellen Fragen (Sinn, Glück etc.) der Schrift stellt. Es ist hier also nicht mehr der Glaube, der die Schrift öffnet, sondern es sind die existenziellen Fragen des Menschen. Das Kontinuum zwischen den historisch abständigen Schriften und dem gegenwärtigen Menschen liegt nicht in einem Schrift und Menschen bestimmenden Geist Gottes, sondern allein in dem damals wie heute auf die Fragen antwortenden Gott. Damit aber kann es auch keine spezifisch theologische Hermeneutik mehr geben.

2.2 Rückblick und offene Fragen

Ich beende hier zunächst diesen Überblick. Eine Diskussion über unseren derzeitigen Ort in dieser Debatte werden wir im Anschluss an den nächsten Punkt zu führen haben. Ich möchte dennoch einige Aspekte festhalten, die ich als grundsätzliche Fragen aus der Geschichte höre.

1.) Sehr grundsätzlich ist die Feststellung des Humanismus bezüglich der historischen Abständigkeit zwischen Schrift und gegenwärtigem Leser. Verstehen muss eine Brücke über diesen Graben schlagen.

2.) Die Vorstellung der alten Kirche von einem mehrfachen Schriftsinn hat immer wieder das Tor geöffnet für eine Interpretation der Schriften über ihren eigentlichen Wort- und Satzsinn, über ihren primären Literalsinn hinaus. Daraus ergeben sich mehrere Fragen: a) Gibt es tatsächlich solch einen mehrfachen Sinn? b) Wer oder was legt fest, in welcher Richtung dieser Sinn zu suchen ist? Und damit zusammenhängend: c) Wer oder was entscheidet, ob der gefundene Sinn zutreffend ist?

3.) Die Frage des vergangenen Jahrhunderts, ob es denn tatsächlich eine besondere theologische Hermeneutik gäbe, bedarf immer wieder einer begründeten Antwort. Ist der Glaube oder die existenzielle Frage der Zugang und damit der hermeneutische Schlüssel zur Schrift – um es in einer etwas karikierenden Alternative von Barth oder Bultmann zu sagen? Oder mit anderen Worten: Was ist das Kontinuum zwischen dem Verfasser und dem Leser und wie kann dieses Kontinuum greifbar gemacht werden: als Mitte der Schrift, als rationalistische Vernunft, als religiöses Selbst, als sich entwickelnde Geschichte, als esxistenzielle Frage oder als Glaube?

4.) Schließlich ist mir einer der scheinbaren Nebenaspekte wichtig und beachtenswert, auf den Odo Marquard in Bezug auf die Folgen des Dreißigjährigen Krieges aufmerksam gemacht hat, auf die ich in Bezug auf die Entstehung der dialektischen Theologie nach dem ersten Weltkrieg aufmerksam machte und die Claus von Bormann in der TRE so zusammenfasst: »Hermeneutik ist immer entwickelt und gepflegt worden, wenn eine Tradition, die lebenstragend war, brüchig wurde und eine Korrektur oder ein Neuanfang gesucht wurden.«[24] Dieser Hinweis erscheint mir für unsere gegenwärtige Situation sehr zu beachten zu sein. Er unterstreicht, was ich in der Einleitung als unsere gegenwärtige Aufgabe beschrieben habe. In einer Zeit zunehmender Pluralität in unserem ansonsten traditionell eher fest gefügten Gemeindebund tritt die Frage nach der Hermeneutik der Schrift und damit der Größe, die bisher als verbindendes Element galt, mit großer Deutlichkeit hervor. Ich würde deshalb so weit gehen und sagen, dass dort, wo wir uns dieser Frage nicht stellen, wir an der Entwicklung unseres Bundes schuldig werden.

3. GEGENWÄRTIGE ZUGÄNGE ZUR BIBEL

In diesem Teil möchte ich drei Zugänge zur Bibel vorstellen, den historisch-kritischen, den fundamentalistischen und den evangelikalen Zugang. Dieses ist – so wird jeder etwas kritische Zuhörer sofort sagen – gar nicht möglich. Und damit hat er auch Recht. Zunächst hat er recht, weil es *den* historisch-kritischen, *den* fundamentalistischen oder *den* evangelikalen Zugang natürlich gar nicht gibt. So sehr wie die Methoden in der historisch-kritischen Forschung mitsamt den Grundlagen variieren und sich entwickeln, so sehr gibt es unter fundamentalistischen oder evangelikalen Theologen Unterschiede in Grundlagen und Durchführung. Sodann ist diese Darstellung der drei Methoden auch deshalb nicht möglich, weil ihre Grenzen nicht genau zu ziehen sind. Wir haben es nicht mit monolithischen Lehrgebäuden zu tun, sondern mit Exegeten, die ihren eigenen hermeneutischen Zugang suchen, wählen und

---

[24] BORMANN, Art.: Hermeneutik I (s. Anm. 15), 113.

anwenden. Sehr schön ist dieser Streit z.B. gegenwärtig an den öffentlichen Auseinandersetzungen zwischen Thomas Schirrmacher, Heinzpeter Hempelmann und der Freien Theologischen Hochschule Gießen zu erkennen. Welcher von diesen ist noch fundamentalistisch, welcher ist schon evangelikal?[25] Oder zählt eine biblische Theologie vielleicht doch schon mehr zur evangelikalen Tradition als zur historisch-kritischen? Die Übergänge und Abgrenzungen scheinen durchaus willkürlich. Hinzu kommt dann noch, dass solche Klassifizierungen immer auch einen politischen Klang haben und z.T. mit viel mehr belastet sind, als ihrem genuin theologiegeschichtlichen Inhalt. So möchte z.B. Ernst Lerle, ein Neutestamentler der Staatsunabhängigen Theologischen Hochschule Basel (STH), nicht mehr von fundamentalistisch, sondern von bibeltreu reden, da »das Fremdwort ›Fundamentalismus‹ mit nichtchristlichen Inhalten belastet ist.«[26] Dies freilich wird jedem ernsten historisch-kritischen Exegeten die Zornesröte ins Gesicht treiben, unterstellt sie ihm doch einen nicht bibeltreuen Umgang.

Also es geht eigentlich nicht – warum mache ich es dennoch so? Weil ich denke, dass mit diesen drei hier tatsächlich monolithisch vorgestellten Zugängen die Eckpunkte angedeutet werden können, die je Anfragen an unseren eigenen Zugang stellen. Ich stelle also nicht den Anspruch, die einzelnen Zugänge in einer definitorischen Klarheit vorzustellen, sondern eher, in einer beschreibenden Weise manche Grundsätze zu benennen, die sich dann innerhalb der jeweiligen Richtungen durchaus vielfältig gestalten können.

Hierzu werde ich immer nach der kurzen Vorstellung einige kritische Rückfragen stellen, um dann in einem letzen Schritt zu summieren und die Positionen miteinander ins Gespräch zu bringen suchen.

3.1 Der historisch-kritische Zugang

Wer die historisch-kritische Exegese biblischer Texte sachgemäß beurteilen möchte, der muss meines Erachtens auf ihren Ursprung blicken. Dieser liegt einerseits in den geistesgeschichtlichen Umbrüchen im Zusammenhang der humanistischen Tradition der Reformationszeit, andererseits in den religiösen Aufbrüchen der Reformation selber und schließlich im Rationalismus des 18. und 19. Jahrhunderts. Alle drei Momente bestimmen und prägen diesen Zugang zu biblischen Texten mit. Dabei sind die älteren Momente, der Humanismus und die Reformation, eher für das Grundlegende, der neuzeitliche

---

[25] In den Kontext des Streits gehören u.a. folgende Schriften: Heinzpeter Hempelmann, Nicht auf der Schrift, sondern unter ihr. Grundsätze und Grundzüge einer Hermeneutik der Demut, Lahr 2000; Thomas Schirrmacher, Irrtumslosigkeit der Schrift oder Hermeneutik der Demut? Ein Gespräch unter solchen, die mit Ernst Bibeltreue sein wollen, Nürnberg 2001.

[26] Ernst Lerle, Bibeltreue. Ein fundamentalistischer Zugang zur Bibel, in Ulrich Luz (Hrsg.), Zankapfel Bibel, Zürich [4]2003, 39–52, 49. Vgl. auch die Auseinandersetzung zwischen Schirrmacher und Hempelmann, wo die Verwendung von *fundamentalistisch* weitestgehend durch *bibeltreu* abgelöst ist.

Rationalismus eher für die methodische Ausgestaltung dieses Zuganges verantwortlich.

Grundlegend sind in meinen Augen drei Aspekte. Zunächst wird die Autorität der Schrift und damit der Texte über die Autorität der Tradition gestellt. Sodann werden die Schriften in ihrer grundsätzlichen Fremdheit erkannt und auch anerkannt. Hinzu kommt später im Rationalismus ein dritter Aspekt, der des für jeden offenen und damit grundsätzlich öffentlichen Gespräches über die biblischen Texte.

Diese drei Aspekte zeigen sich auch in der Bezeichnung. Als kritischer Zugang zeigt sich dieses Verstehen der Bibel, weil sie jeglicher vorgefasster Meinung über die Bibel, jeglicher Dogmatik, jeglicher kirchlichen Lehrmeinung mit der Autorität des biblischen Textes und seiner Aussagen kritisch gegenüber tritt. Eben nicht Kirchenlehre, Dogma oder Tradition bestimmen den Inhalt der Bibel, sondern allein diese selber ist daraufhin zu befragen, was sie über Gott und das Angebot des Glaubens zu sagen hat. Und allein die Schrift hat diese Autorität. Das, was die Schrift aus sich heraus sagt, verleiht ihr Autorität. Dies hat natürlich auch etwas mit der im Humanismus deutlichen Rückbesinnung auf die eigentlichen Quellen zu tun.

Doch diese Schrift ist eine Schrift mit einem enormen historischen Abstand zu den gegenwärtigen Lesern. Es ist eine Binsenweisheit, dass keine der in einem Zeitraum von fast 1000 Jahren entstandenen Schriften bzw. ihrer Quellen zu den gegenwärtigen Lesern geschrieben wurden. Ein Grundansatz, diesen berühmten ›garstigen Graben‹ zu überwinden, ist die Aussage, dass man die Schriften aus der Situation heraus zu lesen und dann zu verstehen hat, aus denen sie entstanden sind. Der Exeget begibt sich sozusagen jenseits dieses Grabens und versucht, sich zum Zeitgenossen der Autoren zu machen. Johann Jakob Wettstein, einer der Väter der Methodiken der historisch-kritischen Erforschung des Neuen Testaments, hat hierzu zu Beginn des 18. Jahrhunderts einen Grundsatz formuliert, der in seiner Klarheit und seinem Anspruch bis heute grundsätzlich gültig ist:

> »Wenn du die Bücher des Neuen Testaments ganz und gar verstehen willst, versetze dich in die Person derer, denen sie zuerst von den Aposteln zum Lesen gegeben worden sind. Versetze dich im Geiste in jene Zeit und jene Gegend, wo sie zuerst gelesen wurden. Sorge [...] dafür, dass du die Sitten, Gebräuche, Gewohnheiten, Meinungen, überkommenen Vorstellungen, Sprichwörter, Bildersprache, täglichen Ausdrucksweisen jener Männer erkennst und die Art und Weise, wie sie andere zu überzeugen versuchen oder Begründungen Glauben verschaffen.«[27]

Diesem Anspruch nachzukommen hat sich die historisch-kritische Exegese in ihrer Entwicklung immer stärker bemüht und so sind über die bei Wettstein

---

[27] JOHANN JAKOB WETTSTEIN, Novum Testamentum Graecum, 1751, zitiert nach STUHLMACHER, Verstehen (s. Anm. 6), 127.

noch vorherrschende Erforschung der materiellen Zeitgeschichte, der Abfassungszeit, Fragen nach den Literaturgattungen jener Zeit, nach der Religiosität jener Zeit, dann auch nach den sozialen und politischen, bis hin schließlich auch nach den psychologischen Befindlichkeiten von Autoren dazu gekommen. Ein Großteil historisch-kritischer Methodik verdankt sich einer immer größer werdenden Sensibilität für die Vielfalt der Bedingungen, die das damalige Leben, aber eben auch die damaligen Schriften bestimmten.

Dass die historisch-kritische Arbeit an der Bibel hierbei viele Methodiken und Ansätze mit anderen Forschungsrichtungen gemein hatte, dass man hier voneinander lernte und sich gegenseitig befruchtete hat dem letzten Anspruch Rechnung getragen und ihn zugleich voran getrieben, nämlich eine wissenschaftliche Erforschung der Bibel zu gewährleisten, das heißt eine Erforschung – ich steige nun nicht in eine Debatte um den Wissenschaftsbegriff ein, sondern bleibt ganz an der Oberfläche – eine Erforschung, die von jeder Person mit der entsprechenden zu erlernenden Voraussetzung betrieben werden kann. Diese Öffentlichkeit der Forschung und Arbeit steht ihrerseits natürlich in direktem Dialog zum kritischen Moment dieses Zuganges. Denn nun hatte der Bibelforscher die Autorität, über das kirchliche Lehramt und das Dogma zu befinden. Die historisch-kritische Bibelwissenschaft rückt also die Schrift radikal in den Mittelpunkt – und es gibt wahrscheinlich keinen dümmeren Vorwurf, als einem historisch-kritischen Exegeten vorzuwerfen, er achte die Schrift nicht. Freilich – es gilt innezuhalten und die einzelnen Momente selber kritisch zu befragen. Eine positive Würdigung erfolgt später.

1.) Die Entwicklung der historsch-kritischen Methodik hat meines Erachtens gezeigt, dass ihre Fragestellungen letztlich ein Fass ohne Boden sind. Die Erforschung der historischen Begebenheiten des Textes haben immer wieder zu neuen Fragestellungen und damit auch Forschungsgebieten geführt, die heute kaum noch jemand überblickt, geschweige denn zusammenführen kann – obwohl sie untereinander doch deutlich aufeinander einwirken. Ich mache hier nur auf die Impulse der soziologischen oder auch der psychologischen Forschung aufmerksam. Diese müssten natürlich eigentlich in die historische Erforschung einfließen. Doch haben wir hierfür überhaupt genügend sachlich auswertbare Quellen? Damit aber muss die historisch-kritische Forschung eingestehen, dass all ihr Erkennen deutliches Stückwerk ist. Das ist noch nichts Ehrenrühriges – aber es relativiert eben doch einen Grundsatz dieser Methodik.

2.) Die historisch-kritische Methode ist unter dem Vorsatz gestartet, sich objektiv den Texten nähern zu können, indem sie kirchliche, dogmatische und andere Vorgaben auszublenden versuchte. Dieser Vorsatz einer Objektivität ist in seinem grundsätzlichen Anspruch nicht mehr zu akzeptieren. Der Exeget in seiner Verfasstheit, seinem Vorverständnis, seiner Ablehnung gegen oder Akzeptanz für Bestehendes ist Teil des Verstehensprozesses, wie es uns besonders die philosophische Hermeneutik der vergangenen 50 Jahre gezeigt hat. Was hier am Ende des Verstehensprozesses steht, kehrt den Anspruch von Objektivität teilweise in die Feststellung völliger Subjektivität um.

3.) Auch die Frage, ob die historisch-kritische Methode nicht letztlich in der Vergangenheit des Textes stehen bleibt, scheint mir eine Grundsätzliche zu sein. Sie seziert den Text und erklärt ihn bis in die Einzelheiten hinein – aber hat sie damit seinen Sinn, seine Aussage verstanden? Wie sie den großen Graben der für sie ja konstitutiven historischen Abständigkeit überwindet, bleibt offen. Bultmanns Versuch, dieses z.B. über die existenziale Interpretation zu lösen, scheint mir letztlich nicht gefruchtet zu haben. Konsequenterweise wird diese Frage von der Exegese an die systematische Theologie und die Homiletik delegiert. Aber ist sie dann wirklich noch eine theologische Disziplin? Und – und das scheint mir das eigentliche Problem zu sein – kann sie durch dieses Verbleiben in der historischen Distanz des Textes eigentlich wirklich ihrer Aufgabe gerecht werden, kritische Größe für eine Kirche der Gegenwart zu sein? Ein schönes Beispiel für genau dieses Problem kann man z.B. in aktuellen Diskussionen um den Gottesdienst oder die Taufe erkennen. Wie es damals war, das können die Exegeten zwar sehr schön sagen, aber ob das heute noch relevant ist, darüber entscheiden ganz andere.

4.) Eine letzte, aber ebenfalls grundsätzliche Anfrage: Die historisch-kritische Methodik orientiert sich an der Geschichte, wie sie für jeden be- und ergreifbar ist. Damit aber blendet sie Gott in letzter Konsequenz aus. Nicht das sie ihn nicht grundsätzlich glauben könnte, aber sie wird in ihrer Untersuchung letztlich die Kontingenz, die Mehrdeutigkeit von Ereignissen immer in Richtung auf geschichtlich rational beschreibbare und nicht göttliche, dem Begreifen zunächst entzogene Ereignisse auflösen. Dies ermöglicht zwar das Gespräch mit Menschen außerhalb des Glaubens über die Bibel, führt aber vielleicht doch genau am Kern biblischer Botschaft vorbei, die mitten in dem geschichtlichen Geschehen Gott aufzeigen möchte. Der Glaube ist damit möglicherweise hinzutretendes, nicht aber zu weckendes und gewolltes Moment in diesem Verstehensvorgang, weil genau mit diesem Glauben die strenge Historizität verlassen werden würde. An eben dieser Stelle gehen sowohl Barth als auch Bultmann über diese Art historisch-kritischer Hermeneutik hinaus.

3.2 Der fundamentalistische Zugang

Gänzlich konträr ist der fundamentalistische Zugang zur Bibel. Auch hier ist zunächst ein Blick auf die Geschichte hilfreich.

Als mehr und mehr organisierte Bewegung erscheint der christliche Fundamentalismus seit den 70er Jahren des 19. Jahrhunderts. Sein Entstehungsort ist Nordamerika, wo sich in dieser Zeit mehrere Konferenzen zur Bibel gegen die angebliche Bedrohung des Glaubens durch den Darwinismus und die dahinter liegende vom Evolutionsgedanken bestimmte moderne Wissenschaft organisierten. Die Bezeichnung als Fundamentalismus hat diese Bewegung nicht zuletzt durch die 1910–1915 herausgegebene Schriftenreihe »The

Fundamentals: A Testimony to the Truth«[28] gewonnen und angenommen. In ihr gewinnen die fünf grundlegenden Programmpunkte große Breitenwirkung: Irrtumslosigkeit der Bibel, Jungfrauengeburt, stellvertretendes Sühnopfer, leibliche Auferstehung Christi und leibliche Wiederkunft Christi.[29]

Eine solche historische Verortung der fundamentalistischen Bewegung wird allerdings von Ernst Lerle, einem 2001 verstorbenen früheren Neutestamentler STH Basel relativiert. Er stellt fest, dass der Fundamentalismus weder wissenschaftsfeindlich noch erst im Amerika um das Jahr 1875 herum entstanden sei. Vielmehr – und ich halte diese Aussage für grundsätzlich bedeutsam – werde schon im Neuen Testament die Basis für theologische Erkenntnis gelegt. Hier verweist er auf 1Kor 3,11: »Denn einen anderen Grund kann niemand legen als den, der gelegt ist: Jesus Christus.« Von diesem und keinem anderen Standort aus solle die Methodik für das Verstehen der Heiligen Schrift entfaltet und ein Zugang zum Verstehen und Auslegen der Bibel gefunden werden.[30]

Dieser Zugang besteht – etwas verkürzt gesagt – darin, dass so wie der Mensch Jesus doch ganz Gott war so auch die Schrift, obwohl von Menschen niedergeschrieben, doch ganz göttlichen Ursprungs sei. Oder wie Thomas Schirrmacher es ausdrückt: »Die Schrift teilt die Eigenschaften ihres Verfassers, also Gottes.«[31] Die Schrift wird zum Träger Gottes, hat aber in ihrer eigenen Geschichtlichkeit keinerlei Relevanz. Auf die hier im Hintergrund stehende Christologie werde ich ganz am Ende eingehen.

Das ich an dieser Stelle auf Ernst Lerle verweise hat zwei Gründe. Der erste liegt darin, dass er von der STH entsandtes Mitglied im Bibelprojekt der Theologischen Kommission des Schweizerischen Evangelischen Kirchenbundes war. In diesem Bibelprojekt wurden Vertreterinnen und Vertreter verschiedener Traditionen des Bibelverständnisses eingeladen, um miteinander ins Gespräch zu kommen. Das Ergebnis dieses Gespräches hat der Züricher Neutestamentler Ulrich Luz 1992 in dem Buch ›Zankapfel Bibel‹[32] vorgelegt, das neben allgemeinen Einleitungen zu den verschiedenen Auslegungstraditionen auch jeweils eine Auslegung des Berichtes über die Speisung der 5000 aus Mk 6,30–44 enthält. Ich komme hierauf im weiteren Verlauf noch zurück.

Der zweite Grund, hier die Person von Ernst Lerle zu erwähnen, ist seine Lehrtätigkeit an der STH Basel und damit die enge Verbundenheit mit Samuel Külling, der dort ebenfalls als Neutestamentler lehrte. Samuel Külling war der

---

28 Amzi Clarende Dixon und Reuben Archer Torrey (Hrsg.), The Fundamentals: A Testimony to the Truth, Los Angeles begründet 1910.

29 Vgl. Sydney Eckman Ahlstrom, Art.: Fundamentalismus, in RGG³ Bd. 2, 1958, 1178ff.

30 Vgl. Ernst Lerle (s. Anm. 26), 40.

31 Vgl. in Heinzpeter Hempelmann, Gemeinsame Liebe. Wie Evangelikale die Autorität der Bibel bestimmen, Bad Liebenzell 2001, 11. Schirrmacher formuliert dies in Bezug auf die Behauptung der Unfehlbarkeit der Schrift.

32 Ulrich Luz, Zankapfel Bibel. Eine Bibel – viele Zugänge, Zürich ⁴2003.

einzige deutschsprachige Vertreter in dem International Council on Biblical Innerrancy (ICBI), dem Internationalen Rat für biblische Irrtumslosigkeit, der von 1978 an innerhalb von 10 Jahren die so genannten Chicagoer Erklärungen zur Biblischen Irrtumslosigkeit (1978)[33], zur biblischen Hermeneutik (1982) und zur Anwendung der Bibel (1986) verfasste. Diese Chicagoer Erklärungen dürfen wohl mit einigem Recht als die Eckpunkte eines Maßstabes fundamentalistischen Schriftverständnisses angesehen werden.[34]

Die Chicagoer Erklärungen hier durchzugehen ist nicht möglich. Ich greife aber einen der Artikel der Erklärung zur biblischen Irrtumslosigkeit heraus, der mir grundsätzlich erscheint, nämlich Artikel 6: »Wir bekennen, dass die Schrift als Ganzes und alle ihre Teile bis zu den Worten des Urtextes von Gott durch göttliche Inspiration gegeben wurde.« Zwar wurde uns diese Schrift durch menschliche Schreiber übergeben, deren Persönlichkeit auch nicht ausgeschaltet wurde (Artikel 7.8), aber »der Ursprung der Schrift ist Gott selber« (Artikel 7) und die Inspiration »verleihe garantiert« die Möglichkeit, dass die Verfasser »wahre und zuverlässige Aussagen über die Dinge« geben, »über welche die Autoren auf Gottes Veranlassung hin sprachen und schrieben« (Artikel 9). Die Menschlichkeit der Wiedergabe ist damit letztlich auf die Persönlichkeit und den Schreibstil der Autoren begrenzt, schließt aber eben nicht die ›Wahrheit‹ des Inhalts ein.

Hierbei ist nun der Wahrheitsbegriff von besonderem Interesse. Ernst Lehrle stellt dazu fest:

> »Im Wahrheitsbegriff im Sinne des Alten und des Neuen Testaments liegen nicht nur Zuverlässigkeit, Treffsicherheit, Festigkeit, Verbindlichkeit, Gültigkeit, Wahrhaftigkeit und Treue, sondern auch die volle Übereinstimmung mit der Wirklichkeit. Was mit der Wirklichkeit nicht übereinstimmt, kann nicht wahr sein. Die Abtrennung einer vermeintlichen Wahrheit von tatsächlichem Geschehen ist in der Bibel nicht zu finden.«[35]

Die Konsequenz dieses Wahrheitsbegriffes ist u.a., dass natürlich an keine geschichtliche Aussage der Bibel irgendeine Anfrage gestellt werden darf, was

---

[33] Die Irrtumslosigkeit der Bibel. Erste Chicago-Erklärung von 1978, in dt. Übersetzung, Gefell 2003/2008.

[34] Dies würden freilich Vertreter dieser Richtung wohl wieder anders sehen – denn die Irrtumslosigkeit der Schrift ist natürlich für sie kein Produkt einer menschlichen Bewegung und Überzeugung, sondern Selbstzeugnis der Schrift, die von der Chicagoer Erklärung nur verdeutlicht wird. Vgl. dazu z.B. SCHIRRMACHER, Irrtumslosigkeit (s. Anm. 25), 38: »Ob die Schrift irrtumslos und unfehlbar ist oder nicht entscheidet sich einzig und allein an dem, was die Schrift über sich lehrt.« In der Folge wehrt er die Ansicht ab, diese Aussagen der Irrtumslosigkeit entstammen einem bestimmten menschlichen Bedürfnis nach Sicherheit, hinter dem er einen psychologischen Standardvorwurf gegen den Fundamentalismus erkennt.

[35] LERLE, Bibeltreue (s. Anm. 26), 48. Vgl. hierzu die Diskussion dieser Ansicht bei HEMPELMANN, Gemeinsame Liebe (s. Anm. 31), 42ff.

von den Aussagen der Schöpfung bis zu den Aussagen über die Autoren der biblischen Schriften reicht. Jegliche Überordnung menschlicher Vernunft oder Entscheidung über die Schrift wird grundsätzlich abgelehnt. Verstehen ist nur dem Glaubenden möglich – wobei sich der Glaube dadurch auszeichnet, dass er zunächst die Unfehlbarkeit der Schrift glaubt.

Dies betrifft natürlich auch den Kanon der biblischen Schriften. Kanonisch ist eine Schrift durch das in ihr bezeugte Reden Gottes. Hier führt Lerle z.B. die Prophetenformel an »so spricht der Herr«. Dies bedeute z.B. beim Propheten Amos, dass »seine Worte [...]vom ersten Tage an Wort Gottes [sind] und [...] somit von Anfang an kanonischen Rang und Weg weisende Gültigkeit«[36] haben. Die Vorstellung, der Kanon sei dadurch zum Kanon geworden, dass sein Umfang im Verlauf einer theologiegeschichtlichen Auseinandersetzung gewachsen sei, wird selbstverständlich abgelehnt.

Auch hier zeigt sich die Grundlage fundamentalistischen Bibelverständnisses: Es ist Gott selber, der die Schrift hervorbringt und der damit auch nicht nur hinter, sondern tatsächlich in ihr direkt zu Wort kommt. Eine gewisse Dramatik gewinnt diese Vorstellung freilich, wenn man nun den Umkehrschluss wahrnimmt: Dort, wo z.B. eine geschichtliche Aussage der Schrift angezweifelt wird, wird die Wahrheit angezweifelt, damit aber im letzten wird die Autorität Gottes angezweifelt und damit Gott selbst. Der Glaube an Gott und der Glaube an die Schrift werden identisch und in gewissem Sinne austauschbar.

Insofern stellt der fundamentalistische Zugang zur Bibel ein der historisch-kritischen Methode geradezu entgegengesetztes Modell dar. Geht diese von der absoluten Geschichtlichkeit der Schrift aus und verwehrt sich in ihren extremen Richtungen jeglicher Möglichkeit eines transzendenten göttlichen Impulses und erklärt also alles aus der Geschichte heraus, so geht die fundamentalistische Methode im letzten ganz von der Transzendenz der Schrift aus und verwehrt sich in ihren extremen Richtungen gegen jeglichen geschichtlichen Einfluss auf Genese und Botschaft.

Konsequenterweise kann dann natürlich auch nur der Exegese betreiben, der sich als Glaubender demütig unter das Wort Gottes stellt. Das reformatorische sola scriptura scheint hier in letzter Konsequenz aufgerichtet zu sein – freilich wäre noch zu fragen, ob dieses wirklich die reformatorische Aussage trifft, oder nicht viel mehr das, was dann die spätere Orthodoxie daraus gemacht hat.

Auch hier gilt es innezuhalten und einige kritische Rückfragen zu stellen: 1) Zunächst ist grundsätzlich die Aussage zu hinterfragen, ob die für diesen Zugang immer wieder behauptete Verbindung von Wahrheit und geschichtlicher Wirklichkeit akzeptabel ist. Hier möchte ich gar nicht auf das Problem des Wahrheitsbegriffes eingehen – dies hat in sehr klarer und schöner Weise Hempelmann, sicherlich jemand, der aus fundamentalistischer Sicht frei ist

---

[36] Lerle, Bibeltreue (s. Anm. 26), 42f.

von jeglichem Verdacht einer ›Bibelkritik‹ – problematisiert.[37] Ich möchte vielmehr noch grundsätzlicher fragen, ob zur Wirklichkeit der Geschichte nicht auch ganz anderes gehören kann als das letztlich geschilderte geschichtliche Faktum, also etwa die Brotvermehrung im Beispiel des schweizerischen Bibelprojektes. Gehört zur Geschichte, durch die Gott spricht und wirkt nicht auch z.B. die religiöse Prägung von Menschen die dieses Geschehen erlebt haben und es überliefern? Gehört nicht auch die weitere Überlieferungs- Traditions- und Deutungsgeschichte dazu? Gehört nicht auch die Redaktionsgeschichte dazu, die dieses Geschehen Menschen an einem anderen geschichtlichen Ort vermitteln wollte und gehört nicht auch die Geschichte der Entwicklung theologischen Verstehens dieses Ereignisses dazu? Wenn man dann aber Geschichte als Ort des Auftretens göttlicher Wahrheit behauptet, dann darf man vielleicht doch nicht bei der letzen Formulierung eines Faktums stehen bleiben und dieses als Wahrheit behaupten, sondern müsste in gleicher Weise offen bleiben für die geschichtliche Genese einer Aussage und auch für die geschichtliche Gebundenheit einer Deutung und eines Verständnisses des jeweiligen Geschehens. Mit anderen Worten: Wenn schon Wahrheit und Geschichte so eng verknüpft werden, dann muss die Geschichte in ihrer ganzen Vielfalt wahrgenommen werden. Hier reduziert dieser Zugang zur Bibel die Wirkungsfähigkeit Gottes auf einen singulären Moment der Geschichte, den sie damit eben genau aus dem geschichtlichen Handeln Gottes herausreißt. Letztlich offenbart sich Gott hier gerade nicht in der Geschichte, sondern nur in diesem Moment. Insofern scheint mir hier eine völlig unzulässige Reduktion von Geschichte auf ein bestimmtes Geschehen vorzuliegen. Wenn also schon die Wahrheit Gottes in der Geschichte zum Ausdruck kommt, warum darf dann die Wahrheit Gottes nicht auch in der ganzen Vielfalt wahrgenommen werden, die die Geschichte ausmacht?

2.) Der Glaube ist Voraussetzung zum Verstehen der Schrift. Aber genau dieser Glaube ist nur dann echter Glaube, wenn er die Schrift in ihrer Unfehlbarkeit glaubt. Ein solcher an die Schrift gebundener Glaube wird sich dann auch aus der Schrift seiner selbst immer mehr klar und gewinnt Verstehen Gottes. Hier wird Glaube an Gott, der meines Erachtens vor allem in Beziehung und Vertrauen besteht, ersetzt durch das Akzeptieren einer Lehraussage über die Bibel, dem dann das Akzeptieren weiterer Lehrsätze aus der Bibel zwangsweise folgt. Scharf formuliert: Der Christusglaube wird durch einen Schriftglauben ersetzt.

3.) Bei allen Bemühungen um eine positive Methodik erscheint mir der Kern in einer Negation zu liegen, nämlich in der Ablehnung jeglichen kritischen Befragens der Schrift. Damit aber ergibt sich in der Weltsicht ein radikaler Dualismus: Der Teufel verführt zur Kritik, Gott aber führt zum Glauben. Und dieser Glaube darf und wird, wenn er von Gott geschenkter Glaube ist, seine Grundlage, die Schrift, nicht kritisch befragen. Hier liegt eine Beschrän-

---

37 Vgl. HEMPELMANN, Gemeinsame Liebe (s. Anm. 31), 42ff.

kung der Schöpfung des Menschen vor. Der Glaube darf nicht kritisch fragen: Das ist ein eingeengtes Verständnis vom Glauben. Und es ist im letzten eine Dämonisierung von jedem, der es wagt, anders an die Schrift heranzugehen.

4.) Schließlich gibt es für mich einige handwerkliche Anfragen. Als Neutestamentler frage ich mich beispielsweise schon, wie es gelingen kann, sich auf ein neutestamentliches Autograph zu stützen, von dem wir historisch auch in den ältesten uns vorliegenden Abschriften immer noch mehr als eine Generation entfernt sind. Wird dadurch die Entscheidung über die Lehre der Bibel und damit ja über nicht weniger als die Wahrheit Gottes abhängig gemacht von der Arbeit der Textkritiker? Und wer bitte schön entscheidet dann darüber, ob diese Arbeit richtig gemacht wurde?

3.3 Der evangelikale Zugang

Von einer evangelikalen Bewegung spricht man seit dem Internationalen Weltkongreß für Weltmission 1974 in Lausanne, der von der weltweiten evangelischen Allianz, der World Evangelical Fellowship veranstaltet wurde. Es handelt sich nicht um eine geschlossene Gruppe, sondern um einen losen Verband, zu dem sich Einzelpersonen und Gruppen zählen können oder auch nicht. Es geht dabei nicht um klare Abgrenzungen, sondern eher um eine gemeinsame Grundrichtung christlichen Glaubens, Lebens und theologischen Denkens. Wichtige Aspekte sind neben der Achtung der Heiligen Schrift als höchste Autorität für Leben und Lehre, neben der Betonung von Umkehr und Gemeindebezug im Rahmen der allein durch Glauben dem Menschen zukommenden Erlösung vor allem auch die Erkenntnis und Überzeugung von der Notwendigkeit der Mission und Evangelisation.[38] Die Wurzeln der evangelikalen Bewegung scheinen aber deutlich älter zu sein und lassen sich in der Erweckungsbewegung in Großbritannien und Nordamerika des 18. Jahrhunderts verorten.[39]

Was ich eingangs über die Schwierigkeit einer klaren Abgrenzung der verschiedenen Zugänge zur Bibel sagte, trifft nun im Besonderen auf den evangelikalen Zugang zu. In der Gruppe dieser Exegeten treffen sich solche mit eher fundamentalistischer Überzeugung ebenso wie solche mit eher historisch-kritischer Arbeitsweise. Den evangelikalen Zugang zu beschreiben ist somit nicht einfach.

Als grundsätzliche Schlüsselbegriffe erscheinen der des Zeugnisses und der Wahrnehmung. Die Schriften der Bibel sind Zeugnisse der Gotteswahrnehmungen der Menschen, die sie verfasst haben. Sie sind damit mehr als nur Zeugnisse ihres Glaubens. Diese Zeugnisse aber sind glaubwürdig und zuverlässig. Dabei – und dies ist ein sehr interessanter Aspekt – sind sie wegen der

---

38 Vgl. Wolfgang Bittner, Wort Gottes als menschliches Zeugnis von Gott. Ein evangelikaler Zugang zur Bibel, in Luz, Zankapfel (s. Anm. 26), 55–72, 55.

39 Ausführlich: Todd M. Johnson, Art.: Evangelikale Bewegung, in RGG^4 Bd. 2, 1999, 1694–1699.

Autorität dieser Zeugen zuverlässig und glaubwürdig. Wolfgang Bittner formuliert in dem bereits häufiger erwähnten Buch von Luz: »Der Text und seine Zeugen sind nicht darum vertrauenswürdig, weil es sich um die Bibel handelt, sondern umgekehrt.«[40] Also: Die Bibel ist vertrauenswürdig, weil es sich um diese Zeugen handelt. Dabei ist diese Glaubwürdigkeit der Zeugen für die Kirche in ihrer Geschichte in hohem Maße einsehbar gewesen, weswegen sie kanonischen Rang einnahmen. Und diese Glaubwürdigkeit ist auch für den heutigen Leser einsehbar, weswegen die Schriften auch heute noch dem eigenen Glauben als Maßstab und Orientierung dienlich sind. Dies bedeutet natürlich letztlich, dass die Glaubwürdigkeit der Zeugen und dann natürlich auch der Bibel im Voraus dogmatisch feststeht und behauptet wird – denn sie ist auch dem heutigen Menschen noch einsichtig.

Die Wahrnehmung Gottes in der Geschichte des Volkes Israels, der Geschichte Jesu von Nazareth und der Gemeinde in den Zeugnissen der Heiligen Schrift zielt aber nicht nur auf die Annahme ihres Berichtes bei den heutigen Lesern, sondern zielt eben darauf, Gott selber als den in der Geschichte Handelnden wahrzunehmen. Diese Wahrnehmung ist nicht nur ein für möglich Halten, ein Glauben, sondern das tatsächliche Erwarten der Anrede Gottes durch den Text hindurch. Bittner formuliert:

> »In allem Bemühen um einen Bibeltext erwarte ich, *Gott selber zu hören*. Ich erwarte sein lebendiges Reden zu mir und zur Gemeinde. Es kann sein, dass ein Wort, ein Gedanke, ein Bild, ein Eindruck mich in besonderer Weise ›betrifft‹. Ein solches Reden geschieht zwar anhand eines biblischen Textes. Ich erfahre es jedoch als Reden Gottes, das letztlich unausweisbar bleibt.«[41]

Dies macht einen grundsätzlichen Aspekt dieses Zuganges deutlich, der ihn nun auch ebenso grundsätzlich von den zuvor dargestellten unterscheidet. Das Wirken, Handeln und Reden Gottes ist durch die und in der Geschichte der Bibel wie auch durch die und in der Geschichtlichkeit der Bibel ›wahrnehmbar‹. Gott steht also nicht als letztlich ungreifbare Größe hinter der Schrift – wie bei der historisch-kritischen Methode. Er steht aber auch nicht als mit der Geschichte identifizierte Größe in der Schrift – wie bei der fundamentalistischen Methode. Er spricht und handelt durch die Schrift hindurch, hier aber eben als persönliche Wahrnehmung, zugleich ganz wirklich wie auch ganz subjektiv. Hierbei kann nun die evangelikale Auslegung durchaus soweit gehen, dass sie die Zeugnisse der Bibel auch hinsichtlich der Direktheit der Wahrnehmbarkeit Gottes differenziert. Bittner unterscheidet drei Kategorien, er nennt es Unterscheidungen im Hören:

> »[1.] Es gibt Dinge, die nur Erinnerung sind; anderes ist bewußt auf Zukunft hin offen gehalten, z.B. Urteile, Verheißungen, Weisungen. [2.] Mancher Zug bibli-

---

40 BITTNER, Wort Gottes (s. Anm. 38), 60.

41 A.a.O., 60.

scher Texte erscheint mir als Angebot, von dem aus auch Situationen der Gegenwart gedeutet werden können. Man könnte vorsichtig von Deutungsmodellen sprechen. Z.B.: ›Leiden‹ eines Menschen kann dies oder jenes bedeuten. [3.] Es gibt Aussagen der Bibel, die durch Gottes Versprechen als bleibend feststehendes Wort bezeichnet wurden und darum auch für heute zu reklamieren sind, z.B. Willensäußerungen, Gebote, Verheißungen, Treueversprechen, Bekenntnisformulierungen usw. Nicht weil sie ›zeitlos‹ wären, gelten sie auch heute, sondern weil Gott versprochen hat, sie in jeder Zeit durchzuhalten und zu erneuern.«[42]

Dieser Zugang rechnet also grundsätzlich mit der Möglichkeit und der Wirklichkeit der Wahrnehmung Gottes durch sein Wort in der Heiligen Schrift. Bittner nennt das – auf den ersten Blick ganz richtig – ein »inkarnatorisches«[43] Schriftverständnis. Durch das ganz menschliche Wort der Schrift kann und will Gott selber reden und handeln. Damit ist einerseits die Behauptung der Unmöglichkeit des Wahrnehmens Gottes in der Geschichte bestritten, andererseits aber auch die einfache Identifikation von Gottes Handeln und Reden mit der Geschichte.

Auch hier nun zunächst einige Anfragen: 1.) Die größte Anfrage ergibt sich aus der These von der Klarheit göttlichen Handelns in der Geschichte, das vom Menschen als solches wahrnehmbar ist. Können wir in der Bibel tatsächlich von eindeutigen Handlungen und Aussagen Gottes reden, wenn wir andererseits den Zeugnischarakter und damit die Menschlichkeit der Schriften behaupten und achten? Hier liegt für mich eine Inkonsequenz vor: Manches soll dann doch direkter als göttlich wahrnehmbar sein als anderes.

2.) Die Zuverlässigkeit der Zeugen gewinnt in diesem Modell eine enorm hohe Bedeutung. Ich frage mich aber, ob dieses Gewicht von ihnen zu tragen ist. Was wissen wir wirklich über sie und was können wir über sie wissen? Und wie weit wagen wir uns in unserer Frage hinaus – ich denke an etwa psychologische Fragestellungen in Bezug auf die Verarbeitung des Bruches, den Paulus mit seiner Geschichte vollzogen hat. Wird hier nicht, dem historischen Vorurteil der historischen-kritischen Methode und dem dogmatischen Vorurteil des Fundamentalismus entsprechend, ein Vorurteil in Bezug auf die Autoren gefällt, das diese letztlich nicht tragen können?

3.) Für wichtig, zugleich aber auch für sehr schwierig, halte ich die Bedeutung der Wahrnehmung Gottes beim Leser selbst. Dieser Gedanke kommt zwar neueren hermeneutischen Überlegungen sehr entgegen, aber er öffnet natürlich auch der Subjektivität und damit der dogmatischen Gebundenheit des Lesers durch sein traditionsprägendes Umfeld Tür und Tor. Wird – mit anderen Worten – die Wahrnehmung Gottes in den Schriften nicht genau mit dieser Betonung letztlich in der Gefahr stehen, doch wieder immer nur im

---

[42] A.a.O., 60f.
[43] A.a.O., 66f.

Rahmen der bekannten Tradition stattzufinden? Und das um so mehr, als es ja angeblich feststehende und angeblich eindeutige Aussagen gibt?

4. Die Frage nach einer eigenen hermeneutischen Orientierung

4.1 Momente einer hermeutischen Orientierung aus dem Rückblick

Nun soll in aller Kürze der Versuch unternommen werden, aus dem bisher Gesagten Linien auszuziehen, die der eingangs angemahnten eigenen hermeneutischen Verantwortung helfen können. Dabei schaue ich zunächst zurück auf die drei Modelle und dann nach vorne auf wenigstens eine Frage, die in der neueren hermeneutischen Diskussion nach meinem Eindruck immer mehr Gewicht erhält. Zunächst der Rückblick, den ich in drei Schritten vornehme.

4.1.1 Die nicht vorhandene Voraussetzungslosigkeit des Verstehens

Zunächst steht hier eine Beobachtung: Das Verstehen eines biblischen Textes geschieht nie ohne die persönliche Vorgeschichte des Lesers, die ganz entscheidend den Umgang mit dem Text bestimmt. Der Text der Bibel kann unter der Vorentscheidung, er sei Gottes eigenes Reden (fundamentalistischer Zugang) betrachtet werden. Er kann unter der Vorentscheidung, er sei Zeugnis von Gott, in dem aber Gott selber wahrgenommen (evangelikaler Zugang) oder geglaubt (historisch-kritischer Zugang) werden kann, wahrgenommen werden. Die Vorentscheidung wird den Umgang mit den Texten prägen. Einmal begegnet Gott direkt im Text (fundamentalistischer Zugang), einmal begegnet er durch den Text (evangelikaler Zugang), einmal begegnet er gar nicht, sondern bleibt beim Text stehen, der höchstens in Bezug auf den Gott fragen lässt, der vielleicht auch heute noch reden möchte (historisch-kritischer Zugang).

Einen ersten Schritt für eine eigene hermeneutische Verantwortung erkenne ich in der Akzeptanz dieser Vorentscheidung. Diese Akzeptanz aber führt in die Vorsicht. Vorsicht gegenüber Kritik an anderen Zugängen. Die Arroganz, mit der teilweise Vertreter des einen oder anderen Zuganges über die anderen herfallen ist nur schwer zu ertragen, vor allem dann, wenn sie mit dem Diktum »als Christ muss man doch ...« oder aber mit dem Diktum »als denkender Mensch muss man doch ...« herkommen. Besonders – ich deutete es schon an – der Anspruch an die Verwendung des Begriffs bibeltreu durch manche fundamentalistischen oder auch evangelikalen Kreise ist hier schwer zu ertragen. Denn bibeltreu ist der, der mit den Schriften der Bibel treu umgeht. Diese Treue aber ist jeweils inhaltlich bestimmt durch die eigene Überzeugung von dem, was diese Texte eigentlich darstellen und sind.

Hier nun wird ein Vertreter der fundamentalistischen Methode einwenden, man müsse nicht fragen, was die Ansicht des Exegeten ist, sondern was die Ansicht der Bibel ist. Das ist schlau formuliert aber natürlich ein dramatischer Zirkelschluss. Denn bei dieser Frage wird herauskommen, was vorher über sie festgelegt wurde. Am Beispiel: Wenn etwa für Ernst Lerle der Prophetenspruch: »Jahwe hat gesagt« ein Erweis des direkten Redens in der Schrift ist, so ist er für einen historisch-kritischen Exegeten natürlich nur die Aufnahme einer üblichen Redekonvention im Rahmen der prophetischen Tradition dieser Zeit.

Diese, lange vor der Beschäftigung mit dem Text selber liegenden, Vorentscheidungen und Voraussetzungen müssen wir uns selbst bewusst machen. Nun aber die Frage: Woran bilden sie sich diese Voraussetzungen? Und hier frage ich nun nicht nach dem prägenden soziologischen Umfeld, sondern ich frage nach den inhaltlichen Unterschieden und Argumenten. Dabei geht es vor allem um die Frage nach dem Verhältnis von Geschichte, Offenbarung und Glauben.

4.1.2 Die Verbindung von Geschichte, Offenbarung und Glauben

Es scheint mir deutlich geworden zu sein, dass alle drei vorgestellten Modelle diesen Zusammenhang sehr verschieden beschreiben. Während der fundamentalistische Zugang in Bezug auf die Bibel eine Identität von Geschichte und Offenbarung behauptet, der sich der Glaube nur unterordnen kann, stellt der evangelikale Zugang wenigstens noch eine Durchlässigkeit der Geschichte für die Offenbarung fest, die der Glaube wahrnehmen kann, während der historisch-kritische Zugang Geschichte und Offenbarung letztlich radikal trennt. Die Geschichte kann zum Glauben reizen, der aber letztlich von den Berichten nur angestoßen werden kann. Die historische Deutung der Berichte und die glaubende Deutung der Berichte haben dann unter Umständen wenig miteinander zu tun.

Dieser Differenzierung entspricht auch eine Differenzierung in der Ansicht von dem Wirken des Heiligen Geistes. Ist dieser in der fundamentalistischen Methodik primär in der Entstehung der Schrift tätig, so in der evangelikalen Methodik im gegenwärtigen Wahrnehmen des Redens Gottes durch die Schrift und in der historisch-kritischen Methodik letztlich eine zu den Schriften hinzutretende Anrede Gottes.

Die Frage stellt sich natürlich, ob zwischen diesen verschiedenen Grundansichten ein Miteinander überhaupt denkbar ist. Zwar will es vielleicht auf den ersten Blick so scheinen, als könnte man doch einfach kombinieren, doch auf den zweiten Blick ist das Trennende deutlich zu erkennen und scheint zu überwiegen.

Ich möchte hier wenigstens zwischen historisch-kritischem und evangelikalem Zugang versuchen, zumindest auf dem Papier einen Pfeiler für eine Brücke zu entwerfen. Die von der historisch-kritischen Methodik betonte Undurchsichtigkeit der Geschichte auf Gott hin scheint mir persönlich insofern festzuhalten zu sein, als dass wir es in der Geschichte tatsächlich mit einem durch und durch vieldeutigen, sich jeglicher Eindeutigkeit verwehrenden Ereignis zu tun haben. Das ist auch gegen die von dem evangelikalen Zugang behaupteten klaren Möglichkeiten zur Wahrnehmung zu sagen – wenigstens soweit diese Wahrnehmung dann plötzlich einen überindividuellen Charakter bekommt und als quasi Eindeutigkeit ausgesagt wird. Gleichzeitig aber macht mir dieser Hinweis der Evangelikalen auch deutlich, dass ich mitten in der Geschichte eben doch auch mit dem Wirken Gottes rechnen darf und soll. Freilich nie auf der Ebene, dass am Schluss eine allgemein gültige von mir auszusagende Wahrheit herauskommt, wohl aber so, dass mich das Zeugnis der Autoren der Bibel zum Glauben reizen soll, der dann von mir als neues Zeugnis formuliert wird. Der historische Abstand der Ereignisse, in dem mich der historisch-kritische Zugang letztlich konsequenterweise belässt, und den er mir auch richtigerweise immer wieder vor Augen malt, wird also durch die Offenheit für die Wahrnehmung Gottes durch das Wirken des Heiligen Geistes bei mir selber überwunden. Aber nicht so, dass nun die Abständigkeit völlig überwunden wäre und auch nicht so, dass damit eine gegenwärtige Eindeutigkeit geschaffen werden würde, aber doch so, dass ich offen werde, auch die Gegenwart und damit auch mich selber und meine Umwelt als Moment des Wirkens Gottes zu glauben. Dieser Vorgang aber vollzieht sich nicht in der Exegese des Textes, sondern in der Meditation und im Gebet. Der Text bleibt abständig, der Gott aber, der damals in der Geschichte gehandelt hat, will tatsächlich auch heute handeln und sich hierfür dieses Textes bedienen. Echtes Verstehen der Bibel kann damit nicht in der Exegese stehen bleiben, die – nach meiner Überzeugung – zunächst nach historisch-kritischen Momenten und Methoden konsequent durchzuführen ist, sondern muss sich der Wirkung des Geistes durch all dieses historische Arbeiten öffnen, damit aus dem Gelesenen Verstandenes wird, unter Anerkennung dessen, dass der Text ja mehr sein will als nur ein historischer Bericht. Die Intention des Textes der Bibel zielt auf den Glauben hin. Das ist eine historische Erkenntnis. Eben diese Intention aber ist durch historische Arbeit nur beschreibbar, nicht einholbar. Hier ist der demütige Wunsch des Exegeten gefordert, der sich unter den Text stellt und nun, nachdem er alles bearbeitet hat, die Anrede Gottes durch die Arbeit hindurch erwartet.

Im Sinne der alten Frage nach einem mehrfachen Schriftsinn müssten wir hier also positiv formulieren, dass es neben der historisch zu erforschenden Aussage des Textes, bei der es keine Grenze des Fragens und der Forschung zu geben braucht und geben darf, auch noch den Aspekt einer Anrede Gottes durch den Text hindurch geben kann. Diese Anrede wird nicht unabhängig von dem Textsinn sein, sondern auf ihm aufbauen. Und das Hören der Anrede Gottes durch den Text hindurch muss auf der historisch-kritischen Arbeit am Text aufbauen, weil ansonsten erneut der Dogmatik die Tür geöffnet wird, die Schrift zu bestimmen. Eine rechte schriftgemäße Arbeit wird also das als Anrede Gehörte erneut am historischen Text zu überprüfen haben. Insofern ist die Bibel in all ihrer historischen Gebundenheit das Korrektiv und die Orientierung der wahrgenommenen Anrede Gottes. Die Anrede ist gleichzeitig aber nicht durch exegetische Arbeit, gleich welcher Methodik, zu erfassen, sondern fordert das meditativ betende Umkreisen und Hören auf den erarbeiteten Text. Der theologische Exeget wird demnach nach seiner historischen Explikation (Erklärung) des Textes offen sein müssen und dürfen für eine Aplikation, für die Frage nach der Anwendung des Textes.

Können wir auch etwas vom fundamentalistischen Zugang lernen? Ich gestehe, dies fällt mir schwer. Die Ignorierung der Kontingenz der Geschichte im Bereich der Vorgeschichte und der Entstehung der Schriften der Bibel, ebenso wie im Bereich des Vorganges des Verstehens dieser Schriften macht auf mich einen Eindruck, der die Leugnung der Geschichtlichkeit des Menschen zur Folge hat. Was ich mir aber gerne von der fundamentalistischen Methodik sagen lassen möchte, ist die kritische Begrenzung meiner Arbeit als historisches Befragen allein auf die Grenzen gegenwärtiger Erkenntnisse. Dass Gott auch jenseits der weltlich-geschichtlichen Wirklichkeiten wirken kann, ist eine beständige Hoffnung und Aussage des Glaubens. Aber damit kann und darf die grundlegend vorhandene Geschichtlichkeit des Menschen im Verstehensprozess nicht aufgelöst oder aufgehoben werden. Und das gilt nicht nur für die Geschichtlichkeit des Menschen – und damit bin ich beim nächsten Gedanken.

4.1.3 Die Verbindung von Hermeneutik und Christologie

Es ist auffällig, dass in nicht wenigen Überlegungen zum Schriftverständnis ein Vergleich der eigenen Methodik zur Christologie gezogen wird. Dies scheint nicht von ungefähr und damit auch der Beachtung wert zu sein. Denn in Jesus Christus haben wir gleichfalls einen Schnittpunkt zwischen Gott und Geschichte, zwischen Offenbarung und Geschichte und damit gleichfalls eine besondere Zuordnung von Geschichte, Offenbarung und Glauben.

Wer das einmal denkt, dem fällt es relativ einfach, die verschiedenen Zugänge verschiedenen christologischen Aussagen zuzuordnen. Der Betonung der Geschichte im historisch-kritischen Zugang entspricht die Betonung der Menschheit Jesu Christi, die nur im hinzutretenden Glauben in diesem Menschen den inkarnierten Gott erkennt. Die Durchlässigkeit Gottes in Jesus Christus bei der durch Taten und Lehren die Gottheit Jesu direkt erkennbar sei, entspricht der Vorstellung des evangelikalen Zugangs. Die Betonung der grundsätzlich möglichen erkennbaren vollen Gottheit Jesu Christi schließlich entspricht der Vorstellung des fundamentalistischen Zugangs. Wer nach seiner eigenen hermeneutischen Grundhaltung im Umgang mit der Heiligen Schrift fragt, tut deshalb mitunter gut daran, sich seiner Haltung in Bezug auf die Christologie zu erinnern.

4.2 Ein Ausblick: Neue Fragen für eine eigene hermeneutische Orientierung

Fragen wir zum Abschluss nach der Möglichkeit, sich eine eigene hermeneutische Position zu erarbeiten. Dabei stellt sich die Aufgabe, die eigene Person und damit den eigenen Glauben zu berücksichtigen, etwa in Bezug auf die

Verbindung von Geschichte, Offenbarung und Glauben in der Beschreibung Jesu Christi. Das Verhältnis von Geschichte, Offenbarung und Glauben in Bezug auf die Heilige Schrift wird zu beschreiben sein und von dieser Beschreibung her werden etwa die Frage nach einem mehrfachen Schriftsinn zu beantworten und die verschiedenen Sinne einander zuzuordnen sein – vielleicht im Sinne von Explikation und Applikation.

In diesem Zusammenhang wird dann auch die Frage nach der Überbrückung des historischen Grabens zwischen der Schrift und dem gegenwärtigen Leser eine Rolle spielen. Und genau an dieser Stelle setzen nun die neueren hermeneutischen Überlegungen an. Sie sind sehr schön dargelegt in einer 1994 erschienenen Arbeit von Peter Müller, Professor für Evangelische Theologie und Religionspädagogik an der PH in Karlsruhe, mit dem schönen biblischen Titel: »Verstehst Du auch, was Du liest?«[44] In dieser Arbeit werden, immer wieder verdeutlicht an Apg 8,26-40, die neueren hermeneutischen Ansätze, etwa die der Werkästhetik und der Rezeptionsästhetik bis hin zur Intertextualität berücksichtigt. Vor allem in der Rezeptionsästhetik und der Intertextualität wird der Rolle des heutigen Lesers im Prozess des Verstehens eine sehr große Rolle beigemessen. Sie geht weit über den Begriff des bereits von Bultmann bekannten Begriffs des Vorverständnisses hinaus; der bleibt letztlich in der Konzentration der Beziehung eines Lesers zu einem bestimmten Text. Die neueren Ansätze gehen hier radikal weiter. Es gibt gar nicht nur eine Bewegung des Verstehens, die diesen Text in seinen ehemaligen Aussagen verstehen kann und dieses versucht. Vielmehr wird der Text durch den Leser mit seiner eigenen Vorstellungswelt letztlich ganz neu verstanden. Das Verständnis des Autors, das der ersten Leser und das des heutigen Leser müssen nicht mehr identisch sein, um einen Text als verstanden zu beschreiben. Das durch das Lesen ausgelöste eigene Verstehen, geprägt durch die ganz eigene Welt des Lesers, erhält sein eigenes Recht (denken wir an die Interpretation des Gottesknechtes durch die frühe Kirche).

An dieser Stelle öffnet sich der Hermeneutik auch der biblischen Schriften ein neuer Horizont, der in der Theologie erst sehr wenig ausgelotet wurde.[45] Aber eine Andeutung in diese Richtung wollte ich doch geben – um anzuzeigen, dass die Frage nach dem Verstehen weiter geht.

Wir – und damit bin ich am Ende – sollten uns dieser Frage stellen und bereit sein, über unseren Weg des Verstehens uns selber, der Gemeinde und

---

[44] PETER MÜLLER, »Verstehst du auch, was du liest?«. Lesen und Verstehen im Neuen Testament, Darmstadt 1994. Hier vor allem 120ff. Ebenfalls ebenfehlenswert: MANFRED OEMING, Biblische Hermeneutik. Eine Einführung, Darmstadt 1998. Als Originaltext einer der neueren Ansätze ist UMBERTO ECO, Lector in Fabula. Die Mitarbeit der Interpretation in erzählenden Texten, München ³1998 zu empfehlen.

[45] Beispiele hierfür sind SUSANNE HOLTHUIS, Intertextualität. Aspekte einer rezeptionsorientierten Konzeption, Tübingen 1993 und Silvia Pelegrini, Elija – Wegbereiter des Gottessohnes. Eine textsemiotische Untersuchung im Markusevangelium, Freiburg 2000.

den Menschen um uns herum Rechenschaft zu geben. Dies sind wir ihnen schuldig, dazu nötigt uns aber vor allem die Schrift, die damit in die Öffentlichkeit gestellt wird. Sie ist die Mühe wert, dass wir uns darüber Rechenschaft geben, wie wir sie verstehen.

Die Bedeutung der Heiligen Schrift im deutschen Baptismus

Zwischen Bekenntnis und Individualität[1]

1. Einleitung: Eine grundlegende Beobachtung

Wenn wir nach der Bedeutung der Heiligen Schrift im Baptismus fragen, so können am Beginn zwei Zitate aus der Geschichte der deutschen Baptisten stehen, die uns die Richtung der weiteren Beobachtungen weisen. Johann Gerhard Oncken, der Gründer der ersten Baptistengemeinde auf dem europäischen Festland, stellte 1859 über seinen eigenen Werdegang fest:

> »Als es Gott gefallen hatte, den armen Sünder, der zu euch redet, zu seiner Gemeinschaft zu rufen, und er die heilige Schrift liebgewonnen hatte, da ward es bald Grundsatz für ihn, für die ganze Dauer seines Lebens, in Glaubenssachen nichts für wahr anzunehmen, gleichviel wer es geglaubt oder gelehrt, was sich nicht deutlich, klar und bestimmt durch ein Wort, das der heilige Geist aufgezeichnet hat, beweisen ließe.«[2]

Für Oncken, der seiner Ausbildung nach theologischer Laie war, war die Bibel grundsätzlich vom Heiligen Geist inspiriert. Dieses machte ihre Dignität aus, dieses aber setzte auch den Maßstab für ihr Verstehen und dem daraus folgenden Umgang. Spricht in der Bibel der Heilige Geist selbst, so kann keine zur Bibel hinzutretende Autorität, sei es eine Person, eine Institution oder auch eine Lehre, eine vergleichbar hohe Autorität haben, wie die Worte der Schrift.[3] Christlicher Glaube und daraus erwachsendes Gemeindeleben verdankt sich demnach dann auch dem einfachen Bibellesen, so wie es jedem für das Reden des Heiligen Geistes offenen Menschen möglich ist. Diese Überzeugung findet breiten Eingang in den werdenden Baptismus. So kann dann auch Gustav Gieselbusch, einer der ehemaligen Direktoren des früheren Predigersemiars der deutschen Baptisten in Hamburg, auf dem ersten europäischen

---

[1] Dieser Beitrag wurde erstmals veröffentlicht in Walter Klaiber/Wolfgang Thönissen (Hrsg.), Die Bibel im Leben der Kirche. Freikirchliche und römisch-katholische Perspektiven, Paderborn/Göttingen 2007, 47–68.

[2] Missionsblatt der Gemeinde getaufter Baptisten 17/1859. Zu J. G. Oncken vgl. Günter Balders: Art.: Oncken, Johann Gerhard, in: ELThG Bd 3, 1994, 1473f.

[3] Zur Gefahr des daraus folgernden Biblizismus vgl. Uwe Swarat, Das Schriftverständnis im Baptismus, Theologisches Gespräch 1998, 46–57, 52. Zur Abgrenzung gegen einen Fundamentalismus vgl. ebd. Anm. 15.

Baptistenkongress im Jahr 1908 in Berlin feststellen: Der Baptismus sei »nichts anderes als die Wirkung der Bibel in der Hand des gemeinen Mannes, des einfältigen, herzensfrommen Laien«[4]. Nicht umsonst wird Gieselbusch, der selber universitär ausgebildeter Theologe war, hier den Begriff des Laien betont haben. Dem Verstehen der Heiligen Schrift wird im Baptismus zunächst nicht der Rahmen einer die Schrift inhaltlich beschreibenden oder ihre Inhalte gar lehrmäßig festlegenden kirchlichen Lehre gegeben. So kann dieses Verstehen auch nicht an die Kenntnis einer solchen Lehre gebunden sein, sondern verdankt sich dem ›frommen und einfältigen‹ Hinhören auf das, was sie dem Einzelnen oder der Einzelnen zu sagen hat, was also – um die Überzeugung von der Inspiration aufzunehmen – der Heilige Geist Gottes selber sagen möchte.

Freilich, hier muss sofort innegehalten werden. Denn natürlich kann man ganz zu Recht eben diese Überzeugung vom Reden der Schrift zum fromm und einfältig Hörenden als die kirchliche Grundüberzeugung oder sogar die Lehre des Baptismus über die Heilige Schrift verstehen. Und tatsächlich zieht sich dieser Grundton durch alle weiteren Äußerungen zur Heiligen Schrift von Seiten des Baptismus hindurch. Die Heilige Schrift redet als Äußerung des Heiligen Geistes unabhängig von einer zu ihr hinzutretenden Verstehenshilfe zum Einzelnen und hat somit alleinige Autorität. Der alte, bis auf Hieronymus zurückgehende hermeneutische Grundsatz, dass die Schrift nur in dem Geist gelesen werden kann, in dem sie auch verfasst wurde, findet hier seine erneute Anwendung insofern, als dass jeder geistbegabte Leser sie verstehen kann. Das ist der Ausgangsimpuls des Baptismus.

Diese grundsätzliche Überzeugung von der unbedingten Autorität der Schrift prägt bis heute, sodass Edwin Brandt, bis 2002 Direktor des Theologischen Seminars des BEFG, in einem grundsätzlichen Aufsatz über die baptistische Identität 1989 alles zusammenfassend den Baptismus »seinem Wesen nach [als] Bibelbewegung«[5] kennzeichnen kann.

Diese Charakterisierung wirft für unseren Zusammenhang drei Fragen auf: zunächst ist die Bedeutung von Bekenntnisschriften zu klären, die es auch im Baptismus fast von Beginn an gegeben hat, sodann sind die hermeneutischen Grundsätze des Umgangs mit der Bibel zu bedenken und schließlich ist zu fragen, in welche Schwierigkeiten der beobachtete Umgang mit der Bibel führt und wie ihnen begegnet werden könnte.

---

[4] Friedrich W. Simoleit (Hrsg.), Offizieller Bericht über den I. Kongreß der europäischen Baptisten, gehalten zu Berlin vom 29. August bis 3. September 1908, Kassel o. J., 132.

[5] Edwin Brandt, Baptistische Identität. Überlegungen zum Weg und Auftrag der Gemeinden im Bund Evangelisch-Freikirchlicher Gemeinden in Deutschland, in: ThGespr 13 (1989), 20–25, 21.

2. Bibel und Bekenntnis im deutschen Baptismus

2.1 Die geschichtliche Entwicklung der Entstehung baptistischer Bekenntnisschriften

Ich sagte eben, dass es Bekenntnisschriften im Baptismus fast von Beginn an gegeben habe. Dieses ›fast‹ ist zu beachten. Die ersten Bekenntnisse der neu gegründeten Gemeinden in Hamburg und Berlin gründen nicht auf dem Willen der Gemeindeglieder, nun den Glauben für sich selber in einer etwa normativen Schrift festzulegen, sondern allein der Herausforderung des Staates, näherhin der Polizei, diese neue Gruppe von Christen möge doch veröffentlichen, was sie glaube und sei. Die Bekenntnisschriften sind demnach am Beginn deutlich nach außen gerichtet und haben erklärenden und durchaus auch verteidigenden Charakter.[6] Auch eine zweite Beobachtung aus der Anfangsphase der Baptistischen Glaubensbekenntnisse zeigt ihre besondere Stellung im Baptismus. Als nämlich die Berliner Baptistengemeinde vier Jahre nach der Formulierung des Bekenntnisses der Hamburger Gemeinde ebenfalls aufgefordert wurde, den öffentlichen Stellen eine Bekenntnisschrift vorzulegen, da ließ man sich zwar das Hamburger Bekenntnis kommen und nahm es auch zur Kenntnis, formulierte dann aber ein eigenes, das sich besonders in den Darlegungen zum Verständnis von Taufe und Abendmahl vom Hamburger unterschied. Es war demnach keineswegs so, dass etwa das Hamburger, das älteste Bekenntnis eine grundlegend normative Funktion auf folgende Bekenntnisse gehabt hätte. Damit war nun freilich ein Problem offenbar geworden, das folgendermaßen zusammengefasst werden konnte:

> »Mit Erschrecken haben Oncken und Köbner feststellen müssen, dass trotz aller erfahrenen Einheit in Christus und bei aller Bereitschaft, ausschließlich die Heilige Schrift als Maßstab anerkennen zu wollen, ihre Auslegung dennoch immer in einem bestimmten theologiegeschichtlichen Kontext geschieht.«[7]

Die Bekenntnisse werden damit deutlich erkennbar als das Resultat eigener erlebter Schrifterkenntnis und nicht als hermeneutische Hilfe zur Deutung und Erklärung der Schrift. Das Bekenntnis ist Summe des aus der Bibel erhobenen Verständnisses des Glaubens. Dieses grundlegende Verhältnis von Bekenntnis und Schrift bleibt auch bestehen, nachdem man sich 1845 nach

---

[6] Vgl. Edwin Brandt, Vom Bekenntnis der Baptisten, in: Ein Herr, ein Glaube, eine Taufe. 150 Jahre Baptistengemeinden in Deutschland, Wuppertal und Kassel, ³1984, 175–232. Darin das Zitat von Friedrich Wilhelm Hermann von 1912, wonach es bei der Abfassung der Bekenntnisse um »die Abwehr der Lästerungen und Verleugnungen, die fortwährend gegen die Gemeinden ergingen, indem man sie – und zwar aus Geschichtsunkenntnis – beharrlich mit den Münsterschen Schwärmern der Reformation zusammenwarf und sie dadurch den Behörden verdächtig zu machen suchte.« Daneben sollten die Behörden auch erkennen, »dass Baptisten keine Aufwiegler, Unruhestifter oder gar staatsgefährliche Leute waren« (182).

[7] Brandt, a.a.O. (s. Anm. 6), 183.

langen Verhandlungen auf ein gemeinsames Bekenntnis einigen konnte. Denn auch mit diesem hatte die Bekenntnisbildung des deutschen Baptismus keineswegs ihren Endpunkt gefunden. Vielmehr hat es seit der Drucklegung 1847 allein bis 1909 nicht weniger als 13 Ausgaben hiervon gegeben – alle mit kleineren Änderungen. Dann erscheint es 1912 in der 15. Auflage gründlich überarbeitet, wird 1944, nach dem Zusammenschluss von Baptistengemeinden mit dem Bund freikirchlicher Christen, erneut verändert und erscheint mehr als 30 Jahre später im Jahr 1977/78 schließlich wiederum gänzlich überarbeitet als ›Rechenschaft vom Glauben‹ (RvG)[8] in der bis heute gültigen Fassung. Allerdings – und auch hier wieder eine interessante Beobachtung – gab es diese Rechenschaft vom Glauben in einer Fassung für den BEFG in Westdeutschland, Österreich und der Schweiz und einer Fassung für den BEFG in Ostdeutschland. Und diese beiden Fassungen unterschieden sich voneinander in der Fassung des Artikels über die Taufe. Diese Verschiedenheit der beiden Bekenntnisschriften aus West- und Ostdeutschland wurde erst 1995 überwunden. Im Grunde hat also der deutsche Baptismus erst seit jenem Jahr eine einheitliche Bekenntnisschrift.

Ich habe im letzten Satz bewusst noch von der einheitlichen Bekenntnis*schrift* gesprochen und nicht schon vom Bekenntnis selber. Mit dieser kleinen sprachlichen Differenzierung möchte ich uns für die Bedeutung der Bekenntnisse im Baptismus sensibel halten, auf die nun nach diesem Rückblick auf die geschichtliche Genese einzugehen ist.

2.2 Die Bedeutung baptistischer Bekenntnisse für den Glauben von Baptisten

Auch hier seinen zwei Zitate an den Beginn gestellt. Nach der gründlichen Überarbeitung der 14. Auflage des Bekenntnisses von 1847 in den Jahren 1909–1912 können wir in der Vorbemerkung zum 1912 erscheinenden Bekenntnis lesen:

> »Wir betrachten dieses Bekenntnis als den angemessensten Ausdruck des Gemeinglaubens der deutschen Baptisten, ohne ihm eine das Gewissen des einzelnen Gläubigen oder Lehrers bindende Macht zuzuerkennen. Wir wissen uns vielmehr gebunden an die Heilige Schrift und haben das völlige Vertrauen zum Geiste Jesu Christi, daß er seine Gemeinde in alle Wahrheit leiten wird.«[9]

---

[8] Bund Evangelisch-Freikirchlicher Gemeinden in Deutschland K.d.ö.R. (Hrsg.), Rechenschaft vom Glauben, Kassel 2009. Der Text des Glaubensbekenntnisses ist im Internet unter http://www.rechenschaft-vom-glauben.de einsehbar. Die doppelte Jahresangabe verdankt sich den beiden Daten der Verabschiedung der Rechenschaft vom Glauben auf dem Bundesrat des BEFG in Nürnberg am 21.05.1977 und auf dem Bundesrat des BEFG in der DDR in Berlin-Weißensee am 03.06.1978.

[9] Nach Brandt, Bekenntnis (s. Anm. 6), 181.

Deutlich zu erkennen ist hier die klare abgrenzende Unterscheidung von Bekenntnis und Schrift, die mit dem Begriff der Bindung zur Sprache gebracht wird: *Gebunden* ist der Glaube eines Baptisten nicht an das Bekenntnis, sondern an die Schrift allein. Diese Haltung ist grundsätzlich auch noch in dem Vorwort zur Rechenschaft vom Glauben von 1977/78 zu erkennen:

> »Dieses Glaubensbekenntnis ist Ausdruck und Zeugnis der Übereinstimmung der Gemeinden im Glauben. Es kann also nicht selbst Gegenstand des Glaubens oder bindendes Glaubensgesetz sein. Als zusammenfassende Auslegung der Heiligen Schrift wird es durch diese begründet und begrenzt.«[10]

Allerdings bietet genau diese Formulierung des letzten Satzes, wonach das Bekenntnis zusammenfassende Auslegung der Heiligen Schrift sei, die Reflektion einer stattgefundenen Weiterentwicklung seiner Bedeutung, die nun sogleich im Anschluss zum Ausdruck kommt: »Als Rechenschaft vom Glauben soll dieses Bekenntnis der gemeindlichen Unterweisung, der theologischen Besinnung und der Verantwortung des Glaubens nach außen dienen.«[11] Das Bekenntnis kann also durchaus selber der gemeindlichen Unterweisung und der theologischen Besinnung dienen. Freilich: Dieses nur insofern es als Auslegung der Schrift wahrgenommen wird und damit letztlich immer noch und immer wieder dem Erkennen der Botschaft der Schrift untergeordnet bleibt.

Das Bekenntnis ist demnach niemals norma normata, diese Qualität hat allein die Heilige Schrift.[12] Die Überzeugung von dem unbedingten Vorrang der Schrift vor dem Bekenntnis führte im Baptismus zuweilen zu einer gänzlichen Ablehnung irgendeiner Bedeutung des Bekenntnisses – und wir müssen konstatieren, dass bis heute in dem Leben der Gemeinden das eigene Glaubensbekenntnis eine äußerst geringe Bedeutung spielt.[13] Das Festhalten an der Schrift als der alleinigen Grundlage des Glaubens ist tief verwurzelte Überzeugung des Baptismus; hier bleibt er ganz in dem Geist der am Anfang zitierten prägenden Personen unserer Kirche.

Allerdings ist die Heilige Schrift natürlich immer ausgelegte Schrift. Dieses Bewusstsein ist sowohl den Vätern und Müttern der Bekenntnisse als auch den Gemeindegliedern durchaus bewusst. Und das führt uns zu den Überlegungen in Bezug auf baptistische Hermeneutik, zu der wir einige Be-

---

10 Nach BRANDT, a.a.O. (s. Anm. 6), 181.

11 RvG (s. Anm. 8) Präambel.

12 Vgl. BRANDT, Bekenntnis (s. Anm. 6), 181: »Es ist [...] typisch für den Baptismus, daß er einem Glaubensbekenntnis niemals einen normativen Rang zubilligen wird. Die Heilige Schrift allein gilt als die verbindliche Norm für den einzelnen Gläubigen ebenso wie für die Gemeinde.«

13 In einer gegenwärtig wiederholt durchgeführten Fortbildungsveranstaltung für leitende ehrenamtliche Mitarbeitende der Gemeinden steht am Beginn eine Einführung in Entstehung, Bedeutung und Inhalt der Rechenschaft vom Glauben. Hierbei ist immer wieder die Erfahrung zu machen, dass diese Schrift auch dieser Personengruppe teilweise wenigstens ihrem Inhalt nach gänzlich unbekannt ist.

obachtungen zusammentragen müssen, bevor wir uns der Praxis des Umgangs mit der Heiligen Schrift zuwenden können.

3. Der hermeneutische Zirkel im Baptismus

Wie gezeigt steht am Beginn die völlige Überzeugtheit der Inspiration der biblischen Schriften durch den Geist Gottes – und mit ihr eine vielleicht durchaus als naiv zu bezeichnende Überzeugung, dass dort, wo auf das Reden des Geistes in der Schrift gehört wird, auch die Botschaft der Schrift einvernehmlich gehört werden kann und wird. Konsequent gedacht sind verschiedene Verständnisse der Schrift demnach eigentlich gar nicht möglich, da der Einfluss der persönlichen Geschichte und damit auch eines geprägten Vorverständnisses des Lesers geleugnet wird. Ein solcher Einfluss kann in diesem Modell nur als hinderlich angesehen werden und muss letztlich zurückgedrängt werden. An dieser Stelle ist die Ernsthaftigkeit zu spüren und damit auch zu unterstreichen, mit der die Heilige Schrift allein als Offenbarung Gottes angesehen wird.

Eine solche naive Reduzierung der Offenbarung Gottes auf die Wortoffenbarung in der Heiligen Schrift erfährt in den Anfängen des Baptismus freilich sofort einen herben Rückschlag. Wir hatten das Moment dieser Relativierung bereits kurz wahrgenommen, als es um die unterschiedlichen Bekenntnisse aus Hamburg und Berlin ging. Es ist ein tiefes Entsetzen bei den Beteiligten festzustellen, als deutlich wurde, dass trotz der gemeinsamen Überzeugung, allein auf die Schrift zu hören, unterschiedliche Auslegungen zu verschiedenen Positionen bezüglich einiger theologischer Topoi führen. Und es ist den damaligen Beteiligten an dieser Auseinandersetzung durchaus klar, dass sie hier durch ihre eigenen unterschiedlichen theologiegeschichtlichen Kontexte geprägt sind. So kann Gottfried Wilhelm Lehmann in einer nachträglichen Reflektion des Ringens feststellen, dass in der Frage der Sakramente die Berliner Brüder mehr das lutherische, die Hamburger Brüder mehr das calvinistische Verständnis der Sakramente in den Zeugnissen der Schrift entdeckten.

Die hermeneutisch grundlegende Erkenntnis, dass ein eigenes Vorverständnis Lesen und Verstehen mitprägen, tritt hier demnach bereits in aller Schärfe hervor, wird aber sogleich auch als Problem erkant, das es zu beheben gilt, um sich der reinen Botschaft der Schrift unterzuordnen. Bemerkenswert ist dann aber die überlieferte Lösung dieses Problems: »Durch brünstiges Gebet gelang es dann endlich Ausdrücke zu finden, in denen beide Richtungen ihren Sinn finden konnten.«[14] Wir sollten dieses nicht so hören, als hätte an dieser Stelle etwa kein gemeinsames Bibelstudium stattgefunden. Vielmehr ist die Bewertung dieses gemeinsamen Arbeitens an der Bibel durch den Begriff des Gebets zu beachten: Es ist – man ist versucht einzufügen: natürlich –

[14] Vgl. Brandt, Bekenntnis (s. Anm. 6), 183.

das Reden des Geistes, auf das im Gebet gehört wird, das die gemeinsame Überzeugung hervorbringt.

Hiermit ist ein zu beachtendes Element baptistischer Hermeneutik benannt: Das Reden des Geistes, das sich an der Bibel entzündet, und das im Hören auf den Geist aus der Schrift wahrgenommen wird, führt zu einer gemeinsamen Überzeugung über die Botschaft der Heiligen Schrift. Die Überwindung eigener traditionell geprägter Vorverständnisse wird vom gemeinsamen Hören auf das Reden Gottes erwartet. Wo dieses gemeinsame Hören stattgefunden hat, dort kann als Resultat ein Bekenntnis als eine Orientierungshilfe zum Verstehen der Schrift gegeben werden.

Allerdings ist diese Orientierung nun im doppelten Sinne des Wortes vorläufig. Sie geht zwar einerseits jedem neuen Verstehen vorweg und sie ist jedem neuen Verstehen auch untergeordnet. Sie ist damit zugleich Orientierung gebende als auch relative Größe: relativ in Bezug auf das immer wieder auch neu zu hörende Reden des Geistes Gottes aus der Heiligen Schrift. Genau dieses neue Reden des Geistes aber hat als Maßstab eben nicht im Letzten das Bekenntnis, sondern die Erkenntnis des Einzelnen, die sich dann erneut mit den Erkenntnissen von anderen in Bezug setzt und schließlich auch neues formulieren kann. Damit wird, konsequent gedacht (und immer wieder durchgeführt), die Gemeinde der fromm und einfältig auf das Wort Gottes Hörenden zum letzten Maßstab der Auslegung und des Verständnisses der Schrift. Die Gemeinde entscheidet über richtig und falsch einer Auslegung. Wir haben damit im Baptismus einen hermeneutischen Zirkel vor uns, der um das Zentrum des individuellen und dann sich in der Gemeinde zusammenfügenden Verständnisses der Schrift kreist.

Hiermit ist nun aber sofort ein Problem offenbar. Denn wenn konsequenterweise die jeweils gegenwärtige bibellesende Gemeinde der letzte Maßstab über die Auslegung der Heiligen Schrift ist, so ist natürlich zu fragen, woher die Gemeindeglieder ihrerseits die Orientierung zur Beurteilung der Auslegung empfangen. Durch die Betonung der Notwendigkeit des gemeinsamen Hörens und damit der Gemeinde als letzter Auslegungsnorm ist in diesem Zirkel in letzter Konsequenz natürlich kein Platz für ein Norm gebendes Bekenntnis. Denn das Bekenntnis folgt ja aus der gemeinsamen Wahrnehmung der Botschaft und ist dieser nur insofern voraus, als dass es ein bekanntes Verstehen präformatiert, dieses aber jederzeit dem Erkennen der Gemeinde untergeordnet werden kann.

Und selbstverständlich ist in diesem Zirkel auch kein Platz für ein bibelwissenschaftliches Expertentum oder gar eine offizielle Lehrautorität. Ein Expertentum oder eine Lehrautorität würde genau die Bedeutung der Erkenntnis des Einzelnen und der Gemeinde schmälern, die den Baptismus ausmacht. Die Norm des Verstehens setzt die Gemeinde mit ihrer Überzeugung von der Botschaft der Schrift.

4. Probleme und Herausforderungen

Man kann diesen hermeneutischen Zirkel sicherlich schnell sehr kritisch betrachten – wie dies bei jedem hermeneutischen Zirkel schnell gelingt. Hinzuweisen bleibt aber zunächst auf den hohen und zu beachtenden Anspruch, der hier deutlich wird, und der für die folgenden Überlegungen auch weiterhin festzuhalten sein wird. Dieser Anspruch ist als Erstes in der Überzeugung zu finden, dass die Heilige Schrift eine durch den Geist Gottes für jeden zu verstehende Botschaft hat und dass diese in der Gemeinde im gemeinsamen Bibelstudium zu suchen und zu finden ist. Hieraus folgt als Zweites aber sofort, dass diese Botschaft, so sehr sie auch kontinuierliche Botschaft ist, immer wieder neu zu suchen und zu finden ist.[15] Dadurch ist es unaufgebbar, dass das kontinuierliche Bibelstudium einen elementaren Bestandteil baptistischen Gemeindelebens darstellt. Die Aufgabe des Bibelstudiums und der Formulierung biblischer Lehre ist keineswegs an einen ausgebildeten hauptamtlichen Mitarbeiter oder gar an ein Kirchengremium zu binden, sie ist Aufgabe der ganzen Gemeinde. Von hierher erklärt sich in der Praxis baptistischer Gemeindefrömmigkeit die wenigstens theoretisch hohe Bedeutung der Bibelstunde neben dem Sonntagsgottesdienst, sowie die zunehmend an die Stelle der gemeinsamen Bibelstunde tretenden Hauskreise, in denen ebenfalls das gemeinsame Bibelstudium einen zentralen Platz hat. Von hieraus erklärt sich auch, dass in den vom BEFG verantworteten Publikationen für das Gemeindeleben Hilfen zum Bibellesen einen sehr hohen Anteil haben. Und es ist in diesem Zusammenhang mehr als nur eine Randbeobachtung, dass es im Baptismus im Grunde über Jahrzehnte hinweg nur eine einzige Kommentarreihe gegeben hat, die in den Gemeinden weitgehend Einfluss fand. Man kann hier eine mehr oder weniger typische Zurückhaltung gegenüber biblischen Fachleuten vermuten: Nicht der fertige Kommentar soll das Verstehen ermöglichen, sondern das eigene Studium soll den Kommentar schreiben. Der beschriebene hermeneutische Zirkel ermöglicht und fordert also in ausgeprägter Weise den persönlichen Umgang mit der Heiligen Schrift. Ist die Gemeinde allein durch die Bibel gehalten, die in der Hand jedes Einzelnen liegt, so ist in jeder Entscheidung der Gemeinde auch das Studium der Bibel neu gefordert.

Allerdings sind wir genau an dieser Stelle nun auch in der Gefahr, der Falle dieses Zirkels zu erliegen. Ist nämlich der einzelne Bibelleser sich nicht bewusst, wie weit er oder sie bereits durch ein traditionsbestimmtes Vorverständnis im Verstehen gehalten ist, so verebbt die eigentliche Dynamik dieser allein an die Schrift gebundenen Gemeinde sehr schnell. Um es karikierend zu beschreiben: Das in der Gemeinde vorgefundene Verständnis der Schrift

---

[15] Vgl. Swarat, Schriftverständnis (s. Anm. 3), 56: Die Schriftgemäßheit ist »für den Baptismus grundsätzlich kein Problem. Ein Problem ist sie nur insofern, als die Unterstellung unter die Schriftautorität eine ständige Aufgabe ist, die niemals ein für allemal erfüllt werden kann.«

durch die Väter und Mütter wird nur allzu schnell zum wiederentdeckten Verständnis in der Gegenwart. Oder, um es noch zu verschärfen: Die Tradition wird zur Orientierung gebenden Norm des eigenen gegenwärtigen Verständnisses. Genau der Vorwurf, den Baptisten schnell und häufig anderen Kirchen und ihrem Umgang mit der Schrift machen, fällt hier sehr schnell auf uns selber zurück.

Die Herausforderung lautet also: Wie kann es der Gemeinde gelingen, ihrem eigenen Anspruch und ihrer eigenen Überzeugung gerecht zu werden, die Anrede der Heiligen Schrift in der je aktuellen Situation und Fragestellung je aktuell zu hören? Aber bevor auf diese Frage eingegangen werden kann, ist es notwendig, auf wenigstens zwei Problematiken aufmerksam zu machen, die diese Öffnung für ein neues, aktuelles Lesen und Verstehen der Heiligen Schrift im Kontext baptistischer Frömmigkeit an sich schwierig machen, wenn man nicht sogar von einem Konterkarieren sprechen möchte. Dabei handelt es sich einerseits um eine Schwierigkeit, die aus der Stellung der Heiligen Schrift für den eigenen Glauben erwächst und andererseits um eine Schwierigkeit, die aus der Art und Weise der nun eventuell geforderten Arbeit an der Heiligen Schrift folgt.

Zunächst zur Schwierigkeit bezüglich der Stellung der Heiligen Schrift für den eigenen Glauben. Die Annahme der Herausforderung, die Botschaft der Heiligen Schrift neu, aktuell und damit unter Umständen anders als bisher zu hören, fällt um so schwerer, je stärker die Gläubigen in der Selbstüberzeugung leben, dass ihr Glaube und ihr persönliches Glaubens- und das gemeinsame Gemeindeleben allein auf der Heiligen Schrift beruhen, nämlich auf dem Verstehen der Heiligen Schrift, das sie bisher hatten. Die Grundüberzeugung des Baptismus wird hier zur dramatischen Falle. Denn das aktuelle Hören bedeutet ja sofort eine wenigstens grundsätzlich mögliche Relativierung des bisherigen, damit aber genau dessen, auf dem der einzelne Gläubige bisher stand und was ihn bisher trug. Die Herausforderung zum aktuellen Hören ist nicht weniger als eine Herausforderung sich aktuell der Anrede Gottes zu stellen, von dem man doch gleichzeitig annahm, sie bisher schon gehört zu haben. Die Distanzierung zum bisher Gehörten, die eine Voraussetzung zum Hören des aktuellen Redens Gottes wäre, hat somit durchaus den Charakter einer Krise. Je intensiver der Einzelne bisher seinen Glauben an der Bibel festgemacht hat, umso dramatischer ist für ihn diese Aufforderung zum neuen Hören, denn hierdurch gewinnt die angesprochene Krise den Charakter einer Krise des Glaubens. Ich fordere also um des Glaubens willen zu einer Infragestellung des bisherigen Glaubens auf.

Die zweite Schwierigkeit, sich der Herausforderung eines immer neuen, aktuellen und damit unter Umständen anderen Verstehens der Schrift zu öffnen, hängt mit der hierfür mehr und mehr in Anspruch genommenen Arbeitsweise zusammen. Die Gemeindeglieder, die auf eine einfache Weise an die Schrift herangehen, sehen sich konfrontiert mit Experten und ihrem Wissen. Dieses beginnt bei der Kenntnis der biblischen Sprachen und reicht von dort bis hinein in viele Spezial- und Einzelgebiete, die dem normalen Gemeindeglied zunächst gänzlich fremd sind. Die Fremdheit gebiert aber Zurückhaltung, ob hier nicht etwa ein der Bibel fremdes Wissen an diese herangetragen wird. Wird nicht über die Wissenschaft ein erneutes externes Kriterium zur Beurteilung der Schrift aufgerichtet? Je fremder dem einzelnen Bibelleser die Methoden der Bearbeitung der Schrift sind oder werden, je mehr er wahrnimmt, dass entsprechende Erkenntnisse nicht miteinander kompatibel oder aber von Dauer sind, umso stärker wächst die Zurückhaltung, den sogenannten Experten die Deutungshoheit der Schrift zuzuerkennen. Und das wird natürlich noch dadurch unterstützt, was wir ganz am Beginn des Baptismus erkannten: Jedem frommen Lesenden offenbart Gott die Botschaft der Schrift. In den fremden Methoden einer zunehmend sich wissenschaftlich orientierenden Exegese wird genau dieser Grundsatz negiert oder wenigstens relativiert. Damit wird aber der Kompetenz der Gemeinde als Gemeinde der frommen Bibelleser die Deutungshoheit entzogen. Es steht also nicht weniger auf dem Spiel als eine grundlegende Infragestellung des Ausgangsimpulses des Baptismus selber.

Vor diesem Hintergrund beider genannten Schwierigkeiten ist es unter Umständen zu verstehen, dass gegenüber Methoden einer Bibelwissenschaft, die eben genau diese Distanzierung des Lesers von der Schrift voraussetzt und sogar fördert, im Baptismus Zurückhaltung zu beobachten ist. Dies betrifft im Besonderen den historisch-kritischen Methodenkanon, zu deren Grundüberzeugungen ja bekanntlich die Überzeugung von der grundsätzlichen Fremdheit des Textes durch seine historische Distanz und damit sein Recht zur Kritik am eigenen Vorverständnis im Namen der ersten Botschaft steht. Am Theologischen Seminar der Baptisten hat diese Methode zwar seit Jahrzehnten in den exegetischen Fächern Eingang gefunden, ihr wird aber nach wie vor mit ausgeprägter Distanz begegnet. An dieser Stelle scheint sich eine Schere geöffnet zu haben zwischen einem der theologischen Reflektion und einem der Tradition gegenüber verantworteten Verständnis von der Heiligen Schrift. Zwar spricht die Rechenschaft vom Glauben in ihrem Artikel von der Heiligen Schrift von ihr als vom »Gottes Wort in Menschenmund«[16], die also eine geschichtliche Offenbarungsurkunde sei und auch als solche verstanden werde. Aber die damit gegebene Aufgabe, dieses geschichtliche Verstehen auch im aktuellen Umgang mit der Heiligen Schrift konsequent zu berücksichtigen, wird nicht angenommen. Die geschichtliche Dimension der Schrift wird eingegrenzt wahrgenommen auf die äußeren Umstände der in der heiligen Schrift beschrieben Welt, sie wird aber nur wenig berücksichtigt in Bezug auf ihren Einfluss auf die jeweilige Botschaft. Die Botschaft der Heiligen Schrift wird als Rede Gottes nicht als abhängig von der geschichtlichen Vermittlung angesehen. Mit dieser Begrenzung der historischen Fragestellung auf das Äußere verliert aber eine historisch-kritische Bibelwissenschaft ihren traditi-

---

16 RvG (s. Anm. 8) 1,6.

onskritischen Stachel, der die Gemeinde aus dem Verharren in ihrer eigenen Tradition aufwecken könnte.

Ein Beispiel für die massive Schwierigkeit, sich aus der eigenen Tradition des Umgangs mit der Heiligen Schrift aufwecken zu lassen ist die offene Auseinandersetzung um eben diese exegetische Methodik am Theologischen Seminar aus den 1980er Jahren, die bis heute deutlich nachwirkt und deshalb hier skizziert werden muss. 1982 hatte ein fundamentalistischer Baptist dem Seminar in der Öffentlichkeit bibelkritische Indoktrination der Studierenden vorgeworfen. Das kirchenleitende Gremium antwortete im selben Jahr mit einer eigentlich sehr klaren Stellungnahme, in der das wissenschaftlich-theologische Bibelstudium ausdrücklich gefordert wird. Denn:

> »Um die geschichtliche Wirklichkeit der Bibel in möglichst vielen Aspekten, zum Beispiel Sprachen, Religionen, Kulturen, gründlich zu erforschen, bedient sich die Theologie der entsprechenden Wissenschaften und ihrer Methoden (Sprach-, Geschichts-, Humanwissenschaften u.a.). Eine umfassende und verantwortungsbewusste Schriftauslegung wird sich mit den Fragestellungen und Erkenntnissen dieser Wissenschaften befassen.«[17]

Zwar stellt dieselbe Stellungnahme auch klar, dass sich die Theologie nie zum »Herrn über die biblische Botschaft erheben« dürfe, doch wird der wissenschaftlichen Arbeit zugebilligt, dass sie den Glauben beschreiben und – man beachte und merke auf – vertiefen könne. Die Nagelprobe folgte kurz darauf. Der damalige Direktor des Theologischen Seminars veröffentlichte in unserer Fachzeitschrift einen Artikel, in dem er das lukanische Zeugnis von der Jungfrauengeburt mit den paulinischen und johannäischen Aussagen von Präexistenz und Menschwerdung konfrontierte und von Differenzen im Christuszeugnis des Neuen Testaments sprach. Als Reaktion auf den aufkommenden Sturm der Empörung, der am Ende zur Ablösung des betroffenen Seminardirektors führte, verfasste das kirchenleitende Gremium nur neun Monate nach der ersten Stellungnahme einen Brief an alle Pastoren und Gemeindeleiter, in dem festgestellt wurde, dass das hinter diesem Aufsatz stehende Schriftverständnis »dem nicht gerecht wird, was unsere Gemeinde auf ihrem bisherigen Weg kennzeichnete und der Überzeugung von Glauben und Lehre zugrunde lag.«[18] Stellt man zudem noch fest, das jegliche inhaltliche Auseinandersetzung mit der Argumentation des Artikels von offizieller Seite unterblieb, so zeigt sich hier, dass zur Orientierung eines aktuellen Hörens auf die Schrift eben nicht die Wahrnehmung der geschichtlichen Qualität der Heiligen Schrift herangezogen wird, sondern die Überzeugung von Glauben und Lehre der aktuellen Gemeinde. Die Falle des hermeneutischen Zirkels war zugeschnappt: Die Gemeinden entscheiden über das, was die Autorität der Heili-

---

[17] Die Gemeinde 50/1982, 9.

[18] Brief der Bundesleitung des Bundes Evangelisch-Freikirchlicher Gemeinden in Deutschland an alle Pastoren und Gemeindeleiter vom 15.09.1983.

gen Schrift ausmacht. Der Ansatz, aus einer Distanz zum bisherigen Verstehen der Schrift ein neues Verstehen zu gewinnen, wurde vehement zurückgewiesen.

Dieses Beispiel sollte illustrieren, wie hoch das Gewicht der Tradition ist, die baptistisches Verstehen und Auslegen der Schrift bestimmt und wie dagegen Ansätzen einer methodischen Distanzierung vom eigenen Vorverständnis mit deutlicher Zurückhaltung begegnet wird. Dies erscheint einerseits verständlich, wenn die oben gemachten Vermutungen zutreffen, dass eine Distanzierung vom eigenen Vorverständnis auch schnell als eine Krise der bisherigen eigenen Glaubensgrundlage angesehen werden kann. Dies erscheint nun andererseits um so dramatischer, als damit genau das, was zum aktuellen Hören auf die Heilige Schrift notwendig wäre, nämlich eben genau diese Distanzierung vom eigenen Vorverständnis, nicht gefördert wird. Die Gemeinde nutzt das kritische Korrektiv der Schrift zur eigenen Tradition nicht in dem Maße, wie es einer sich allein auf die Schrift stützen wollenden Gemeindebewegung eigentlich gut anstünde und gelingen müsste. Oder um es auch hier zugespitzt zu sagen: Die sich als Bibelbewegung verstehende Kirche verschließt sich einer Möglichkeit, der Gefahr eines Verharrens in ihrem traditionellen Verständnis der biblischen Botschaft zu begegnen. Sie verschließt sich damit aber einer Möglichkeit, je aktuell die Botschaft, die angeblich ihren letzten Grund ausmacht, zu hören.

5. Wege aus der Falle

Wie könnte ein aktuelles Hören auf die Botschaft der Heiligen Schrift im traditionellen konfessionellen Rahmen des Baptismus gefördert werden? Hier genügt es sicherlich nicht, von der stärkeren Beachtung einer bestimmten exegetischen Methode allein entscheidende Impulse zu erwarten. Ich hatte oben dargelegt, dass ich einen tieferen Grund der Zurückhaltung gegenüber Zugängen zur Heiligen Schrift, die eine Distanzierung des Lesers zur Botschaft fordern und fördern, darin erkenne, dass hier zum einen der Gläubige eine Krise seiner bisherigen Glaubensgrundlage erfährt und zum anderen ein exegetisches Expertentum die bisher natürlich in Anspruch genommene Deutungskompetenz der Gemeinde infrage stellt.[19]

In Bezug auf die erste genannte Problematik rächt es sich nun, dass der Baptismus neben der Heiligen Schrift so gut wie keine Fundamente zu akzeptieren bereit ist, die den Glauben des Einzelnen tragen könnten. Hier sei zunächst auf die nur rudimentär ausgeprägten und durchaus umstrittenen sak-

---

[19] Dieses Moment wird meines Erachtens zu wenig von denjenigen Theologinnen und Theologen im Baptismus berücksichtigt, die derzeit vehement und teilweise sehr radikal im Namen einer angemessenen Bibelwissenschaft Sturm laufen gegen angebliche oder tatsächliche fundamentalistische Strömungen im Baptismus.

ramentalen Größen Taufe und Abendmahl hingewiesen. Hier sei daneben auf die Distanz verwiesen, die weit verbreitet in einer besonderen Beachtung von charismatischen Erfahrungen zu beobachten ist. Hier sei aber auch, um nun bewusst auf die Ebene der gelebten Frömmigkeit zu wechseln, auf die deutliche Zurückhaltung gegenüber jeglichen Formen liturgischer Spiritualität mit der ihnen innewohnenden geistlichen Kraft von Ritualen verwiesen. Genau diese Fundamente wären notwendig, um dem Glauben die Freiheit und den Mut zu spenden, sich dem eigenen bisherigen Verstehen der Heiligen Schrift zu distanzieren, um so den Raum zu erhalten, die Schrift neu und aktuell zu hören. Wo Gott allein durch die Schrift redet, dort darf ich die Schrift nicht zu einer distanzierten Größe werden lassen. Der Baptismus hat nicht gelernt, dass die Gnade Gottes sich auch auf anderen Wegen als der Heiligen Schrift dem Einzelnen zuwendet, um ihn hierdurch erst offen werden zu lassen, für das je aktuelle Reden Gottes. Der an dieser Stelle im Baptismus häufig anzutreffende Einwand, dass ja die Gemeinschaft der Glaubenden in der Gemeinde solch eine, den Einzelnen auch tragende, Funktion habe, wird dadurch relativiert, dass eben diese Gemeinschaft ein je bestimmtes Verstehen der Heiligen Schrift als konstitutiv für sich selber betrachtet. So absurd es auf den ersten Blick klingen mag: Damit der Baptismus Bibelbewegung bleiben kann, wird er sich Momenten der Erfahrung zur Begegnung Gottes öffnen müssen, die neben der Heiligen Schrift liegen. Diese aber werden unter anderem in dem Bereich der Spiritualität und ihrer geformten Umsetzung im Gemeindealltag zu suchen sein. Dafür kann der Baptismus wahrscheinlich einiges von anderen Kirchen lernen, um seinen Beitrag im Konzert der Kirchen, die leidenschaftliche Liebe zur Offenbarung Gottes in der Heiligen Schrift mit neuer Kraft einbringen zu können.

In Bezug auf die zweite Problematik, der Verdächtigung des Entzugs der Deutungskompetenz der Gemeinde, rächt es sich, dass die Gemeinde nicht genügend mit den Notwendigkeiten und auch Methoden eines anderen Zuganges zur Schrift vertraut gemacht wurde. Und hierbei kann es nach dem Selbstverständnis baptistischer Frömmigkeit nicht allein um eine Information über solche Methoden gehen, sondern es muss darum gehen, der Gemeinde auch eine ihr entsprechende eigene Anwendung dieser Fragestellungen zu ermöglichen. Hier liegt eine große Aufgabe im religionspädagogischen Bereich noch vor uns, wobei aber erste Ansätze besonders in überregionalen Schulungen im Jugendbereich und durch die besondere Vermittlung einzelner Pastorinnen und Pastoren im Kontext einzelner Gemeinden langsam aber deutlich zu erkennen sind. Dass alle diese Bemühungen unter der nahezu traumatischen Erfahrung der 80er Jahre stehen, dürfte einsichtig sein, sodass ich vermute, dass uns diese Ereignisse um gut 20 Jahre zurückgeworfen haben.

Die besondere Stellung, die die Heilige Schrift traditionell im Baptismus innehat und die auch konstitutiv ist für unsere Kirche, wird also in der Zukunft wenigstens diese beiden Impulse – die Ausprägung einer anerkannten und tragenden Spiritualität und die gute pädagogische Vermittlung von neueren Zugängen zur Schrift – benötigen, um auch in Zukunft den alten Satz, dass der Baptismus »nichts anderes als die Wirkung der Bibel in der Hand des gemeinen Mannes, des einfältigen, herzensfrommen Laien«[20] sei, mit Leben zu füllen. Erst wo das gelungen ist, kann die Gemeinde und der und die einzelne Gläubige durch neue Methoden der Schriftauslegung zu einem selbstkritischen Umgang mit der eigenen Tradition geführt werden, die in der je aktuellen Situation die Heilige Schrift zum Reden bringt.

---

20 Simoleit, Bericht (s. Anm. 4), 132.

Das Magnifikat im freikirchlichen Verständnis

(K)ein ganz normaler Bibeltext[1]

1. Einleitung und Überblick

Vor ca. 20 Jahren hielt ich in Göttingen in der dortigen Baptistengemeinde meine erste Predigt über Lk 1,46–55. Nach dem Gottesdienst kam ein Gemeindeglied auf mich zu und stellte mich zur Rede, warum ich denn ausgerechnet über solch einen katholischen Text predigen müsste. Auf meinen Einwand, es sei doch ein Text der Heiligen Schrift, ließ sich mein Gesprächspartner nicht ein; es gäbe eben Texte, die seien im kirchlichen Verständnis so vorgeprägt, dass man Predigten über sie nicht unbelastet hören könne. Diese kleine Anekdote kann anzeigen, dass das Magnifikat im freikirchlichen Kontext häufig kein ganz normaler Bibeltext ist.

Dies ist eigentlich erst auf dem zweiten Blick verständlich, denn auf den ersten Blick bietet diese Perikope reichlich Unterstützung für freikirchliche Frömmigkeit, insbesondere freikirchliche Bibelfrömmigkeit. Ich beginne meinen Beitrag deshalb damit, dass ich einige wenige inhaltliche Akzente aus dem Magnifikat nenne. Von diesen ausgehend möchte ich dann jeweils Eckpunkte freikirchlichen Bibelverständnisses illustrieren. Im Anschluss daran werde ich etwas zu dem alltäglichen Umgang mit der Bibel in unserer Kirche sagen. Und am Ende widme ich mich nochmals der Frage, wieso es bei uns zu solchen Reaktionen auf das Magnifikat kommen kann, wie ich sie eingangs schilderte.

2. Methodische Vorbemerkungen

Erlauben sie mir am Anfang aber noch zwei methodische Anmerkungen. Zunächst bitte ich um Verständnis, wenn ich für die in der Aufgabenstellung

---

[1] Bei diesem Beitrag handelt es sich um einen bisher unveröffentlichten Vortrag auf der Delegiertenkonferenz der ACK Bayern vom 3. bis 4. Februar 2012. Das Thema der Tagung lautete: »›Meine Bibel hat Recht!‹ Das Ringen um die richtige Auslegung der Heiligen Schrift und die Ökumene.« Am Beispiel des Magnifikats (Lk 1,46–55) sollte dargestellt werden, wie die Heilige Schrift in den verschiedenen Konfessionen gelesen und ausgelegt wird. Für die Veröffentlichung wurde der Vortrag um Anmerkungen ergänzt.

genannte Darstellung eines freikirchlichen Verständnisses primär ausgehe von meiner eigenen Kirche, dem Bund Evanglisch-Freikirchlicher Gemeinden in Deuschland K.d.ö.R. Auch wenn ich vermute, dass Sie die von mir genannten Akzente in ähnlicher Form, vielleicht nur mit anderer Gewichtung auch in anderen freikirchlichen Bünden oder Kirchen wiederfinden könnten, so spiegelt sich die Vielfalt des Freikirchentums eben auch im Umgang mit einzelnen biblischen Texten. Ich spreche also nicht exemplarisch als Einer für Viele, sondern exemplarisch als Einer von Vielen.

Sodann ein Wort zu meinen Quellen: Ich habe Bibelarbeiten zu diesem Text aus den letzten 50 Jahren in unserer Kirchenzeitung und einigen unserer Mitarbeiterzeitungen ausgewertet. Dies waren allerdings nicht sehr viele. Daneben habe ich Kommentare zum Lukasevangelium berücksichtigt, die einschlägig in unseren Gemeinden insbesondere auch von sogenannten Laien für ihr persönliches Bibelstudium oder aber die Vorbereitung von Hauskreisen und kleinen Bibellesekreisen verwendet werden. Durch diese Quellenwahl wollte ich einen Blick in den normalen kirchlichen Umgang auch abseits baptistischer Theologen ermöglichen.

3. Das Magnifikat: Ein ganz normaler Bibeltext

Nun aber zum Text. Ich nenne im Folgenden jeweils zwei Impulse, die sie mit ziemlicher Gewissheit in einer baptistisch-freikirchlichen Auslegung des Magnifikats erwarten können, und zwei Impulse, die sie wahrscheinlich nicht vorfinden werden. Alle vier aber haben jeweils etwas mit Ansätzen unserer Hermeneutik zu tun. Erwarten dürfen sie in einer Auslegung, beispielsweise einer Predigt zum Magnifikat: 1. Hinweise auf den innerbiblischen Bezug des Lobgesangs und 2. Hinweise auf den Lobpreis Gottes als Ziel aller Gotteserfahrung. Eher weniger erwarten sollten sie Aussagen zu: 1. der im Magnifikat aufgerufenen Position Gottes für die Unterdrückten und 2. der Bedeutung des Magnifikats im Kontext der lukanischen Verkündigung. Die Person der Maria wird – wie ich ganz am Ende zeigen möchte – ambivalent berücksichtigt.

3.1 Die Bibel legt sich selbst aus

Zunächst aber zu dem, was in einem baptistisch-freikirchlichen Verstehen und Verkündigen zu erwarten ist. Hier wird immer wieder der Hinweis auf den innerbiblischen Bezug des Lobgesangs begegnen. Das Magnifikat wird betont als der konzentrierte Aufruf der bisherigen Heilsgeschichte Gottes in Form von Zitaten aus den traditionellen jüdischen Schriften gedeutet.[2] In der

---

2 Vgl. z.B. Gerhard Maier, Lukasevangelium. 1. Teil, Neuhausen/Stuttgart 1991 (=EDITION C Bibel-Kommentar Bd. 4), 46.

Person der Maria trete eine profunde Kennerin der biblischen Zeugnisse auf.[3] Das Heilsgeschehen der zu erwartenden Geburt Jesu werde von ihr unter Zuhilfenahme dieser Zeugnisse gedeutet. Hiermit schlage sie einen Bogen vom alten Gottesvolk zu Jesus. Gleichzeitig zeige sie, dass dieser allein vom Alten Testament her zu verstehen sei[4].

Diese im Magnifikat zutage tretende innerbiblische Verflechtung von Altem und Neuem Testament wird immer wieder genannt und aufgezeigt. In dieser Betonung spiegelt sich ein wesentliches Moment freikirchlicher Hermeneutik wieder, die freilich von den Reformatoren geerbt wurde: Die Schrift legt sich selbst aus. Das was in der lukanischen Darstellung der Auferstandene bei den Emmausjüngern in Bezug auf sein Leiden und Sterben macht, wenn es heißt, dass er ihnen aus der Schrift zeigte, dass alles so kommen musste, dies leistet hier Maria in Bezug auf die Ankündigung Jesu. Freikirchliche Hermeneutik wird immer zuerst danach fragen, wie denn aus der Schrift heraus ein Geschehen zu verstehen ist. Sie denkt hier zunächst und vor allem ganz synchron innerhalb der Bezugsgröße des im Protestantismus üblichen Kanons. Die etwas älteren Kommentare der 50er und 60er Jahre lassen Maria dann auch zu einer in der Heiligen Schrift gebildeten jungen Frau werden, die intensiv mit dieser vertraut war und der Botschaft der Bibel fromm vertraute.[5]

3.2 Das Lob Gottes als Ziel allen Bibellesens

Ein zweites, immer wieder betontes Moment in diesem Lobgesang der Maria ist das hier zum Ausdruck gebrachte Lob Gottes. Das aus der Bibel heraus mögliche Verstehen eines Vorgangs führe zum und ende beim Lob Gottes. Verstehen ist damit nach dem Zeugnis des Magnifikats kein Wert an sich. Erst im Lob des Ruhmes Gottes kommt alles Verstehen zum Ziel[6]. Dabei entzünde sich das Lob am persönlichen Erleben der Maria. Die Heilstaten Gottes, die in den Zitaten aufgerufen werden, seien nicht abstrakte, vergangene und von anderen erfahrene Zuwendungen Gottes. Zweimal begründe Maria in V48 und V49 ihr Lob mit der Zuwendung Gottes zu ihr ganz persönlich. Das in diesen Zitaten aufgerufene Handeln Gottes widerfahre ihr persönlich. Maria lobe den Gott, der an ihr und durch sie handelt. Sie rezitiere nicht unbeteiligt, sondern

---

[3] Vgl. Fritz Rienecker, Das Evangelium nach Lukas, Wuppertal 1959 (= Wuppertaler Studienbibel III), 28 sowie Maier, Lukasevangelium 1. Teil (s. Anm. 2), 57, der dazu Adolf Schlatter zitiert.

[4] Vgl. Rienecker, Lukasevangelium (s. Anm. 3), 32–33 sowie Maier, Lukasevangelium 1. Teil (s. Anm. 2), 51.

[5] Vgl. Wilhelm Herbst, Das Lukasevangelium, Kassel 1957 (= Bibelhilfe für die Gemeinde. Neutestamentliche Reihe Band 3), 29; Rienecker, Lukasevangelium (s. Anm. 3), 28.

[6] Vgl. Rienecker, Lukasevangelium (s. Anm. 3), 30.

sei selbst betroffen. Als solche finde sie in den Erfahrungen ihrer Vorgängerinnen und Vorgänger Worte des Lobes, die zu ihren eigenen würden.[7]

Auch dieses Moment kann als ein Eckpunkt baptistisch-freikirchlicher Hermeneutik angesehen werden. Ein Bibeltext ist dann recht verstanden, wenn er zum Lob Gottes führt. Und Lob Gottes ist hier umfassend zu verstehen. Auch eine fromme Lebensgestaltung ist Lob Gottes. Wenn Maria trotz der für sie prekären Lebenssituation wieder nach Nazareth zurückkehrt (V56b), so kann das als Glaubensschritt und aktiv gestaltetes Lob Gottes verstanden werden. Um dieses Lob – ob im Leben des Alltags oder in Gebet und Gesang im Gottesdienst – geht es. In einer Bibelarbeit zum Magnifikat wird sehr thetisch formuliert: »Jeder Mensch ist geboren, um Gott zu loben.«[8] Um den Grund dieses Lobes immer wieder zu erkennen, werden die Texte der Bibel gelesen. In ihnen versteht man sein Leben im Licht Gottes und weiß es getragen und gehalten von Gott. Die Bibel ist Hermeneutin des eigenen Lebens mit dem Ziel, zum Lob Gottes im Leben des Alltags wie in der Feier des Gottesdienstes zu führen.

3.3 Die Option für die Armen im Magnifikat

Aber es gibt auch Akzente aus Lk 1,46–55, die in einer baptistisch-freikirchlichen Auslegung – ich drücke es mal vorsichtig aus – eher nicht zu erwarten sind. Ich nenne nur zwei, die aus der eigenen Arbeit mit dem Lukasevangelium herkommen und deren Fehlen mir auffiel. Hier ist zunächst die im Magnifikat deutliche Option für die Armen zu nennen. Die im Text vorhandenen sozial- und gesellschaftskritischen Elemente werden in den gängigen Auslegungen nicht fruchtbar gemacht. Die Frage, warum die betende Maria genau diese Handlungen Gottes aus dem reichen Schatz der biblischen Überlieferung ausgewählt hat, dürfte kaum anzutreffen sein. Dabei ist die Auswahl doch wirklich auffällig. Es fehlt z.B. der ganze Bereich des Exodus. Stattdessen werden die Umwertungen gesellschaftlicher und sozialer Werte durch Gottes aktives Eingreifen betont. Es ist nicht so, dass diese Interpretationsmöglichkeit gar nicht gesehen wird, sie wird aber unter Umständen radikal und deutlich zurückgewiesen. So macht der Kommentar zum Lukasevangelium in der seit den 90er Jahren im freikirchlichen Bereich nicht unerheblich verwendeten Kommentarreihe Edition C[9] immer wieder darauf aufmerksam, dass mit den Begriffen der Niedrigen oder Hungrigen natürlich nicht etwa gesellschaftliche Gruppen aufgerufen würden. Vielmehr seien dies Beschreibungen der Gläubigen, die in demütiger Haltung Gott gegenüber verharrten und deren Seele nach Gott hungere. Ein anderes Verständnis würde ja zu einer revoluti-

---

7 Vgl. Herbst, Lukasevangelium (s. Anm. 5), 29–30; Rienecker, Lukasevangelium (s. Anm. 3), 30–31; Maier, Lukasevangelium 1. Teil (s. Anm. 2), 52–53.

8 Manfred Höhmann, Lob aus Freude und Dank, Die Gemeinde 1975/50, 1.

9 Maier, Lukasevangelium. 1. Teil (s. Anm. 2) und Ders., Lukasevangelium. 2. Teil, Neuhausen/Stuttgart 1992 (=EDITION C Bibel-Kommentar Bd. 5).

onären Einstellung führen und diese sei für die fromme Maria nicht anzunehmen.[10]

Man mag zu dieser Auslegung stehen wie man möchte, sie zeigt einen über sehr lange Zeit vorhandenen wesentlichen Zug in unserer Hermeneutik: die Konzentration auf die Entwicklung und Stärkung der eigenen persönlichen Frömmigkeit. Die Entdeckung auch der sozialen und politischen Dimensionen biblischer Texte und Verkündigung wächst erst seit einigen Jahrzehnten langsam. Die Bibel ist sehr lange immer zuerst das Buch der persönlichen, nicht der gesellschaftlichen Veränderung. Sie wird persönlich gelesen, auf die Bedeutung ihrer Aussagen für die Leserin oder den Leser hin. Eine der beliebten Fragen des Bibelstudiums lautet dann auch: Was sagt dieser Bibeltext für mein Leben und meine Situation? Es liegt eine deutliche Akzentuierung des Verstehens in Richtung auf die Bedeutung des Verstandenen für die Rezipientin oder den Rezipienten vor.

3.4 Das Magnifikat im Kontext lukanischer Theologie

Und ein letzter Aspekt: Auch die Einordnung des Magnifikats in die Theologie des Lukas und ein hierdurch mögliches Aufrufen wesentlicher Merkmale des dritten Evangeliums wird man in unseren Kreisen eher seltener finden. So bleibt die geradezu programmatische Stellung innerhalb des Beginns dieses Evangeliums unerwähnt[11], ebenso die Wahrnehmung der spannungsvollen Parallelität von Magnifikat und Benedictus oder aber die bereits hier aufgerufenen Elemente einer Theologie für die Unterdrückten. Auch die Person der Maria wird nicht als eine bewusst gestaltete theologisch bedeutsame Größe wahrgenommen.[12]

Diese Zurückhaltung gegenüber einer Hermeneutik, die z.B. nach einer theologisch akzentuierten eigenen Verfasserabsicht fragt, hat ihren Grund in einer bestimmten Grundeinstellung zur Bibel in baptistisch-freikirchlichen Kreisen. Ein Verstehen der Bibel ist nicht und darf auch nicht Experten vorbehalten bleiben. Exegetische Erkenntnisse sind allein dort hilfreich, wo sie der Stärkung eigener Frömmigkeit und des Auftrags der Gemeinde in Diakonie und Mission dienen. Daneben ist, ich nannte es eben schon in anderem

---

[10] Vgl. Maier, Lukasevangelium 1. Teil (s. Anm. 2), 52.55–57.

[11] Herbst, Lukasevangelium (s. Anm. 5), 18 listet das Magnifikat als einen von sieben Abschnitten von Lukas 1–2 auf, ohne weiter auf die Struktur dieser beiden Kapitel einzugehen. Rienecker, Lukasevangelium (s. Anm. 3) sowie Maier, Lukasevangelium 1. Teil (s. Anm. 2) thematisieren die Struktur der ersten beiden Kapitel gar nicht, wenn man vom Inhaltsverzeichnis absieht.

[12] Vielmehr wird eine theologische Gestaltung durch den Evangelisten mit Nachdruck zurückgewiesen. In diesen Versen liegt der tatsächliche Lobgesang Marias vor, vgl. Maier, Lukasevangelium 1. Teil (s. Anm. 2), 50. Ebenso wird immer wieder die Betonung der eigenen Niedrigkeit durch Maria selbst hervorgehoben. Vgl. Herbst, Lukasevangelium (s. Anm. 5), 29; Rienecker, Lukasevangelium (s. Anm. 3), 30–31; Maier, Lukasevangelium 1. Teil (s. Anm. 2), 57.

Zusammenhang, die Botschaft der Schrift konzentriert – nicht reduziert, aber konzentriert – auf die persönliche Erfahrung des gnädigen Handelns Gottes. Wo jedoch diese Frage im Vordergrund steht, dort können wissenschaftlich-exegetische Fragen und Erkenntnisse eher als im Hintergrund stehend betrachtet werden: In manchen Kreisen werden sie vielleicht sogar als ablenkend von dem eigentlich wichtigen persönlichen Bezug angesehen. Zudem sind wissenschaftlich-exegetische Fragestellungen und natürlich die Möglichkeit, hierauf sachgemäß und methodisch reflektiert zu reagieren, nur einem kleineren Teil der Gemeinde vorbehalten. Diese sich dann bildende Zwei-Klassen-Gesellschaft in hermeneutischen Fragen entspricht jedoch nicht der Überzeugung von einer grundsätzlich durch Gott jeder und jedem Gläubigen gegebenen hermeneutischen Kompetenz. Es gibt im baptistisch-freikirchlichen Bereich keine Lehrautorität, es gibt statt dessen etwas, was ich gerne eine Autorität des Konsens nenne: Im Miteinander der Gemeinde werden gemeinsame Positionen des Verständnisses der Schrift gefunden und dann den Gliedern der Kirche als empfohlene Verständnismöglichkeit vorgelegt. Die Folge in Bezug auf das Magnifikat: Sich exegetischer Wissenschaft verdankende Aussagen zu dieser Perikope werden eher selten in freikirchlicher Gemeindepraxis zu finden sein.

4. Der Gebrauch der Bibel im freikirchlichen Bereich

Hiermit bin ich nun aber bei einem weiteren Aspekt, der uns für einen kurzen Moment vom Magnifikat wegführt: die Frage nach der Bibel im Glaubensalltag von freikirchlichen Christinnen und Christen.

Es ist ganz klar: Wenn Positionen zu Lehr- und Lebensfragen im gemeinsamem Befragen der Bibel entschieden werden, so hat die persönliche Bibelkenntnis eine hohe Bedeutung. Auch die ausgeprägte synchrone, innerbiblisch orientierte Hermeneutik fordert ein gutes Bibelwissen. Sicherlich würden einige Ältere in unserer Kirche sagen, dass in diesem Bereich – wie in vielen anderen natürlich auch – früher alles besser war. Ich denke aber, dass wir immer noch mit Recht sagen können, dass der Baptismus in einem hohen Maß eine Bibelbewegung war und ist. Die von einer der Gründungspersönlichkeiten des kontinentaleuropäischen Baptismus kolportierte Antwort auf die Frage, warum es denn Baptisten gäbe, lautete schlicht und einfach: »Die Bibel hat die Schuld daran«.[13] Hiermit war gemeint, dass am Beginn der Gemeinden Christinnen und Christen standen, die im eigenen Bibelstudium eigene Überzeugungen hinsichtlich der Gestaltung ihrer Gemeinschaft und

---

[13] Zitat aus Johann Gerhard Onckens »Festrede zum 25jährigen Jubiläum der Hamburger Baptisten-Gemeinde. (Den 23. April 1859.)«, veröffentlicht in: Johann Gerhard Oncken, Licht und Recht. Eine Sammlung von Predigten und Reden gehalten von J. G. Oncken, weiland Prediger der Baptisten-Gemeinde in Hamburg, Kassel 1901, 234.

ihres Lebens entwickelten und davon ausgehend sich zu eigenen Gemeinschaften zusammenschlossen. Die Bibel als Maßstab und Orientierung wurde hierbei auch bewusst abgrenzend gegen kirchliche Lehren und kirchliche Traditionen aufgerufen und betont. Um diesen Anspruch aufrechtzuerhalten war dann selbstverständlich die Ausbildung eines profunden Bibelwissens notwendig. Die wöchentliche Bibelstunde als Ort der Lehre trat selbstverständlich neben den ebenfalls predigtorientierten Gottesdienst. Hinzu kam ein innerhalb der Gemeinden weit verbreitetes persönliches häusliches Bibelstudium. Die eingangs von mir aufgerufenen Kommentarreihen für biblische Bücher standen keineswegs in den Arbeitszimmern der Pastorinnen und Pastoren, sondern durchaus in denen der normalen Gemeindeglieder. In den 70er Jahren begann dann mit der so genannten Gemeindebibelschule im Bereich der Baptistengemeinden eine Aufnahme der beginnenden Hauskreisbewegung. Nicht mehr allein zentral in der gemeindlichen Bibelstunde, sondern nun auch in kleinen, kommunikativer zu gestaltenden Kreisen sollte biblische Lehre vermittelt werden. Hierzu wurde über lange Zeit sehr erfolgreiches Schulungs- und Arbeitsmaterial entwickelt und zur Verfügung gestellt. Überhaupt zeigt ein Blick in die zahlreichen Mitarbeiterhilfen für zielgruppenorientierte Arbeit in unseren Gemeinden, wie sehr dort bis heute die Intention vorherrschend ist, den Teilnehmenden immer wieder ein eigenes Bibelwissen zu vermitteln. Ich betone dieses trotz der nicht von der Hand zu weisenden Tatsache, dass nahezu alle diese Aktivitäten in den vergangenen 20 Jahren zurückgegangen sind und durch andere Elemente, die stärker beispielsweise das gemeinschaftliche Moment betont haben, wenigstens ergänzt wurden.

Die Ziele, mit denen bei alledem die Bibel gelesen, studiert und gelehrt wurde, waren im Grundsätzlichen die bereits erwähnten: Persönliche Frömmigkeit sowie Orientierung in Lebensfragen und, allerdings zu einem vielleicht doch geringeren Teil, auch in Lehrfragen. Kriterien des Lesens und Verstehens waren die innerbiblische Geschlossenheit – Stichwort: die Bibel legt sich selbst aus – und eine von der eigenen Christuserkenntnis herkommende und auf sie zielende inhaltliche Orientierung. Diese christologische Orientierung gemeinsam mit dem immer geübten gemeinsamen Lesen und Auslegen hat auch nach meinem Eindruck der Versuchung gewehrt, im Allgemeinen in extrem biblizistische oder auch fundamentalistische Kriterien abzudriften. Sehr schnell wurde und wird bis heute durchschaut, dass hinter solchen Tendenzen häufig vor allem sehr autoritäre Strukturen und auch Menschen stehen. Dafür aber hat das Freikirchentum – wieder im Allgemeinen – eine gesunde Sensibilität und kann dann auch in deutliche Distanz gehen.

Für modernere Hermeneutiken und Zugänge zur Bibel, etwa stärker leserorientierte Ansätze, gibt es in der Gegenwart nach meinem Eindruck eine deutlich zunehmende Offenheit. Solche Ansätze, mit dann auch ganz anderen Lesepraktiken – z.B. Bibliodrama oder Bibliolog –, werden nicht selten ausprobiert. Etwas überspitzt ausgedrückt: In dieser durchaus vorhandenen Beachtung des lesenden Subjekts finden sich die ebenfalls den individuellen Glauben betonenden Freikirchler wieder. Allerdings mit einer deutlichen Einschränkung: Wo die Subjektivität des Lesens und der daraus folgenden Erfahrung nicht mehr in Richtung der Gemeinschaft kommuniziert werden kann oder will, dort ist ein wesentliches Moment baptistisch-freikirchlicher Hermeneutik verloren: der Aspekt der gemeinsam suchenden Bibelleser.

Sie merken vielleicht an den letzten Anmerkungen, dass freikirchliches Bibellesen eine hohe Achtung vor der eigenen, allerdings zugleich vor der Gemeinschaft verantworteten Erkenntnis hat. Dies impliziert zugleich – wir sahen dies im Grunde auch schon bei der Zurückhaltung gegenüber den exegetischen Expertinnen und Experten – eine Zurückhaltung gegenüber vorgegebenen Interpretationen durch kirchliche Autoritäten. Und genau damit kehre ich zurück zum Magnifikat und zum Hintergrund der von mir eingangs berichteten Anekdote bezüglich der Predigt über Marias Lobgesang.

5. Das Magnifikat – kein ganz normaler Bibeltext

Für nicht wenige Christinnen und Christen freikirchlicher Prägung ist die Perikope Lk 1,45–55 durchaus ein wichtiger und sehr schöner Bibeltext. Sie erkennen die Tiefe der heilsgeschichtlichen Deutung Christi, sie erfreuen sich am Lobgesang der großen Taten Gottes, sie schöpfen aus der Erinnerung an diese Taten Erkenntnis des Wirkens Christi – und, ja auch dieses, sie staunen über den Glauben der Maria. Als Zeugin ihres Glaubens kann sie auch persönlich geachtet werden. Hierbei wird freilich sofort die Rede davon sein, dass ihr Glaube sich gerade darin zeige, wie sehr sie bezeuge, von Gott abhängig zu sein, der sie erwählt habe und sie halte. Die unbedingte Passivität derjenigen, an der Gott handelt, wird in den freikirchlichen Kommentaren und Auslegungen zum Magnifikat häufig erwähnt und als Gestaltung ihres Glaubens verstanden.[14] Sie ist sie Zeugin der Zuwendung Gottes. Hierbei weist sie beständig über sich selbst hinaus auf Gott. Im Grunde ist sie nicht zuerst darin Glaubenszeuge, dass Gott an ihr handelt, sondern deshalb, weil sie in ihren Erfahrungen demütig auf Gott verweist.

Genau hier setzen dann aber gerade beim Magnifikat auch die Schwierigkeiten ein, die nicht zuletzt baptistisch-freikirchliche Leserinnen und Leser mit diesem Text hatten – und ich vermute auch teilweise immer noch haben – und die aus ihm dann doch keinen ganz normalen Bibeltext machen. Es ist der Verdacht, dass in der kirchlichen Deutung dieses Lobgesangs die vermeindliche Sängerin Maria in den Mittelpunkt gerückt und insofern die eigentlich demütige Zeugin für Gottes Handeln selbst zum Zentrum der Beachtung wer-

---

[14] Vgl. Rienecker, Lukasevangelium (s. Anm. 3), 30–31; Maier, Lukasevangelium 1. Teil (s. Anm. 2), 53.

de. Dass dieser Verdacht durch eine tatsächliche, möglicherweise aber auch falsch verstandene Marienfrömmigkeit genährt wurde und wird, ist häufige Begleiterscheinung dieser dem Magnifikat entgegengebrachten Zurückhaltung. Es ist hier natürlich im besonderen V48b, der die spezielle Aufmerksamkeit der baptistisch-freikirchlichen Bibelleserinnen und Leser auslöst: »Siehe, von nun an preisen mich selig alle Geschlechter.« Hier entsteht der Verdacht, aus der zum Lobpreis Gottes auffordernden Zeugin wird die sich selbst überhöhende Gebenedeite gemacht. So ist es dann auch nicht überraschend, dass alle Bibelarbeiten zu dieser Perikope, die in unserer Kirchenzeitung seit 1960 erschienen sind, ausführlich ein solches Verstehen von V48b wenigstes indirekt aufrufen und natürlich zurückweisen. Auch in den Kommentaren zu dieser Stelle wird darauf Wert gelegt zu betonen, dass Maria vor Gott »die geringe Magd«[15] bleibt. Die über lange Zeit recht einflussreiche Wuppertaler Studienbibel bringt es auf den Punkt: »Maria will nicht gepriesen werden, sie will noch weniger heilig gesprochen sein. Man soll sie nicht als Gottes Mutter, als Königin des Himmels ehren, nein, das will sie nicht.«[16]

Es ist dieses vermeidliche oder tatsächliche Missverständnis, welches das Magnifikat über lange Zeit in baptistisch-freikirchlichen Gemeinden schwer vermittelbar machte. Man könnte hier von einer konfessionell geprägten Zurückhaltung gegenüber einem Bibeltext sprechen, deren Hauptakteurin in anderem konfessionellen Kontext überaus viel Beachtung beigebracht wird. Eine tatsächliche oder vermutete kirchliche Lehre wird aufs innigste mit einem Bibeltext verknüpft und dann geradezu mit diesem so identifiziert, dass die Ablehnung der Lehre den Blick auf den Text verstellt.

Ein wenn auch bedauerlicher so doch gleichzeitig sehr interessanter Vorgang. Ein Vorgang, den wir hier und heute am Magnifikat durchspielen und wahrnehmen, der aber in ähnlicher Weise auch an anderen biblischen Texten gezeigt und nachvollzogen werden könnte. Immer wieder könnten wir entdecken, dass Inhalte biblischer Aussagen aufgrund der konfessionellen Vorprägungen in den jeweiligen Traditionen unterschiedlich gewichtet werden. Dieser Vorgang aber kann, so bin ich überzeugt einen positiven Effekt hervorbringen, wenn man ihn beachtet. Dann nämlich, wenn der konfessionell bestimmte Blick auf einen Text bewusst zugelassen und dabei beachtet wird, wie dieser Blick das Verstehen prägt. Ich spreche hier ganz bewusst von einer Prägung des Verstehens, nicht etwa davon, dass die Konfessionalität des Lesens das Verstehen etwa erschwere oder gar verdunkle. Nicht die Negierung unserer konfessionellen Vorverständnisse führt zu einer etwa objektiv überkonfessionellen Wahrheit eines biblischen Textes. Vielmehr lässt die bewusste Kommunikation der verschiedenen konfessionellen Zugänge den Reichtum des gewachsenen Verständnisses sich gegenseitig befruchten. Hierdurch werden auf der einen Seite Erkenntnisse und Zugänge erweitert, auf der anderen

---

15 Herbst, Lukasevangelium (s. Anm. 5), 29.

16 Rienecker, Lukasevangelium (s. Anm. 3), 30.

Seite aber werden zugleich auch Überbetonungen relativiert und dadurch die Gefahr einer Engführung abgewehrt. Es wäre in meinen Augen sehr verheißungsvoll, solch eine ökumenische Hermeneutik an immer mehr biblischen Texten zu erproben.

Mit dieser Schlussbemerkung bin ich weit über die mir gestellte Aufgabe hinausgeeilt – ich bitte dies zu entschuldigen – dieser Ausrutscher ist der Freude über Thema und Methode dieses Tages geschuldet. Das Magnifikat ist für freikirchliche Leserinnen und Leser ein wunderbares Gotteswort, das aus dem Munde einer in zutiefst prekärer Situation steckenden Frau ein heilsgeschichtliches Kompendium des sich den Armen und Unterdrückten zuwendenden Gottes gibt. Sie zeichnet damit im lukanischen Kontext das Leitmotiv, auf dem das Christusgeschehen zu sehen und zu verstehen ist und führt hierdurch zum eigenen Lobpreis. Diese Pointierungen würde ich als Freikirchlicher gerne ins Gespräch einbringen.

Gemeinschaft von Gemeinden – Bund oder Kirche

Ekklesiologische Überlegungen zum BEFG[1]

1. Vorbemerkung zum Gedanken der Gemeinschaft

Die Frage nach der Gemeinschaft von Gemeinden, noch ausgeweitet sogar die nach Bund oder Kirche, eröffnet einen Fragekomplex, der auf ganz verschiedenen Ebenen sehr tief nach dem Selbstverständnis von Gemeinden in einem kongregationalistisch verfassten Gemeindebund fragt. Dieser Komplex, der von grundsätzlich ekklesiologischen über soziologische bis hin zu kirchenrechtlichen Fragen reicht, soll im Folgenden durch einen kleinen Impuls vertieft werden, der sich einer zunächst sehr äußerlich erscheinenden Beobachtung verdankt: Wenn von der Gemeinschaft von Gemeinden gesprochen wird, so wird hierbei ein Begriff verwendet, der erst einmal weniger aus der Beschreibung des Miteinanders sozialer Größen, als vielmehr des Miteinanders einzelner Individuen in einer Gemeinde bekannt ist: Gemeinschaft.

Der Ausgangspunkt meiner Überlegungen ist nun, ob dieser im Bereich der Ortsgemeinden zur Charakterisierung des individuellen Miteinanders vertraute Begriff weiter helfen kann, um auch das Miteinander von Gemeinden auf der Ebene der übergemeindlichen Wirklichkeit zu beschreiben. Sollte das gelingen, dann kann ergänzend gefragt werden, ob man sich von ihm aus auch der Beschreibung des übergemeindlichen Zusammenschlusses von kongregationalistisch organisierten Gemeinden als Bund oder Kirche nähern kann.

Um dieses zu leisten, ist zunächst eine Klärung des Begriffs Gemeinschaft notwendig. Hiermit wird biblisch verantwortlich der Begriff κοινωνία (koinōnia – Gemeinschaft) aufgerufen, der im Neuen Testament maßgeblich im Rahmen der Schriften des paulinischen Kreises verwendet wird und hier auch spezielle Begriffsfüllung erfahren hat. Josef Hainz charakterisiert sie dahingehend, dass die paulinische κοινωνία vom allgemeinen deutschen Begriff der Gemein-

[1] Dieser Beitrag wurde auf dem Konvent der Pastorenschaft des Bundes Evangelisch-Freikirchlicher Gemeinden 2009 in einem Seminar behandelt. Die erstmals in ThGespr Beiheft 11, 2009, 31-45 erschienene Druckfassung ist leicht überarbeitet und greift die Impulse der Seminarteilnehmerinnen und –teilnehmer auf, denen ich hier meinen Dank für die intensive Diskussion ausspreche.

schaft deutlich zu unterscheiden sei.[2] Tatsächlich ist hier eine Klärung der Verwirrung, was denn mit dem Begriff aufgerufen wird, auch weiterführend.

Der deutsche Begriff der Gemeinschaft meint nach dem Soziologen Ferdinand Tönnnies eine Form sozialen Miteinanders, wobei der Wille des Einzelnen sich als Teil eines Kollektivs zu sehen, ursächlich für die Entstehung und dann die Rede von Gemeinschaft sei.[3] Tönnnies entwickelt diesen Gemeinschaftsbegriff in Unterscheidung zum Begriff der Gesellschaft, eine Unterscheidung, die man dann auch bei Max Weber wiederfindet. Nach ihm ist die Vergemeinschaftung eine subjektiv gefühlte Zusammengehörigkeit der Beteiligten, während die Vergesellschaftung eine rational motivierte Interessensverbindung darstellt.[4] Diese Differenzierung ist durchaus hilfreich, da sie die verschiedenen Ausgangspunkte und Zielrichtungen einer Gruppenbildung und eines Gruppenlebens ausdrückt. Gleichwohl ist dieser genaue Blick auf die Unterscheidung von Gemeinschaft und Gesellschaft in der Gemeindesprache nicht geläufig, was dann dazu führt, dass in der normalen Verwendung des Begriffs Gemeinschaft beide Aspekte – die subjektiv gefühlte Zusammengehörigkeit und die rational motivierte Interessensverbindung – zusammen aufgerufen werden. Beide Aspekte aber beruhen darauf, dass eine so verstandene Gemeinschaft im letzten von der Bereitschaft des Individuums ausgeht, sich als Teil der Gemeinschaft zu sehen.[5] Die Gemeinschaft ist etwas, zu der sich der Einzelne hinzustellt und zu deren Grundbefindlichkeiten, Überzeugungen und Gestaltungen des Lebens er sich freiwillig versteht.

Der paulinische *κοινωνία* (koinōnia – Gemeinschaft)-Begriff bringt nun durchaus in Unterscheidung hierzu deutlich andere Aspekte zur Sprache. Es genügt, wenn dies hier mit den Begriffen Anteilhabe, Anteilnahme und An-

---

2 Vgl. JOSEF HAINZ: Art.: *κοινωνία* in: EWNT II, ^{2}1992, 751: »Im Deutschen stellen sich [...] leicht die Vorstellungen von Genossenschaft, Vereinigung, Zusammengehörigkeit u. dgl. ein – Vorstellungen, die für das paulinische *κοινωνία* [koinōnia – Gemeinschaft]–Verständnis irreführend sind.« Naturgemäß ausführlicher kann dies auch FRIEDRICH HAUCK in seinem bereits 1938 erschienenen Art. *κοινωνία* ktl., in: ThWNT III, 1957 (= 1938),798–810 zur Sprache bringen. Er erkennt den Gebrauch von *κοινωνία* im Sinne einer Gemeinschaft allein in Gal 2,9 und Apg 2,42.

3 Vgl. FERDINAND TÖNNIES, Gemeinschaft und Gesellschaft, Darmstadt 2005 (= ^{8}1935).

4 Vgl. MAX WEBER, Wirtschaft und Gesellschaft, Tübingen 1922.

5 Wenn in der allgemeinen Vorstellung zwischen Gemeinschaft und Gesellschaft unterschieden wird, dann häufig so, dass die Gemeinschaft vom Individuum ausgeht, während die Gesellschaft das Individuum vereinnahmt, vgl. hierzu auch CHRISTOPHER FREY: Art. Gemeinschaft und Individuum, VI. Soziologisch, ethisch, in: RGG^{4} 3, 2000, 643: »Im 20. Jh. konnte G[emeinschaft] zum Inbegriff heilen Lebens gegenüber einer von Technik und Anonymität bestimmten Gesellschaft werden, zur Ideologie, die es dem totalitären Staat ermöglichte, unter der Hand technische Großprozesse durchzusetzen.« Es wird zu beachten sein, ob und inwieweit die ablehnende Rede von einer *Kirche* unter Christinnen und Christen, die von einem in kongregationalistischen Gemeinden geprägten Gemeinschaftsbegriff bestimmt sind, genau diese Abneigung gegen die *Gesellschaft* beinhaltet.

teilgabe in Erinnerung gerufen wird.[6] Ausgangspunkt des paulinischen Verständnisses von κοινωνία ist die Erfahrung einer gemeinsamen Anteilhabe am in Christus offenbarten und zuteil gewordenen Heil.[7] Dieser Heilserfahrung auf der vertikalen Ebene korrespondiert auf der horizontalen Ebene das Moment der Anteilgabe und der Anteilnahme derjenigen untereinander, die gemeinsam am Heil Anteil haben. Dabei ist die κοινωνία auf der zwischenmenschlichen Ebene im Grunde nichts anderes als die um 90 Grad gedrehte κοινωνία zwischen Gott und Mensch. Wer dieses in Konsequenz denkt, der kommt auf Aspekte, die bei der Rede von Gemeinschaft unter Christinnen und Christen und vielleicht ja auch unter Gemeinden auszusagen sind: Die Gemeinschaft entsteht nicht (zuerst) durch eine gefühlte Zusammengehörigkeit oder eine Interessensverbindung, sondern sie entsteht dort, wo die gemeinsame gewährte Teilhabe am Heil untereinander erkannt und durch Teilgabe des Gewährten für Andere und Teilnahme an der Gabe des Anderen gelebt wird. Diese κοινωνία ist dann aber von einem Erleben der Gemeinschaft oder dem Funktionieren der Gemeinschaft unabhängig und lebt stattdessen vom Mitteilen des Heils. Diese κοινωνία hat zudem ihren Ausgangspunkt nicht beim einzelnen Gläubigen, der sich in individueller Freiheit zu einer Gemeinschaft stellt und sich mit ihr verbindet. Sie hat vielmehr ihren Ursprung in der von Christus ausgehenden Heilsgabe, die ihrerseits gar nicht anders sein kann, als in der Teilgabe an Andere. Ob dieses paulinische Verständnis von κοινωνία hilfreich ist für die Beschreibung der Gemeinschaft von Gemeinden als Bund oder Kirche?

---

6 Vgl. HAINZ, a.a.O. (s. Anm. 2), 751: Aus »dem gesamten pln. Sprachgebrauch [ergibt sich] eine einheitliche Grundstruktur für das Wortfeld als solches, [...] sie besagt: Gemeinschaft (mit jemanden) durch (gemeinsame) Teilhabe (an etwas).« Vgl. auch HAUCK, a.a.O. (s. Anm. 2), der in seiner Beschreibung der Aussage des Begriffs formuliert »mit jemanden Anteil haben an etwas« (804) bzw. »jemanden Anteil geben an etwas« (808).

7 Vgl. 1Kor 1,9: Wir sind durch Gott zur κοινωνία mit Jesus Christus berufen (1Kor 1,9). Er gibt uns Anteil an seinem Heil und wir nehmen Anteil an seinem Heil. Deswegen heißt es auch bei der Rede über das Herrenmahl, dass Kelch und Brot κοινωνία, nämlich Teilhabe am Blut und Leib Christi sind, die er uns gibt (1Kor 10,16). Das Ziel des Sehnens eines Paulus‘ ist es schließlich, κοινωνία mit dem Leiden und Auferstehen Christi zu haben (Phil 3,10), denn durch diese Anteilgabe Christi gewinnt Paulus sein Leben.

2. Horizont der Fragestellung: Die vorfindliche Situation im BEFG

In dem Bekenntnistext des Bundes Evangelisch-Freikirchlicher Gemeinen in Deutschland, der »Rechenschaft vom Glauben« (RvG)[8] begegnet in Bezug auf die Genese der Gemeinde einerseits und des Bundes der Gemeinden andererseits ein kleiner aber bemerkenswerter Unterschied. So heißt es bei den Ausführungen zur Sammlung und Sendung der Gemeinde:

> »Gott, der sich in seinem Sohn Jesus Christus offenbart und seine Herrschaft zum Heil der Menschen aufgerichtet hat, beruft die Menschen zu einem Leben unter dieser Herrschaft. Alle, die an Jesus Christus glauben, sind aus dem Machtbereich der Finsternis in das Reich Christi versetzt worden. Christus sammelt sie zu seiner Gemeinde in gemeinsamem Leben, Zeugnis und Dienst. Der Heilige Geist macht sie willig, gemäß der Versöhnung Gottes zu leben.«[9]

Hier ist recht deutlich das Subjekt des Handelns in Gott zuerkennen; Gott beruft, Christus sammelt und der Heilige Geist macht willig. Die Gemeinde ist nach all dem vor allem eins: Sie ist Ergebnis göttlichen Handelns.

Bei der Frage nach dem Miteinander der Gemeinden setzt dann aber die Rechenschaft vom Glauben andere Akzente. Unter Punkt 5 des Absatzes, der sich mit der Gemeinde beschäftigt, wird über Geistesgaben, Dienste und Ordnungen gehandelt. Und – wenn man die Absatzaufteilung in der Drucklegung der RvG ernst nehmen kann – unter dem Unterabschnitt Ordnungen heißt es dann:

> »Jede Ortsgemeinde versteht sich als Manifestation des einen Leibes Christi und ordnet ihr Leben und ihren Dienst selbst. Untereinander sind die Ortsgemeinden verbunden nicht zuerst durch organisatorische Zusammenschlüsse, sondern durch den einen Herrn und den einen Geist. Die Gemeinden stärken sich aber gegenseitig durch Gemeinschaft im Glauben und Voneinanderlernen, durch Fürbitte und gegenseitige Hilfe.«[10]

---

[8] Bund Evangelisch-Freikirchlicher Gemeinden in Deutschland K.d.ö.R. (Hrsg.), Rechenschaft vom Glauben, Kassel 2009. Der Text des Glaubensbekenntnisses ist im Internet unter http://www.rechenschaft-vom-glauben.de einsehbar. Die RvG wurde 1977 in Westdeutschland, 1978 in der damaligen DDR von den Synoden der Gemeinden angenommen und den Gemeinden »zum Gebrauch empfohlen«. Entsprechend dem Selbstverständnis eines kongregationalistisch verfassten Bundes von Gemeinden eignet dieser Bekenntnisschrift kein für die Gemeinden oder für einzelne Gläubige normativer Charakter, vgl. die Präambel: »Dieses Glaubensbekenntnis ist Ausdruck und Zeugnis der Übereinstimmung der Gemeinden im Glauben. Es kann also nicht selbst Gegenstand des Glaubens oder bindendes Glaubensgesetz sein«.

[9] RvG (s. Anm. 8) 2,I,1, Absatz 1.

[10] RvG (s. Anm. 8) 2,I,5, Absatz 3.

Wer ein wenig auf die Sprache der RvG achtet, der kann sich kaum des Eindrucks erwähren, dass hier ein recht offen formulierter Abschnitt vorliegt. Klar ist zunächst die Betonung der Ortsgemeinde. Aber offensichtlich muss nun in einem Gemeindebund auch etwas über das gesagt werden, was über die Ortsgemeinde hinausgeht. Auffälligerweise fehlt hierfür ein Begriff. Weder *Bund* noch etwa *Kirche* kommen vor. Der Text redet in Verben: Man sei miteinander »verbunden« und »stärke« sich gegenseitig. Dann aber meint der Text, als erstes eine Abgrenzung vornehmen zu müssen: »nicht durch organisatorische Zusammenschlüsse«[11]. Stattdessen aber wird die Verbindung durch »den einen Herrn und den einen Geist«[12] aufgerufen. Aber wiederum bleibt offen, was damit ausgesagt werden soll. Hier werden weder der Herr noch der Geist in einer aktiven Funktion genannt. Dass diese Verbindung im Herrn jedoch nicht rein spirituell ist wird dann wohl durch den mit »aber« eingeleiteten erklärenden Satz zur Sprache gebracht, der nun die zwischengemeindlichen Aktivitäten benennt. Auch hier also wieder eine (indirekte) Negation. Das Miteinander ist weder organisatorisch zu greifen noch rein spirituell, es zeigt sich vielmehr durch Gemeinschaft im Glauben, Voneinanderlernen, Fürbitte und gegenseitige Hilfe. Damit aber wird dann im Grundsatz durchaus etwas angezeigt, was im *κοινωνία* (koinōnia – Gemeinschaft)-Begriff des Paulus zu finden ist: gegenseitige Anteilgabe und Anteilnahme. Das Moment der Anteilhabe findet aber nicht auf der Ebene der Gemeinschaft der Gemeinden statt, sondern über die einzelne Gemeinde. Mit anderen Worten: Nicht der Gemeindebund ist Setzung Gottes, sondern allein die einzelnen Gemeinden.

Aus dieser Sonderstellung der einzelnen Gemeinden gegenüber der Gemeinschaft der Gemeinden im Bund versteht sich dann theologisch auch durchaus die mal mehr, mal weniger pointierte Unterstreichung des Selbstverständnisses der Ortsgemeinde als einer autonomen oder wenigstens selbstständigen Ortsgemeinde, die von der Frage der Aufnahme und Streichung von Mitgliedern, über die Frage theologischer Positionen, bis hin zum Umgang mit Personal ihre Belange gänzlich selber regeln kann und dieses auch weitestgehend tut. Da die Gemeinde Setzung Gottes ist, der Gemeinschaft von Gemeinden solch ein Attribut aber nicht zukommt, kann die Ortsgemeinde natürlich ihre Eigenständigkeit gegenüber der Gemeinschaft auch theologisch begründen.

Gänzlich offen aber bleibt, was denn dabei die Organisationseinheit Bund sein soll. Im Grunde könnte man sagen, dass die *κοινωνία* der Gemeinden untereinander durch diese selber geregelt wird. Dem Bund bleiben dann im Sinne einer konsequenten Subsidiarität die Aufgaben, die durch die einzelnen Gemeinden nicht zu leisten sind. Damit aber wird der Bund sehr schnell zu einem Dienstleister für die Gemeinden. Er wird zu etwas, was mit Max Weber

---

11 Ebd. Hier kann durchaus nachgefragt werden, ob das, was als erstes abgelehnt wird, nicht genau das ist, was als vorherrschend gedacht oder befürchtet wird.

12 Ebd.

als eine rational begründete Interessensgemeinschaft im Zusammenhang einer subjektiv gefühlten Zusammengehörigkeit bezeichnet werden könnte.[13] Wenn aber schon der Gemeinschaft der Gemeinden im Letzten keine theologische Dignität zukommt, so dem Bund schon gar nicht.

3. Anfragen an die vorfindliche Situation

3.1 Anfragen aus der Wahrnehmung der Praxis

Das skizzierte Verständnis der Gemeinschaft der Gemeinden, das sich auf den ersten Blick durchaus noch mit der Horizontalen des paulinischen *κοινωνία* (koinōnia – Gemeinschaft)-Begriffs in Einklang bringen ließe, hat nun aber wenigstens einen grundsätzlichen Angriffspunkt. Definiert sich nämlich das Miteinander der Gemeinden allein von dem freiwillig zu erfüllenden Auftrag der Gemeinschaft im Glauben, des voneinander Lernens und der Fürbitte und gegenseitigen Hilfe, so liegt es an jeder selbstständigen Gemeinde, inwiefern und ob überhaupt sie sich diesem Auftrag verpflichtet sieht und auch, welcher Gemeinde oder welcher Gemeindegruppe gegenüber sie diese Aufgabe sieht. Diese Verpflichtung kann zudem schnell durch die individuelle Situation der Ortsgemeinde aufgelöst werden, wobei wieder jede Gemeinde für sich entscheidet, wann und wodurch solche Situationen eintreten, die sie nicht mehr auf die (baptistische) Nachbargemeinde hören lassen, die sie eine Hilfe für die nächsten (baptistischen) Gemeinden einstellen lassen oder aber die sie Kontakte zu ganz anderen Gemeinden oder Gemeindebünden suchen lassen. Das Resultat solch einer Freiwilligkeit des gemeindlichen Miteinanders ist im Bund Evangelisch-Freikirchlicher Gemeinden immer wieder beklagt worden

---

[13] Es ist in diesem Sinne schon bemerkenswert, sich das Gründungsprotokoll des »Bundes der vereinigten Gemeinden getaufter Christen in Deutschland und Dänemark« von 1849 anzusehen und darin als Zweck des Bundes folgende vier Punkte zu finden: 1.) Bekenntnis, 2.) Kräftigung der Gemeinschaft, 3.) Mission, 4.) Statistik. Vgl. Bund der Vereinigten Gemeinden Getaufter Christen in Deutschland und Dänemark (Hrsg.), Protocolle der Conferenz-Verhandlungen zu Hamburg im Jahre 1849 von den Abgeordneten der Gemeinden getaufter Christen in Deutschland und Dänemark, Hamburg 1849 (unv. Nachdruck Wuppertal/Kassel 1982), 75. Hier könnte man durchaus den letzten und vorletzten Punkt unter dem Aspekt des Dienstleisters sehen. Die ersten beiden aber sprengen diese Begrenzung. Ein gemeinsames Bekenntnis begrenzt inhaltlich die Selbstständigkeit der Ortsgemeinde. Die Stärkung der Gemeinschaft könnte auf den ersten Blick verstanden werden als Hilfe zur Stärkung des zwischengemeindlichen Dialogs. Folgt man aber der Überlegung von Günter Balders, Ein Herr – Ein Glaube – Eine Taufe. 150 Jahre Baptistengemeinden in Deutschland, Kassel ^{2}1985, 25f., so hätte vielmehr grundsätzlich die These Onckens im Hintergrund gestanden, dass alle Gemeinden miteinander *eine* Bundesgemeinde bildeten. Wenn Balders dann das im selben Jahr erschienene gemeinsame Gesangbuch als Zeichen dieser »Kräftigung der Gemeinschaft« ansieht, so wird deutlich, dass unter diesem Aspekt das Gemeinsame als diese Stärkung betrachtet wurde.

und braucht hier nur mit wenigen Stichworten in Erinnerung gerufen zu werden: Die praktische und theologische Vielfalt in Fragen der Gemeindemitgliedschaft und der Taufe; die Verweigerung von Gemeinden, sich mit Beschlüssen der Bundesgemeinschaft wenigstens auseinanderzusetzen, z.B. in der Frage nach der Anstellung einer Pastorin; die Selbstständigkeit bei der Berufung von Pastorinnen und Pastoren, die dazu führt, dass Personen mit teilweise wenigstens befragbaren theologischen Überzeugungen in Gemeinden prägend pastorale und auch seelsorgerliche Aufgaben übernehmen. Hierdurch sind gegenseitige Abgrenzungen von Bundesgemeinden untereinander ebenso möglich wie eine daraus folgende Unsicherheit bei Überweisungen[14] von Gemeindemitgliedern in Gemeinden an einem neuen Wohnort, die bis hin zum Sektierertum geht.

Unbestreitbar ist freilich, dass solche Eigenständigkeit von Ortsgemeinden auch als wertvolle Vielfalt zu beschreiben ist. Immerhin sollte die durch die Selbständigkeit der Ortsgemeinden gegebene Notwendigkeit der eigenen Auseinandersetzung mit theologischen und praktischen Fragen des Glaubens und des Gemeindelebens zu einer breiten Arbeit an diesen Themen führen. Wertvoll wird diese Vielfalt aber erst dort, wo die unterschiedlichen eigenständigen Ortsgemeinden in einem Miteinander stehen, und die Vielfalt nicht zur Abgrenzung voneinander führt. Hierzu aber später mehr.

Diese Beobachtungen lassen eine kritische These entstehen: Wenn sich die Gemeinschaft von Gemeinden in einem als Dienstleister gesehenen oder sich sogar selber so verstehenden Gemeindebund vor allem oder sogar zuerst funktional-praktisch begründet, dann wird die Entwicklung der Gemeinschaft von Gemeinden ganz der Initiative der jeweilige Ortsgemeinde überlassen. Sie besteht allein auf der Ebene der Freiwilligkeit und ist durch die Interessen und Möglichkeiten der jeweiligen Gemeinde begrenzt. Gemeinschaft wird zur Option. Je mehr sie aber als Option wahrgenommen und verstanden wird, umso stärker können Eigeninteressen auf allen Ebenen das Miteinander fraglich erscheinen lassen. Hier wird schnell die eigene Arbeit wichtiger als die Hilfe für andere, hier werden ebenfalls inhaltlich theologische Impulse durch andere Gemeinden oder sogar durch den Bund als störend für die eigene Gemeinde und eine Auseinandersetzung mit ihnen gar als unnötig angesehen.

Dies aber entspricht ganz und gar nicht mehr dem Gedanken der κοινωνία (koinōnia – Gemeinschaft) von Gemeinden, wie er in paulinischer Tradition wenigstens teilweise noch in der ›Rechenschaft vom Glauben‹ zu finden war. Dreh- und Angelpunkt dieser möglichen Fehlentwicklung ist dabei die wie eine Monstranz vorangetragene Rede von der Selbstständigkeit der Ortsgemeinde und einhergehend damit die Weigerung, der Gemeinschaft der Gemeinden eine eigenständige theologische Dignität zuzuerkennen, die in dieser

---

14 Mit dem Terminus *Überweisung* ist die im Bund Evangelisch-Freikirchlicher Gemeinden übliche Praxis zum Mitgliedschaftsübergang von einer zu einer anderen Gemeinde bezeichnet.

Gemeinschaft mehr erkennt, als nur einen Dienstleister, der dann gerufen werden kann, wenn die einzelne Gemeinde es für angebracht hält.

Es muss daher an dieser Stelle erlaubt sein zu fragen, ob die Rede von der selbstständigen Ortsgemeinde eigentlich vor dem zu Recht als Grundorientierung genommenen neutestamentlichen Zeugnis bestehen kann.

3.2 Das neutestamentliche Zeugnis zur Gemeinschaft von Gemeinden

Hier ist das Bild differenziert zu beschreiben. Es lässt sich beobachten, dass die neutestamentlichen Gemeinden untereinander in enger Verbindung standen, dass sie sich außerdem beständig mit Autoritäten auseinandersetzten, die von außerhalb der Ortsgemeinde in diese hinein Impulse gaben, dass aber die Ortsgemeinden allem Anschein nach gleichzeitig in sehr eigener und auch eigenverantwortlicher Auseinandersetzung mit diesen Verbindungen und Impulsen umgingen.

Bereits ein ganz allgemeiner Blick auf die Schriften des Neuen Testaments bezeugt die Verbindungen der Gemeinen untereinander. An wenigstens zwei Stellen verdanken sich die Sammlung und Überlieferung von Schriften ganz offensichtlich direkt Beziehungen zwischen Gemeinden jeweils unterschiedlicher Traditionsgruppen. Die Sammlung der paulinischen und deuteropaulinischen Schriften,[15] wie auch die der johanneischen lassen solche untereinander verbundenen Gemeindegruppen erkennen. Daneben setzen andere Schriften, die wahrscheinlich bewusst als Rundbriefe konzipiert waren, ebenfalls Bezüge der Gemeinden untereinander bereits in neutestamentlicher Zeit voraus.[16]

Diese zunächst sehr äußerliche Beachtung lässt sich noch deutlich vertiefen. Gerade für den Bereich der paulinischen Gemeinden sind die Verbindungen der Gemeinden in den Briefen deutlich erkennbar. Die umfangreichen Grußlisten zeigen nicht allein die Kenntnis vieler Personen durch den Apostel, sondern haben zudem geradezu die Funktion eines Aufrufs zur Verbundenheit der Gemeinden untereinander.[17] Dabei nehmen die hin- und herreisenden

---

[15] Vgl. hierzu den allgemeinen Überblick bei Udo Schnelle, Einleitung in das Neue Testament, Göttingen [6]2007.

[16] Hier braucht nur auf den 1. Petrusbrief oder die Johannesapokalypse verwiesen zu werden. Inwiefern die Johannesapokalypse dabei zudem Verbindungen zwischen paulinischer und johanneischer Gemeinden aufgriff oder herstellte, braucht an dieser Stelle nicht diskutiert zu werden. Vgl. dazu z.B. André Heinze, Johannesapoakalypse und johanneische Schriften, Stuttgart 1998 (= BWANT 142), 355ff. Dass bereits Paulus bei seinen Briefen mit einer Verbreitung über die direkt angeschriebene Ortsgemeinde hinaus gerechnet hat, zeigen Gal 1,2 und 2Kor 1,1b. Auf die Kenntnis der paulinischen Briefe über die Grenzen der paulinischen Gemeinden hinaus macht 2Petr 3,15f. aufmerksam.

[17] Vgl. hierzu z.B. Wolf-Henning Ollrog, Die Abfassungsverhältnisse von Röm 16, in: Dieter Lührmann und Georg Strecker (Hrsg.), Kirche. Festschrift für Günther Bornkamm zum 75. Geburtstag, Tübingen 1980, 221–244.

Gemeindeglieder nicht allein kommunikative Aufgaben wahr, sondern bringen sich gewollt aktiv und mitwirkend in die Gemeindearbeit der jeweils anderen Gemeinde ein. Wie sehr Paulus selber diese Bezüge der Gemeinden forderte, lässt sich einerseits an dem Lob der Thessalonicher für ihren sich weit verbreitenden Glauben ersehen,[18] andererseits ist hier ebenso auf die Sammlung für die Jerusalemer Gemeinde hinzuweisen.[19] Auch über diese sichtbar bezeugten Bezüge hinaus belegen dann die deuteropaulinischen Schriften, allen voran der Epheserbrief, Ansätze zur theologischen Verarbeitung dieses erlebten und gelebten Miteinanders von Gemeinden an verschiedenen Orten. Eine solche theologische Reflektion setzt umgekehrt natürlich eine entsprechende Wirklichkeit voraus.

Die zweite Beobachtung des neutestamentlichen Zeugnisses über die Beziehungen der Gemeinden untereinander betrifft die gemeindeexternen Autoritäten. Auch an dieser Stelle ist zunächst das Offensichtliche zu nennen, das gleichzeitig gerade wegen der scheinbaren Selbstverständlichkeit so schnell übersehen wird: Wenigstens in der Briefliteratur des Neuen Testaments liegen direkte Zeugnisse dafür vor, dass gemeindeexterne Autoritäten den Anspruch vertraten, in Belangen der Ortsgemeinden gehört zu werden. Zu dieser Einsicht nötigt die Tatsache der Briefe an sich. Dabei wird dann jedoch gleichzeitig deutlich, in welchem Umfang und auch aus welchem Grund sich hier Personen, die nicht zu den jeweils angeschriebenen Gemeinden gehörten, genötigt sahen, mehr oder weniger verbindlich Gehör zu beanspruchen. Die Liste der aus den Briefen zu erhebenden Themen umfasst alle Bereiche der Theologie, von der Dogmatik bis zur Ethik, von der Deutung der Geschichte bis hin zu Fragen der Gottesdienstgestaltung und Organisation der Gemeinde. Dabei kann der Ton dieser Einwürfe nicht selten den Charakter einer geradezu grundsätzlichen Aussage annehmen, die die Adressaten nicht übersehen sollten, wollen sie sich nicht außerhalb der christlichen Gemeinden stellen bzw. den Gefahren von Irrlehren erliegen (vgl. z.B. Galaterbrief und 1. Johannesbrief). Die Pastoralbriefe mit ihrer Irrlehrerproblematik und den hierzu genannten absichernden Gemeindestrukturen zeigen in der Endphase der Entstehung der neutestamentlichen Schriften darüber hinaus die Notwendigkeit der Absicherung des Glaubens dadurch, dass gemeindeleitende Personen ihre gegenwärtige Autorität von genau diesen gemeindeexternen Autoritäten bekommen können.

---

[18] Vgl. 1Thess 1,7ff. Vgl. hierzu z.B. Traugott Holtz: Der Erste Brief an die Thessalonicher, Neukirchen [3]1998 (= EKK XIII), 53: Die Aussage von dem Glauben der Gemeinde, der zum Vorbild für die Christinnen und Christen der Region geworden ist, hat »einen geschichtlich zutreffenden Hintergrund. Er ist in der engen Verbundenheit gegeben, in der die christlichen Gemeinden dieser Zeit lebten«.

[19] Diese braucht hier nur als Faktum aufgerufen zu werden. Die Diskussion um die Motivation hierzu ist an dieser Stelle nicht zu führen.

Die dritte oben genannte Beobachtung sagt, dass die Verfasser der Schreiben, so sehr sie auch ihre Autorität benennen und damit einfordern, offensichtlich keine strukturelle Autorität zur Durchsetzung ihrer Aussagen und Weisungen hatten. Dies mag sich vielleicht am dramatischsten an den Briefen des Paulus an die Galater und die Korinther zeigen. In beiden Fällen steht der Apostel einer innergemeindlichen Opposition gegenüber, die aus unterschiedlichen Gründen gerade die von ihm in Anspruch genommene Autorität bezweifelt bzw. ablehnt. Die Entscheidung, ob die Gemeinden den Impulsen folgen werden oder nicht, liegt ganz allein bei den Gemeinden und ihren Leitungsgremien. Dieser Feststellung ist noch eine weitere hinzuzufügen. Die in den Briefen reflektierten Auseinandersetzungen verdanken sich maßgeblich der Dynamik des Glaubens, die in den Gemeinden erfahren wurde. Die Verfasser der Briefe reagieren im weit überwiegenden Maß auf Fragen und Probleme, die aus dem gelebten Glauben in den jeweiligen Gemeinden entstehen. Dies bedeutet zugleich, dass die Gemeinden einerseits als die Ausgangsorte der theologischen Auseinandersetzung, andererseits als die verantwortlichen Rezipienten der ihnen dann zuteil werden Impulse angesehen werden können. Dabei darf diese Aussage nicht dahingehend verkürzt werden, dass etwa in den Gemeinden nicht ebenfalls bereits theologische Arbeit erbracht worden wäre. Was jedoch durch die Anfragen an z.B. einen Paulus und durch dessen Antworten erreicht wurde, war die Einbindung ihrer Auseinandersetzungen in eine die Grenzen dieser Gemeinde überschreitende Kompetenz.[20]

Von diesen Beobachtungen kann das eingangs als differenziert bezeichnete Bild der neutestamentlichen Gemeinden genauer beschrieben werden. Die neutestamentlichen Gemeinden sind mit Sicherheit eines nicht: theologisch und damit auch in allen Lebensfragen, die von der Theologie her zu betrachten sind, selbstständig oder gar autonom. Man wird ganz im Gegenteil sagen müssen, dass Gemeindegruppen, die den Kontakt zu anderen Gemeinden verweigerten, im späteren Sinne als nicht rechtgläubig ausgegrenzt wurden.[21] Diese Eingebundenheit der Gemeinde vor Ort in das Miteinander der christlichen Gemeinden in allen inhaltlichen und theologischen Fragen setzt sich von

---

[20] Dass hierdurch gleichzeitig auf überörtlicher Ebene wiederum Kompetenzen für Gemeinden an ganz anderen Orten geschaffen wurden, sei hier nur erwähnt. Wie sehr der gemeinde- und gemeindegruppenübergreifende Diskurs für die Entwicklung der theologischen Überzeugungen des Neuen Testaments wichtig gewesen ist, braucht kaum erwähnt zu werden. Die Dynamik der Entwicklung, z.B. der Christologie und auch der Stellung zum Judentum, sprechen hier für sich. Diese so geschaffenen Grundlagen christlichen Glaubens reichen durch die Kanonisierung dieser Schriften bis in die Gegenwart.

[21] Ein Bespiel dafür sind die Doketisten, die sich von den johanneischen Gemeinden getrennt haben; die Auseinandersetzung um diese wahrscheinlich gar nicht kleine Gruppe innerhalb der sich dann im Verlauf den anderen christlichen Traditionsgruppen annähernden johanneischen Gemeinden lässt sich schön in den drei Briefen nachzeichnen.

der Zeit des Neuen Testaments fließend fort: In zeitlicher Nähe zum Neuen Testaments sei hier nur an den ersten Clemensbrief oder die Ignatiusbriefe erinnert. Allerdings korrespondiert dieser inhaltlich theologischen Einbindung der Ortsgemeinde, dieser – um es scharf auszudrücken – letztlich theologischen Unselbständigkeit, keine strukturelle Unselbstständigkeit. So sehr inhaltlich theologisch durch externe Autoritäten in den Gemeinden Impulse gesetzt wurden, so sehr erscheinen sie strukturell selbstständig zu sein und damit frei im Umgang mit diesen Impulsen. Allerdings ist bei dieser strukturellen Selbstständigkeit sofort etwas mitzubeachten: Wo die Ortsgemeinde den inhaltlich theologischen Impulsen der externen Autorität nicht folgte, stand sie in der ganz selbstständig gewählten Gefahr, sich aus dem Miteinander der christlichen Gemeinden, damit aber auch aus dem zukünftigen Diskurs der Gemeinden zu verabschieden.

Es gab damit eine Selbstständigkeit der Lebensgestalt und immer wieder auch der theologischen Entwicklung der neutestamentlichen Ortsgemeinden. Genau diese aber setzt sich dem Dialog mit anderen Gemeinden, damit der gegenseitigen Prüfung und damit gegebenenfalls auch der Korrektur aus. Diese Selbstständigkeit war also gerade nicht abgrenzend gegenüber der Gemeinschaft von Gemeinden oder externen Autoritäten. Vielmehr wurde das Eigene durch den kritischen und selbstkritischen Dialog mit anderen zu etwas, was schließlich der Gemeinschaft im Ganzen, wie dann auch wieder der einzelnen Gemeinde zugute kam – ein Vorgang den Paulus gemeindeintern als gegenseitige Auferbauung bezeichnen kann.[22] Deshalb war es möglich, dass der Einspruch externer Autoritäten in der Ortsgemeinde geachtet wurde, wenn diese Entwicklungen sahen, die dem Wohl und der rechten inhaltlichen Ausgestaltung der Gemeinde nach ihrer Ansicht schadeten.

Maßgeblich hatten diese Autorität in den Anfangsjahren sicherlich die Personen, die von den Gemeinden als Apostel anerkannt waren. Es ist also gerechtfertigt, hier von übergemeindlichen apostolischen Autoritäten zu sprechen, die die Entwicklungen innerhalb einer Gemeinde beeinflussen wollten und konnten. Treffen jedoch die derzeit mit guten Gründen in der neutestamentlichen Wissenschaft anerkannten Datierungen und Verfasserzuschreibungen zu einzelnen neutestamentlichen Schriften zu, so waren die Gemeinden ebenfalls sehr bald bereit, diese Autorität auch auf die Apostelnachfolger auszuweiten. Noch spätere Gemeinden schufen sich in den verschiedenen Vorstellungen einer Autoritätsnachfolgeklärung immer wieder gemeindeexterne Kompetenzen, die Einfluss auf die Gemeinden nehmen durften und das Miteinander der Gemeinden steuern und begleiten sollten. Dabei ist für die kirchliche Tradition der Freikirchen die Entwicklung in Richtung einer bischöflichen Tradition weniger interessant.

Viel wichtiger ist eine andere Entwicklung, die sich der protestantischen Vorstellung verdankt und die nach meiner Überzeugung in direkter Linie

---

22 Vgl. 1Kor 14,3ff.

auch in die derzeitig im deutschen Baptismus verbreitete Vorstellung einer selbstständigen Ortsgemeinde mündet.

4. Entwicklungen und Reaktionen

4.1 Die Fortschreibung der apostolischen Autorität in der Autorität der Schrift

Wahrscheinlich würde niemand in deutschen Baptistengemeinden derzeit den Begriff der Selbständigkeit der Gemeinde dahingehend verstehen wollen, dass die Gemeinde sich nicht einer externen Autorität gegenüber zu verantworten hätte. Aber diese Autorität wird im Unterschied zum Neuen Testament, der frühen Kirche und der sich darauf aufbauenden Tradition nicht mehr personal oder gar institutionell, sondern primär inhaltlich versucht zu beschreiben. Es ist die Autorität der Schrift, die hier aufgerufen wird. Dieser Übergang von einer apostolischen Autorität auf die den Aposteln folgenden Bischöfe (apostolische Sukzession) hin zu der Betonung der Weitergabe apostolischer Autorität durch die evangeliumsgemäße Verkündigung (Lehrsukzession) ist ein entscheidender Einschnitt in der Ämterlehre der Reformationszeit.[23] In der Folge wird man – abgekürzt – davon sprechen dürfen, dass die Funktion, die in der Frühzeit die Apostel bzw. ihre Nachfolger für die Gemeinden hatten, nun auf die biblischen Schriften übergegangen ist. Sie ist der entscheidende Maßstab nicht allein für das individuelle, sondern insbesondere auch für das gemeindliche Leben. Genau das betont dann passend auch die RvG:

> »Im Neuen Testament hören wir die ersten Zeugen von Jesus Christus. In ihrem Zeugnis gründet die christliche Gemeinde. Es kann durch keine nachfolgende christliche Verkündigung und Lehre ergänzt und überboten werden. Die Verfasser des Neuen Testaments haben unter der Leitung des Heiligen Geistes Zeugnis abgelegt von dem in Christus erschienen Heil Gottes. Darin besteht die Autorität und Normativität des Neuen Testaments für Leben und Lehre der Gemeinde.«[24]

4.2 Von der Autorität der Schrift zur selbstständigen Ortsgemeinde

Von dieser Beachtung der Schrift als letzte Autorität her lässt sich nun jedoch sehr schnell eine Linie zur Behauptung der aktuellen Selbstständigkeit der Ortsgemeinde ziehen: So wie die frühen Gemeinden sich Einspruch, Korrektur, Mahnung und Erbauung durch die apostolischen Personen gefallen ließen, diese suchten und sich ihnen gegenüber verantworteten, so kann das heute jede Ortsgemeinde für sich tun, indem sie der Schrift diese apostolische Dignität zuerkennt. Damit untersteht sie direkt der apostolischen Autorität und

---

[23] Vgl Axel Freiherr v. Campenhausen, Art.: Sukzession, apostolische, 4. Evangelisch, RGG[4] Bd. 7 (2004), 1861.

[24] RvG 1,6 (s. Anm. 8), Absatz 2.

kann keine andere Autorität daneben dulden – genauer müsste man sogar sagen: sie darf es auch nicht. In diesem Sinne könnte eine Linie zwischen der neutestamentlichen Gemeinde und ihrem Bezug zur Person des Apostels und der gegenwärtigen Gemeinde und ihrem Bezug zur Schrift gezogen und beiden Gemeinden unter Beachtung dieser Bezüge zur apostolischen Autorität Selbstständigkeit zuerkannt werden. Wer das weiterdenkt, kann sogar zu einer Rechtfertigung von Selbstständigkeit im Sinne einer Abgrenzung von Gemeinde untereinander gelangen: Dort, wo eine von der Schrift abweichende Tendenz in einer anderen Gemeinde gesehen wird, ist es geradezu die Pflicht einer sich von dieser Autorität her verstehenden Gemeinde, sich von der anderen Gemeinde abzugrenzen.

4.3 Die Begrenzung der Autorität der Schrift durch die selbstständige Ortsgemeinde

Allerdings übersieht, wer so argumentiert und vor allem wer bei diesem Bezug einer Gemeinde zur Schrift stehenbleibt, etwas Entscheidendes. Das Verstehen der Schrift ist – bleibt sie eine allein in der Ortsgemeinde gelesene Schrift – auch auf die Grenzen und Möglichkeiten dieser Lesergruppe beschränkt. Die *κοινωνία* (koinōnia – Gemeinschaft) bei der Suche nach dem Evangelium im gegenseitigen Anteilnehmen und Anteilgeben beschränkt sich auf die Mitglieder allein dieser einen Gemeinde. Dass zudem innerhalb dieser Gruppe Eigeninteressen und geprägte Vorverständnisse zusätzliche Begrenzungen bieten, braucht nur erwähnt zu werden. Mit anderen Worten: Wo die Autorität der Interpretation der Schrift allein auf die einzelnen Gemeinde begrenzt wird, dort findet die Autorität der Schrift auch in dieser Gemeinde ihre Grenze. Die Betonung der Selbständigkeit der Ortsgemeinde unter Berufung auf die apostolische Autorität der Schrift steht einerseits ganz im Recht, muss sich aber darüber im klaren sein, dass eben diese apostolische Autorität auch durch das Verstehen dieser Ortsgemeinde begrenzt ist.

Hier genau ist die Begrenzung der Selbständigkeit der Ortsgemeinde zu beachten, die im Neuen Testament zu beobachten ist, nämlich der geforderte Austausch und Dialog zwischen den Gemeinden und/oder verschiedenen Interpreten apostolischer Tradition z.B. in Form der sich herausbildenden Traditionskreise.[25] Die mahnenden, tröstenden, erklärenden Impulse von außerhalb der Ortsgemeinde haben dabei nicht die Einschränkung ihrer Selbstständigkeit, sondern den Aufbau ihrer Kompetenz zur Folge. Weil die Schrift nicht einer Gemeinde allein gegeben ist, kann auch das Evangelium, das aus ihr gehört werden soll, nicht allein in einer Gemeinde gehört werden. Die Auferbauung, die gerade in freikirchlicher und baptistischer Tradition innerhalb einer Gemeinde dem Miteinander der Geschwisterschaft zuerkannt wird, kann und muss auch übergemeindlich dem Miteinander von Gemeinden zuerkannt werden. In dem Maße, wie eine Gemeinde durch ihre Entdeckung der

[25] Der üblicherweise gebrauchte Begriff der Schulen erscheint mir missverständlich.

apostolischen Botschaft in der Schrift Teilhabe am Evangelium hat, in dem Maße ist sie auch aufgefordert, daran anderen Gemeinden teilzugeben und gleichzeitig an deren Erkenntnissen des Evangeliums teilzunehmen.

Die Rede von der selbstständigen Ortsgemeinde ist vor dem neutestamentlichen Zeugnis nur dort sachgemäß, wo die Grenze der Selbstständigkeit in der Einbindung in die jeweilige Gemeindegruppe und ihre Bindung an das apostolische Zeugnis beachtet werden. Dabei zeigen sowohl die Aspekte der Einbindung wie auch der Bindung die Grundelemente dessen, was im paulinischen *κοινωνία*-Begriff beobachtet werden kann: Aus der Teilhabe an dem durch die apostolische Autorität vermittelten Evangelium kommt es in der theologischen Durchdringung und Umsetzung zur gegenseitigen Teilgabe eigener Erfahrungen und Erkenntnisse bei gleichzeitiger Teilnahme an dem von anderen Gemeinden als Evangelium Erkannten.

5. Folgerungen

Welche Folgerungen in Bezug auf die Ausgangsfrage nach der Gemeinschaft der Gemeinden können nun gezogen werden? Ich fasse meine aufgenommenen Impulse in folgenden Thesen zusammen.

1. Das verbindende Element der Gemeinden ist die gemeinsame vertiefende Entdeckung des Evangeliums. Aus dieser von Gott gewährten Teilhabe an dem Evangelium folgt auf der Ebene der Gemeinden untereinander die gegenseitige Teilgabe und Teilnahme an den Auseinandersetzungen, Fragen und Antworten der jeweils anderen Gemeinde. Das Ziel dieser gestalteten *κοινωνία* ist ein gemeinsam verantworteter und dann auch für die verbundenen Gemeinden verbindlicher Weg. Daraus folgt:

2. Das Miteinander ist durch Bereitschaft zur gegenseitigen Verantwortung eigener Positionen, damit aber auch durch Bereitschaft zur eigenen Veränderung geprägt. Wo gemeinsam nach dem Evangelium in einer bestimmten Frage, Situation und Aufgabe gesucht wird, dort ist zunächst jede Stimme genau zu hören und zu achten. Daran anschließend aber werden gefundene Antworten auch so ernst zu nehmen sein, dass sie als Evangelium auch die eigene, sich bisher vielleicht anders orientierende Gemeinde bestimmen sollen.

3. Daraus ergibt sich ein vertieftes Verständnis der Vorstellung von der Selbständigkeit der Ortsgemeinde in einer von solchem Miteinander geprägten Gemeinschaft von Gemeinden: Die Selbständigkeit hat dort ihre Grenze, wo sich eine Gemeinde einer Auseinandersetzung und ihren Folgerungen durch Rückzug auf die Betonung ihrer Selbständigkeit entzieht. Sie entzieht sich damit der von gegenseitiger Achtung aber auch ernsthafter Frage nach dem Evangelium bestimmten Gemeinschaft dieser Gemeinden.

4. Für die Frage nach dem Verständnis des Bundes Evangelisch-Freikirchlicher Gemeinden als Bund von Ortsgemeinden und seinen primären

Aufgaben haben diese Überlegungen Konsequenzen, die nun abschließend anzudeuten sind.

Der Zusammenschluss der Gemeinden darf nicht die Verwaltung der Vielfalt der Gemeinden zum Ziel haben. Die Vorstellung einer Gemeinschaft von Gemeinden in einem sich solchermaßen verstehenden Bund umfasst nicht viel mehr als eine bloße freiwillige und jederzeit auflösbare Absichtserklärung der einzelnen Gemeinden. Ein sich so verstehender Bund ist den Gemeinden immer hinterher und wird jederzeit durch die Gemeinden erpressbar sein. Er wird beständig seine Existenzberechtigung nachweisen müssen und begibt sich damit in eine absolute Abhängigkeit von den Gemeinden. Das gefällt vielleicht den Gemeinden, hat aber mit dem, was das Neue Testament über das Miteinander der Gemeinden sagt, nichts zu tun. Nimmt man dieses Miteinander nämlich ernst, so hat der Bund vielmehr in dem Ermöglichen des Austauschs und damit der gemeinsamen theologischen Arbeit seine eigentliche Kernaufgabe. Eine Aufgabe, die nur im aktiven und verantwortungsbewussten Miteinander der Gemeinden erfüllt werden kann. Die in ihm sich zur Gemeinschaft, nun jedoch im Sinne der *κοινωνία*, zusammengeschlossenen Gemeinden müssen zum einen zur Teilnahme an diesen theologischen Fragen bereit sein, auf der anderen Seite aber auch dazu, gemeinsam gefundene Überzeugungen für die eigene Gestaltung des Bekenntnisses zu übernehmen. Wo diese Bereitschaft nicht vorhanden ist, dort hat die Selbstständigkeit einer Ortsgemeinde eine sektiererische Qualität angenommen. Die Subsidiarität der Arbeit der Bundesgemeinden hat in theologischen Fragen in der Gemeinschaft der Gemeinden ihre Grenze.

Diesen gemeinschaftlichen Diskurs über das Evangelium herzustellen und zu ermöglichen ist die Kernaufgabe des Bundes mit allen seinen Arbeitsbereichen. Dabei ist freilich nicht der Diskurs das Ziel. Gemeinsame Prozesse haben nicht in sich selbst bereits genügende Qualität. Vielmehr muss das Ziel in der Ermöglichung der gemeinsamen verantwortlichen Verkündigung des Evangeliums in Wort und Tat gesehen werden.[26] Erst wo diese Gemeinsamkeit der Verkündigung in Wort und Tat erreicht ist, ist das Miteinander der Gemeinden erreicht. Jeder Schritt, der davor stehen bleibt, reduziert die Gemeinschaft von Gemeinden zu einer im Letzten unverbindlichen, aber gerade nicht dem neutestamentlichen Zeugnis und Auftrag der *κοινωνία* entsprechenden Interessengemeinschaft von einander irgendwie Ähnlichen.

Unter diesen Gesichtspunkten muss der Begriff der Selbständigkeit ganz neu gefüllt werden. Er darf nicht mehr das Missverständnis der Vermischung

---

26 Dabei ist zu beachten, dass Gemeinsamkeit auch die Spannung zwischen zwei Positionen umfassen kann, wenn und solange diese miteinander noch um die inhaltliche Gemeinsamkeit ringen. Erst dort, wo diese Gemeinsamkeit in gegenseitiger Abgrenzung abgelehnt wird oder allein organisatorisch oder institutionell herbeigeführt oder dargestellt werden soll, ist die Gemeinschaft, von der das Neue Testament zeugt, verloren.

von theologisch-inhaltlicher und strukurell-organisatorischer Selbstständigkeit ermöglichen. Vielmehr wird es eher geraten sein, von einer Kompetenz der Ortsgemeinde zur Teilnahme an bundesweiten Entscheidungsprozessen auf der einen Seite und einer diesen Entscheidungsprozessen gegenüber gegebenen Eigenverantwortlichkeit in deren Umsetzung zu sprechen. Die Ortsgemeinde ist nicht selbstständig gegenüber den anderen Ortsgemeinden, sie bringt sich vielmehr in die Bildung gemeinsamer Kompetenz in das Miteinander ein und handelt dann in eigener Verantwortung bei der Umsetzung des Gemeinsamen. Sie ist keine selbstständige, wohl aber durch die ihr gegebenen Kompetenzen und deren Grenzen sowie ihre Verantwortung selbstbewusste Gemeinde.

Wenn aber eine Gemeinschaft von Gemeinden im Sinne der neutestamentlichen *κοινωνία* beschrieben werden kann, die sich dem Auftrag einer evangeliumsgemäßen Verkündigung verpflichtet sieht und sich hierum mit all ihrer Kraft müht, sollte diese Gemeinschaft durchaus sachgemäß nicht mehr nur als Bund, sondern auch als Kirche bezeichnet werden können. Die Bezeichnung einer Gemeinschaft von Gemeinden als Kirche würde der eigentlichen theologischen Dignität dieser Gemeinschaft gerecht, wonach dem Miteinander der Gemeinden von Gott das Evangelium anvertraut wurde, das sie nun gemeinsam zu hören, zu verstehen und dann zu verkündigen haben. Die Bezeichnung als Bund aber kann das Missverständnis nähren, als wären die darin zusammengeschlossenen Gemeinden allein eine Gemeinschaft oder gar Gesellschaft Ähnlicher, die sich miteinander auf ein von ihnen selber gewähltes Ziel verständigt hätten.

Die Frage, ob sich die Gemeinschaft der Gemeinden des Bundes Evangelisch-Freikichlicher Gemeinden als Bund oder als Kirche versteht und dann auch bezeichnet, verdankt sich damit letztlich der Frage, ob diese Gemeinschaft von Gemeinden im Sinne der *κοινωνία* des Neuen Testaments sich dem Geschenk des Evangeliums in gemeinsamer aber differenzierter Teilhabe und sich daraus ergebender Teilgabe und Teilnahme verdankt. Sollte sie das tun, dann täte sie gut daran, sich auch als Kirche zu verstehen und zu bezeichnen. Möchten die Gemeinden dagegen lieber allein institutionell organisatorisch verbunden bleiben und inhaltlich ihre Selbstständigkeiten pflegen, so sollten sie bei der Bezeichnung Bund bleiben. Dann aber unterscheidet sie als solch ein Bund kaum etwas von anderen Gemeinschaften oder Gesellschaften. Dies aber ist nicht die Berufung der Gemeinschaft der Gemeinden als Kirche Jesu Christi.

Wann ist der Mensch ein Mensch?

Ein persönlicher Beitrag aus theologischer Sicht[1]

1. Das Menschsein des Patienten

Wenn ein Mensch ein Krankenhaus oder eine Praxis betritt, so verändert sich seine Stellung. Seit ich, durch meine Krankheit bedingt, in den vergangenen knapp 3 Jahren immer wieder diverse Praxen und häufiger auch für längere Zeit ein Krankenhaus besuchen musste, habe ich dies sehr deutlich erlebt. Von jemandem, der in seinem Beruf und seiner Position gewohnt war und ist zu agieren, zu handeln, der – in den Maßen seiner Möglichkeiten – selbstverständlich sein Leben gestaltet hat, wurde ich zu jemandem, der behandelt werden soll, muss und will. Plötzlich ist es die Rolle des Passiven, die ich habe. Und es scheint so, als funktioniere »das System« weitestgehend auch nur, wenn ich mich als Kranker nun »ganz in die Hände« der pflegerischen und ärztlichen Fachkräfte begebe. Auf der anderen Seite (man beachte hier allein die Sprache!) stehen dann die, die behandeln: Ärzteschaft, Pflegepersonal.

Ganz verschiedene Rollen, die die unterschiedlichen Menschen in dem System, der Wirklichkeit »Krankenhaus« oder »Praxis« annehmen.[2] Verändern diese Rollen auch das Menschsein des Patienten oder der ihn behandelnden Kräfte? Verliert der eine oder andere etwas von seinem Menschsein? Wird man »weniger Mensch«, wenn man zum Objekt ärztlicher Kunst wird? Wird man »mehr Mensch«, wenn man umgekehrt in diesem System der Aktive, ja durchaus auch der Mächtigere wird? Oder wird man je nach Rolle eben nur »anders Mensch«, um nun in der jeweiligen Rolle das bewusst zu gestalten, was den Menschen zum Menschen macht?

---

[1] Dieser Vortrag wurde gehalten auf dem 9. interdisziplinären Symposium der Immanuel Diakonie Berlin am 22. März 2012 zum Thema: »Wann ist der Mensch ein Mensch? Menschlichkeit im Krankenhaus«. Erstmals veröffentlicht wurde dieser Beitrag in Immanuel Diakonie GmbH (Hrsg.), Wann ist der Mensch ein Mensch? Menschlichkeit im Krankenhaus. 9. Interdisziplinäres Symposium der Immanuel Diakonie Berlin, 22. März 2012 – eine Dokumentation, Berlin 2012 (= Immanuel Texte_01), 76–86.

[2] Zu diesem System gehören natürlich noch andere Gruppen. Auf der Seite der Patienten z.B. die Besucher und Angehörigen, auf der Seite des Krankenhauses oder einer Praxis all diejenigen, die in Verwaltung und Dienstleistung tätig sind. Diese Gruppen können hier wegen der gebotenen Kürze des Beitrages nicht berücksichtigt werden.

Als Theologe möchte ich meine Erfahrungen in einen Zusammenhang mit wenigstens zwei von mir als zentral angesehenen Aspekten christlicher Anthropologie bringen: Zum einen die Erfahrung und Botschaft von der Begrenztheit des Menschen und zum anderen die Erfahrung und Botschaft von der dem Menschen gebührenden Achtung.

2. Von der Begrenztheit des Lebens

Mit großer Nüchternheit und weitgehend unter Vermeidung von Pathos schaut und realisiert die christliche Tradition die Begrenztheit des Lebens. Eine Begrenztheit, die natürlich in der Wahrnehmung der letzten Grenze, der des Todes, eine ständige Erinnerung hat. Eine Grenze aber, die sich eben keineswegs in dieser letzten, durch den Tod gesetzten Grenze erschöpft. Vielmehr bricht sich diese letzte Begrenzung, diese Erfahrung letztlicher Endlichkeit, in manchen Erfahrungen bei der Bewältigung des Lebens in seinen zahlreichen Facetten. Die Klage über die Erfahrung der Grenzen allgemein menschlicher wie auch ganz individueller Möglichkeiten durchzieht die schriftlichen Zeugnisse der Heiligen Schriften der jüdisch-christlichen Tradition. Die Anlässe dieser Klagen reichen von der Wahrnehmung der Bosheit anderer Menschen, dem Erleben sozialer und gesellschaftlicher Ungerechtigkeit, über das Erleiden körperlicher Krankheiten, bis hin zum Erschrecken vor der eigenen Unfähigkeit, im konkreten oder umfassenden Sinn gerecht oder auch nur richtig zu handeln. Innerhalb der biblischen Schriften wird dabei jedoch schnell deutlich, dass es eine Diskussion darüber gibt, wie diese Begrenztheit menschlicher Existenz zu verstehen sein kann: Gehört sie naturgemäß und also wie schicksalsverfügt und damit unüberwindbar zum Menschen wie zu jedem anderen Geschöpf? Oder ist sie eine, zwar grundsätzliche, aber menschliche Schwäche, zu deren Überwindung der Mensch jedoch aufgefordert und angeleitet wird? Oder ist sie gar als eine göttliche Strafe anzusehen, unter die sich der Mensch beugen und die er ertragen muss?

Die mir einleuchtende Tendenz dieser sich über Jahrhunderte hinziehenden, literarischen Diskussion ist, dass mit der Aussage der Endlichkeit aller menschlicher Existenz und allen menschlichen Bemühens weder eine allgemeine negative Wertaussage über das Menschsein und dann natürlich noch viel weniger eine, wie auch immer zu bezeichnende, göttliche Strafaktion aufgerufen wird. Dort also, wo der Mensch seine Grenze erfährt, sei es durch Machtlosigkeit gegenüber Widerfahrnissen des Lebens, Krankheiten, Ohnmachtserfahrungen gegenüber eigenen oder fremden Erwartungen und damit auch Erfahrungen der Schuld oder auch dort, wo unsere Erkenntnis und unser Wissen sich immer noch als zu gering erweist, gegebene Endlichkeiten zu überwinden, dort ist keinesfalls das Menschsein des Menschen in Frage gestellt. Der Mensch bleibt Mensch inmitten und trotz solcher Erfahrungen. Grenzerfahrungen, die im medizinischen System bei den Patienten in Form von ausbleibender körperlicher oder seelischer Heilung oder bei der Ärzteschaft bzw. den Pflegekräften durch die Erfolglosigkeit ihres fachlichen Bemühens um das Wohl des Kranken auftreten, sagen damit in christlicher Tradition nichts über das Menschsein des Menschen aus. Weder verliert der Mensch sein Menschsein dadurch, dass er krank ist und sich passiv in die Hände anderer begeben muss, noch dadurch, dass er trotz aller ärztlicher Kunst »krank« bleibt, noch – auch die Perspektive der Behandelnden ist aufzurufen – gewinnen diejenigen besonderes Menschsein, die gesund sind oder werden bzw. die in ihrem Mühen um diesen Kranken erfolgreich waren.

3. Christliche Tradition

Aber es ist viel zu wenig, wenn nur festgestellt wird, dass in christlicher Tradition die Endlichkeit des Menschen und seines Handelns nichts Abwertendes über das Menschsein aussagt. Vielmehr muss und kann festgestellt werden, dass die Anthropologie der biblischen Schriften dort eine ihrer Spitzen hat, wo die Begrenztheit des Menschen nahezu umgekehrt einen grundlegenden Aspekt des Menschseins an sich zur Sprache bringt und damit genau diese Endlichkeit zu etwas für die Frage nach dem Menschsein elementar Wichtigem macht. Zugespitzt formuliert: erst durch die Wirklichkeit von Begrenzung wird und bleibt der Mensch nämlich was er ist – ein Mensch. Seine Endlichkeit bewahrt ihn vor der Überforderung, »Gott« und damit etwa omnipotent, omnipräsent und fehlerfrei sein zu müssen oder auch nur sein zu wollen. Sie bewahrt ihn damit davor, immer »noch nicht ganz Mensch« zu sein.[3]

Freilich kann man fragen, ob es nicht zu erstreben wäre, dieses Charakteristikum des Menschen – seine Begrenztheit – aufzugeben und zu überwinden. Das berühmte »sicut erit deus« der legendären Schlange im sogenannten Sündenfallbericht der Bibel bringt diese Frage in Form einer Perspektive zur Sprache. Gehört der Mensch nicht eigentlich zu den Göttern? Und muss – lassen wir mal die mythologische Sprache beiseite – der Mensch nicht eigent-

---

3 Eine kleine Nebenbemerkung veranschaulicht dies: Die Begrenztheit des Menschen führt zu der Notwendigkeit von Begegnung, Miteinander, Austausch und Kommunikation. Diese Angewiesenheit der Menschen aufeinander gehört ebenfalls zu den grundlegenden Momenten christlicher Anthropologie. Das kommt bereits in der sogenannten Schöpfungsgeschichte zum Ausdruck, wenn dort in einer der verarbeiteten Quellen davon gesprochen wird, dass der Mensch natürlich als Mann und Frau geschaffen wurde, zum Menschsein also dieses grundlegende Gegenüber von Anbeginn dazugehörte (vgl. Gen 1,27). Die Erfahrung der Begrenztheit korrespondiert so direkt mit der Erfahrung der Notwendigkeit des Miteinanders. Und es ist zugleich eine Feststellung dieser erwähnten Urerzählungen der Bibel, dass dort die Menschen ihr Menschsein verlieren, wo sie die ihnen gegebenen Begrenzungen verleugnen: In der berühmten Geschichte mit dem Apfel lockt die Schlange ja mit der Verheißung, so zu sein wie die Götter, wenn man die Grenze übersteigt (vgl. Gen 3,4f.). Wo die Begrenztheit aufgehoben ist, dort wäre der Mensch dann eben auch nicht mehr Mensch.

lich immer über seine Grenzen hinauswollen? Gewinnt der Mensch sein Menschsein nicht gerade erst in der Überwindung dieser Grenzen? Ist der Mensch nicht gerade durch die Fähigkeit, seine Grenzen zu überwinden gegenüber anderen Geschöpfen ausgezeichnet, sodass er bei Aufgabe dieser Potenz geradezu wieder auf den Status des primitiven Primaten zurückfallen würde? Kritiker der Religionen werfen den positiven Aufnahmen der Aussagen von der Endlichkeit des Lebens häufig und gerne vor, sie führten zu einem gefährlichen Fatalismus, einer Feindschaft gegenüber Entwicklung, einer Stabilisierung herrschender Systeme und nicht zuletzt zu einer Abwehr gesellschaftlicher Veränderungen und wissenschaftlichen Fortschritts, also all der Versuche, diese Begrenztheit beständig zu überwinden.

Aber wer so argumentiert – ganz gleich aus welchem Lager – übersieht, dass Begrenztheit als wichtige anthropologische Aussage christlicher Theologie keineswegs eine Festschreibung des Gegenwärtigen meint oder eine solche gar fordere. Das Achten und Akzeptieren von Endlichkeit ist keineswegs identisch mit einer Kapitulation vor den Gegebenheiten. Vielmehr führt diese zentrale Aussage zu einer Achtung des Lebens im Hier und Jetzt und fordert zur Übernahme einer Verantwortung gegenüber diesem gegenwärtigen Leben auf – mit der Herausforderung alles für dieses gegenwärtige Leben zu tun.[4] Menschsein verwirklicht sich nicht in der Überwindung der Endlichkeit, sondern in der bewussten und verantwortlichen Gestaltung der Existenz im Kontext der individuellen wie auch sozialen Gegebenheiten.

Die Aussage von der Begrenztheit des Menschen führt damit zu der Unterscheidung von Grenzverschiebung und Grenzaufhebung. Ich soll um des Wohles menschlichen Lebens willen Grenzen so weit verschieben und anpassen, dass Leben gelingen kann und als gut erlebt wird. Ich werde aber trotz aller Verschiebung einiger Grenzen – persönlicher, gesellschaftlicher oder allgemeiner – eben nicht die Aufhebung letzter individueller oder absoluter Endlichkeit erreichen. Die Aussage der Begrenztheit hilft damit zur Konzentration auf das gegenwärtige Leben und hindert das Schüren falscher und unrealistischer Hoffnungen. Wer – um die Überlegung von eben aufzunehmen – meint, dass der Mensch sein Menschsein erst in der und durch die Überwindung der Begrenztheit erfährt, der muss erst noch erklären, was denn dann der ist, der immer noch in Endlichkeit(en) lebt und / oder diese nicht überwinden kann. Ein »Mensch« ist das dann ja wohl nicht. »Noch nicht« – das aber würde bedeuten, dass das Menschsein des Menschen immer in die Zukunft verlagert würde, aber gerade im Hier und Jetzt nicht vorhanden wäre. Welche Konsequenzen ein solches Menschenbild in ethischen und gesellschaftlichen Fragen hätte, soll hier nicht weiter verfolgt werden.

---

[4] So kann in der biblischen Literatur die Erfahrung der Grenze geradezu zum Ausgangspunkt von Weisheit und Klugheit werden, vgl. Ps 90,2: »Lehre uns bedenken, dass wir sterben müssen, auf das wir klug werden.«

4. Die Achtung der Endlichkeit

Die Achtung der Endlichkeit als wesentlicher Aspekt meiner Menschlichkeit hat z.B. dazu geführt, dass ich darum gebeten habe, offen und ehrlich jegliche Aussagen über meinen gesundheitlichen Zustand wie auch die Begrenztheit der medizinischen Möglichkeiten zu erhalten. Wo das gelang, wo ich nicht das Gefühl hatte, mir wird etwas »vorgespielt« oder ich werde – aus was für Gründen auch immer[5] – »geschont«, dort empfand ich es als einen Umgang mit mir, der mein Menschsein, nämlich meine Begrenztheit beachtete und es mir gleichzeitig ermöglichte, realistisch mein Hier und Jetzt wahrzunehmen und zu gestalten.

Keine Behandlung und keine Ärzte können meine mir gegebene Begrenztheit letztlich aufheben. Das auch nicht zu erwarten, war ein Teil meines Umgangs mit ihnen, durch den ich versuchte, mit ihnen auch menschlich umzugehen. Allerdings hatte ich manchmal den Eindruck, als fiele solch ein Umgang manchem oder mancher aus der Ärzteschaft schwer. Grenzen zuzugeben ist tatsächlich schwerer, als sich in irgendwelche Hoffnungsvorstellungen zu retten. Doch wer seine Grenze in der Hilfe für andere nicht zugeben kann, der verliert eben auch ein wesentliches Moment seines eigenen Menschseins – genauso wie derjenige, der als Hilfsbedürftiger, als Patient seine Grenze nicht akzeptieren kann. Gerade das medizinische System scheint mir für diese »Unmenschlichkeit« auf allen Seiten der Betroffenen – Ärzte, Pfleger, Patienten – sehr anfällig. In den Gesprächen, die ich im Zusammenhang meiner Krankheit geführt habe, hatte ich häufig den Eindruck, dass der Medizin in unserer kulturellen Tradition geradezu ein Zwang zur Überwindung der Lebensgrenzen auferlegt wird. Dies scheint mir gerade auch durch die mediale Öffentlichkeit zusätzlich geschürt zu werden. Immer wieder berichten sowohl Boulevardblätter, als auch die seriöse Berichterstattung von angeblichen oder tatsächlichen großen Fortschritten, die sich aber bei genauerem Hinsehen häufig noch in der Entwicklung und weit weg von der praktischen Realisierbarkeit im gegenwärtigen medizinischen Alltag befinden. Geweckt werden damit aber beim Patienten Hoffnungen und Erwartungen gegenüber Ärzten und Krankenhäusern: ein unmenschliches Geschehen für allen Beteiligten.[6]

---

[5] Man muss und darf sich hier nichts vormachen: Die Gründe für eine Vermeidung ehrlicher Kommunikation der gesundheitlichen Situation wie auch der medizinischen Möglichkeiten sind sehr vielfältig. Die Labilität und psychische Belastung des Patienten ist hier nur die eine Seite. Unsicherheit, wie man einem Kranken schlechte Nachrichten vermittelt, dürfte ebenso sehr auf der Seite der Ärzteschaft zu einer Vermeidung führen, wie die Schwierigkeit, gegenüber dem Patienten persönliche oder allgemein medizinisch-fachliche Begrenztheit einzugestehen.

[6] Zu hinterfragen scheinen mir in diesem Zusammenhang auch Ratings von Ärzten, Krankenhäusern oder Praxen. So sinnvoll sie durchaus sein können, um Standards zu heben und auf Missstände aufmerksam zu machen, so sehr lösen sie bei Patienten

Ich habe es dagegen als sehr hilfreich erlebt, als an einem bestimmten Punkt der Behandlung der Begriff der »Lebensqualität« dem der »Lebensverlängerung« zur Seite gestellt wurde. In dem Therapieziel »Lebensqualität« erkannte und erkenne ich die Achtung vor den Grenzen, die mir durch meine Krankheit gesetzt sind, aber auch die Achtung vor der Grenze ärztlicher Kunst, die diese Grenzen – aller Wahrscheinlichkeit nach – nicht aufheben können. So bin ich Mensch geblieben, denn inmitten meiner gesetzten Grenze hat mein Leben, dank der ärztlichen Kunst, immer noch Qualität. Und diejenigen aus Ärzte- und Pflegerschaft, die sich auf dieses Therapieziel einlassen konnten, sind ebenfalls Mensch geblieben, weil ich von ihnen nicht mehr fordere, als sie zu geben in der Lage sind. Ich halte es für einen wesentlichen Aspekt der internen Arbeit einer Klinik, dass bei allen Beteiligten zu einem positiven Umgang mit den gegebenen Grenzen ermutigt und begleitet wird. Hier hat die seelsorgerliche bzw. therapeutische Begleitung der Patientinnen und Patienten ihre Aufgabe, hier aber greifen auch entsprechende Angebote für Ärzteschaft und Pflegekräfte etwa in Form von Supervision. Solche Möglichkeiten zur Bearbeitung der Endlichkeitserfahrungen für alle im Krankenhaus lebenden Menschen sind nach meinem Eindruck nicht zusätzliche Angebote (und Kosten), sondern gehören zu den natürlichen Aufgaben einer Klinik, die Menschlichkeit ermöglichen und leben möchte. Wo das so selbstverständlich ist oder wird wie z.B. das interne Controlling, dort bleiben die Menschen auch Menschen.

5. Achtung vor dem Menschen

Im Grunde bin ich damit bereits bei dem zweiten Hinweis, den ich hier aufrufen möchte. Das Leben des Patienten, durch was und wie auch immer es begrenzt ist, verdient alle Achtung und Ehre. Achtung und Ehre für dieses konkrete Leben dieses einen Menschen, ganz gleich wie gesund oder krank, wie noch aktiv oder auch nur noch pflegebedürftig er oder sie ist. Diese Achtung vor dem Menschen ist ebenfalls eine der zentralen Aussagen einer christlich theologischen Anthropologie. Die biblischen Berichte zeichnen an zahlreichen Stellen einen Umgang Gottes mit den Menschen, der ein hohes Ansehen der jeweiligen Person und Situation erkennen lässt. Der große Kirchenvater des Westens, Augustin, hat diese wesentliche Erkenntnis der christlichen Theologie[7] in der Aussage formuliert: »Gott zwingt nicht!« Nach biblischer Tradition

---

natürlich die Erwartung aus, es gäbe ja immer noch etwas oder jemand Besseren als die gerade behandelnde Einrichtung und der behandelnde Arzt. Die scheinbare Objektivität solcher Bewertungen unterwandert und diskreditiert dabei jedoch das Vertrauensverhältnis zwischen den aktuell miteinander agierenden Beteiligten.

7 So ist es eine Besonderheit der jüdisch-christlichen Tradition, dass der in den biblischen Schriften bezeugte Gott sich den Menschen zum *Gegenüber* und nicht zum *Diener* schuf. Es ist nach christlicher Überzeugung nicht der Mensch, der sich zu Gott

ist der Mensch nicht Diener, sondern Gegenüber Gottes. Zu dieser Achtung der Situation und des Willens des Menschen gehört die Achtung und der Respekt vor seinen Möglichkeiten und Kompetenzen – und zwar vor den Möglichkeiten und Kompetenzen des Ganzen seines Menschseins, in unserer anthropologischen Tradition also den körperlichen, wie aber auch den seelischen und geistigen.

Hierbei ist dann zu beachten, dass diese Möglichkeiten und Kompetenzen bei einem Kranken zwar an einigen Stellen – der Krankheit geschuldet – begrenzt, an anderen aber normal vorhanden, an wieder anderen gerade durch die Erfahrung der Krankheit eventuell auch deutlich intensiviert sein können. Wo Krankenhäuser und Praxen allein zu körperlichen Wiederherstellungseinrichtungen mutieren, sich so verstehen und sich so darstellen, geht die Achtung vor dem Menschsein verloren, das eben viel mehr als nur diesen körperlichen Aspekt umfasst.

An dieser Stelle habe ich in den vergangenen 3 Jahren sehr unterschiedliche Erfahrungen gemacht. Von Ärzten und Pflegern, die mich als reines Objekt ihres Handelns sahen und bei denen jedes Wort von mir eher als störend wahrgenommen wurde, will ich hier nicht reden. Es gab sie – aber sie brauchen uns nicht zu interessieren. Viel wichtiger waren mir Erfahrungen, bei denen Ärztinnen und Ärzte sowie Pflegekräfte mir zu verstehen gaben, dass ich nicht allein der zu Behandelnde, sondern selber aktiver Teil der Therapie sei. Dies reichte von der Hilfe zum Verstehen einer Operation, über das Erklären der Vorgänge, die mit mir gerade passierten, bis hin zu Ärzten, die mich im Krankenhaus in die Unsicherheit verschiedener Behandlungsmöglichkeiten geduldig einführten und es mir zutrauten, mit ihrer Hilfe Entscheidungen über meine Behandlung zu fällen. Dass die mich Behandelnden Verständnis auch für die in den verschiedenen Stadien der Krankheit ganz unterschiedlichen seelischen Prozesse zeigten, dass sie mich ermutigten, diesen nachzugehen, sie als Teil meiner Therapie anzusehen, war für mich zwar sehr heraus-

---

entgrenzen muss, es ist vielmehr Gott, der von seiner Seite aus die angebliche Grenze zwischen göttlicher und geschöpflicher Welt aufhebt. Dies wird in der sogenannten Paradiesgeschichte – wie ich finde – wunderschön anschaulich gemalt durch das Bild, dass Gott sich im paradiesischen Garten ergeht und dabei den Menschen begegnen möchte (vgl. Gen 3,8). Dies wird dann natürlich in der christlichen Verkündigung von der Gegenwart Gottes im Menschen Jesus von Nazareth, von der Gegenwart Gottes im Leiden und Sterben und von der Sendung des Geistes mitten in die Welt der geschichtlichen Gemeinde auf das Deutlichste unterstrichen. Was diese Achtung des Menschen in seiner Grenze konkret bedeutet, wird in den Evangelientexten der Bibel immer wieder z.B. dort deutlich, wo der Gottessohn Jesus Christus bereit ist, Kranke zu fragen, was er ihnen denn tun soll (vgl. z.B. Mk 10, 51; Joh 5,6). Der Wille auch des Kranken, der Wille des Menschen wird von Jesus nach diesen Zeugnissen geachtet. Der Mensch wird Jesus gegenüber nicht zum Objekt göttlichen Wissens und Handelns degradiert, sondern er bleibt inmitten seiner Begrenztheit durch Krankheit, Schuld, gesellschaftliche Stellung immer noch geachtetes Gegenüber des Gottessohnes.

fordernd, zugleich aber wichtig. Es holte mich heraus aus der Rolle des Inaktiven, des Passiven und gab mir etwas von der Achtung, dass ich auch als Schwerstkranker noch Möglichkeiten und Kompetenzen habe. Es war die Achtung vor einem Menschen, der eben nicht auf die Krankheit, nicht auf die körperliche Schwäche reduziert wurde. Mit seinen Grenzen zu leben, gerade auch in einem Umfeld, das – wie im Krankenhaus –, diese Grenzen in einer besonders deutlichen Weise offenbar macht, ist eine Leistung, die Achtung verdient. Auch die Patientinnen und Patienten »leisten« etwas im Krankenhaus. Sich vertrauensvoll in die Hände anderer zu begeben, die körperlichen Belastungen zu ertragen, die möglichen persönlichen oder beruflichen Konsequenzen der Krankheit zu gewärtigen und eventuell sogar vorzubereiten und nicht zuletzt die Konfrontation mit der eigenen Endlichkeit sind zu beachtende Leistungen.

6. Achtung vor dem Kranken

Diese Achtung vor dem Kranken, die etwas von der Achtung atmet, die nach christlicher Anthropologie jedem Menschen zukommt, diese Achtung erfahre ich z.B. in hohem Maße auch in der mich aktuell betreuenden onkologischen Praxis. Die Helferinnen und Helfer nehmen sich nicht nur zur Behandlung Zeit. Es herrscht eine durchweg auf den Patienten zukommende Atmosphäre, in der Fragen, Hinweise und Bitten ernst genommen werden. Ich bin dort nicht passiver Erduldender eines mit mir geschehenden Handelns, sondern ich bin mit meinem ganzen Ergehen Teil des gerade aktuellen Praxislebens. Die Mühe und Energie, die Ärzte und Pflegekräfte in diese persönliche Achtung investieren, nötigt mir immer wieder hohen Respekt ab. Sie sind mir damit – ich gestehe es gerne und freimütig – Vorbild auch meines Umgangs mit Menschen geworden, die in meiner beruflichen Tätigkeit als Hilfesuchende zu mir kommen. Diese Achtung vor der Leistung des Kranken, mit seiner Krankheit zu leben, motiviert mich dann zu etwas Weiterreichendem: zu einem eigenen bewussten, verantwortlichen Umgang mit meiner Krankheit, mit meinen Grenzen. Und damit lässt mich gerade dieser achtungsvolle Umgang wieder Mensch sein. Ein Mensch, dem signalisiert wird, dass seine Grenzen nicht sein Menschsein negieren, sondern es geradezu zum Leuchten bringen. Ein Kranker ist nicht weniger Mensch, nur weil er krank ist – aber er ist anders Mensch als ein Gesunder. Und vor diesem Anderen kann und darf man Achtung haben.

Medizinische Arbeit wird, wenn sie diesen theologischen Eckpunkten einer Anthropologie folgt, die Begrenztheit aller medizinischen Möglichkeiten wie auch aller Heilung respektieren und gleichzeitig dabei jedem und jeder Einzelnen in diesen Begrenzungen die Achtung und Wertschätzung eines Menschen geben, der zu nichts Geringerem als zum Gegenüber Gottes geschaffen wurde. Und sie wird, das ist ihre Herausforderung, darauf achten, diese beiden Aspekte auch in den vielfältigen Situationen des praktischen Umgangs miteinander in Krankenhaus und Praxis zur Geltung kommen zu lassen.

Damit dieses geschieht, erscheint es aus meiner Perspektive hilfreich, dass erstens die Erfahrung der Begrenztheit des Patienten in seiner Krankheit, seine Schwäche und Gefährdung auch in den ärztlichen und pflegerischen Umgang mit ihm integriert wird und vorkommen darf. Dem korrespondiert, dass Ärzteschaft und Pflegekräfte nicht mit der Last eines angeblich unbegrenzten physischen Heilungspotentials belastet werden dürfen. Das beidseitige Akzeptieren von Grenzen – Grenzen des Lebens wie auch Grenzen ärztlicher Kunst – kann öffnen für einen gelassenen Umgang miteinander, bei dem die helfende und unterstützende Begleitung des Patienten ein wesentlicher Teil werden kann. Hier sind in unserem kulturellen System der Unmenschlichkeit Tür und Tor geöffnet, wenn dem Patienten die immer noch irgendwie mögliche Überwindung seiner Grenzen vorgegaukelt wird und der Arzt dazu verdammt wird, seine fachlichen und menschlichen Grenzen zu verleugnen.

Und ein zweites ist zur Gestaltung eines menschlichen Miteinanders in Klinik und Praxis notwendig: Die Vermittlung von Achtung und Ehre gegenüber dem, wodurch konkret auch immer begrenzten, Kranken in seiner Situation, die ihm zusteht, da er eben mehr ist als diese Krankheit. Der ein Mensch ist, der an einer Stelle seines Lebens zwar wohlmöglich auf den Tod hin bedroht ist, der aber gerade dadurch an anderen Stellen seiner Existenz neue, andere Kompetenzen entwickeln und hierin gefördert werden kann und so in aller Begrenztheit nach biblischem Zeugnis über die Krankheit hinaus immer noch die Qualität eines Gegenüber Gottes hat.

Unter einem christlich-theologischen Gesichtspunkt muss demnach in der medizinischen Praxis darauf geachtet werden, den Menschen nicht auf ein Objekt des medizinischen Handelns zu reduzieren, sondern ihn und sie zum geachteten Gegenüber von Arzt und Ärztin, Pflegerin und Pfleger werden zu lassen. Ich gebe gerne zu: das Bewusstsein solchen Miteinanders haben bislang vielleicht nur einige von denen, die ein Krankenhaus oder eine Praxis betreten. Die eingangs genannten Rollenverteilungen sind in unserer Tradition in Fleisch und Blut und vor allem Geist und Seele übergangen. Als christlicher Theologe muss ich dies kritisch bewerten. Ich wünsche mir medizinisches Personal, das den Patientinnen und Patienten die Achtung und Ehre ihres Menschseins mitten in der Grenze ihrer Krankheit vermittelt. Und ich wünsche mir Patienten, die mit ihren Grenzen so versöhnt sind, dass sie ihren Ärzten und Pflegern insofern menschlich begegnen, als dass sie von ihnen nichts erwarten, was diese nicht leisten können. Allen, die ein Krankenhaus betreten – ganz gleich ob sie zur Behandlung oder zur Arbeit kommen – sollten diese Möglichkeiten gegeben werden, in ihren Rollen Mensch bleiben zu können. Diese Möglichkeiten zu erarbeiten und zu fördern wäre nach meinem Eindruck eine wesentliche Aufgabe eines Krankenhauses und einer Praxis.

Anhang

Liste der Veröffentlichungen

Vollständige Übersicht über die Veröffentlichungen von André Heinze

Monographien

1. Johannesapokalypse und johanneische Schriften. Forschungs- und traditionsgeschichtliche Untersuchungen. Stuttgart: Kohlhammer 1998. 300 S. = BWANT 142.
2. Taufe und Gemeinde. Biblische Impulse für ein Verständnis der Taufe. Wuppertal/Kassel: Oncken 2000. 144 S.
3. André Heinze/Hans-Erhard Wilms, Taufe und Gemeindemitgliedschaft - Ein Gemeindeseminar, Ludwigshafen: Vereinigung Südwest im Bund Evangelisch-Freikirchlicher Gemeinden in Deutschland K.d.ö.R. 1998. 24 S.

Herausgeberische Tätigkeit

4. Herausgeber der Reihe »Baptismusstudien« im Oncken Verlag, Kassel, seit 2003.
5. André Heinze/Volker Spangenberg (Hrsg.): Der historische Jesus im Spannungsfeld von Glaube und Geschichte, Leipzig: Evangelische Verlagsanstalt 2010. 211 S.

Aufsätze

1. Dogmatik oder Exegese?, in: Edwin Brandt (Hrsg.), Gemeinschaft am Evangelium. Festschrift für Wiard Popkes, zum 60. Geburtstag, Leipzig: Evangelische Verlagsanstalt 1996, 55–75.
2. Taufe und Mitgliedschaft, in: ZThG 4 (1999), 208–222.
3. »...damit auch ihr mit uns Gemeinschaft habt«: Über die Herausforderung zur Vielfalt. Bibelarbeit zu 1Joh 1,1–4, in: ZThG 4 (1999), 373–383.
4. Der Bund sind wir – neutestamentliche Beobachtungen zum Für- und Miteinander von Gemeinden, in: ThGespr Beiheft 2 (2001), 40–62.
5. Röm 6,1–2: Gemeinde der Scheinheiligen oder Gemeinde der gerechtfertigen Sünder, in: ThGespr Beiheft 5 (2003), 3–12.
6. Herausforderung Theologie. Beobachtungen am 3. Johannesbrief und Überlegungen für die Gegenwart, in: ThGespr 27/3 (2003), 91–103.
7. Glaube und Taufe als Initiation. Exegetische Anmerkungen aus baptistischer Sicht, in: Walter Klaiber/Wolfgang Thönissen (Hrsg.),

Glaube und Taufe in freikirchlicher und römisch-katholischer Sicht, Paderborn/Stuttgart: Bonifatius 2005, 49–70.

8. Die Bedeutung der Heiligen Schrift im deutschen Baptismus. Grundlegende Beobachtungen, in: Walter Klaiber/Wolfgang Thönissen (Hrsg.), Die Bibel im Leben der Kirche. Freikirchliche und römisch-katholische Perspektiven, Paderborn/Göttingen: Bonifatius 2007, 47–68.

9. Die Bibel in der Mitte der Gemeinde, in: Präsidium des BEFG (Hrsg.), So! Oder auch anders? Beiträge aus dem BEFG zum Umgang mit der Bibel, Kassel: Oncken 2008, 59–70.

10. Eckpunkte gottesdienstlicher Spiritualität im Baptismus, in: Viorel Ionita/Klaus Raschzok (Hrsg), Gebet und gottesdienstliche Spiritualität auf ökumenischen Tagungen. Konsultation der Konferenz Europäischer Kirchen und des Instituts für Evangelische Aszetik. Augustana-Hochschule Neuendettelsau 23.–25. April 2009, Genf: Konferenz Europäischer Kirchen 2009, 35–40.

11. Verantwortung vor der Schrift in der Gegenwart, in: ThGespr 33/4 (2009), 159–180.

12. Gemeinschaft von Gemeinden – Bund oder Kirche, in: ThGespr Beiheft 11 (2009), 31–45.

13. Die Jesusforschung seit Bultmann und ihre methodischen Probleme, in: André Heinze/Volker Spangenberg (Hrsg.): Der historische Jesus im Spannungsfeld von Glaube und Geschichte, Leipzig: Evangelische Verlagsanstalt 2010, 41–64.

14. Nicht nur Gemeinde, sondern auch Kirche. Die Pastoralbriefe als Herausforderung freikirchlicher Ekklesiologie, in: Burkhard Neumann/Jürgen Stolze (Hrsg.), Kirche und Gemeinde aus freikirchlicher und römisch-katholischer Sicht, Paderborn/Göttingen: Bonifatius 2010, 35–62.

Rezensionen

15. Uwe Swarat, Alte Kirche und Neues Testament, in: ThGespr 19/1 (1995), 23–25.

16. Wilfried Okambawa, Paulus und die Sophia. Eine exegetisch-rhetorische Untersuchung zu 1Kor 1,10–31, Frankfurt a.M./u.a.: Peter Lang 2003 = EHS XXIII/774, in: ThLZ 131 (2006), 506–508.

Transferbeiträge

17. Glauben entdecken, verstehen und verkündigen, in: Die Gemeinde 12/1998, 38–39.

18. »Und dann ist da plötzlich das Schwert« – Bibelarbeit über Mt 26,47–53, in: Die Gemeinde 18/1999, 8–9.

19. Der Himmel geht über allen auf, in: Die Gemeinde 26/2005, S.8–9.

20. Keine ruhige Nachfolge. Bibelarbeit zu Mk 8,31–38, in: Die Gemeinde 4/2009, S.4–5.

21. Gleichnisse. Eine Einführung, in: GEMEINDEJUGENDWERK DES BUNDES EVANGELISCH-FREIKIRCHLICHER GEMEINDEN (Hrsg.), Jungscharhelfer Jahrbuch Band 1, Kassel: Oncken 2010, 113–117.

22. Gegen die Wand. Ein Jahr mit Krebs leben, in: Die Gemeinde 22/2010, S. 10–12.

23. »Im Land der Verheißung. Mit der Taufe knüpfen die Christen an Johannes den Täufer an« in: Evangelische Zeitung 6/2011, 7.

24. Der mitgehende Gott. Die Ich-bin-Worte Jesu und die Komplexität des Lebens, in: Die Gemeinde 6/2012, 8–9.

25. Warum musste Jesus sterben? Ein Angebot, im Sterben Jesu das Heilsangebot Gottes zu erkennen, in: Die Gemeinde 8/2012, 8–9.

26. Wann ist der Mensch ein Mensch? Ein persönlicher Beitrag aus theologischer Sicht, in: IMMANUEL DIAKONIE GMBH (HRSG.), Wann ist der Mensch ein Mensch? Menschlichkeit im Krankenhaus. 9. Interdisziplinäres Symposium der Immanuel Diakonie Berlin, 22. März 2012 – eine Dokumentation, Berlin: Immanuel Diakonie gGmbH 2012 = Immanuel Texte_01, 76–86.

27. Wann ist der Mensch ein Mensch? Ein persönlicher Beitrag aus theologischer Sicht, in: ChrisCare 2/2012, 16–19.

28. Plötzlich ist alles anders, in: Entscheidung 292 (2012/4), 8–9.

29. gemeinsam mit VOLKER SPANGENBERG, Berufung entdecken und fördern. Berufung ereignet sich in Beziehung, in: Die Gemeinde 16/2012, 8–9.

30. Heilung mitten in der Krankheit, in: Aufatmen 2/2013, 60–64.

31. Mit dem Evangelium Trennungen überwinden. Eine Einführung zum Jakobusbrief, in: Das Hauskreismagazin 27 (2013/3), 28–29.

Kleinere Artikel

32. Bildung um der Liebe Willen, in: Bildungskalender des BEFG 2/2000, 2–3.

33. Bildung und Internet, in: Bildungskalender des BEFG 1/2004, 2–3.

34. Zum Studium des Neuen Testaments, in: ThGespr Beiheft 6 (2005), 31–33.

Lehrbriefe des Theologischen Grundkurses der VEF

35. Das Gespräch des Neuen Testaments über das Kreuz (mit Einführung in die paulinischen Briefe) Zwickau ^{2}2000 (1998).

36. Das Zeugnis von der Auferstehung des Gekreuzigten (mit Einführung in die synoptischen Evangelien), Zwickau ^{2}2000 (1998).

37. Die Darstellung Jesu in den Evangelien (mit Einführung in die johanneischen Schriften), Zwickau 1999.
38. Die Apokalyptik als Geschichtsdeutung (mit Einführung in die Johannesoffenbarung), Zwickau 1999.

Stellenregister

Die kursiv gedruckten Stellenangaben beziehen sich auf ganze Beiträge.